中国蒙古学文库

蒙古贞历史

暴风雨　项福生　主编

辽宁民族出版社

图书在版编目（CIP）数据

蒙古贞历史 / 暴风雨，项福生主编. —沈阳：辽宁民族出版社，2018.3

（中国蒙古学文库）

ISBN 978-7-5497-1807-8

Ⅰ. ①蒙… Ⅱ. ①暴… ②项… Ⅲ. ①阜新蒙古族自治县—地方史 Ⅳ. ①K293.14

中国版本图书馆CIP数据核字（2018）第067146号

蒙古贞历史

MENGGUZHENLISHI

出版发行者：辽宁民族出版社
地　　址：沈阳市和平区十一纬路25号　邮编：110003
印 刷 者：辽宁鼎籍数码科技有限公司
幅面尺寸：145mm×210mm
印　　张：12
字　　数：310千字
插　　页：16
印　　数：1-1000
出版时间：2018年3月第1版
印刷时间：2018年3月第1次印刷
责任编辑：包满都拉
封面设计：杜　江
责任校对：侯俊华

标准书号：ISBN 978-7-5497-1807-8
定　　价：65.00元

网　　址：www.lnmzcbs.com　邮购热线：024-23284335
淘宝网店：http://lnmz2013.taobao.com
如有印装质量问题，请与出版社联系调换　联系电话：024-23284340

中国蒙古学文库

布赫

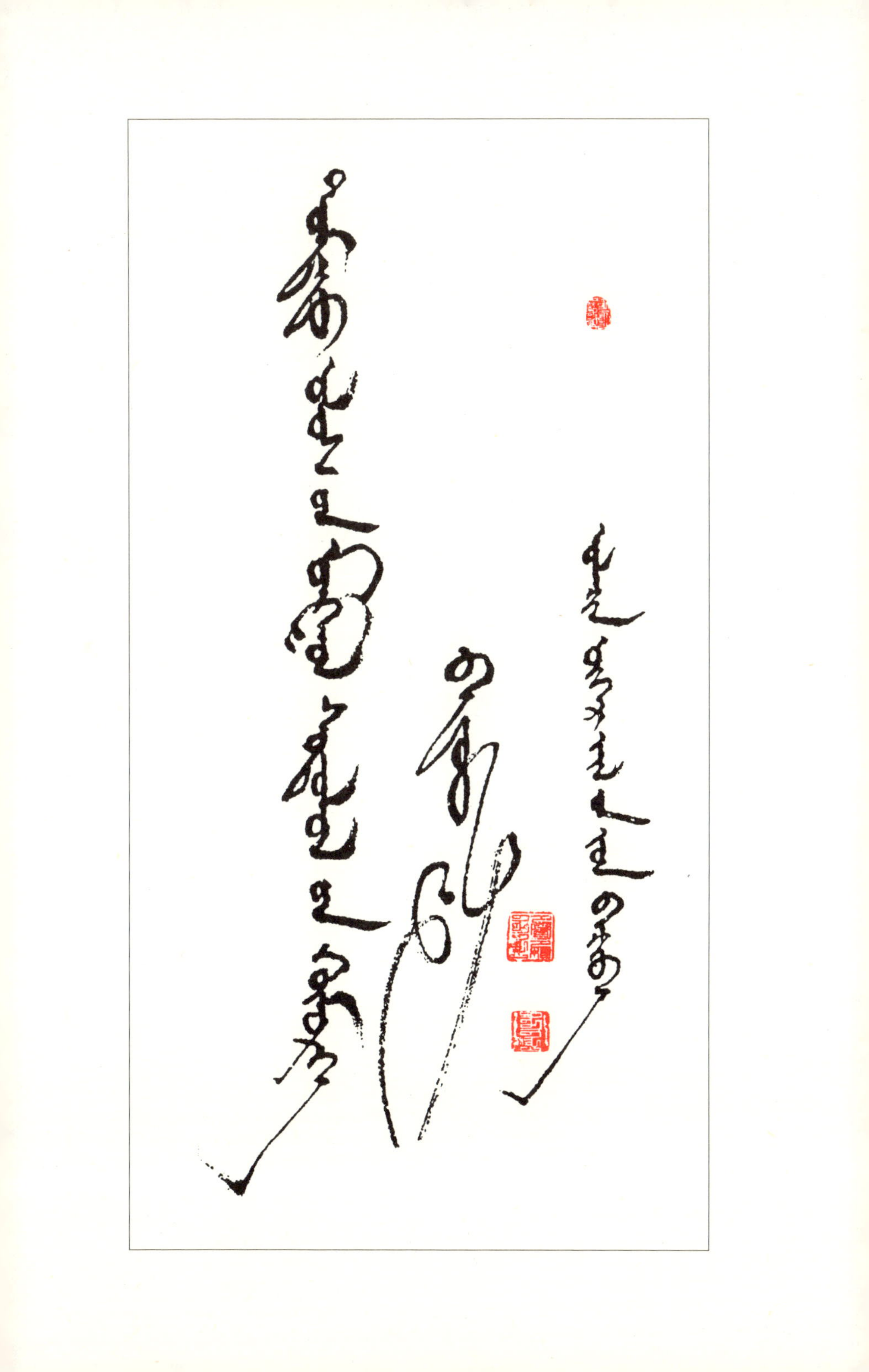

[illegible]

编写与出版《中国蒙古学文库》领导小组与编委会

历史遗迹

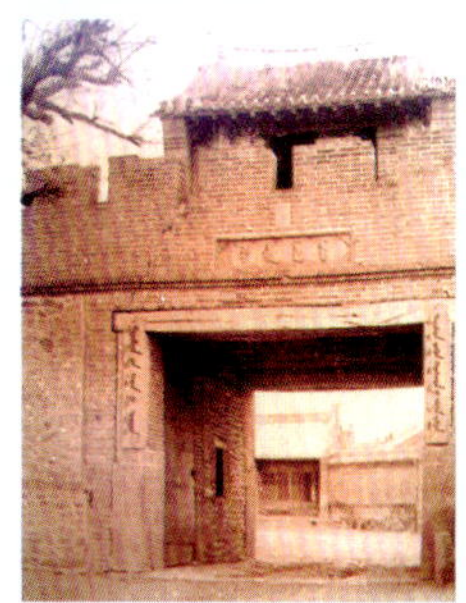
土默特左旗札萨克门楼

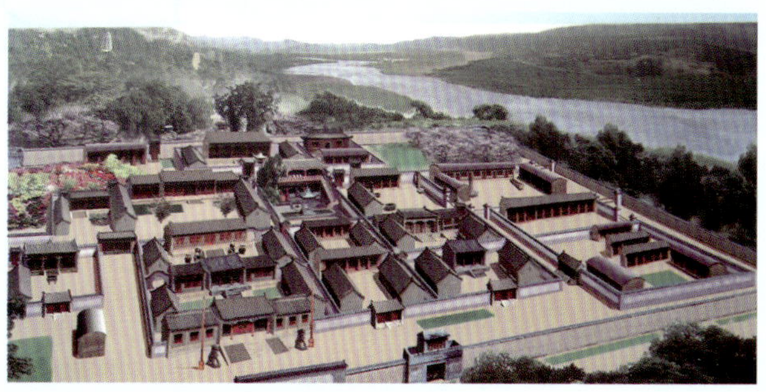
蒙古贞王府建筑

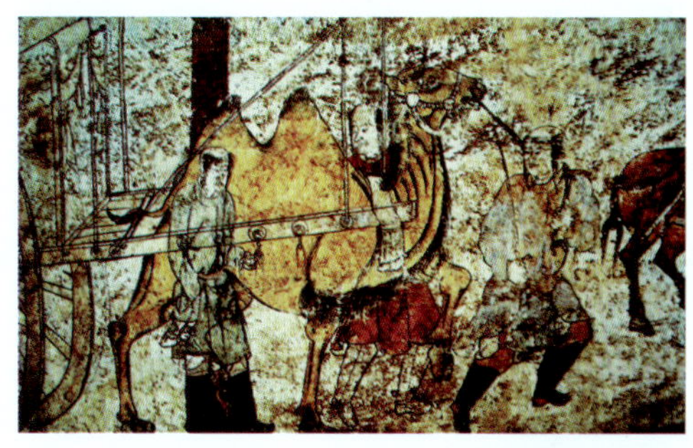
辽代堆画

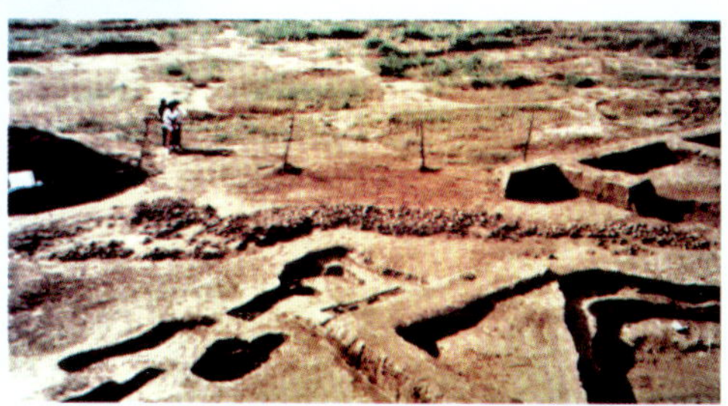
查海遗址石堆龙

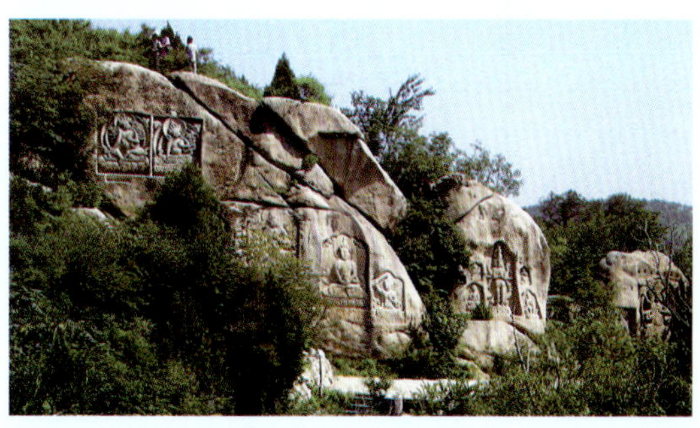
海棠山摩崖造像

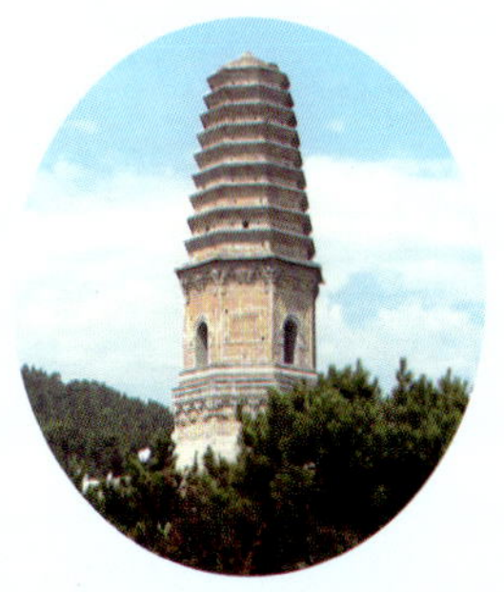
辽代成州遗址古塔

文化艺术

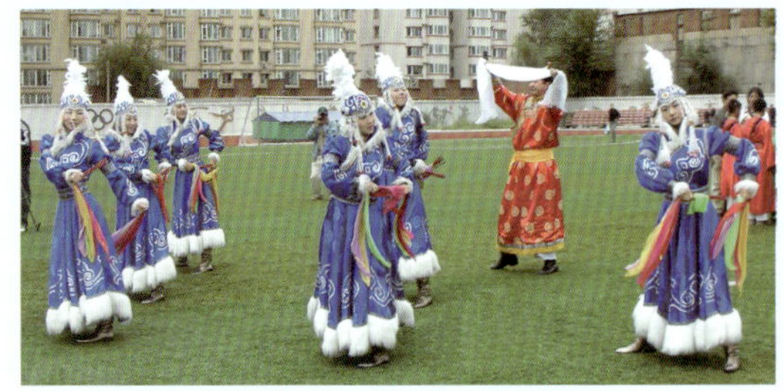

县民族艺术团《筷子舞》

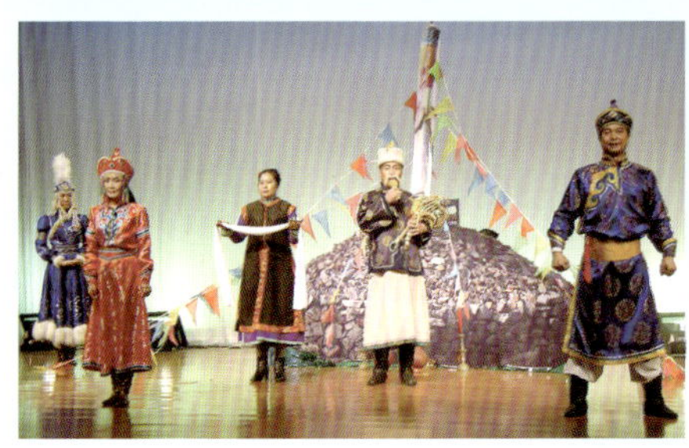

县蒙古剧团演出《敖包相会》剧照

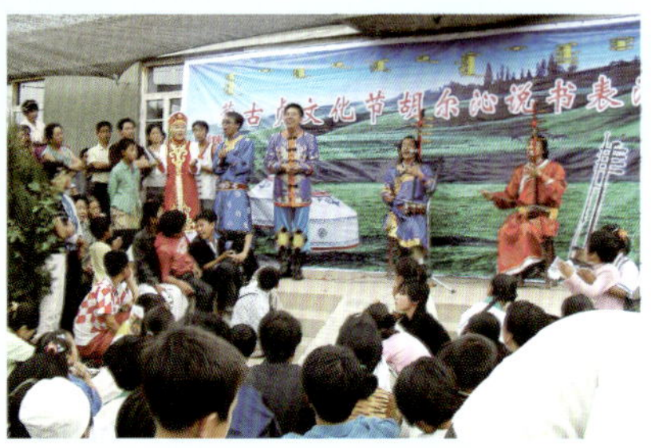

胡尔沁说书表演

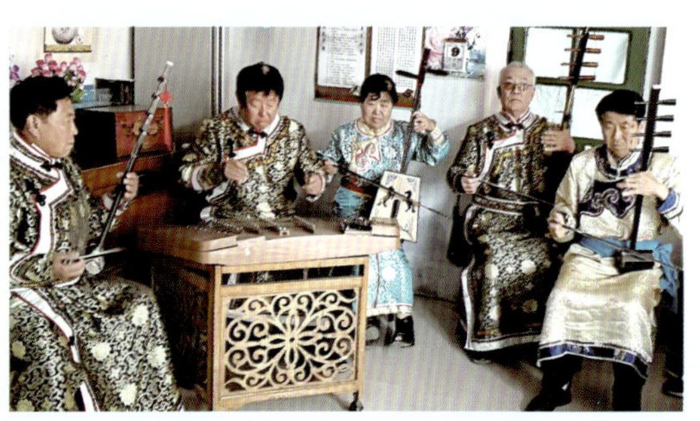

民间蒙古族歌手在演唱

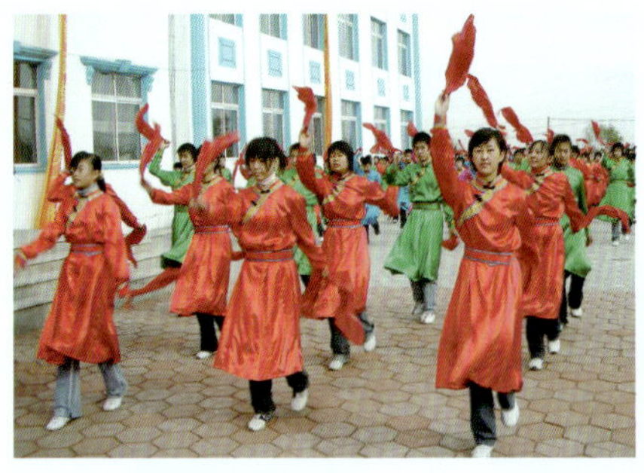

蒙古贞安代舞

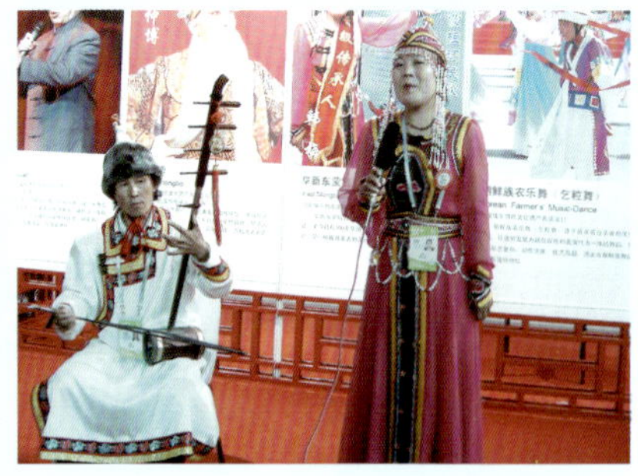

胡尔沁与民歌手国家级传承人
杨铁龙、韩梅在表演

蒙古语教学

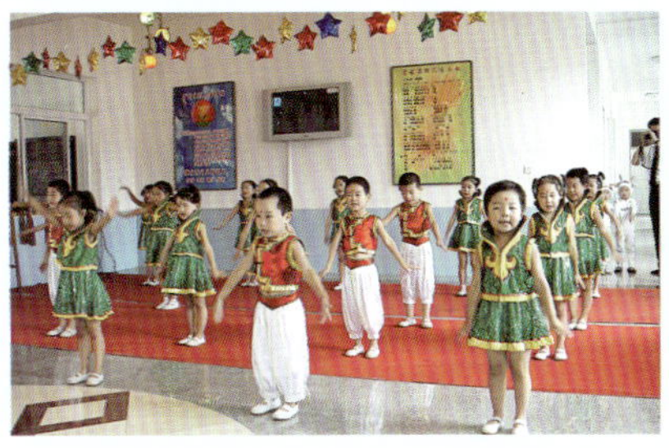

县蒙古族幼儿园儿童表演舞蹈

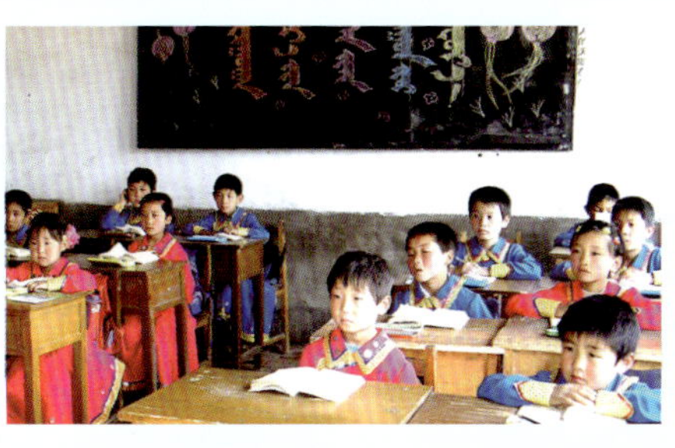

农村小学蒙古语授课

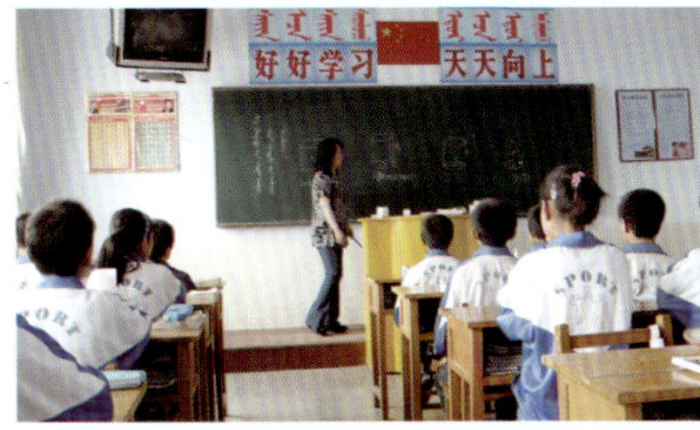

佛寺蒙古族小学蒙古语授课数学课堂

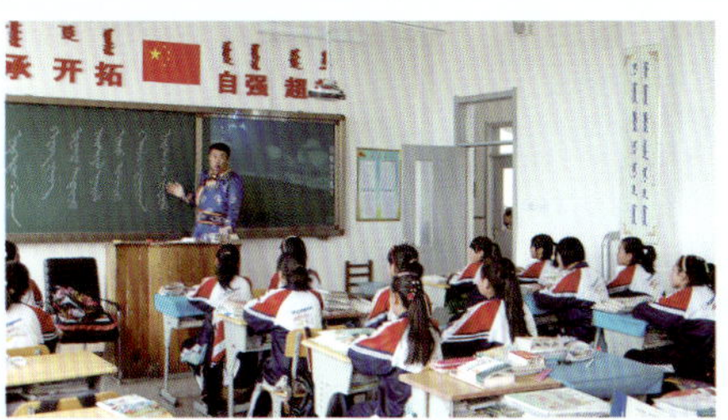

县蒙古初中蒙古语教学

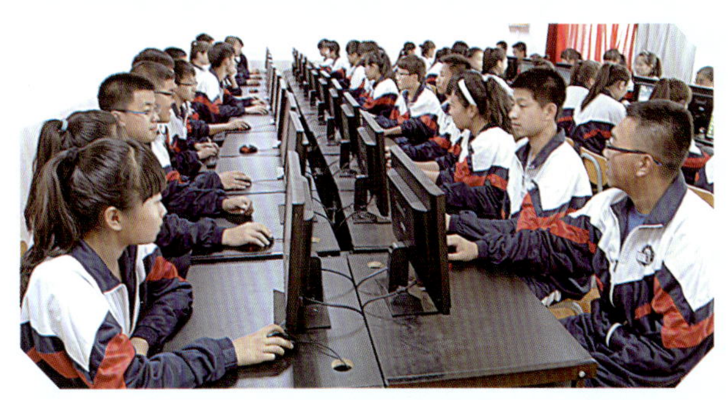

县蒙古实验中学计算机教学

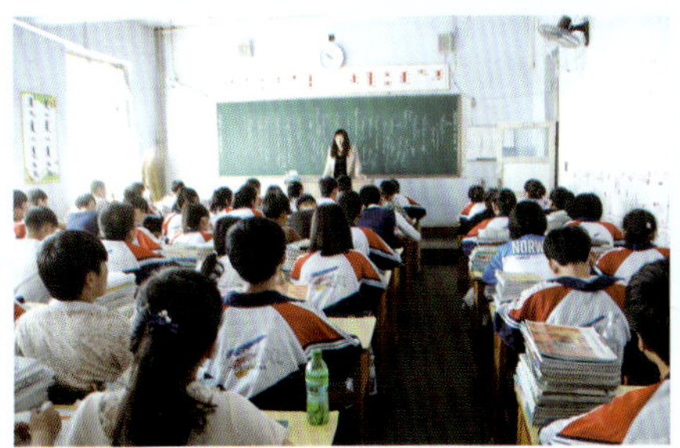

县蒙古高中蒙古语文课堂

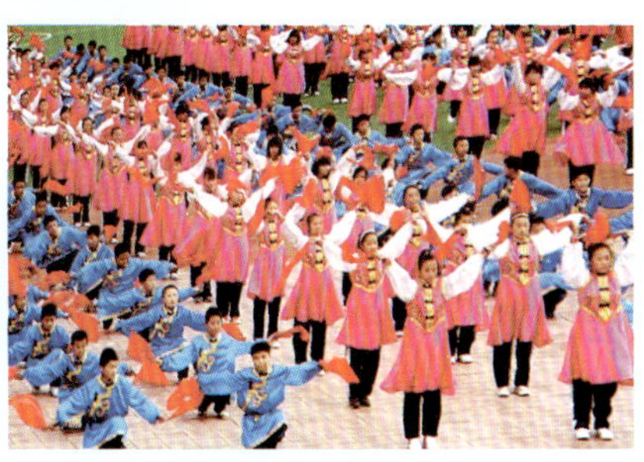

学生安代舞

蒙医蒙药

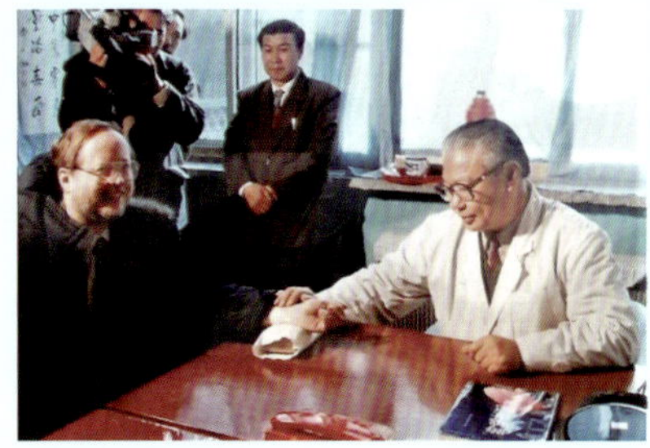

蒙医专家邢鹤林为国外患者诊病

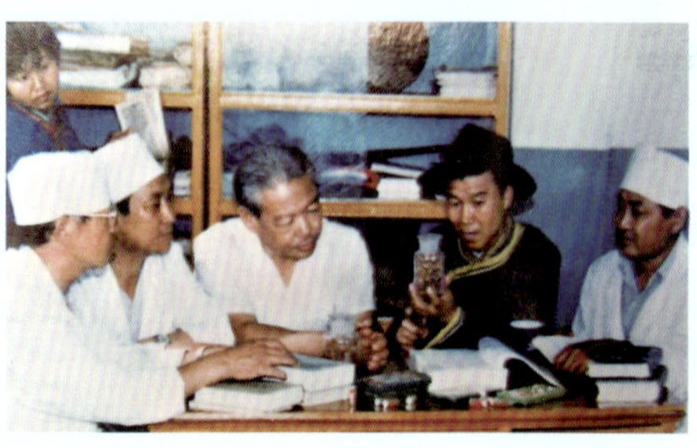

蒙医专家在研究“再障”治疗技术

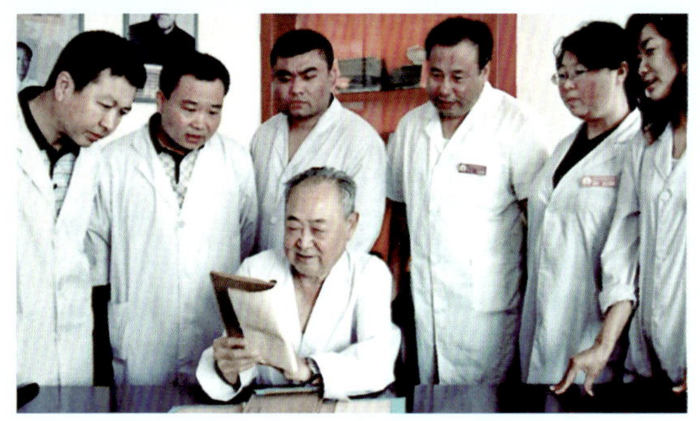

白凤鸣科研组在研究课题

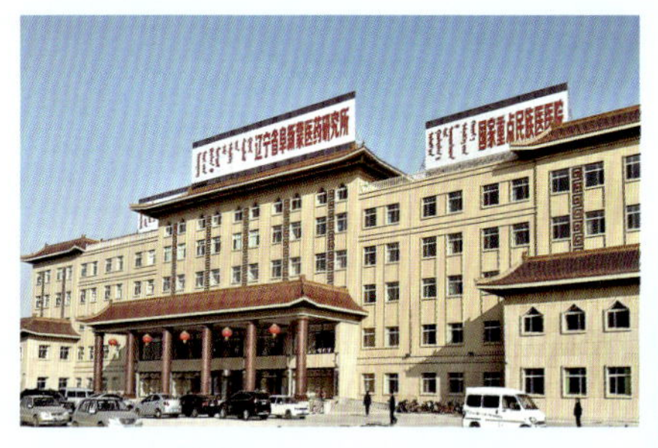

阜新蒙医院升格为辽宁省蒙医院

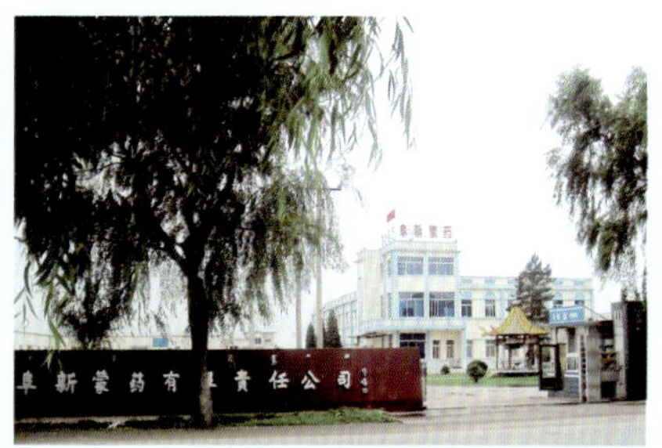

阜新蒙药有限责任公司

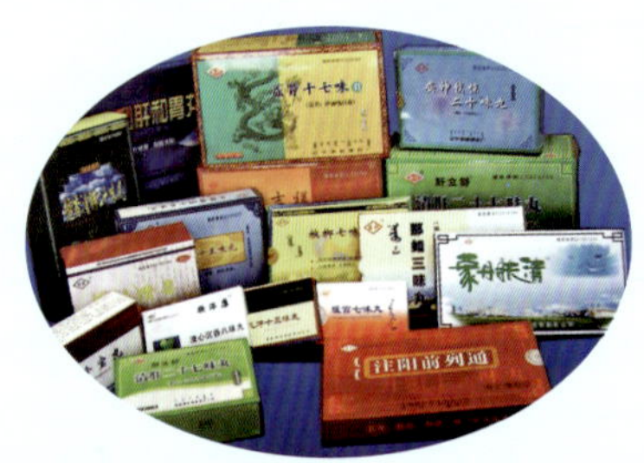

蒙药产品

民俗风情

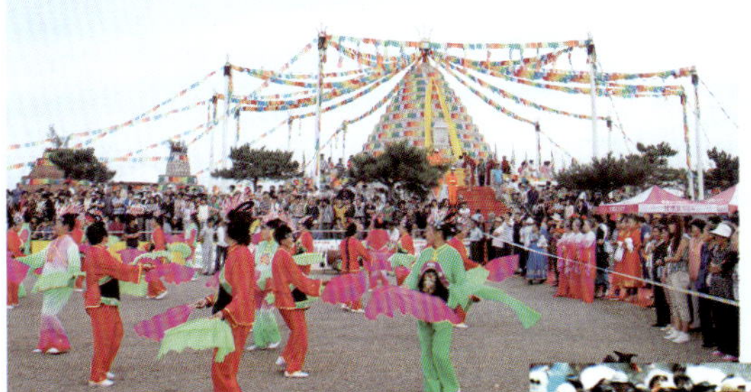

祭敖包时歌舞表演

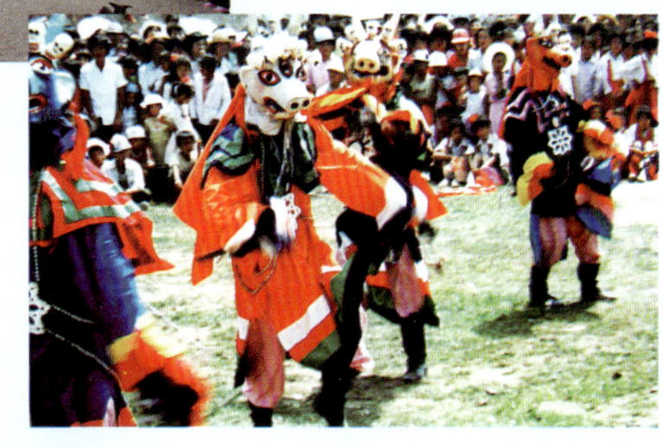

查玛舞表演

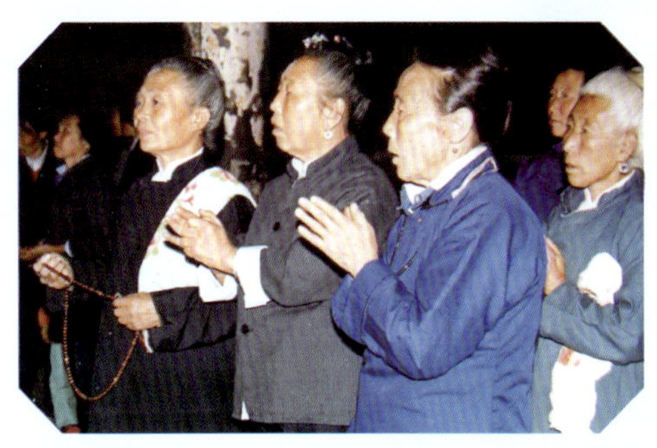

20世纪80年代蒙古族老年服饰

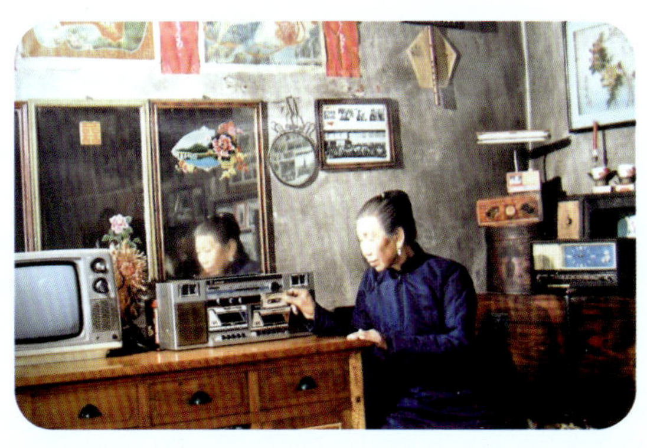

蒙古族家庭陈设

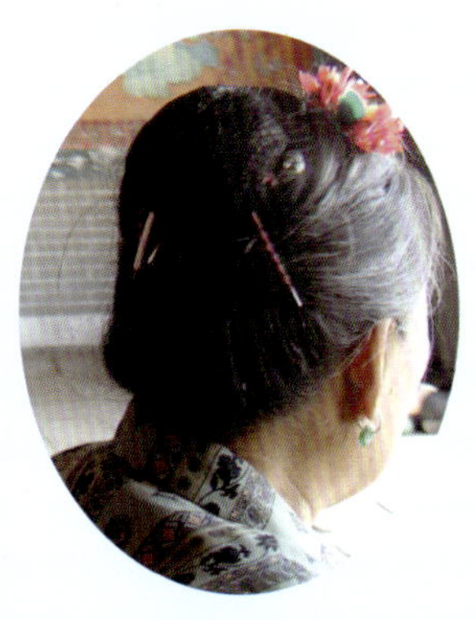

妇女头饰

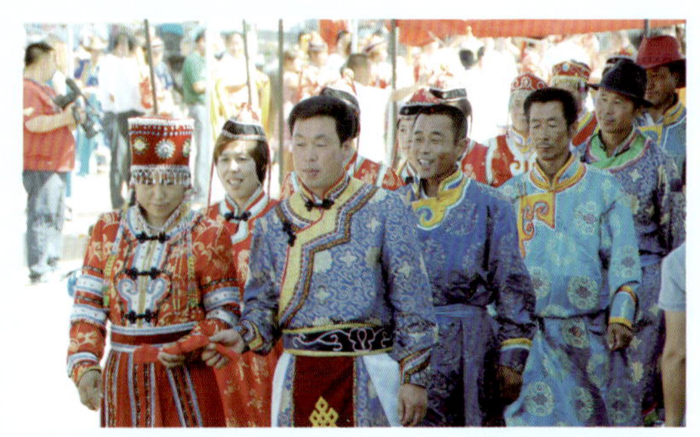

蒙古贞婚俗

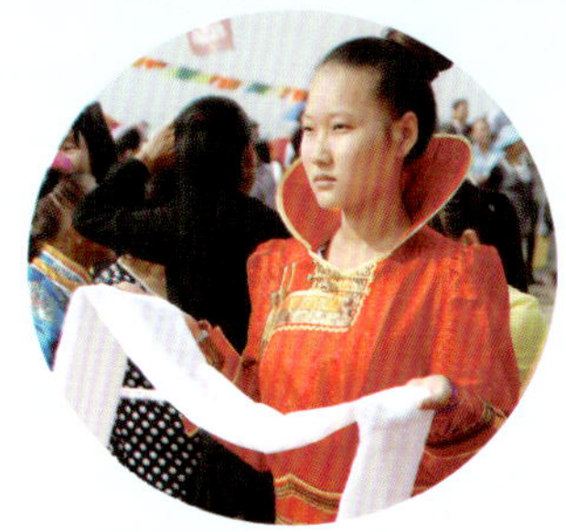

敬献哈达习俗传承

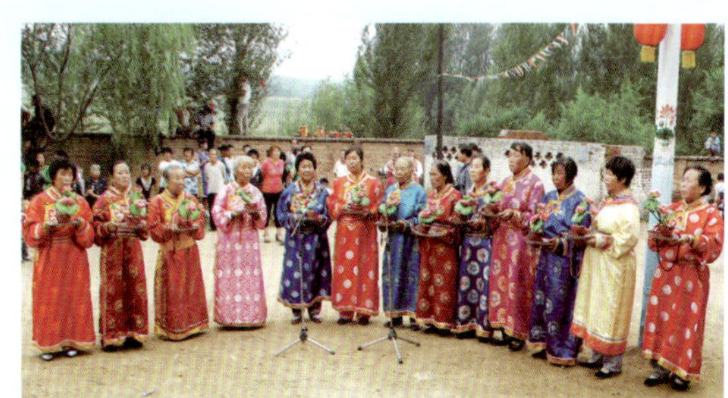

蒙古贞邻里节习俗

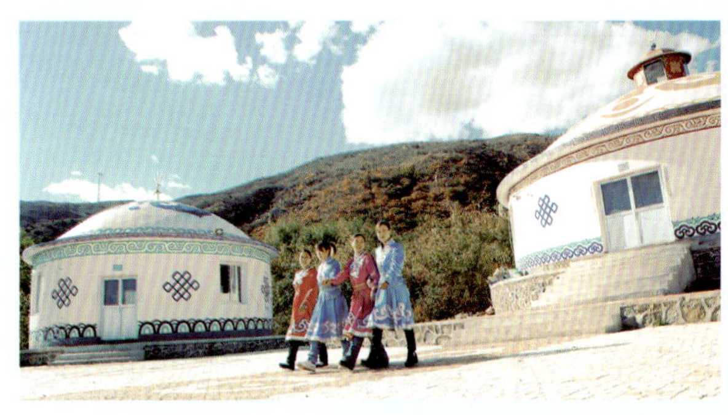

蒙古包风情

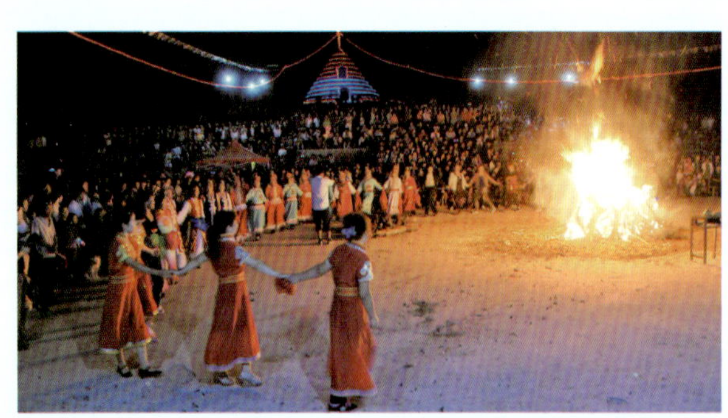

那达慕篝火晚会

旅游风景

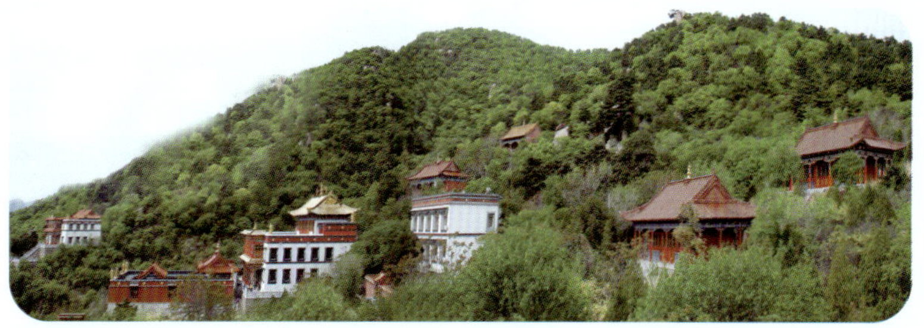

海棠山普安寺风景区

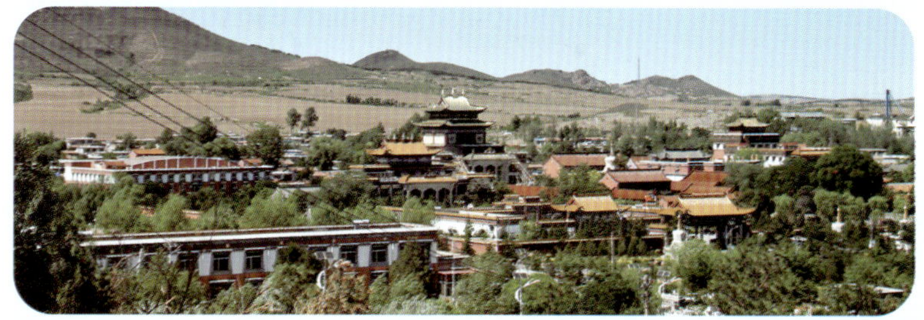

佛寺旅游风景区

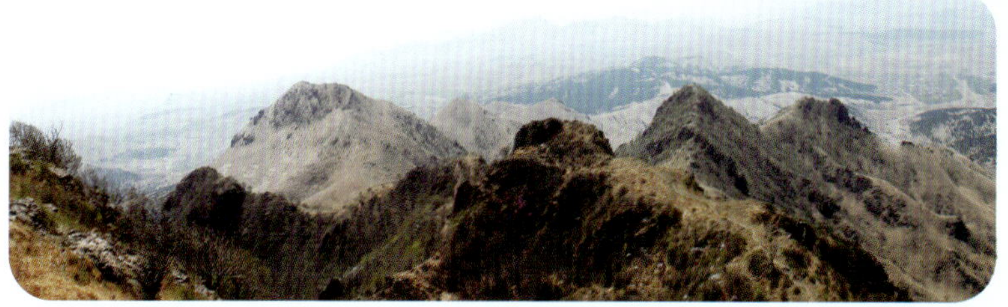

乌兰木图山风景区

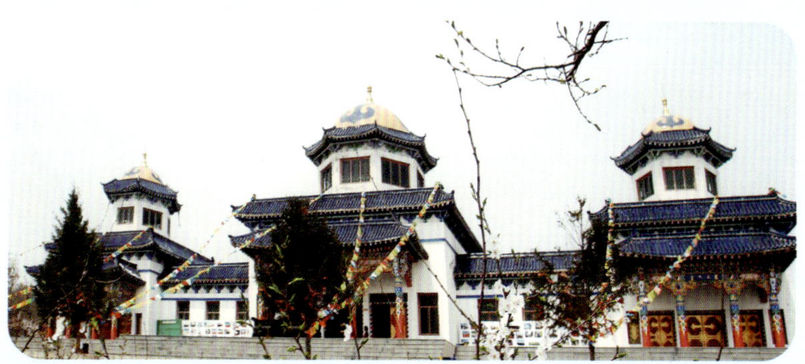

关山成吉思汗祠

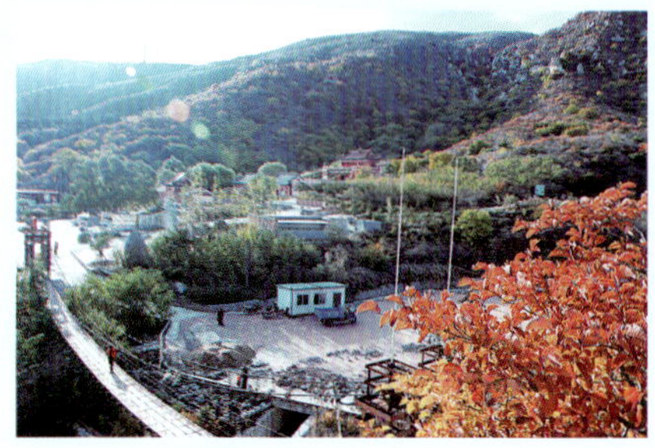

宝力根寺风景区

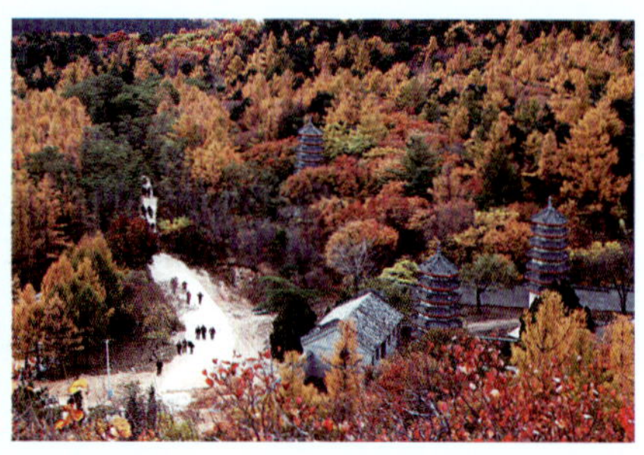

三塔沟风景区

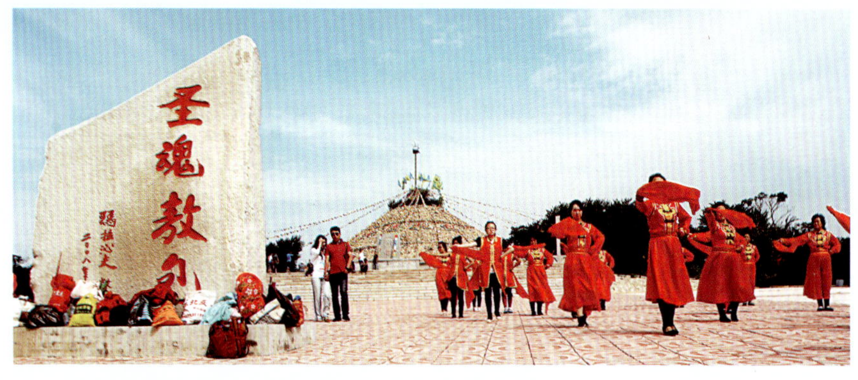

大巴关山敖包风景区

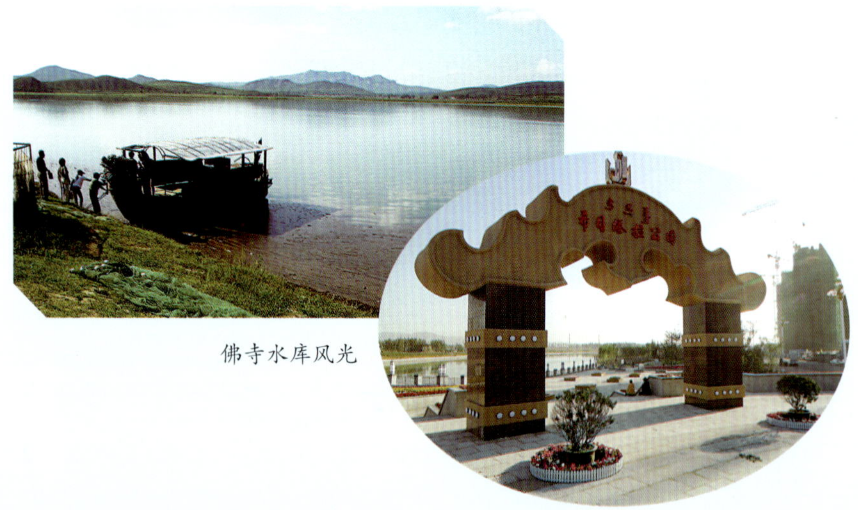

佛寺水库风光

希日塔拉公园

《中国蒙古学文库》续版总序

《中国蒙古学文库》（以下简称《文库》）是在我国改革开放新的历史时期，在解放思想、实事求是思想路线指引下，在文化适应经济社会的发展而不断繁荣的客观要求下应运而生的。《文库》自筹备到出版以来走过了艰苦立业、敢为人先、追求一流、不断创新的12年。到2009年9月正式出版了百部书，并以此向新中国六十华诞献礼。同时召开了“百部纪念会”，出版了《百部纪念册》，可以说《文库》编委会完成了一个阶段的工作。

《文库》是一套比较全面系统地反映蒙古学研究成果的系列丛书。它的编辑出版开辟了学术著作出版的新途径，成为蒙古学研究成果跨世纪的丰碑，在国内外引起广泛的关注，产生了良好的反响，将成为繁荣发展蒙古文化方面具有一定知名度的、品位较高的文化名牌。随着加快全面建设小康社会、构建和谐社会的步伐，不断增强各民族间平等、团结、和谐互助关系，为满足各族人民日益增长的物质和文化生活需要，促进内蒙古自治区文化大区的建设，为推进蒙古学研究事业的发展，提升文化软实力，突出民族特色，充分发挥文化优势和社会人才资源优势，传承和弘扬蒙古民族的优秀文化，很有必要继续编辑出版蒙古学方面的学术著作。

为此，《文库》领导小组向中共内蒙古自治区党委和政府呈报了《中国蒙古学文库》续版百部书的申请报告。自治区党委和政府的领导高度重视，全力支持，批准了申请报告，决定《中国蒙古学文库》继续出版。这是大快人心的好事，是自治区学术界的一件喜事，是贯彻落实科学发展观、为文化建设所做的一件实事，是继续推动蒙古学研究繁荣发展的重大举措。它标志着《中国蒙古学文库》的工作进入了一个新阶段。这对我们是个极大的鼓舞和鞭策，使我们深深体会到党的民族政策的英明正确，并使我们深刻认识和看到，党和政府情系民生，执政为民，在推进经济社会又好又快发展中，繁荣文化建设事业的良好形象。

蒙古民族在历史上彰显了游牧文明的优越性，成为游牧文化的集大成者，在人类历史上创造了辉煌的奇迹，造就了世界新的格局，展示了走向统一、走向开放、走向文明发展的总趋势，留下了珍贵的文化遗产，产生了重大的至今还值得深思和研究的许多问题。从而形成了独具特色、充满生机、内涵丰富、博大精深的蒙古文化，形成了国际性、综合性的"蒙古学"。"蒙古学"就是以蒙古文化为研究对象的科学。其内容是研究蒙古族在形成和发展中创造的一切文化成果的传承和繁荣发展规律，是研究在漫长的历史进程中各民族之间相互交流、互助和谐、共同进步的过程和经验。

蒙古学是国际性的，世界上很多国家和地区都在研究，因此，我们的研究及其成果必须旗帜鲜明地突出中国特色。最根本的是以马克思列宁主义、毛泽东思想、邓小平理论、"三个代表"重要思想、科学发展观和习近平新时代中国特色社会主义思想为指导，高举中国特色社会主义伟大旗帜，坚持社会主义核心价值体系，贯彻执行党的民族政策和"双百"方针。这是中国蒙古学的一大特色和优势所在，是我们以往研究和创新所取得丰硕成果的根本原因，也是《文库》今后在编辑出版工作中必须坚持的基本原则。

在马克思主义普遍真理的指导下，遵照中国特色社会主义理论体系，如何认识和改造蒙古传统文化，如何借鉴吸纳其他民族的文化，是我们面临的艰巨任务。在这里必须坚持马克思主义与蒙古文化的实际相结合，充分体现马克思主义中国化、时代化、大众化的趋势，继续解放思想，坚持实事求是，运用马克思主义的立场、观点和方法，着力研究和传承蒙古族传统文化，进而改造传统文化，推陈出新，适应中国特色社会主义事业发展的需要，寻求现代化的路标；着力研究各民族文化交流的经验和趋势，探索巩固和发展各民族间的平等团结、互助和谐关系的新思路和有效途径；着力研究和总结建设中国特色社会主义实践中的新鲜经验和现实问题，全面提高民族的整体素质，为党和政府的决策提供智力支持和精神动力。

蒙古学是综合性科学，涵盖面广，内容丰富而全面。《文库》致力于编辑出版蒙古学方面的学术性研究成果。特别注重专题研究、系列研究、历史人物研究、哲学及社会思想史研究。这些内容的研究以及编辑出版，是《文库》的中心课题，是它的显著特点和优势。资料汇编、论文集、辞书、名词术语汇编、回忆录、个人选集或全集、杂记、传记、多卷本著作、文艺小说等不属于《文库》编辑出版范围。

《文库》优先选择以下著作：(1) 带有抢救性的著作；(2) 学术方面的国家课题、省部级课题的最终成果；(3) 以博士论文为基础充实修改的著作；(4) 新兴学科、薄弱学科、交叉学科、边缘学科的著作；(5) 理论研究，创立体系的著作。先出版用蒙古文或汉文撰写的一种版本，今后根据实际需要，选择一些有利于各民族文化交流，具有共同性使用内容的，具有较高学术价值和实用价值的著作，翻译成另一种文字出版。

出版的著作要有鲜明特色，弘扬创新精神，体现精品意识。一切从蒙古族历史文化的实际出发，挖掘好、研究好、保存好、维护好、发扬好蒙古文化的固有特色，充分彰显蒙古文化的风格和气派。同时积极汲取世界先进文化，达到二者的有机结合，从而充分体现蒙古文化的世界性、民族性和地域性特点。鼓励大胆的创造，发扬自主创新精神。创造性是蒙古文化固有的特点和发展的内在活力。《世界征服者史》作者志费尼曾指出，成吉思汗有关征服他国的方略，消灭敌军，擢升部属等措施，是“凭自己的脑子创造出来的”，“全是他自己领悟的结果，才智的结晶”。

《文库》以原创性、系统性和突破性作为编辑出版的基本要求。突出原创性，就是要求出版创新的、新颖的和具有较高学术价值的著作。注重系统性，就是要求出版学科建设中的系列著作，在某个学科方面具有权威性成果，为学科的理论研究和创立体系起到奠基性作用的著作。强调突破性，则要求从研究的领域、资料、观点、方法等某一方面超越前人的成果，具有开拓性的、填补历史空白的著作。

质量是编辑出版的生命。精益求精，精心组织，高标准、严要求，以极端负责的精神，保证出书的质量。为此严格执行“编委责任制”、“三审制”，把好“三个关”。书稿由总编辑根据书稿内容和编委的特长确定该书稿的责任编委，责任编委对书稿负责到底。编委会执行“三审制”，由两名专家审稿，编委会集体讨论，总编辑审阅定稿。出版社也要执行“三审制”，责任编辑初审，编辑室主任复审，总编辑终审。编委会和出版社共同把好政治思想、学术水平、文字技术三个关。

续版的百部书必须抓住重点，努力做到实证研究和理论研究并举，以理论研究为主；研究历史客体和研究主体思想并举，以主体思想的研究为主；系列研究和体系研究并举，以体系研究为主；历史问题的研究和现实问题的研究并举，以研究现实问题为主。突出重点才会显示《文库》的出版特色和优势，开创蒙古学繁荣发展的新局面，也标志着蒙古学的研究转入理论研究、创立体系的新阶段。这是在蒙古文化的发展史上具有重大意义的转变，是蒙古学研究中出现的实质性飞跃。

“一个民族想要站在科学的最高峰，就一刻也不能没有理论思维。”这是恩格斯在一百多年前说的至理名言。这里说的“科学”当然包括哲学、自然科学、社会科学和思维科学。“理论思维”即哲学思维。我们提出的振兴中华，实现“四化”，其目标就是让中国各民族都要在中国共产党的领导之下“站在科学的最高峰”，把我国建成富强、民主、文明、和谐的社会主义国家。为此必须重视“理论思维”，必须强调理论思维的学习和锻炼。蒙古文化虽然经历了盛衰变迁，始终绵延不绝，这就足以证明，它必然有其优秀传统，有其很多的优点和特点。但长期以来我们吸收外来文化，并把它融合、消化进而变为自己的文化，形成蒙古文化方面下的功夫还不够；蒙古文化具有独立性，但系统性尚未形成，各学科的形成和发展也很不平衡；文化理论的研究和创新，各学科理论体系的形成和完善严重滞后。这也足以证明，蒙古文化也有其不可忽视的缺陷。这里除有政治、经济等诸多原因外，与文化研究方面长期以来忽视或轻视理论思维的地位和作用，忽略蒙古民族思想史和历史人物思想的研究，忽略哲学及社会思想史的研究也有直接关系，以致严重影响了蒙古文化的全面发展和繁荣，影响了各学科的理论研究和创立体系的历史进程和水平。

思想是文化的核心，哲学是文化的思想基础，是文化的精华部分，是文明的“活的灵魂”，这是人类文化史研究证明了的普遍真理。理论研究和创新、创立体系是一个民族文化繁荣发展的标志，是一个民族文化走向成熟、进入文化自觉境界的表征，也是不断深入研究、开拓创新的必然结果。只有理论研究、理论创新，各学科创立并逐步完善的体系，才能使民族文化得到全面协调可持续发展；才能充分彰显民族文化在开放中仍然能够保存和弘扬的优秀成果，突出独具的特色和优势，使民族文化在有条件的流变中做到有选择地包容外来文化，并把二者有机地结合起来，才能形成充满生机的开放性体系，找到与时俱进、蓬勃发展的活力，才能使民族文化随着时代的步伐不断地创新，大胆地应用，从而满足人们日益增长的需要。因此，文化研究中理论研究、理论创新、创立体系是非常重要的，是不可或缺的层次或阶段。智慧凝聚经验，思想闪耀光辉，理论显现魅力，真理揭示规律。《文库》续版的百部书要紧紧抓住这个主题，充分利用新世纪赋予的难得的良好机遇，使蒙古文化焕发出强大的生机和活力。在这方面要有新的作为，要有新的建树和创新，以弥补蒙古学研究中的历史性缺憾或薄弱环节。把蒙古学研究推进到新的发展阶段，这是我们的事业，我们的希望，我们的目标，也是我们应尽的职责和责无旁贷的历史使命。

《中国蒙古学文库》的原版“总论”是由《文库》总编辑、内蒙古社会科学院蒙古史著名学者、研究员留金锁先生执笔，编委会讨论通过的。“总论”概括地论述了蒙古文化发展的历史演变，叙述了研究蒙古文化的过程和取得的标志性成果，总结了以往的经验，明确提出了今后的研究方向，在编辑出版“百部书”的过程中起到了重大的宣传和指导作用。随着形势的发展，研究的深入，续版的百部书中将原版的“总论”和“序”重新修改，增加新的内容和要求，称之为“续版总序”。续版在封面设计、装帧等方面都做了一些调整和改进，以崭新的面貌问世，给人以耳目一新的感觉，将会引起作者和读者的兴趣和关注。

续版百部书，在组织机构方面取消了《文库》的顾问。对领导小组成员、总编辑和编委成员都做了一些适当的调整。原有的同志多位是离退休的领导、专家、学者。他们参与了《文库》的一系列具体工作，工作中任劳任怨，淡泊名利，不计报酬，默默耕耘，倾注了一片心血，做出了重大贡献。我们不会忘记，历史也不会忘记。他们的睿智、业绩和奉献精神，随着时间的流逝，将会永驻在《文库》的字里行间，记载于蒙古学研究的史册。

在我国，研究蒙古文化由来已久，而且资料文献甚丰，成果累累。但是将蒙古学真正作为一门科学，进行全面而系统的研究是新中国成立以后才开展的。尤其是改革开放以来，蒙古学的研究方兴未艾，全面推进，著述颇丰，成为哲学社会科学百花园中一朵绚丽的奇葩。我们编辑出版《中国蒙古学文库》续版的百部书，在继承以往成果的基础上，将在更高层次上整体推进蒙古文化的繁荣发展，使其成为反映时代特征、适应实践的发展、满足人们日益增长的文化生活需要、喜闻乐见的崭新的蒙古文化。自治区领导的这一决策和编委会的一系列有关的举措，对加快内蒙古自治区的文化建设，促进国际蒙古学向纵深发展，推动中国特色社会主义建设的伟大事业必将发挥应有的作用，其意义是重大的，也是深远的。

我们深知，《中国蒙古学文库》是繁荣图书出版事业的创新之举，是传承文明、繁荣学术、继往开来的薪火工程，是功在当代、惠泽后人、流芳百世的宏伟事业。我们要认真总结以往经验，在新的起点上继续发扬优良作风，再创新的业绩。编委会要以新的姿态，振作精神，全力以赴，齐心协力，埋头苦干，认真审阅，精心修改，力求编辑出版精品力作。我们的工作是艰巨复杂而光荣的，任重而道远的。由于我们才智的局限，以及理论基础、学术水平和编辑能力等方面的原因，可能会出现一些问题，存在一些缺点，恳请作者和读者及时赐教。

《中国蒙古学文库》编委会

2010年3月

《蒙古贞历史》编纂委员会

序　言

满昌[1]

在努鲁尔虎山脉与医巫闾山脉之间北端的平原上，有一片钟灵毓秀、人杰地灵的地域，这就是“蒙古贞”。这里以蒙古族为主体，居住着勤劳朴素、勇敢顽强的蒙古贞人民，世世代代描绘着锦绣山河，建设着美好家园。

早在八千多年前，在这片神奇的热土上，产生过驰名中外的“查海（察哈尔）文化”。先后有东胡、乌桓、鲜卑、契丹、女真、蒙古等民族生息繁衍，开发建设，不断地推动历史进程。特别是蒙古贞部落，立于众部落之林，创造了自己的悠久历史，创造了自己的绚丽多彩的文化，铸就了“蒙古贞英魂”。在荆天棘地、风刀霜剑的大自然困境中，有顽强的生存能力；在沧海横流、风云变幻的飘摇岁月，有强大的凝聚力和向心力；同汉、满、藏等各兄弟民族生产、生活在一起，吸收其文化的精华，发展本部落，本民族的优秀文化有极强的吸纳性，有感动石佛的精神，这就是“蒙古贞精神”。

蒙古贞具有悠久的历史及灿烂的文化。编写《蒙古贞历史》意义重大。早在新中国成立初，蒙古贞老前辈就提出过写

① 满昌系内蒙古师范大学教授、著名蒙古史专家。

《蒙古贞历史》的问题。然而，未能如愿。党的十一届三中全会后，修志编史工作得到重视，连续出版了《阜新蒙古族自治县概况》《阜新蒙古族自治县民族志》《蒙古贞文史》及《蒙古贞宗教》《蒙古贞史》，还整理出版了有关风俗、语言文字、人文等方面50多部书，为编写《蒙古贞历史》奠定了基础。

《蒙古贞历史》的编写出版，是阜新蒙古族自治县社会生活中的一件大事，也是对蒙古贞历史的总结，是蒙古贞流芳千古、惠及子孙的一项社会工程。《蒙古贞历史》是上下贯通，自成体系，填补蒙古贞部落史、地域史、蒙古族史，乃至阜新民族史空白的一部著作。

编写《蒙古贞历史》是为了从中提取蕴藏于蒙古贞历史之中的伟大凝聚力和向心力之精华，鼓舞蒙古贞人深入了解蒙古贞历史，热爱蒙古贞，建设可爱的家乡。这对蒙古贞的经济建设、政治安定、文化繁荣、社会进步、民族团结将产生积极的、重要的影响。

习近平总书记强调指出："学习和总结历史，借鉴和运用历史经验，是我们党一贯重视和倡导的做好领导工作的一个重要的思想和方法。"编写《蒙古贞历史》就是要总结历史，展望未来，知古鉴今，古为今用，发挥历史知识应有的积极作用。在编写工作中我们依据中共中央关于《爱国主义教育实施纲要》提出的"要特别注意组织出版反映爱国主义主题的政治理论类、文艺类、知识类，历史类、文化类读物"的要求，按照"做好地方史志编纂工作，巩固中华文明探源成果"的意见，把编写出版《蒙古贞历史》纳入日程，组织蒙古贞历史学者、专家编写了这部著作。

为编写好《蒙古贞历史》，参加编写的人员以马列主义、毛泽东思想和邓小平理论和"三个代表"重要思想、科学发展观和习近平新时代中国特色社会主义思想为指导，查阅了大量的档案、图书、报刊等资料，收集了民间及馆藏的古籍资料，调查了解民间口碑资料，同时，对史料进行了大量的辨析、匡谬、探讨和存疑工作。采取史志结合、以史为主的编写体例，本着以时为序、以事为主、纵横结合、论寓史实的原则，对蒙古贞的政治、经济、历史、军事、地理、文化、教育、医药、民俗、社会制度、哲学思想、宗教、内外关系、人物等方面，进行了深入的、创造性的研究和编撰，总体上反映了蒙古贞的整体形象，展现了蒙古贞的历史地位、历史贡献及对中华民族形成所起的历史作用。

《蒙古贞历史》的编写出版，将成为填补蒙古贞部落史空白之书，为中国蒙古史学宝库增添了一部地方史书，为蒙古贞的社会主义精神文明建设增添光彩，为爱国主义教育及民族团结进步教育提供了一部重要的蒙古贞史学研究学术著作。

2017年10月28日

目　录

第一章　蒙古贞地区历史文明

在莽莽卧龙般的医巫闾山之北，波涛滚滚的库昆河（今北大河）之南，峻拔险峭的伊柯翁格勒古山（今大青山）之东，蜿蜒曲折的鹞鹰河（绕阳河）之西的广阔的地域上，居住着一个蜚声漠南的蒙古族古老部落——蒙郭勒津部落。蒙郭勒津后逐渐演变简化为蒙古锦成为地域名称，俗称“蒙古贞”，新中国成立后建立了阜新蒙古族自治县（简称阜蒙县）。在此地域上，孕育了北方民族的历史文明，也孕育了蒙古贞的历史文明。境内有一座功德弥隆、极天际地的圣魂之山翁衮山（今称关山），有两条微波荡漾、泽润大地的细日塔拉河（今称细河）、饶阳河成为居住在这里的北方民族历史文明的见证。

第一节　玉龙文化　文明发端

新石器时代蒙古贞地区有着与中原地区基本同步发展的社会历史。通过对地下出土的人类文明遗物和有关资料考察，证明蒙古贞地区的“查海文化”属于新石器时代晚期的文化。这些丰富的文化遗物是了解北方原始社会历史的重要依据。

一、查海（察哈尔）遗址

考古事业的发展，为今人研究人类历史提供了极为可靠的佐证。沙拉镇查海村（查海一词是蒙古部落察哈尔的谐音）红山文化遗址的发现，有力地证明，早在史前期中华民族的祖先在此生息繁衍。根据地下出土文物考察，查海遗址文化是北方“红山文化”的根系。其精美绝伦的各种玉器、龙纹陶片，在新石器时代所有人类文化中极为少见。该遗址是新石器时代早期的原始部落遗址，距今约有7600年前，是中国发现人类最早的村落遗址。该遗址出土的龙纹陶器和石块堆放的龙堪称“中华第一龙”。中国著名考古专家苏秉琦教授在发掘查海遗址后欣然命笔“玉龙故乡，文明发端”。因此查海遗址成为中华民族人类文明的发端，发现的古村落遗址号称“中华第一村”。“查海遗址还出土了龙纹陶片，与龙纹石堆相呼应，展示了查海遗址龙文化内涵的龙为中华第一龙①。查海的龙和玉器是红山文化的根系。

人类社会生存的首要条件是物质资料的生产，这也是决定其他一切活动的最基本的实践活动。因为人们要生存、要发展，就必须创造各种各样的物质资料。在查海遗址中，发掘的1000平方米的文化层中，就发现大小相同的房址8座，基住房直径6米，半地穴式，方形抹角，打在基石上。红山文化是新石器晚期分布在辽西的农耕文化。“红山文化即蒙古文明的开端之一，是中华五千年文明的曙光。考古学家认为红山文化的开创者，是蒙古民族的先民夏蒙古、北狄蒙古”②。在原始社会，房屋的建筑，使人们的生活来源有了更大的稳定性，使原始人定居下来，成为原始人口发展的首要条件。从而使原始人的经济生活发生了重大变化，人们从狩猎、采集进入锄农业和畜牧业阶段。

---

① 泰亦赤兀惕·满昌著《蒙古族通史》辽宁民族出版社2004年出版，第一册第146页，上第18行。

② 泰亦赤兀惕·满昌著《蒙古族通史》辽宁民族出版社2004年出版，第一册第200页，上第3行。

在发掘的文化层中，发现有配套齐全的农业生产工具，甚至其中还有用玛瑙石压制、打制的细石器。这些充分说明当时查海这块土地上的农业已经相当发达了。在其日常生活中，发现有生活日用品，诸如“三字纹陶器罐”“回文尊”“松枝纹和象形鱼纹陶罐”。这些陶器同龙纹陶片一样，其花纹线条流畅，造型别致。它标志着原始人以采集，农业和狩猎、捕鱼等为主要生活来源。以母系氏族为主的遗址中，发掘出34件极为珍贵的白色带淡绿斑点的耳饰玉玦，直径4厘米，厚1厘米。从遗址中发现，原始人的生活是丰富多彩的。人们制作“双孔磬形石器”“大形圭形石器”，这就是远古的乐器石磬。各种陶器上的龙的花纹、鱼形纹等，说明了原始人有很高的美术、绘画水平。在原始人的生产、生活中，反映了他们的原始科技意识，其水平达到了划时代的地步。人们制作的“土圭”，就是测日影、观察时间的最为古老的钟表，使之更好地利用时间，科学地安排生产、生活的各项活动。由于原始社会生产力的不断发展，人们在同大自然斗争的实践中，打制出各种生产、生活所需要的用具，说明了在众多的人口中，人才辈出，其生产技艺高超，促进了原始社会经济的发展。

二、胡头沟玉器墓

在化石戈乡台吉营子村胡头沟屯西南，牤牛河东岸断崖上，出土了两座有随葬玉器的多室石棺墓。其墓上用石块围绕丘顶砌筑，略呈圆形的“石围圈”。圈外东侧立置成一排，依石墙走向略成弧形的彩陶筒形器，均为泥质红陶。手工制作，壁较厚，外壁经刮削和压光，内壁略加抹平修整，皆为直筒状，厚圆唇，折沿或沿稍卷，中腹外凸无底。筒形器均有纹饰，局部绘黑彩，但纹饰和彩绘都在器身一侧半面，另半面光素无纹，其纹饰以平行条纹带为主，还有斜平行线纹，网格纹和沟连涡纹。黑彩绘在其下，图案有沟连涡纹带、垂环形带和平行宽带等。在其圹埌中发现“勾云形佩饰”“玉龟”“玉鹘”“玉鸟”“玉璧”“玉环”“玉珠”“棒形玉”“鱼形坠”“三联璧”等各种各样的玉器。这些玉器呈白色、乳白色或淡绿色。其形酷似其所饰动物，形制精美，小巧玲珑。这两座有随葬玉器墓，均属红山文化的遗存。其墓地情况和墓葬结构，有随葬玉器种类，墓边地发现的陶器绝大多数为彩陶筒形器等，都较以往红山文化内涵少见。北方“红山文化”同黄河流域的新石器文化相比，其显著特点是玉器为独有的。从此墓随葬的玉器看出，原始人对玉器的需要量增多，成为生活中必不可少的用品。此墓只随葬玉器，未随葬陶器，亦是出土墓葬中绝无仅有的。玉器的出现，充分证明原始人的生产、生活水平达到了一定高度，科学技术水平也有很大进步。生产力的发展是历史进入了一个新的里程碑。

第二节　北方民族　相沿流变

人类社会从原始社会走向奴隶制社会，经历了相沿流变的过程。居住在蒙古贞地区的北方各少数民族，为中华民族的形成、祖国的统一及各民族的团结做出了积极的贡献。

早在公元前745年，蒙古贞地区地处北方各民族活动地域与燕国国境相接之处。在这里，北方民族中的东胡、山戎等民族，沿着水草茂盛之地分散居住，这里有丰富的鱼、盐、枣和栗，成群的马、牛、羊、骆驼。东胡是居住在东北地区的一个古老民族。早在公元前16至11世纪，东胡就与中原商王朝毗邻。公元前11世纪，又与周王朝相邻。战国时期，东胡位居燕国北部。当时的东胡、山戎是分散的民族部落集团。到后来，由于各种原因，自愿或被迫结合成一个庞大的部落联盟。而内部包括了许多族属相同而名号不一的大小部落。在蒙古贞地区活动的一些部落联盟，经常全副武装，分伙或聚众奔驰于辽阔的草原上。

东胡民族的经济生活主要以畜牧业为主，兼营狩猎。农业、手工业也比较发达。当时能用粮食造白酒，说明农业产业达到了一定水平。

东胡民族在开辟我国东北和北部的疆土，对发展北方畜牧业、农业经济，创造古代草原历史文化，做出了重要贡献。在广袤的大漠南北的地域上，东胡语言文化被北方很多民族所袭用。其中蒙古族的语言就源于东胡语言。

北方民族中的匈奴民族是一个人口众多、活动范围较广的一个民族。它诞生和兴起于漠南黄河河套地区和阴山一带。利用得天独厚的自然条件，发展了畜牧业和狩猎业。从原始氏族制迈进到奴隶制，不断增强实力而雄踞北方；而且，在北方民族中第一个建立了强大的奴隶制政权。匈奴政权的建立，结束了我国北方有史以来上百个游牧的民族、部落互不相属的长期的分散局面，实现了我国北方地区的统一，也为匈奴民族统一全国创造了条件，同时也促进了北方地区畜牧业经济以及其他经济的发展。到公元前209年之后，匈奴大破东胡，西击月氏，南并楼烦，北服丁零、鬲昆。这时，所辖地域南起阴山，北到贝加尔湖，东至辽河，西临葱岭。在其向东扩展时期，匈奴便在蒙古贞地区广泛活动，并在此建立了匈奴地方政权机构。在匈奴管辖的东部，建立了左贤王庭，其下有二十四个万骑长，在其下又有千骑长、百骑长、十骑长、裨小王、相封、都尉、当户、且渠等官。其中，当户一官职者居住于今王府镇良官营子。“良官”一名就来自于“当户”之语，在汉字音译中，将当户译成“良户”，接着又转译成良官，虽译得面目全非，但最后还以“良官”之名沿袭下来了。这是匈奴民族在此活动的一个例证。

乌桓，亦称“乌丸”。他和鲜卑是东胡部落联盟中的两个比较大的部落集团。公元前206年，匈奴冒顿单于大破东胡，使东胡部落联盟破灭。乌桓、鲜卑从东胡民族部落联盟中分化出来，乌桓聚居于西拉木伦河以北，87年后，便迁徙于上谷、渔阳、右北平、辽东、辽西五郡的边塞外居住。其中一部便居住于蒙古贞地区。乌桓曾受匈奴奴隶主政权的欺压，又受封建汉王朝的奴役，饱受这两方面的欺凌。经过艰苦曲折的斗争，乌桓摆脱了匈奴奴隶制政权的统治，与中原的经济文化有了密切的交往，社会经济获得恢复和发展，其各部日渐强盛。公元46年，乌桓对匈奴奴隶制政权进行了反抗斗争，取得了重大胜利。乌桓各部解除了历年受匈奴奴隶主掠夺势力的威胁和压迫。自公元49年起，辽西乌桓大人郝旦同中原长期进行贸易活动。到了公元190年，辽西乌桓大人丘力居从子蹋顿，把辽东、右北平三郡统一起来，不久又加上上谷乌桓，把统一的范围扩大到四郡。公元199年，冀州牧袁绍占领幽州，为酬答乌桓上层人物对他的帮助，以汉献帝名义封乌桓的三个王为单于，同时实行联姻政策。公元207年，曹操击败袁绍父子之后，其进攻矛头直指辽河以西的三郡乌桓，大破蹋顿于柳城(今朝阳县城)。并把归附和被俘虏的乌桓人迁至内地，从中挑选壮健人员编为骑兵，随同到各地作战，为曹操的统一事业做出了重大贡献。

鲜卑与乌桓同样是东胡部落联盟中的一个比较大的部落集团。自从匈奴大破东胡之后，鲜卑部落聚居于哲里木盟科尔沁左翼中旗西的鲜卑山，在乌桓的北部活动。当乌桓向南徙居后，鲜卑也向西南迁入乌桓人居住过的西剌木伦河流域。当乌桓势力渐趋衰落之时，鲜卑不断南迁，与东汉贸易往来，使其农业、手工业经济得到长足发展。公元2世纪中叶，鲜卑的著名首领檀石槐，建立起一个空前强大的鲜卑部落军事大联盟，所占地域“东西一万二千余里，南北七千余里”。并把占领的地区划分为东、中、西三部。从当时的右北平以东至辽东（今河北丰润至辽宁辽阳)，与夫余、秽貊两族接壤，共20余邑为东部。蒙古贞地区正处于其东部范围之中。到公元199年至235年，归属小种鲜卑轲比能统辖了。檀石槐的鲜卑部落军事大联盟，包括宇文鲜卑、慕容鲜卑和拓跋鲜卑。其各部之间“割地统御，各有分界”，莫能相一。后来，鲜卑慕容氏兴于慕容之曾祖父莫护跋之时，初居辽西，建国于今锦州之北。至其子涉归时，迁往辽东之北。公元284年，涉归死。翌年，涉归之孙慕容廆为帝。又从辽东之北，南下徙居徒河之伊柯翁格勒古山（此山即蒙古贞地区西部的大青山)。从这一年起，慕容廆征夫余，后统一辽东。到公元337年，慕容廆之三子慕容皝称燕王（前燕)。在公元341年春正月，慕容皝以柳城（今朝阳县城）之北、龙山之西为福德之地，筑龙城，构宫庙。改柳城为龙城并迁都龙城，号“和龙宫”。同年分南北两路军东伐高句丽，拔其都城丸都。公元344年，以两万骑兵征宇文部。将其部人口迁徙于今义县和蒙古贞地区。公元346年，又击破“西徙近燕的夫余”。经前后三次出征，掳掠15万人口，分别安置于龙城（今朝阳)、昌黎（今义县）和蒙古贞地区。公元352年10月，慕容皝之子慕容俊迁都于邺，建留台于龙城。公元407年7月，冯跋杀后燕主慕容熙，立慕容宝之养子高云为天王，又建都龙城。公元409年10月，高云为部下所杀，冯跋自立为天王，此段史称为北燕，于公元436年灭亡。

吐谷浑族是鲜卑慕容部的一支，其先祖原居于蒙古贞地区西部的伊柯翁格勒古山（今大青山)。他们主要从事畜牧业，而且很发达；同时也有原始的农业，种植大麦、蔓菁、菽粟等作物。

吐谷浑族于公元4世纪初西迁至青海，与羌人杂居。

契丹属东胡族系，是鲜卑族的一支。原与宇文、库莫奚两个部落一起游牧。公元344年，前燕王慕容皝进攻宇文逸豆归。契丹也同时被击溃，遂从鲜卑族中分离出来，自号“契丹”。游牧于西剌木伦河及老哈河流域一带生息繁衍，逐渐兴盛起来，后来形成一个实力强大的部落。

契丹在它的发展过程中，部落联盟的领导权最先由大贺氏这一氏族掌握。公元730年转入另一个氏族遥辇氏手中。公元907年，契丹部落联盟中的迭剌部的夷离堇耶律阿保机，取代了遥辇，成为契丹族首领，并统一了契丹各部。公元916年建立了奴隶制国家，国号为“契丹”。公元947年，改称“辽”。公元982年复称“契丹”，1066年，又复称“辽”。

随着辽王朝的建立，契丹人开发了蒙古贞地区，成为辽代比较发达、昌盛的腹地。辽国在这里建置了大量的州县、城邑。已是城郭相望、田野益辟、空前繁荣的地方。

在辽国建置的众多州城之中，有一座具有独特色彩的州城，叫作“头下军州”。在蒙古贞地区就有懿州、壕州、徽州、成州、欢州、顺州等众多头下军州。这些头下军州，都由辽国的诸王、国舅、公主私设。其他外戚及大臣不得私建城郭。在战争中，将其所掳获而来的人口、牧畜、财产充斥私人所建之州城，按俘户多少，又区分为州、军、县、城、堡等级次。头下军州除了节度使这一官员由朝廷直接任命外，其他刺史以下的官员，都由私城本主直接选拔自己的部下充任。市场商税皆归头下军州征稽，只有酒税必须上缴到朝廷的盐铁司。头下军州建置的区域，大都在蒙古贞地区的西北部、北部、东北部和东部。

徽州宣德军节度，是辽代第五代皇帝景宗之女秦晋大长公主所建置的私城。当时的徽州所在地，根据考古学界的断定，在今已发现的旧庙镇他布郎营子北一里之处的辽代古城遗址。徽州城屯田农耕，放牧养畜，经济发达。因而这里的人口较其他的头下军州要多，当时城乡一万多户，人口大约五万多。

成州长庆军节度，是辽国第六代皇帝圣宗第八女晋国大长公主所建置的私城。圣宗耶律隆绪为这座城亲笔题名曰“睦州”。其女姿质秀丽，礼法自将，下嫁驸马都尉肖绍业，可惜后因疾薨。后来，圣宗帝又将此城赏给了第九女公主八哥，并下嫁驸马刘三嘏。改睦州为成州，成州隶属于上京道时，军名为兴阜军。后改隶于中京道，州下设同昌县，于1201年3月建城时，皇帝赐给陪嫁四千户，近两万人口跟随公主来到成州。当时的州所在地，在今已发现的红帽子镇政府所在地西北隅辽代古城遗址。

壕州，亦是头下军州，隶属于上京道。该城是由辽朝国舅宰相金德所建的私城，在今泡子镇白城子村辽代古城遗址处。这里人口已达三万，户数六千户。

欢州，亦是头下军州，在《辽史》上失载。只在《契丹国志》中略提欢州。欢州塔碑铭在“文革”时期出土于大巴镇半截塔村北山塔基地宫。在碑铭上记载了欢州事宜。其地址一说是在今大巴镇苗圃东“大巴蒙中”所在地辽代古城遗址。这里是“八道河”流域，平原阔野、水草茂盛，是发展农业、畜牧业的理想所在。一说在半截塔村街里。

顺州也是辽国的头下军州。其地址一说在今十家子镇烧锅屯村西北辽代古城址。这里有座塔山，地势较高。塔山在当时是活火山，长年地下岩浆喷发，烟云笼罩，蔚为壮观。辽塔耸立于山脊，气势雄伟。放眼八方，沃野千里，是一个富饶之地。这里人口密集，农牧业发达。另一说在大巴苗圃东火车道线上。

懿州庆懿军节度，是辽国第六代皇帝圣宗之三女儿秦越国大长公主槊古所建的私城。于1023年，同陪嫁的农奴四千户，居住在城乡四邻。人口近三万人，除此之外，还有八千人马驻守城内。懿州城的所在地，究竟在什么地方，史学界有人认为在塔营子之乡北的黑石营子；有人认为在塔营子乡所在地。不管在什么地方，当时这一带的人口密度较大，是一个经济繁荣的地方。这里辽塔耸立，城郭规模较大，地处绕阳河畔的平原上，土地肥沃，是发展农业的理想地方。

除了上述头下军州外，蒙古贞地区的西南部，由行政州黔州所管辖，黔州西七十里接白川州（今北票市黑城子），东南五十里远，与显州（今北镇）交界。在百二十里范围，设黔州进行管辖，可见当时蒙古贞地区的人口密度是很大的。

女真族，其先族为靺鞨，属南北朝时的勿吉七部的黑水部、唐朝时的黑水靺鞨部。辽代时，将女真之一部徙居辽阳入户籍，称为熟女真。居住扶余之东、松花江之北的女真，称为生女真。建立金国的完颜部就是生女真中的一支。公元10世纪中叶以后，逐渐强大。1113年，完颜阿骨打任完颜部首领。1115年，阿骨打称帝，建国号“金”。1125年灭辽；1127年灭北宋。金代，蒙古贞地区属北京路管辖。路以下设州，蒙古贞地区又分三个州。西北部属川州，东北部属懿州，西南部属义州。1123年，西北部的同昌县（今红帽子镇所在地北）属于川州。金代标示同昌县界的里堠碑早已出土。上刻“东至顺安县百二十里，南至宏政县界35里，西至宜民县界百四十里，北至本县30里”。从同昌县的地理位置上看，蒙古贞地区西南部归宏政县管辖。金朝第三任皇帝熙宗完颜亶，改元天眷，改革行政机构。到1139年，川州属懿州管辖。同昌县也归属懿州。1140年，撤销川州。金大定初年（1161年）金朝第五任皇帝完雍登基，对行政机构又不断地裁撤。懿州被撤销，隶属于咸平府。后来又因里程遥远，不便于管理，又恢复了懿州。1166年，同昌又以县隶属懿州。到1204年，同昌县改属于义州。1197年，复置川州。蒙古贞地区的徽州，在金代初降为寨，后升为徽州县，归川州管辖。后因为地远，改属懿州。懿州下属顺安、灵山二县，其州所在地在今塔营子乡所在地。撤销懿州之北的宁昌县，并入顺安县，同时也撤掉了灵山县，因此，顺安、同昌二县相互交界。

女真族是我国北方有悠久历史的民族。女真族对开发我国东北地区的辽阔疆土，创建东北地区的经济文化，以及对多民族的统一做出了重要贡献。

第三节　蒙古民族　定居繁衍

当金朝内部矛盾激化、国势日趋衰落的时候，成吉思汗蒙古骑兵大规模西进。1212年12月，哲别率军攻破东京（今辽阳），1215年，成吉思汗手下大将木华黎率其部众东进攻打辽西，木华黎所向披靡，一连攻占瑞州、利州、义州、懿州和广宁等州府。战争结束后，木华黎一部分部众落户于蒙古贞地区。1217年，木华黎受封太师国王，继续担任对金经略的重任，统领汪古、弘吉剌、亦乞列思、兀鲁兀、忙兀等部蒙古士兵，进攻金朝与其作战。

成吉思汗为赏劳其黄金家族和功臣们，便分封诸侯。他的四个弟弟和岳父一家，被分封在蒙古草原的东部。历史上称为东方诸王封地。北至黑龙江的杜尔伯特，南至辽宁的彰武，为其二弟哈萨尔所属领地，称为“嫩十旗”，因沿嫩江居住而得名。成吉思汗异母弟别里古台，也被封为诸侯，给其两块封地。因其子孙最多，其一封地在太祖成吉思汗行在所附近，南接按只台，主要分布在怯鲁涟河、斡难河流域一带，赐给蒙古百姓三千户，其第二块封地则在广宁府路和恩州，赐蒙古百姓11630户。

在元代，蒙古贞地区分别归属辽阳路和广宁府路管辖。北半部分归辽阳路所属，南半部分归广宁府路管辖。辽阳路下属的懿州，辽、金、元三朝都称为懿州。元初称为懿州路，1269年，改为东京总管府支郡，领辖壕州和同昌县。设灵山县，后并入顺安县，均属懿州。到1313年10月，又以辽阳路之懿州，隶属辽阳行省。在懿州未隶属省前，广宁府路之北半部分，也属辽阳路所辖。

广宁府路，金代设广宁府。元代封别里古台为广宁王，旧立广宁行帅府事。后来由于地域辽远，迁治于临潢，立总管府。1269年，以户口单寡之因，降为东京路总管府属郡。到1278年，又恢复为路，行总管府事。

元朝至元二十七年（1290年），铁木耳任辽阳行省的平章政事（相当于今省长），将省会从辽阳迁到懿州。当时这里人口众多，经济发达。皇庆元年（1312年），王伯胜任平章政事，省会仍设于懿州。以后将省会迁回辽阳。至正十九年（1359年），辽阳行省的省会，再迁至懿州。元代的懿州，是北京（宁城）至驿安，再由驿安至懿州，通往辽阳、连山关、开州、驿昌，一直到合兰府方面去的交通要冲。

懿州在元代曾三次作为辽阳行省的省会，其地位显然是全省的政治、经济、文化的中心，是辽阳行省的第二大城市。这里人口众多，商贾云集，一派升平景象。懿州的教育事业发达。平章政事王伯胜在此办学。择贤师，建学堂，筑书馆，地百顷，募民耕种，供其办学经费。到元代末期所立的《懿州城南学田碑》，充分证明当时文化教育事业的繁荣。不单是懿州如此办学，其他各地也有办学之盛事。碑文撰于元代中统二年（1261年），碑石刻于元代至顺三年（1332年）的《大玄真宫祖碑》，立于今新民镇上排山楼村村口，碑文记载当时已是“家庠户序，学校如林”。可见元朝统治者对文化教育事业的重视。

广宁王别里古台居住之后，爪都于中统三年受封，至元十三年皇帝赐印，居功到此落户；还有彻里帖木耳、按浑察二人，至顺元年受封，携其部属在此居住。

《大玄真宫祖碑》碑文记载：“蒙北京路都元帅兀也儿及本府主官失剌万户为玄教之外护功德者……”说明于中统二年时，失剌万户为广宁府路的主官。

元代至元二十七年（1290年）四月，成吉思汗的幼弟铁木哥斡赤斤的后裔乃颜，勾结东部诸王哈丹、失都儿等叛变于辽东，并秘密与西北诸王海都等相联络，企图合兵进犯。元世祖忽必烈亲率大军，到蒙古贞地区的懿州驻扎，练兵习武，从懿州整装出发，平定乃颜叛乱。当地老百姓提水送饭，夹路欢送。六月，大败叛军于撒儿都鲁，胜利返回懿州。

成吉思汗分封诸侯时，将原属金朝的属地，也封给了其岳父、光献翼皇后之父弘吉剌部的特薛禅。当时的应昌路、全宁路属弘吉剌部，其东部到蒙古贞地区。特薛禅的曾孙雕阿不剌，于大德十一年（1307年）三月，因有功于元朝，袭万户，六月封大长公主。加封雕阿不剌为鲁王，鲁王分地就在蒙古贞地区北部，其广大部众游牧于此地。

明代初，辽东方面的故元辽王阿扎失里和惠宁王塔宾帖木儿等归降明朝。1389年4月明朝设全宁卫，5月设泰宁卫（今吉林洮安附近）。以辽王阿扎失里为指挥使，设福余卫（今齐齐哈尔一带），以海撒男答溪为指挥同知，设朵颜卫（今绰尔河流域和洮儿河上游），以脱鲁忽察尔为指挥同知。泰宁、福余、朵颜三个卫统称为兀良哈三卫或统称为朵颜三卫。以后次第南下。明中叶以后，自锦义历广宁至辽河，谓泰宁卫；历喜峰近宣府者谓朵颜卫；自黄泥洼逾沈阳至开原，谓福余卫。蒙古贞地区正处于泰宁卫地。在明末，居喀剌沁部的朵颜卫兀良哈部的一部分人马，也迁到蒙古贞地区。明万历六年（1578年），明御史安九域上书报告说，辽镇中后所及前屯与边乌牛背，大青山，有朵颜大一千酋长，昂酋、长兔酋、董狐狸酋；小一千酋长，土鲁赤酋；广宁辽河有泰宁莽金酋、卜劳九酋、把儿庆卜言酋、哈当酋，开原边外，辽河有福余莽金酋。这里所提之昂酋，系莽古岱之侄，董狐狸酋系莽古岱之五弟，时任都指挥佥事，当时活动于蒙古贞大青山一带。明代中叶，北元皇帝达延汗驻帐于察哈尔万户。其曾孙达赉逊库登汗时，携同察哈尔万户人马东迁，沿西拉木伦河，来到蒙古贞地区定居。

并筑白城，作为首都。

北元皇帝达延汗，建立六个左右翼万户，其中喀尔喀万户被达延汗分封给阿尔楚博罗特和格埒森扎二子，成为两个部分。阿尔楚博罗特领内喀尔喀，包括巴林、扎鲁特、翁吉剌、伯要和兀者五部，成为五鄂托克。属于漠南蒙古集团。其中五鄂托克喀尔喀一部，因人口众多，东迁到蒙古贞地区，吞并泰宁卫就地居住。

明代，除兀良哈、察哈尔、喀尔喀部落外，还有巴岳特部落（今阜新镇白玉都村名，即巴岳特之转音）和其他各部落支派多达240多支。由于人烟稠密，仅懿州有五千多人家，设广宁后屯卫，在卫下设前、后、左、右、中等五个千户所，所下设百户、总旗、小旗之机构进行统辖。年上缴粮10550石，每石折合500斤，交军草67000多捆，交军费银400两。

第二章 蒙古贞部落源流

千百年来，蒙古贞部落挺立在众多蒙古部落之林，驰骋在蒙古大草原上，始终凝聚一团。源于肯特山，游牧斡难河，迁中亚，回新疆，驻河套，迁徙到宣化大同，纵横捭阖，辗转东西，来到辽西。逐水草以游牧，垦荒野以农耕，生息繁衍，竹苞松茂，与各族人民成为良田沃野的开发者，大自然的征服者，灿烂文化的创造者。因此，居住此地和由此地外迁的蒙古族群众都自豪地称自己是“蒙古贞人”或“蒙古贞和硕（旗）人”。自明朝末年到清代，乃至民国年间，对蒙古贞的官方行政机构称为“土默特左翼旗”；但在民间很少称呼“土默特左翼旗”，而泛称“蒙古贞和硕（旗）”。旗札萨克所在地被称为“蒙古贞王府”。

蒙古贞汉语音译“蒙郭勒津”较贴近原音。因称蒙古贞多年，为规范其名称，故今称“蒙古贞”。对名称用字不能从字面理解其义，只是借其字音而已。所以，在历代汉文史书记载中，音译为“忙豁勒真”“蒙郭勒津”“满冠正”“莽观镇”“猛古振”等，至近代又译称为“蒙古锦”“朝邑蒙古锦”“蒙古珍”“蒙古镇”“蒙古贞”等。千百年来，蒙古贞为什么不绝于史书记载，没有丢失历史称谓而流传至今，追本溯源，有其独特的源流。

第一节　蒙古贞部落源流

蒙古民族是一个有着悠久历史的伟大民族，“蒙古贞”是其中的具有悠久历史的古老部落。

早在760多年前写成的蒙古族著名的史书《蒙古秘史》中，就有关于成吉思汗之上十三代远祖“孛尔只吉歹蔑尔干”娶“忙豁勒真豁阿为妻”的记载[①]。成吉思汗生于1162年，据《说文》注释：父子相继30年为一世，以此而上溯，其上十三代远祖，就早于成吉思汗390年。那么，忙豁勒真部落的美丽女子与孛尔只吉歹蔑尔干结发，距今大约1200年了。又据《蒙兀儿史记》记载，孛尔只吉歹蔑尔干与忙豁勒真豁阿夫妇二人为得姓受氏之祖。成吉思汗其姓为“博尔只吉特”，为蒙古族的黄金氏族。其姓就是以孛尔只吉歹蔑尔干之名所取的。本姓之源是从孛尔只吉歹蔑尔干与忙豁勒真得姓受氏开始的。后来，忙豁勒真写成了“蒙郭勒津”或“蒙古勒津”“蒙古贞”部落。

大约公元7世纪，蒙古族的先民在我国东北额尔古纳河南岸幽深的密林里安居乐业。从这一历史时期开始，成吉思汗的始祖孛尔帖赤那带领蒙古部落离开额尔古纳河的密林向西迁徙。渡过腾汲思海（今呼伦湖）到了鄂嫩河上游的布尔罕山（今大肯特山）游牧。而忙豁勒真部落在布尔罕山之北的鄂尔浑河和色楞格河一带游牧。到公元9世纪，成吉思汗的始祖孛尔帖赤那，下传至第十代的孛尔只吉歹蔑尔干。因蒙古部落与忙豁勒真部落地处相近，来往频繁，创造了两部落间成亲的条

① 新译简著《蒙古秘史》卷一，第1页。《蒙兀儿史记》卷一。豁阿发音高娃，意为美丽，引申含义可译成夫人。

件。到公元10世纪，蒙古部落逐渐强盛起来，从孛尔帖赤那始，传至第十二代的朵奔蔑尔干与阿兰豁阿（美丽尊称夫人）结发，生子布忽合塔吉、布合秃撒勒只、孛端察尔。其后代以其血缘关系，不断繁衍，乃至分衍出许多小部落，诸如孛尔只吉特部、扎只剌部、泰赤乌部、乞颜部、哈答斤部、巴鲁剌思等部落。这一有血缘关系的部落群，称为“尼鲁温”蒙古，意为纯粹的蒙古人。至于其他兀良哈、弘吉剌、亦乞列思、斡勒忽讷兀惕、哈剌纳兀惕、火罗剌思和也里吉斤、许兀慎、速勒都思、伯岳吾、不古纳惕、别勒古纳惕等大小氏族部落，都称为“塔尔列斤”蒙古，意为一般的蒙古人。尼鲁温蒙古和塔尔列斤蒙古合称为“哈木黑”蒙古，意为全体蒙古人。哈木黑蒙古之外，在蒙古草原上，还有忙豁勒真、塔塔儿、克烈、乃蛮、斡亦剌等部落。

这些部落按经济类型区分，可大致分为三种类型。一类是在森林中以狩猎为生的“林中百姓”。他们居住在东起贝加尔湖之东，西至额尔齐斯河这片绵长多山的森林地带。有兀良哈、巴尔忽、豁里秃马惕、斡亦剌、帖良古等。其中居住于色楞格河之北的少数忙豁勒真人，也在这种类型之中；另一类是在大草原上游牧的“有毛毡帐裙的百姓”。他们依次居住在东起大兴安岭，西到阿尔泰山一带大片地势较平缓广阔的草原地带。有塔塔儿、弘吉剌、札剌尔、蒙古、忙豁勒真、克烈、乃蛮等部落。再一类为“农牧业百姓”。汪古部在蒙古草原南部，不仅经营畜牧业，也经营农业。其经济发展水平较高。

因其经济类型不同，各部之间贫富差距加大，阶级分化加剧，蒙古各部落的社会已经进入了一个新的阶段。公元11世纪末12世纪初，蒙古草原已呈现出统一的趋势。到20代的合布勒汗始，俺巴孩汗、忽图剌汗进行了大规模的统一战争，组成了包括若干氏族部落的联盟。在统一战争的过程中，其范围的扩大，时间的延长，致使各自独立的氏族和部落越来越少。到

12世纪末，原来部落林立的蒙古草原上，逐渐各自组合了若干依附势力，形成了分疆对峙的蒙古、塔塔儿、克烈、忙豁勒真、乃蛮五大部落集团。

第二节 蒙古贞部落沿革

一、北元时期的蒙古贞

1368年，农民起义军首领朱元璋建立明朝。元惠宗妥懽帖睦尔北退上都（今内蒙古多伦西北正蓝旗东上都河北岸），史称“北元”。北元一面同明朝进行恢复对中原统治的战争，一面大小封建主各领所部人马，在其领地上实行封建割据。各部主要分布在东至松花江、嫩江和辽河流域，西至天山南北，北到额尔齐斯河及叶尼塞河上游，南临明朝北部的广大土地上。原在谦河上游居住的斡亦剌部，到明初已兴盛起来，游牧于更大范围的漠西。从额尔齐斯河到叶尼塞河上游（谦河是其上游）活动频繁。此时，蒙古贞部同斡亦剌部一样，经济发达，人口众多，部落实力不断增强。1399年，北元第四代大汗额勒伯克汗被斡亦剌（后称为瓦剌）部大封建主乌格齐哈什哈杀害。额勒伯克汗的丞相巴图拉将其反对者阿速部蒙古贞人阿鲁克台当作家中奴役。当乌格齐哈什哈杀巴图拉丞相后，蒙古贞人阿鲁克台到鞑靼部，于1408年，阿鲁克台任太师，立本雅失里继汗位。蒙古贞部与鞑靼部势力复兴，企图乘势击败瓦剌，控制兀良哈三卫。战乱较少的瓦剌此时业已强盛，不甘居鞑靼部附庸的地位，准备向东进兵，称雄全蒙古。1409年，阿鲁克台和本雅失里出击瓦剌，结果被瓦剌马哈木击败，败走到克鲁伦河。但是，阿鲁克台虽败，仍自恃力强，又与明朝为敌。明朝与瓦剌联合，派丘福率十万骑兵北征阿鲁克台和本雅失里，丘福孤军作战，全军覆没。阿鲁克台乘胜进攻辽东，威逼山西大同诸塞。1410年，明成祖亲率五十万大军进攻阿鲁克台和本雅失里。由于大汗与太师的意见不合，本雅失里带兵西去，阿鲁克台则向东，势力减少，本雅失里大败，逃到瓦剌，被瓦剌的马哈木杀死。阿鲁克台败于兴安岭，无奈与明朝和好。马哈木立德勒伯克为大汗，与鞑靼部决一雌雄，不断要求明朝攻打阿鲁克台。而明朝又钳制瓦剌。1413年，封阿鲁克台为和宁王。瓦剌气急，出兵克鲁伦河，攻打阿鲁克台，暗中欲击明朝。1414年，明成祖兴兵出击瓦剌，瓦剌大败。阿鲁克台乘瓦剌战败之机，于1416年向瓦剌开战，马哈木败亡，部众溃散。马哈木之子脱欢被俘，在阿鲁克台家中充当家奴。1419年，阿鲁克台再次打败瓦剌。同时，阿鲁克台又出兵明朝境内。1421年进攻兴和。明成祖朱棣于1422年、1423年、1424年三次率大军亲征阿鲁克台。而阿鲁克台避实就虚，保存实力。明军的三次远征，除了1422年再度降服兀良哈三卫之外，并未取得重大战果。1424年明成祖朱棣回师途中死于榆木川（今内蒙古多伦县开平城北）。阿鲁克台虽保存了实力，但处于明朝与瓦剌两面夹击的境地；另外当时风雪恶劣，其部属大部分离散，势力大为衰弱。在阿鲁克台同明朝作战期间，瓦剌的势力又重新兴盛起来，马哈木的儿子脱欢被阿鲁克台释放后，誓报其仇，于1418年，脱欢继承其父爵位为顺宁王，声言击败阿鲁克台。1421年，收复哈密，继续东进，并不断攻击阿鲁克台。1423年，同明军合击阿鲁克台，致使阿鲁克台大败于母纳山（今乌拉山），其人马损失殆尽。蒙古贞部与鞑靼部未及休养生息，于1434年，脱欢袭杀阿鲁克台及其子失捏干。自阿鲁克台死后，整个蒙古地区被瓦剌所控制。蒙古贞部虽遭失败，但到15世纪上半叶，蒙古贞部落继续活跃在北元历史舞台上。

瓦剌部首领脱欢征服阿鲁克台后，又统一了瓦剌各部。立阿寨台吉之长子脱脱不花为可汗，自坐丞相宝座，掌握了蒙古北元的实权。1439年，脱欢推举其子额森（又称也先）为太师淮王。他凭借其父强大势力，大规模地向四周扩展。迫使察合台后王西迁，中亚诸部族在其控制之下。1444年，趁女真肥河卫首领大败于泰宁卫拙赤之机，出兵分道截杀，致使三卫大困。1446年，以搜索阿鲁克台遗族为名，又进攻兀良哈三卫地区。1447年，迫朵颜、泰宁二卫投降。福余卫逃往嫩江。同时挥兵海西，追击女真诸部落。至此漠南、漠北和漠西基本上被额森征服。但是，额森统一北元蒙古并没有维持多久，他一方面受到蒙古正统势力的顽强抵抗，同时又受到瓦剌部一些封建主的反对，额森处于内外交困的境地。1454年，瓦剌右翼封建主阿剌（亦称阿拉克）、左翼封建主哈丹特穆尔丞相等起兵攻讨额森，额森兵败被杀。随之，瓦剌部衰落。东部蒙古重振复起，喀喇沁部的领主孛来击杀了阿剌，蒙古北元的大权落入了孛来和翁牛特部领主毛里孩王手中。大汗和异宗权臣之间的割据和统一的斗争一直持续到达延汗时期。

达延汗出世之前，瓦剌首领脱欢所立的阿寨台吉之长子脱脱不花不甘心于做他的傀儡，特别是到脱欢之于额森时期，脱脱不花为加强其汗权，与额森明争暗斗。而额森也想成为蒙古各部的大汗，进一步剥夺大汗的权力，并进而欲除掉脱脱不花。脱脱不花之汗后乃为额森之姨。他为摆脱额森的控制，不立其姨所生之子为太子，为此两人严重对立。1451年，脱脱不花与其二弟阿噶巴尔济共同向额森开战。其间，脱脱不花之弟阿噶巴尔济叛投额森，脱脱不花兵败逃入兀良哈，被其前妻之父沙布丹杀死。不久，额森反过来又把阿噶巴尔济杀死，统一蒙古各部，自立为大汗。阿寨台吉有三子，长子脱脱不花、次子阿噶巴尔济先后被杀害，幼子满都鲁驻守其封地伊苏特山（今在呼伦贝尔市）幸免于难。

脱脱不花有两个妃子生的儿子，长子摩伦台吉，次子马可古尔吉思。因为他们是元之后裔，所以就成了各大封建主，异宗权臣夺权的工具。喀喇沁部领主孛来，击败瓦剌右翼领主阿剌丞相后，立年幼的马可古尔吉思为可汗，只是作为专权的傀儡，所以后来又将其杀死。脱脱不花前妻所生的摩伦台吉，在其外祖父沙布丹家生活，沙布丹死后，摩伦台吉被翁牛特部领主毛里孩抢走。当毛里孩攻杀喀喇沁部领主孛来后，立摩伦台吉为可汗。专权的毛里孩听信谗言，1466年，杀死摩伦可汗。摩伦可汗死后无嗣，只有脱脱不花的二弟阿噶巴尔济的儿子哈尔固楚克之妻，留遗腹子，于1452年生，取名巴延蒙克。巴延蒙克在危险环境中出生，立即被救出瓦剌部，送到兀良哈部呼图克图少师处。长大后娶锡吉尔为妻。1474年得子巴图蒙克(即后来的达延汗)。

脱脱不花的三弟满都鲁，被永谢部的领主乩加思兰于1475年立为可汗，乩加思兰自立为太师。满都鲁可汗有两个皇后，其一是土默特部恩库特鄂托克的绰罗斯拜特穆尔丞相之女满都海，另一位是乩加思兰太师之女伊克哈巴尔图钟金。满都鲁为其长兄之次子马可古儿吉思复仇，杀哈齐金之姻亲多郭朗台吉，收复多伦土默特之众。此时适逢其侄孙巴延蒙克从瓦剌部归来。遂封巴延蒙克以孛罗忽济农之号。之后，满都鲁同其侄孙巴延蒙克在科尔沁部乌讷博罗特的协助下，征伐毛里孩王，报其侄儿摩伦台吉被杀之仇。毛里孩兵败身亡。满都鲁的太师乩加思兰怙势专权，专横跋扈，引起乩加思兰的弟弟亦思马因和满都鲁部下的大头目蒙古贞部首领脱罗干等人的不满，遂密谋，于1479年，杀死乩加思兰。而亦思马因继任太师，又收揽了大权，并且离间满都鲁汗与其侄孙孛罗忽济农之间的关系，使二人反目。亦思马因趁势袭杀孛罗忽。满都鲁汗也于1479年去世。其皇后满都海生下博罗克沁、伊锡格两个公主。博罗克沁公主下嫁到卫忽特的伯格勒森；伊锡格公主则下嫁于蒙古贞人脱罗干之子浩赛（又称火筛塔布囊）。满都鲁汗同其部下大头目脱罗干结为亲家。所以在当时，蒙古贞部有很高的社会地位。满都鲁汗在位5年。死后汗位的继承权就当然落到巴延蒙克孛罗忽济浓的遗孤巴图蒙克身上。巴图蒙克自幼离开父母，几经磨难，辗转到满都海皇后身边，被抚养成人。满都海皇后为巴图蒙克（即达延汗）的事业做出了巨大贡献。她不仅悉心抚养年幼的皇权正统继承人巴图蒙克，而且以恢复和光大黄金氏族的家业为己任。她不但深谙政治，而且有指挥作战的卓越才能，亲率大军出征多次，战无不胜。击败瓦剌之后，制定法令，巩固汗权，为扶持唯一的元裔巴图蒙克继承汗位，不致皇权旁落，采取常人难以采取的办法，不顾习俗的责难，做出了巨大牺牲。她严词拒绝科尔沁部领主乌讷博罗特王的求婚，毅然决然地与巴图蒙克成婚。1480年，扶立巴图蒙克承继汗位，史称达延汗。

达延汗主政以后，统一蒙古各部，调整封建秩序。巩固汗位，分封诸子，在蒙古史上产生了较大影响。达延汗打击舞弊擅权的权臣。1483年，击败亦思马因。1486年，亦思马因联合瓦剌进行反扑，最后被达延汗派遣的郭尔罗斯部的脱火赤少师所击杀。当达延汗派去次子乌鲁斯博罗特管辖右翼三万户出任济农（副汗）时。由于触及了权臣们的根本利益，于是永谢布领主亦布剌和鄂尔多斯领主满都赉阿固勒乎等为首的权臣起兵反抗达延汗，并设计将新赴任的乌鲁斯博罗特等杀死。这一事态不仅关系到右翼三万户的归属，而且关系到达延汗事业的成败，汗权的巩固。达延汗倾全力与亦布剌等决一死战。1510年，达延汗令诸部大举进攻，经过殊死战斗，终于以强大的优势取得了胜利。达延汗收复了右翼三万户，任命其第三子巴尔斯博罗特为济农，统治右翼三万户。达延汗在其统一的中兴事业中，也平定了其他蒙古各部。1495年，三次攻打兀良哈，终于将其置于自己的统辖之下。为了更加巩固自己的统治地位，他采取了“划分领地，分封诸子”制和“利用济农和万户制度”，加强军事组织，巩固汗位。把以前的小领地合并为六个万户，分左右翼统辖。左翼三万户为察哈尔万户、兀良哈万户、喀尔喀万户；右翼三万户为鄂尔多斯万户、土默特·蒙古贞万户、永谢布万户。达延汗驻在察哈尔万户境内，统帅左翼三万户，派济农驻鄂尔多斯万户境内，统帅右翼三万户。达延汗的分封制度，对后世产生了极为深远的影响，形成了漠南、漠北各个部，并成为清代在蒙古地区设立盟旗制的基础。达延汗毕生致力于统一蒙古的事业，结束了百年内部争斗的局面，对保障蒙古人民的和平生活和经济发展有积极的意义。达延汗于1517年逝世。

我们了解了满都鲁汗和达延汗时期的背景后，回过头来再看蒙古贞部在这一时期的生存与发展情况。前文已述，蒙古贞部首领脱罗干，早已成为辅佐满都鲁汗的著名大臣，而且为维护其中央汗权，不惜生命同仗势擅权的"赛特"（权臣）进行殊死斗争。满都鲁汗虽有两位皇后，但无子嗣，只有两个女儿，将其小女儿下嫁于脱罗干之子浩赛（火筛），成为姻亲。说明蒙古贞人在当时居于显赫地位，浩赛也是一位满都鲁汗的心腹骁将。

满都鲁汗升遐后，满都海彻辰皇后转嫁给达延汗，生下七个儿子。三子巴尔斯博罗特幼年寄养于其姑姊伊锡格公主家（即蒙古贞车库特的浩赛塔布囊家）。巴尔斯博罗特娶夫人博达斯，生衮必里克和阿勒坦二子，都抚养于蒙古贞。巴尔斯博罗特长大后要回其父达延汗跟前，浩赛塔布囊和伊锡格公主派一妇人作为博达斯夫人的随从。同时由蒙古贞的毕里克图等七人护送前往。可见浩赛塔布囊同满都鲁汗和达延汗的关系都很密切。后来，巴尔斯博罗特的长子衮必里克墨尔根济农，娶"蒙郭勒津车库特浩赛塔布囊之女阿勒坦绰·赛音为夫人，生子诺木·塔尔尼高阿台吉……"[1]蒙古贞的浩赛塔布囊将其爱女嫁

① 引自《蒙古源流》卷六，第341—342页。

给达延汗之孙，亲上加亲。

在明代史书中，浩赛（蒙语）一名曾用汉文音译 “浩赛”“科赛”“郭锡”“郭赛”“浩锡”“和实”“和硕”等。新译《蒙古源流》中均音译为“浩赛”。浩赛是北元满都鲁汗（亦称满都古勒汗）和巴图蒙克（即达延汗）时期的人。生活在明代景泰、天顺、成化、弘治年间。“浩赛”为卓越之意。浩赛其人，赤面颀伟，骁勇善战、勇武绝伦。明弘治九年，宣化大同延绥诸边境地区，被浩赛攻破。到弘治十一年秋，明将王越在边境与浩赛作战，未能取胜。翌年，浩赛率兵进入大同、宁夏境内，打败了明将军王皋。致使参将秦恭、副总兵马升不敢进攻，后都被明朝廷处死。之后，明朝廷派平江伯陈锐任总兵，侍郎许进任督师，久不敢进击，被明朝廷撤职。《余冬序录》云：“平江伯陈锐，性好饮凉酒，京师语曰：‘平江不饮热酒，怕火腮。’已而奉命出师迤北，酋浩赛赤面颀伟，骁勇善战，平江畏之，竟以逗留获罪。”

15世纪，被称为中兴烈祖的达延汗，把四分五裂的漠南蒙古各部重新统一起来，使蒙古民族得以振兴，在蒙古民族的发展史上有其伟大的功绩。在伟大的中兴事业中，蒙古贞的首领浩赛，成为达延汗的依靠力量，协助他完成了统一大业。1495年，浩赛协助达延汗消灭了入侵河套地区的北部亦不剌因王的军队。当年，浩赛也协助达延汗三次入辽东，平定兀良哈。1500年，浩赛在河套地区驻牧。明朝廷派出大军以御之。当时明将姚言败谋，虞邻失机，张俊陨首。浩赛经常从河套地区率兵冒着风雪攻打明朝北部边境。明大将保国公朱允中、贵人苗逵、右都御史琳，合京边兵十万，布韦州，仍不得利。明军只好在地势险要地带安营扎寨，以防冲突。仅能不乱，即为万全。

达延汗登上可汗宝座，是与浩赛的协助分不开的。蒙古贞部落首领浩赛征战于东至辽东、西至贺兰的万里疆场上。为统一漠南蒙古各部落立下了赫赫战功。统一后，建立蒙古贞部与土默特部合二为一的万户，因蒙古贞部首领浩赛具有显赫地位而著称，成为万户长。因此，明朝只知蒙古贞部的存在，不知土默特。在明朝所有史书中，都称为“满官嗔”部落，只字不提土默特部。而满官嗔部即蒙古贞部则著称于世。从史书记载到民间口碑传说，蒙古贞部和土默特部有着极为密切的关系。

土默特部落也是一个古老的部落。《蒙古秘史》中写到的“豁里土马敦”，或“豁里·土马惕”，就是土默特部的祖先。《蒙古源流》中记载的脱脱不花可汗的次子马可古儿吉思，被喀喇沁部领主孛来立为可汗后，称乌珂克图汗。由于夺权野心的驱使，派七土默特的多郭朗台吉，把年仅八岁的乌珂克图汗杀害。七土默特就是多罗闷土蛮。后满都鲁汗为其侄儿马可古儿吉思报仇，杀死了多罗闷土蛮的台吉，统治了多罗闷土蛮之部众。从那时土默特部归属满都鲁可汗，也就是归属于满都鲁汗的女婿浩赛塔布囊。因此，达延汗时期建立万户制时，蒙古贞部与土默特部同为一个万户。在明代史书中，均采用“蒙古贞”万户的形式做了记载。“蒙古镇属于东土默特旗，是王府所在地。”[①]在蒙文著作中，则采取“土默特·蒙古贞”或“蒙古贞·土默特”两种称谓。“满官嗔即蒙郭勒津。因此，土默特—蒙郭勒津泛指同一部落，或者蒙郭勒津是土默特的主要部落，因此有时用作全体部落的共名。”[②]蒙古贞万户在浩赛统管时期分八大营；后来在阿勒坦汗统管时期，合为六营，包括“多罗土闷”“畏吾尔”“兀甚”“叭要”“兀鲁”“翁吉剌”，有部众四万。浩赛死后无嗣，蒙古贞部就没有了自己本部的强悍首领。蒙古贞万户即土默特万户的首领，就由达延汗的第四个儿子阿尔萨博罗特接替。在接替过程中，没发生任何争乱，平

① 引自《蒙古地志》下，卷三，第613页。
② 引自《俺答汗研究》第4页。

稳过渡。后来，蒙古贞万户逐渐被土默特万户代替。所以只以一种“土默特”的名称记载于史书中。

自达延汗以来，北元蒙古各部领主们采取联盟措施，调解相互关系，保持平衡，出现了比较和平的社会环境，经济有了发展。这一时期，蒙古地区形成了漠南蒙古、漠北[①]喀尔喀蒙古和漠西瓦剌蒙古三个集团。特别是土默特万户商业、手工业有了很大发展，甚至成为蒙古地区的经济中心。达延汗长子图鲁博罗特先于其父而亡。达延汗去世后，其长孙博迪阿拉克年幼，未能承继大汗之位。这时，统帅右翼三万户的达延汗第三子巴尔斯博罗特掌握大汗之权。达延汗长孙博迪阿拉克长大后从巴尔斯博罗特手中夺回大汗之权后，于1520年继承大汗之位。左翼兀良哈万户反叛，博迪阿拉克联合其三叔之长子衮必里克济农和其次子阿勒坦多次出征兀良哈，最后肢节了兀良哈万户，并入其他五个万户之中。

阿勒坦势力不断增强，特别在几次出征兀良哈万户中，充分显示了他的力量和军事才干。因此，借机从博迪阿拉克大汗那里取得“索多汗”的称号。1542年，其兄衮必里克济农去世后，阿勒坦又以兄长的地位统管了诸兄弟。又凭威势和叔父之地位，将其兄之九子亦置于自己控制之下。这时，阿勒坦不仅不听博迪阿拉克大汗的节制，甚而欺凌大汗，迫使大汗东迁，并迅速占领大汗的原来领地。蒙古贞部与土默特部也跟随阿勒坦汗往来于河套内外，阴山南北。

阿勒坦汗采取开明政策。土默特·蒙古贞部的畜牧业、农业、手工业经济发展很快；同明朝建立商业贸易关系，交易范围扩大，出现了繁荣局面。在发展经济的同时，文化也有了进一步发展。阿勒坦汗时期藏传佛教传入蒙古地区。1578年，在青海仰华寺举行入教仪式，蒙古受戒者多达千人。蒙古贞·土

---

① 漠南、漠北指蒙古高原大沙漠以南、以北（今外蒙古）。

默特就有108人出家为僧。法会上，阿勒坦汗对到会的西藏第三世索南嘉措活佛尊之为“圣识一切瓦齐尔达喇达赖喇嘛”，达赖喇嘛的称号就源于此。1581年，阿勒坦汗身患重病。蒙古贞·土默特诸诺颜（官员）前往看望病危的阿勒坦汗时说，此经教之益在何处？丝毫保不住可汗的金命，岂能有利于后世之人？此等喇嘛乃欺诳者，今当弃绝此辈僧徒！满珠锡里胡图克图听后，召蒙古贞·土默特的诸诺颜至阿勒坦汗前，阿勒坦汗训教了他们，说，凡事有始无终，如水中之月，镜中之形，生死轮回，谁人也脱却不了。释迦牟尼佛也没有把不死之理写入佛经，但，死而复生。说服诸诺颜信佛教。阿勒坦汗于1581年12月卒。1585年，索南嘉措到达呼和浩特为阿勒坦汗按佛教礼仪举行丧礼。并趁势宣扬佛教，令各部首领一一皈依。察哈尔的阿穆岱洪台吉代表图们汗邀请索南嘉措前去传教。林丹汗继图们汗之后，组织大批人力将108函的《甘珠尔经》译成蒙古文。喀尔喀的阿巴岱汗在哈剌和林建造召庙，邀请蒙古贞·土默特的迈达里胡图克图到喀尔喀传教。由于佛教很早传入蒙古贞部，对蒙古贞部以后的社会产生了极为深远的影响。

阿勒坦汗死后，其妻莫伦夫人的独生子铁背台吉（亦称土伯特台吉）夭折，她不畏造孽，欲杀百人之子随丧地下，杀百驼之羔以锔装。当杀至四十余幼童时，蒙古贞部的锡尼该·乌尔鲁克之子由罕都雷喜雅台吉挺身而出，阻止莫伦夫人的残酷行径，提出愿替他人之子，献身随从死者。由于蒙古贞部的乌尔鲁克很有威望，对其直谏的由罕都雷喜雅，莫伦夫人不敢妄杀而罢手。蒙古贞部从达延汗时期，到阿勒坦汗时期，始终同土默特部相依在一起，乃至以后处在一起游牧，直到清代之初。

二、兀良哈部的迁徙

当蒙古贞部徙居阜新之前，兀良哈部早已活动在这里。

兀良哈部在蒙古历史舞台上充当过重要角色，其社会地位是很突出的。它作为社会历史长河中的一股激流，推动了蒙古历史向前发展。兀良哈部的源流与沿革，千百年来有着复杂的过程。兀良哈从有文字记载以来，在贝加尔湖以东巴尔忽真滩密的原始森林中，以狩猎为生，号称“森林百姓”。于公元9世纪徙居“布而罕哈剌敦山”（今肯特山）。经过几百年的生息繁衍，演变成为文明的部落。兀良哈亦称“乌力扬海”，是从蒙古语“乌瑞”“杭盖”之词结合变音而来。“乌瑞”意为高原，“杭盖”意为山林。乌力扬海部落即为高原山林部落。《蒙古秘史》中记载：“成吉思汗十二代曾祖朵奔蔑尔干时期，豁里秃马惕（地方）之豁里剌儿台蔑尔干听说，布而罕哈喇敦之主乌良孩歹·辛赤伯颜”，“有一天朵奔蔑尔干猎于脱豁察黑山之时，林中遇见兀良哈人在烧食鹿肉。”成吉思汗的九世曾祖“孛端察尔聘娶了西居于统格黎克溪边的扎赤兀惕部之阿当罕·兀良哈真氏为妻”。1162年成吉思汗诞生时，“兀良哈之扎尔赤兀歹老人由布而罕哈剌敦来到他家，赠送一架皮制的摇篮”。“扎尔赤兀歹老人的儿子兀良哈氏”者勒蔑“弟兄二人归附成吉思汗之后立下了汗马功劳”。蒙古国建立之前，居住于克鲁伦河、斡难河流域，包括贝加尔湖以东地区的蒙古人称合木黑蒙古。合木黑蒙古又分为“出身纯粹”的尼鲁温蒙古和一般的塔尔列津蒙古。兀良哈则包括在一般的蒙古之中。13世纪初，称兀良哈为森林百姓已不符合历史事实。

兀良哈部的沿革在一些史书中记叙紊乱，但是，从中也可以理出兀良哈部的沿革之由来。兀良哈部分为“大禁地兀良哈”和“朵颜山兀良哈”两大部分。当成吉思汗统一蒙古，将兵民属众及其领地分封给他的儿子、侄儿、弟弟和母亲的时候，分给三弟合赤温之子额勒只各台（成吉思汗之近卫将士）三千人，该三千人中多数是兀良哈人，还有少数乃蛮人和塔塔尔人。其分封领地在蒙古东方的朵颜山一带。被分封的兀良哈人到与女真部接壤的朵颜山驻牧。后来，朵颜山兀良哈部头领脱鲁忽察尔致明太祖的信中提到，从英明圣主成吉思汗时期以来，长期驻牧朵颜高地是他们的光荣历史。

大禁地兀良哈在成吉思汗逝世后，其右翼军千户长敖塔赤带领其千户属众，驻牧于成吉思汗大禁地，以守卫“成陵”为生计。他们的后代，到北元达延汗时期，成为左翼三万户之一，即兀良哈万户。1524年初，由于兀良哈万户的突雷诺颜、格尔博罗特丞相的反叛，驻察哈尔的北元正统大汗博迪阿剌克，联合右翼济农衮必里克墨尔根及济农弟阿勒坦汗于1524年、1531年、1538年先后讨伐三次，最后，给兀良哈以毁灭性打击，实行残酷镇压，其一部分被杀掉，一部分被俘充当奴隶；一部分残余向西北逃窜，潜入唐努山和阿尔泰山。17世纪末，他们中的一部分迁徙到合木吉克地方而居。如今的唐努兀良哈、阿尔泰兀良哈、合木吉克兀良哈，就是兀良哈万户的后裔。北元正统大汗博迪阿剌克，平定兀良哈万户反叛后，废兀良哈万户建制，把一部分兀良哈人分散在其他五个万户之中。

朵颜山的兀良哈在北元时期归北元左翼将领纳哈出（木华黎之后裔）统辖。1387年，明朝派出冯胜率20万大军征纳哈出。纳哈出料到难敌明军，最后投降。朵颜山兀良哈人也归属了明朝管辖。1389年5月，明朝廷在朵颜山（今绰尔河流域和洮儿河上游）一带设立了以兀良哈部为主的朵颜卫，以脱鲁忽察尔为指挥同知，在今吉林洮安附近，以“往流”部为主的泰宁卫，以辽王阿扎失里为指挥使和今齐齐哈尔一带以“兀者”部为主的福余卫，以海撒男答溪为指挥同知。三卫统称为朵颜三卫或兀良哈三卫。

朵颜三卫的蒙古人与明朝廷的关系较为密切。1390年，燕王朱棣出击北元丞相咬住、太尉乃尔不花时，朵颜卫指挥使花当协助收降了乃尔不花和咬住。1399年明太祖朱元璋死后，明廷内部发生了皇位之争。燕王朱棣发动了“靖难之变”。燕王在朵颜三卫八百骑兵的援助下，打败了占据大宁（今宁城县大明乡）的宁王朱权（朱元璋之十七子），继任皇位。燕王朱棣为报答兀良哈三卫之恩，承诺把宁王朱权封地大宁，分给兀良哈三卫之封建主。但朱棣之诺言迟迟不予实现，于是，兀良哈三卫从明永乐末年大举南下。率部众投靠乌勒吉帖木耳汗与阿鲁克台太师。以后又投靠脱脱不花汗和额森太师。因而惹恼了明成祖朱棣。朱棣于1422年、1423年和1424年三次率大军亲征阿鲁克台太师。1422年，在霍林部勒大肆杀戮践踏了兀良哈部。

兀良哈部受到惨重打击后，向西退却，休养生息。1426年，又挥师南下，在老哈河一带游牧。1426年至1450年，兀良哈三卫扩展到东至辽东、西至独石口的广大地区。这时，瓦剌部首领额森在控制西北诸卫的同时，也向东发展，逼近兀良哈三卫。脱欢和额森父子为征服阿鲁克台太师，先对兀良哈三卫采取联合和怀柔政策，额森曾与三卫联姻，使之三卫成为进攻辽东、大同和女真族的先锋，最后要彻底征服兀良哈三卫。1444年，瓦剌部趁女真肥河卫首领大败泰宁卫拙赤之机，也出兵分道截杀，致使三卫大困。1446年，额森以搜索阿鲁克台遗族为名，又进兵兀良哈三卫地区。翌年，迫朵颜、泰宁两卫投降，福余卫民众逃往恼温江（今嫩江）。1450年至1457年，兀良哈三卫向明朝提出接管大宁城的要求，明朝廷未答应，实际上，兀良哈三卫逐渐南移，已入大宁境，与明朝紧邻。朵颜卫移居东起广宁前屯，经喜峰口，近宣府一带。泰宁卫移居自锦州，经广宁至辽河一带。福余卫移居南自黄泥洼（辽阳以西，今仍称黄泥洼）逾沈阳、铁岭至开原一带。其中泰宁卫，就是在今蒙古贞地域。

1450年后，兀良哈三卫归于察哈尔部势力。阿勒坦汗四弟巴雅斯哈勒的喀喇沁部势力在阿勒坦汗长子僧格黄台吉土默特部势力包围之中。察哈尔部东迁辽东，吞并了泰宁、福余二卫。僧格黄台吉率其土默特部驻牧于朵颜卫兀良哈牧地满套儿一带。喀喇沁右翼封建主巴雅斯哈勒从开平迁至今昭乌达盟巴力嘎苏台。各部之间采取长期交往、相互联姻的政策，关系密切，政治关系发生了根本的变化。朵颜卫兀良哈部势力逐渐走向了解体。

成吉思汗出世时，为其送皮制摇篮的兀良哈人扎尔赤兀歹老人的儿子者勒蔑是成吉思汗手下的“四杰”之一。者勒蔑的七世孙和通（亦称花当）率其众到额沁河（今女儿河）游牧，为朵颜卫左都督。和通之子格勒博罗特，生二子，长子格勒泰宰桑生四子，恩克、准图、鄂默克图、莽古岱。前三个儿子都驻牧于喀剌沁；唯独莽古岱自喀喇沁右翼迁居到土默特左翼旗（今蒙古贞地区）。莽古岱有三个儿子，长子哈穆瑚，次子鄂木图伟征，三子诺木西固应。鄂木图伟征之子善巴就是蒙古贞的土默特左翼旗第一任札萨克。

当蒙古贞部与土默特部还未东迁之前，率领蒙古贞、土默特部的阿勒坦汗将其女儿许配给兀良哈的莽古岱之子鄂木图伟征。阿勒坦汗之子僧格黄台吉，将女儿下嫁兀良哈的速赤蛮。僧格黄台吉本人的三个妻妾，都取自兀良哈部。其中就有兀良哈部巴音达赉之女。僧格黄台吉有十一个儿子，其中六个儿子（噶尔图、朝克图、土勒嘎图、道罗木图、巴颜、明安台吉）是兀良哈氏夫人所生。噶尔图是巴音达赉的外孙。僧格黄台吉这些儿子跟随其母亲在兀爱营的满套儿（河北省丰宁附近）过游牧生活。1582年，当僧格黄台吉回呼和浩特接任其父阿勒坦汗之位时，由其儿子噶尔图之子鄂木布楚瑚尔接管其领地。

北元达延汗时期，朵颜卫兀良哈的阿尔乞蛮曾辅佐过达延汗。其曾孙和通之子与巴尔斯博罗特济农之女联姻。和通之孙格勒泰宰桑是察哈尔部博迪阿拉克汗女婿，任丞相之职，和通之曾孙恩可、董忽尔、其子长昂等，也都辅佐过察哈尔部大汗图们汗和林丹汗。

喀喇沁部的封建主巴雅斯哈勒从朵颜卫兀良哈娶了两个夫人。一个叫孟可津管辖一部分兀良哈属众和辖地。另一个兀良哈夫人所生之子青巴特尔继父位统辖喀喇沁部。后来他把孟可津的属众和辖地收复过来。因此，把这一部分兀良哈人为喀喇沁兀良哈。因而，朵颜卫兀良哈部与土默特、喀喇沁、察哈尔等部联姻、交往的结果，使自己本部一分为三。与察哈尔交往密切的那一部分就归属于察哈尔；与土默特交往密切的那一部分，就归属于土默特；与喀喇沁交往密切的那一部分，就归给了喀喇沁。到了明代末期，朵颜卫兀良哈部势力已分解削弱，从而兀良哈部这一名称在历史上逐渐消亡。兀良哈三卫最后演变成“泰宁卫、福余卫归附察哈尔可汗，朵颜卫则一分为三”。

北元最后一位大汗林丹汗厉兵秣马、养精蓄锐，准备重新统一蒙古各部。于1627年，率大军西征喀喇沁、土默特，占领了呼和浩特。喀喇沁溃败，土默特大部投降。由于蒙古各部受林丹汗欺压，产生强烈的不满情绪。结果各部领主纷纷归附后金；甚至林丹汗属下的重要人物也相继投奔后金。林丹汗进一步陷入孤立境地。同时，林丹汗“废弛政事恣肆，欺凌宗族，扰乱四周”，掠夺民财，激起民愤。1628年，喀喇沁部联合鄂尔多斯的额仁沁济农、土默特部的布石图汗和永谢布、阿巴亥、阿速特、喀尔喀等部，组成十万大军，在土默特赵城（今呼和浩特附近）同林丹汗的察哈尔兵展开激战，使其主力受损。随后林丹汗派去张家口领赏的三千兵在返回途中，与喀喇沁联军遭遇，被打散。在这次战斗中，喀喇沁联军虽然取胜，但仍惧怕林丹汗的基础力量。喀喇沁部的苏布地归附后金，致书皇太极，指出“察哈尔根本动摇，可乘此机秣马肥壮，及草青时，兴师攻取察哈尔部”。皇太极也深深明白，察哈尔部林丹汗是他统一天下在蒙古方面遇到的一个主要劲敌，如果不把林丹汗打败，整个蒙古也不能俯首听命。皇太极虽然同意出兵，但是，对归附的蒙古各部必先取得在政治上的支配权，主张先会盟谈判。此举得到喀喇沁、巴林、敖汗、阿鲁克尔沁、扎鲁特、奈曼、土默特各部的支持后，皇太极才放心大胆地向察哈尔部大举进攻。1628年，两军激战，察哈尔部大败。林丹汗被迫从西剌木伦河流域退往大兴安岭以西。1631年，林丹汗再次回师西剌木伦河流域。皇太极征调喀喇沁、土默特两部之后，汇集十万大军追击林丹汗至木鲁哈喇克沁后，分兵合击。左翼由阿济格率科尔沁、喀喇沁、土默特等部兵马一万，进攻大同、宣府边外的察哈尔属地；同右翼合力，于1631年5月，攻占呼和浩特。林丹汗西渡黄河，到甘肃一带。（一说青海）于1634年病亡。1629年，驻牧于满套儿一带的土默特部首领噶尔图之子鄂木布楚瑚尔与兀良哈部的善巴归附后金，并按皇太极的旨意，率领各自的部众东迁。善巴从徽州淘金图（今河北独山北）带领1620户属众到蒙古贞地区（今国华乡后官营子，蒙古人称该村为“叶赫格日”（大房子）意为尊府。善巴的近支，居住于今大固本镇吐拉尺村和四官营子）。当时（1630—1650年）善巴所辖牧地为今阜新、黑山、新民、北镇、彰武以及哲盟库伦等广大地域，当时疆域并没有固定。后来，清顺治年间，为巩固满人后方盛京故地，修筑柳条边墙，禁止蒙古部落在边内放牧、狩猎，强令边内蒙古人迁出边外。

兀良哈氏的另一股人马，由瓦思喇姆带领居住于伊柯翁格勒古山（指大青山）脚下的今丹桂营子。瓦思喇姆是莽古岱的第三子诺木西固应之次子，是善巴的亲叔伯兄弟。瓦思喇姆之子乌日图那斯图因无嗣收养了堂兄本旗第二任札萨克卓里克图的三子毕里克图。毕里克图膝下有八子。他们的后代都分别居住在蒙古贞地区西半部的艾友营子，北半部的高束台、乌兰毛都、好力营子等处。蒙古贞地区的兀良哈氏人，如今约有五千多人口，他们仍保持互不联姻的习俗。

三、察哈尔部灭亡

从15世纪到16世纪初，北元达延汗统一了蒙古各部，出现了和平稳定的局面。1517年，达延汗过世后，蒙古地区又逐渐出现了封建割据的局面。各封建主无视蒙古正统大汗，各自独立称汗。当时蒙古大汗驻帐于察哈尔，实际上只是察哈尔部的汗。博迪阿拉克在位期间，其右翼势力日益强大，已逐渐不听从大汗的节制。1547年，博迪阿拉克病殂。其子达赉逊库登继汗位，备受右翼土默特万户的阿勒坦汗的欺凌。达赉逊库登汗登基时年仅27岁，深恐为阿勒坦汗的势力所吞并，于是率部从大同，宣府塞外的察哈尔部旧属地东迁到兴安岭以西的西剌木伦河流域。达赉逊库登汗东迁此地，受到泰宁卫、福余卫的反抗。但后来泰宁卫、福余卫却被察哈尔部吞并。察哈尔继续东进，威逼女真各部，在明朝辽东地区发生了冲突。1557年，达赉逊库登汗卒。翌年，其子图们札萨克图嗣汗位。虽然年仅18岁，他深有韬略，力图恢复原大汗之权，并想用和平方法统一漠南蒙古各部。大约于1576—1582年，任命察哈尔部的脑毛大（阿穆岱鸿台吉）、内喀尔喀的速八海（卫征索博该）、鄂尔多斯部的切尽黄台吉（库图克图彻辰鸿台吉）、阿苏特部的亚速火落赤（诺木达喇古拉齐诺颜）和土默特部的扯力克（即楚鲁克）五人为执政理事。这一措施对加强各部之间的联系和协调起了一定作用。但没有能够统一漠南蒙古各部。1592年，图们札萨克图汗卒。次年，其子卜言台周（布延彻辰汗）继汗位。在位十年，无大举措，汗权更加衰弱。卜言台周死后，因其长子莽各克先于其父去世，长孙林丹（陵丹）于1604年登基继祖父之汗位，驻帐广宁。其汗帐（皇宫）其实就在蒙古贞地区（今泡子镇的白城子，至今遗址还在）。林丹汗12岁登基坐殿。他雄心勃勃。力举达延汗的事业，决心恢复祖业，积极进行统一蒙古各部活动，欲重新建立统一的蒙古政权。他接受明朝赏赐，联合明朝共同抗击后金的进攻，与后金的努尔哈赤相对抗。1628年，西进河套，征服喀喇沁，土默特部，占据呼和浩特城。鄂尔多斯等部率领部众归属林丹汗。林丹汗又与漠北的卓里克图洪台吉取得联系，一时声势大振，辽阔的漠南蒙古在察哈尔部的统治之下。在其之下有“八大营二十四部”。其统治范围东起辽西，西到洮河（今甘肃境）。然而林丹汗的统一局面并没有维持多久，便矛盾四起，蒙古各部纷纷离异。由于当时明末农民起义，社会、阶级、民族等各种矛盾日益加剧。努尔哈赤建立后金政权，其势力逐渐强大。蒙古族的游牧生活，时聚时散，经济发展不稳定，这种社会经济状况很难实现政治上的统一；同时，林丹汗实行“顺我者昌，逆我者亡”的政策，引起蒙古各部的愤恨。林丹汗的“统一大业”没有实现。当林丹汗于1631年回师东击归附后金的蒙古各部时，遭到阻击，不战而退。后被追击到甘肃天祝，患病而亡。至此，北元蒙古政权经历266年，退出历史舞台。

第三节　蒙古贞部落东迁

蒙古贞·土默特在阿勒坦汗统辖的时期，于1472年后，始入河套地区驻牧。到1501年，则大举迁入河套地区居住。1506年后，蒙古贞、鄂尔多斯、永谢布等部都居住在河套地区。阿勒坦汗自己统辖十余万人马，雄踞沙漠。他曾向明王朝建议：“中国可出二边垦田，北部自于碛外驻牧。”当时，明朝廷为了防御北元，沿长城设九边。阿勒坦汗力求和明王朝在政治和经济上建立密切联系，建议在两个边关垦田，自己则在沙漠之地游牧。在阴山脚下建造了呼和浩特城，使之成为蒙古地区的政治、经济和文化的中心。把土默特地区建设成为巩固的基地。他采取了很多英明的方针政策，开发漠南地区；他收留了逃避明王朝压迫、剥削而来的汉族兵民，给予牛羊，帐幕、耕地和农具使其谋生；他采取了奖励农耕的政策，对投奔而来的汉族兵民给予土地，让他们从事农业；还制定了保护农田的法令。16世纪末，呼和浩特地区垦出良田万顷。他广泛吸收兄弟民族的文化精髓，包括政治、经济制度、生产技术和军事技术、科技、建筑、医药、思想和文化知识等，发展蒙古地区的经济文化。

当阿勒坦汗满足于开发建设漠南地区的时候，其长子僧格黄台吉认为其父领数万众而死守北方沙漠地区是不明智的；另外，恨老父偏爱少子，同其父在政见上产生了矛盾。阿勒坦汗成为“索多汗”不受北元正统大汗的节制。其长子僧格黄台吉征讨蒙古各部，迫使驻察哈尔的正统大汗达赉逊库登东徙于辽，占其领地而称雄。1544年后，僧格黄台吉带领土默特部部分人马和蒙古贞部，经大同到蓟辽，活动于独石口、古北口、潮河之间，驻牧于宣府边外的旧兴和所、小白海、马肺山一带，离明朝九边的边外300余里。僧格长子扯力克设兀爱营与下北路龙门所，离独石口边100余里，所部3000余人马，同明朝于蓟镇、赤峰口、黑峪关互市。僧格黄台吉的第九子噶尔图有三个儿子，长子圪他汗台吉、次子鄂木布楚瑚尔台吉、三子巴赖台吉统带“呵喇慎”“蒙古贞”两三万人马，在龙门所口外100余里的瓦房沟等处驻牧。1587年，僧格黄台吉之长子扯力克，袭顺义王的第二年，娶蒙古贞部的女子为夫人。蒙古贞部和土默特部始终患难与共，有着水乳交融的关系。蒙古贞部与土默特部之一部在瓦房沟、满套儿一带驻牧，已有150多年了。到17世纪上半叶，已归属僧格黄台吉之孙鄂木布楚瑚尔。朵颜卫兀良哈部的莽古岱之孙善巴同鄂木布楚瑚尔共同驻牧。在长期的共同生活中，相互结成姻亲关系，使之相互关系更加密切。善巴曾祖父伯彦帖忽思之妻八格贞女儿嫁给鄂木布楚瑚尔祖父僧格黄台吉为妻。成为老姑舅表亲。到17世纪初，蒙古北元的正统大汗传位至林丹汗，在辽东地区开始盛强起来。后从辽东西进，征讨蒙古各部，以图再次统一蒙古各部。一路向西挺进，战胜喀喇沁、兀摆诸部，所向无敌，徙帐直压宣府、大同。1629年，善巴与鄂木布楚瑚尔惧林丹汗势力，率其属众投附后金皇太极。因当时林丹汗已暂时统一了漠南蒙古，占据着呼和浩特城。于是驻牧在龙门所口外瓦房沟，满套儿一带的僧格黄台吉之子噶尔图，同其子鄂木布楚瑚尔，避其察哈尔林丹汗进击，率部同扯力克率领的人马分离，东迁至大凌河畔的巴颜和硕和伊柯翁格勒古山（今大青山）之东的广大地区。善巴是土默特的塔布囊，率部众东迁。进兵北京攻取一寨，又战胜马兰峪八百敌兵，击溃自大同来救马兰峪之敌1500名。明军3000困尔住城，善巴与鄂木布楚瑚尔协同作战，一路打败围城敌兵。1629年，土默特部与蒙古贞部由满桃一带东迁到大凌河流域的朝阳，北票地区。蒙古贞部仍继续东移，落脚于今阜新地区。后来这一地区就称为蒙古贞地区。

1635年，皇太极诏编所部佐领，设三个札萨克（旗长职务），即善巴、鄂木布楚瑚尔、赓格尔（兀良哈人）。1637年，善巴初封为达尔汉镇国公。后赓格尔获罪被削职，善巴领其众，同鄂木布楚瑚尔各设土默特左翼旗和土默特右翼旗。主左翼者为元臣者勒蔑十三世孙善巴，与喀喇沁的朵颜卫兀良哈为一族，为吴姓。主右翼者为元太祖十九世孙鄂木布楚瑚尔，与呼和浩特的土默特为一族，为宝姓。在此为异姓同牧。乾隆皇帝由热河诣盛京，路经土默特左翼札萨克达尔汉贝勒旗进膳时，赋诗一首曰："部名虽异族类同，犬牙相入分提封，执役鞠吾皆虔恭、百年休息乮皇风，致兹岂易凛余衷。"清代，居住于巴颜和硕之地的土默特部建立"土默特右翼旗"，居住于伊柯翁格勒古山以东的同土默特部一起迁徙而来的蒙古贞部建立了"土默特左翼旗"；自此，在历史上出现了东、西土默特。东土默特就是土默特左翼旗，辖蒙古贞地区，即今阜新地区；西土默特就是土默特右翼旗，辖朝阳、北票。而在更大范围内，明人称在呼和浩特的土默特为“归化城土默特”，东部的土默特左、右翼旗为“喜峰口土默特”。土默特左翼旗的设置，是清朝（后金）八旗制度的产物。后金八旗制度为努尔哈赤统治蒙古提供了“分而治之”的策略思想。他说：“蒙古之人，犹此云然，云合则致雨；蒙古部落合成则兵，其散犹云收雨此也。俟其散时，我当蹑而取之。”按这一祖训，清太宗皇太极给蒙古人以一定放牧地，编旗设佐，任命札萨克严格管辖自己的一方属地。并严禁越界游牧、狩猎。对违者无论王公、“旗长”，都处以一年的罚薪。按此制度，将同处于一个万户的土默特部和蒙古贞部分开，分设二旗。自守一旗，减少往来。由于“旗”（相当于县）这种形式的官方行政机构的出现，如何加强其统治，清朝廷则采取了对“归化城土默特”和“喜峰口土默特”以不同的方法进行统治。对归化城土默特，补以京员，设置将军、都统，不能世袭，只能由朝廷指派，称为总管旗。对喜峰口土默特，则以其原部落领主任札萨克，授予爵衔，诏以世袭网替，称为札萨克旗。土默特左翼旗，其领主为兀良哈人世代承袭。

第三章　清代蒙古贞

历经努尔哈赤、皇太极两代，满族统治者统一了东北地区，建立了后金政权。清军入关后，建立了统一的大清王朝。

清朝征服蒙古诸部落后，将蒙古分为内属蒙古和外藩蒙古。

蒙古贞归内属蒙古，实行盟旗制度，隶属卓索图盟。

清朝统治者为了巩固其统治地位，对蒙古采取了一系列的统治政策，推进了经济快速发展。鸦片战争后，蒙古贞各族人民掀起了声势浩大的反帝反封建斗争。

第一节　清朝的统治政策

一、制定征抚政策

明末清初，游牧于蒙古草原的蒙古诸部落，分为漠南、漠西和漠北三大部分。努尔哈赤及其继承者认为，蒙古族驻牧于北方，对于“防备朔方”是最好的“屏藩”[①]。但是，他们也知道，蒙古“风气刚劲，习于战斗，恒不肯服属于人”，如果

① 《康熙政要》卷二、三。“本朝不设边防，以蒙古部落为之屏藩耳”。

"威德不足以慑之，故不为用，反而为患也"[①]，努尔哈赤及其继承者采取了各种手段分离蒙古各部，主要采取了征和抚的两手策略。在努尔哈赤和皇太极时期，通过"世缔国姻"[②]与科尔沁实现和亲，争得该部的支持，奠定进军关内的基础。对林丹汗的察哈尔部则采取军事打击，使其互解。

当时漠南蒙古较大部落有：科尔沁、察哈尔、内喀尔喀和喀喇沁等部。驻牧于嫩江流域及其以南的是科尔沁部，包括郭尔罗斯、杜尔伯特和扎赉特。该部东临女真叶赫部，西界扎鲁特，南至辽河北彰武喀尔喀部。内喀尔喀又称五鄂托克喀尔喀，五鄂托克即五部，其牧地在西喇木伦河流域和辽河一带，包括扎鲁特、巴林、敖汉、奈曼和喀喇沁，其北至乌珠穆沁，西接喀喇沁，东临科尔沁部。属于西南沿边驻牧的是喀喇沁部，自山海关、宁远（今兴城）至白土厂，包括蒙古贞南部海特哈山一带。该部在漠南蒙古中势力较弱，沿边墙驻牧，熟悉边内外地势与社会情况。

驻牧长城外的是察哈尔部，在其首领林丹汗的统治下，察哈尔一度强盛，兵强马壮，没有人敢于与之对抗。辽阔的漠南蒙古成为林丹汗的一统天下。林丹汗自称"四十万众蒙古国主"，称努尔哈赤为"水演三万人满州国主"，天命四年十月末[③]。并不把努尔哈赤放在眼里。针对复杂的形势，努尔哈赤冷静地分析了当时的局势，确定了分化瓦解的政策，以武力征讨林丹汗。对与察哈尔林丹汗有矛盾的科尔沁部落，则采取怀柔之策，实行联姻，并将此策奉为清朝的国策，实行于整个大清王朝。

---

①《四库全书》"史部传记类"，1965年6月，中华书局影印本。

②《清世宗守录》雍正元年八月丙子。

③《清太宗实录》天命四年十月末。

二、采取联姻政策

为了与科尔沁建立联盟，努尔哈赤采取了以怀柔为主的政策。他利用满洲与科尔沁接壤，风俗文化接近和二者祖先有过交往的历史条件，施展招抚和亲的手段，拉拢科尔沁部的台吉。据《满文老档》记载，九部联军伐满洲失败后，满洲与科尔沁等部“互相嫁娶”[①]，后金天命二年（1617年）二月，努尔哈赤将其弟舒尔哈赤之女，嫁给内喀尔喀巴岳特部台吉恩哲德尔[②]；在此之前，1612年4月，科尔沁部的明安将女儿嫁给昆都伦汗（努尔哈赤）为妻[③]；明万历四十二年（1614年）四月，科尔沁台吉莽古思将女儿嫁于皇太极；次年，科尔沁孔果尔台吉送女与努尔哈赤为妻。

为了征服蒙古，努尔哈赤不惜以爱女、金银、官爵、财物、房田和奴仆等为代价。据不完全统计，自努尔哈赤至乾隆皇帝，与科尔沁结亲的皇后、妃子有五人；科尔沁王公台吉作为清朝额驸者，有三十一人[④]。有一次，乾隆皇帝宴请蒙古王公，“入宴者率偕儿孙行辈”[⑤]。满洲统治者进入关内前，几位皇帝娶蒙古女子特别是科尔沁部贵族女子为皇后，并将清室公主，格格（亲王以下王室之女称号）下嫁内蒙古王公。清朝皇帝立下“南不封王，北不断亲”的策略，使其子孙世亲不变。所谓“北不断亲”，“北”在这里指内蒙古而言。“备指额驸”制度，则是指在科尔沁、巴林，喀喇沁、奈曼、翁牛特、土默特、敖汉等十三旗的蒙古王公、贝勒、贝子的嫡系子弟及公主、格格所生的子孙内，挑选十五岁以上二十岁以下忠于清廷或接近清廷者为备指额驸，使他们随从父王于年班朝觐时来

---

①《满文老档》，《太祖》第38页，满文老档研究会译注，东洋文库本。

②③《清史稿》，后妃传，卷二一四。

④昭连《啸亭杂录》，卷一。

⑤同上，第77页。

京，以备选作公主、格格的夫婿。并规定公主、格格下嫁后，十年来省一次，非奉特旨不得来京。这一措施，旨在通过她们对内蒙古王公进行羁縻及监视作用。

与蒙古的联姻，确使努尔哈赤和皇太极取得了成功。天命六年（1621年），内属蒙古各部纷纷前来归属。天聪二年（1628年），喀喇沁首领，元臣济拉玛十四孙苏布地偕同族色凌归附后金。是年，元太祖十九世孙鄂木布楚瑚尔与济拉玛十三世孙善巴率部归附后金；这些部落的归附，解除了努尔哈赤皇太极的后顾之忧。

崇德元年（1636年）三月，漠南蒙古十六个部四十九个封建领主，在盛京召开大会，尊奉皇太极为可汗，漠南诸部臣服于后金。至此皇太极"东降朝鲜，西收插汉，自鸭绿江北抵贺兰塞外，皆隶其阪"[①]。从此，清军入关，大都假通内蒙古，并以蒙古骑兵为向导，骁勇善战的蒙古骑兵成为进攻明朝的一支重要力量。蒙古贞的旗札萨克贝勒中，有四位贝勒同清公主成婚，成为清朝廷的忠实维护者。蒙古贞地区成为清朝廷重要的战略后方，在后来清朝的发展中，蒙古地区的安定成为重要因素。

三、倡导喇嘛教

藏传佛教，又称喇嘛教，是中国佛教的一支，其经典主要用藏文写的，如"甘珠尔"和"丹珠尔"。西藏喇嘛教在元代为蒙古人所认识；但喇嘛教的活动主要在宫廷之中。明代，宗喀巴大师倡导改革，藏传佛教第二次传入蒙古地区。清代，清朝统治者利用藏传佛教统治蒙古族的精神思想，深刻地影响了蒙古族政治、经济、文化、社会生活的各个方面。

① 引自《清实录·太宗本纪》

清朝统治者在征服蒙古以后，深知蒙古人性格刚烈，唯借宗教方可以使其勇敢尚武为懦弱柔顺。对此，说得最明白的莫过于皇太极与乾隆皇帝圣诏；“兴黄教即所以安众蒙古，所系非小”，“盖以蒙古奉佛最信喇嘛，不可不保之，以之怀柔之道也”。因此，清朝把扶持藏传佛教定为国策。他们以此来驾驭蒙古，统治整个蒙古民族为目的。藏传佛教也以其特有的社会功能，使蒙古族坠入毁灭性的灾难深渊。藏传佛教宣扬今世的贫困是天生注定的，要听天由命，忍受苦难，以换取来世的幸福；提倡禁欲，重视修行，禁止僧人娶妻立家。藏传佛教对蒙古民间习惯较为宽容，传教者在修养方面也较谦和。因此，藏传佛教取代了蒙古族过去信仰的萨满教而在蒙古地区得到迅速传播。

清朝开国皇帝努尔哈赤和皇太极认识到藏传佛教的重要作用，于是对西藏来的斡禄打儿罕襄素法师“敬谨尊师，倍加供给”。1621年8月法师圆寂，努尔哈赤为其修建宝塔[①]。皇太极时期，注重佛教，给予喇嘛优厚的待遇。1638年，在盛京修建实胜寺，供奉“嘛哈噶喇”金佛，请境内喇嘛到实胜寺，以扩大影响。1639年，皇太极率众邀请达赖赴盛京。1642年10月，皇太极率众亲自出盛京怀远门，迎接达赖派遣的使臣伊喇固散胡图克图。翌年5月，使者回归时，皇太极率诸王、贝勒欢送并表示：“自此以后，修好勿绝。”[②]皇太极采取这些特别措施，当然都出于政治需要，达到笼络蒙古族的目的。

清朝经过顺治到嘉庆年间，对藏传佛教实施的政策达到了特别完善的地步；“柔顺蒙古”的策略取得了重大成果。

1644年顺治帝继位，从盛京迁入北京。利用藏传佛教安定

① 萧一山《清朝通史》上册，第61页；叶君山《清朝全史》第八章第104—105页。

②《九朝东华录》卷三，崇德八年五月，卷三，天聪八年四月。

蒙古地区。顺治帝敦请达赖喇嘛来京。1652年12月，“达赖至，谒于南苑，宾之于太和殿，建西黄寺居之。”顺治帝授全册印，封其为“西天大善自在佛所领天下释解普通瓦赤喇惮喇达赖喇嘛”[①]。

顺治帝还请五世达赖弟子章嘉呼图克图当主管，总管内蒙古各地的藏传佛教。封其为大国师，授八十八两金印，准许直接向皇帝奏事，赏九龙伞和金顶黄轿，准用内廷銮驾。清廷通过对章嘉的恩宠，得到了内蒙古信仰藏传佛教者的支持和拥护。

1667年，康熙皇帝亲政以后，为了利用藏传佛教进一步控制蒙古地区，首先利用喇嘛教团结喀尔喀、厄鲁特、青海等地的蒙古诸部落，共同与噶尔丹对抗。赐诏一世哲布尊丹巴温都尔特根，请他会同五世达赖使者葛尔丹西勒图喇嘛，劝告喀尔喀汗和土谢图汗归于合好，使双方立誓盟约：“永绝纷事”。会盟后，康熙帝为了收拢外蒙古民心，于多伦诺尔修建汇宗寺，命内外蒙古各旗送喇嘛到寺，特请章嘉呼图克图常驻汇宗寺，掌管内外蒙古的藏传佛教。章嘉已成为清朝在蒙古实施喇嘛教政策的执行者。

1722年，雍正即位，继续实行怀柔政策。为了“因其教不易期络，使人易知易从”，几次拨银几十万两修建庆宁寺，喇嘛寺院成为蒙古各地的信仰中心。

1735年，乾隆继位后，对喇嘛教采取保护政策。从1755年开始，用了25年的时间，在承德修建了宏伟的外八庙。使其成为对蒙古、青海、西藏等地民众进行笼络统治的场所。体现了乾隆皇帝“神道设教”“怀柔远人”收买人心“以障藩篱”的佛教政策。

康熙、雍正、乾隆三朝皇帝执政时期是清朝巩固统治、励

---

①《清罗》卷五百二十五。

精图治的重要时期。期间，康熙平定南方“三藩之乱”，征讨噶尔丹。顺治、乾隆又多次对西北、东北用兵。在此情况下，清朝廷的佛教政策，对柔顺蒙古，以收其心，确实发挥了重要作用。

蒙古贞地区修建藏传佛教寺院大都是在顺治、康熙、乾隆时期。而主要寺庙都由皇帝御笔题名，颁赐匾额，清朝廷对蒙古贞较为重视。蒙古贞地处辽西，是进关的重要通道，是清朝进关的后方基地，蒙古族活动的重要地区。蒙古贞的安定直接关系东北蒙古地区的稳定。因而，无论是康熙私访、乾隆巡幸，都给予密切关注。亲拨国帑广建寺庙，其政治目的就是为了统治蒙古族。

四、设置理藩院

清朝统治者征服内蒙古后，即用二种方式统治内属蒙古：中央集权与地方军事监督。在中央设理藩院，作为统治蒙古、回部及西藏等少数民族的最高权力机构。

清初，清朝统治者即着手设立蒙古衙门，专门管理蒙古一切事务。1631年，漠南东部以科尔沁为首的蒙古诸部，先后归顺清朝。同年七月，皇太极设立六部（吏、户、礼、兵、刑、工）[①]时，就在各部里设蒙古承政一员，负责处理有关蒙古事务。1636年，漠南蒙古诸部全部归顺清朝。清太宗皇太极设立了蒙古承政机构。由于需要处理的有关蒙古事务日益增多，1638年6月，将蒙古承政机构改为理藩院[②]。博洛任理藩院承政（相当于尚书），塞今为左参政、尼堪为右参政。顺治元年（1644年），改承政为尚书、参政为侍郎，皆由满族人充任。另设额外侍郎一人，由蒙古人充任。1662年，复将理藩院升格，

① 王先谦：《东华录》天聪五年七月甲戌条。

② 同上，崇德三年六月庚申条。

使之与中央六部等同，内设录勋、宾官、柔远，理刑四司。以后又有增改。至乾隆年间，理藩院的机构更加完善。其职权为掌管各藩部的政令、制爵禄、定朝会、理刑罚、经管游牧及宗教事务。尚书，侍郎下置七司，其中有关内蒙古事务的，为旗籍清吏司及王会清吏司。旗籍清吏司承办内蒙古各旗的田户、比丁，办理内蒙古王公的升、降、袭、替（爵位）封，赠、赐恤，并掌管各旗官吏、军旅、驿站及税官等事。此外还有管理各藩部喇嘛及处理各藩部司法事件之各司。各司由满州人主持、蒙古人辅佐。理藩院的重要职务，不要汉人担任，以防汉人熟悉蒙古事务。理藩院尚书直接对皇帝负责。清朝皇帝通过理藩院成为全蒙古人的最高主宰。理藩院的大权完全掌握在尚书及侍郎手中，蒙古人充任额外侍郎，只不过是陪位而已。因此，理藩院的一切措施，都是为了加强对蒙古人民的统治剥削，从来没有考虑蒙古人的利益。

为了治理蒙古，清朝廷由理藩院制定了《理藩院则例》《蒙古律例》等，作为统治蒙古的法律依据。1696年，康熙皇帝命理藩院将清太宗以来陆续发布的一百二十五条有关蒙古的法令汇编成《理藩院则例》，作为处理蒙古事务的法律依据。乾隆五十四年（1789年），在康熙时所编的《理藩院则例》基础上加以修订和补充，汇编成新的《理藩院则例》二百零九条。嘉庆二十年（1815年），将则例再行修订，将其内容扩编为五百二十六条。这些条例的不断修订完善，完全是为了以法律管制蒙古民众，维护其清朝的统治。在地方，驻防将军或都统是皇帝直接派遣去的地方最高军事长官（多半是满洲人，但亦有少数是蒙古人，到清末才用汉族人），其任务是监督地方的军事及镇压人民群众的起义；并辅助执行中央各项政策。各盟旗的一切重大军事，政事必须呈报将军或都统审核。内蒙古疆域辽阔，将军或都统分驻数个地区，监督或统辖内蒙古各盟旗。热河都统监督卓索图盟五旗（后增为七旗）及昭乌达盟十一旗（后增为十三旗）。蒙古贞则在卓索图盟五旗之列，受到热河都统的监辖。

五、厉行封禁政策

满洲统治者深知蒙古统一是一个强大的力量。所以征服内蒙古后，将二十四部落拆编成四十九旗，小的部落编为一旗，大的部落拆成数旗，减弱蒙古势力。其后，旗人口增加，则又拆编出人丁口，另立新旗。其目的，既防止了某一封建主势力的扩大，使他们没有可能成为领导中心；又消灭了蒙古人民的联合势力。厉行封禁政策成为清朝统治者的又一重要国策。

拆散蒙古各部落，编设若干旗的同时，清朝统治者颁布了一系列法令，采取很多措施，禁止各旗蒙古王公和阿勒巴图越界往来，禁止蒙古人民与内地汉民进行经济文化交流。

清朝在严格划定旗界的基础上，严禁蒙古王公和蒙古民众越界游牧或旗与旗之间随便往来。若有违者，王公罚俸一年；阿勒巴图则罚牧畜；蒙古人和喇嘛出境，也必须向管旗章京报明情况。道光二十三年（1943年）规定，各旗蒙古喇嘛等出境，于各管旗官名下发给票据，并移咨交界各旗派员巡查，如有私自出境者，勒令国本处治罪。甚至蒙古王公，除了年班入京朝觐及皇帝命令允许入关外，也一概不得擅自进关。准许进关的严格限定其随员数额及居留日期。雍正六年（1728年）规定，内外札萨克、蒙古王公及阿勒巴图等进关者（到内地）皆由山海关、喜峰口、古北口、张家口、独石口、杀虎口出入。入关时，将人数报明登记，出关时，仍对照原数放出。除以上六个关口外，其他关口不准出入。到五台山礼拜者，其随行人员数也有限制，王不得超过八十人，贝勒、贝子不得超过六十人。当时，蒙古贞王公出入关，皆由喜峰口进出。

禁止蒙汉人民接近。清朝廷明文规定：禁止汉族人娶蒙古女子为妻，违者将所娶之妇离异、汉人依法治罪。主婚及说合之人（蒙古人）各罚畜牧三九（每九数由马二匹，公母大小牛七头组成）。其后，至嘉庆时代，又制定严刑，处罚男女双方的主婚者，并惩罚该管旗的台吉（罚牧畜三九）及札萨克（罚俸六月）。某一时期，甚至禁止汉族女子进入蒙古牧地，违者处死。

满洲统治者自己虽然大量吸收了汉族文化，但对蒙古人却采取了愚民政策，竭力防止他们吸收汉族文化。清朝廷禁止蒙古人学习汉文，设定严刑禁止蒙古王公、台吉聘请汉人教书及充书吏。一切公文章牍皆不得使用汉字，甚至禁止蒙古人以汉字义及汉人姓名取名。而且对于蒙古人爱好及学习汉族人民的戏剧艺术也予以禁止。嘉庆二十年谕："近年蒙古（指内蒙古）渐染汉民恶习，竟有建造房屋，演听戏曲等事，此已失其旧俗，兹又习邪教，尤属非是。"[①]并下令"不得赁唱戏文，违者系管旗王公罚俸二年（闲散王公罚牧畜四九），有在家教令幼丁演，习戏文者，系管旗王公视本例加等治罪，系不管旗（闲散）王公罚世职俸一年平人鞭一百"[②]。并惩罚失察之盟长及札萨克。

对于汉族人进入内蒙古，满洲统治者也以种种严厉而烦琐的法律加以限制。凡汉人到内蒙古贸易的，须得官厅许可，期限最多一年，不得携带眷属，并禁止在内蒙古旗内盖造房屋和购置土地，其贸易地点亦经指定，不得任意闯入他旗。又对贸易者课征各种各样的重税：如搭帐幕须纳地皮税，人口须纳人头税，商号有店铺税，放牧有草地税，而商业上应纳的各种捐税及进出关卡的卡税尚未计入在内。至于汉族农民入内蒙古耕种，严加禁止。这些五花八门的各种苛捐杂税及各种苛刻条件，其目的就是厉行封禁内蒙古。

①《嘉庆实录》卷三一三。

②《理藩院则例》卷四四。

康熙年间规定，每年由户部颁发印票，准许少数农民持票垦荒，无票者则禁止出关垦荒。雍正年间，只准在长城边外五十里内耕种。乾隆年间又禁止汉族人出边开垦，违者以私垦牧场治罪。

清朝廷除在文化方面保持蒙古人的落后状态外，在经济上更加阻碍其发展。禁止汉人入内蒙古开垦、耕种及建造房屋。借口“蒙古人以游牧为本务”，千方百计阻碍内蒙古经济文化的发展。满洲统治者厉行的封禁政策造成了内蒙古的封建割据状态，严重地阻碍了蒙古民众的经济文化的发展，使内蒙古处于封闭、落后的状态。

第二节　蒙古贞社会制度

一、盟旗参佐制度

会盟制度 盟旗制不是蒙古部落所沿用的社会政治军事体制，而是清朝为了统治蒙古制定的体制。清初，首先制定了参领、佐领制度。满语称参领为“甲喇”，佐领称为“牛录”。蒙语称参领为扎兰，佐领为苏木。蒙古部落历来沿用的体制有土绵（万户）、爱玛克（部）、鄂托克（明安）之分。大的部落以汗统领，小部落以珲台查统治。部长对鄂托克及其宰桑有绝对统治权。清朝征服蒙古后，完全取消了蒙古各部传统的社会体制及领属关系，建立了统治蒙古的基本机构——旗。但是，盟和旗并不完全是在原有的部和鄂托克的基础上改编的；有的部划分为几个甚至十几个旗，有的部却独成一旗；其盟也并非完全是以部为基础设置，有的盟以数部组成，有的则一旗为一盟。

为了分化蒙古人民的联合力量，清朝征服内蒙古后，立即着手编制旗制，把内蒙古二十四部拆编成四十九旗；将察哈尔部编成八旗（满洲八旗组织），隶属于清帝，不入四十九旗之列。随后把归化城土默特（其后称绥远城土默特）部二旗及察哈尔四牧群，统属内蒙古。1691年，康熙帝在多伦诺尔接见喀尔喀王公时，亲自任命了各旗札萨克（旗长）并规定了他们的权力，官职和爵位。这一新体制的建立，为蒙古王公批准领地、权力和爵位，成为清朝皇帝的专有特权。从此，满洲统治者有权升撤王公的官职及爵位；凡一切不忠于清廷的札萨克及台吉将受撤职及贬黜等处分。

康熙年间，建立卓索图盟，管辖喀喇沁三个旗、土默特两个旗，统辖320个佐领，人口大约为19.8万人。

蒙古的“各部”划分为多旗后，各部的领主的权力自然削弱了。但清朝统治者又恐旗札萨克扩大权力，故征服内蒙古后不久，便下令：盟所统辖的旗札萨克每三年会盟一次。在会盟时，推选王公一人担任盟长，总结各旗户籍调查的情况及佐领改编事宜；讨论皇帝诏旨及理藩院法令；清理各旗的刑事案件等。内外札萨克、各盟（青海外）均设盟长，副盟长各一人。人选由理藩院在会盟的各札萨克及其闲散王公内物色后提名，并呈报请旨简放。盟长各给印信，任期以终身制为原则，不得世袭。在清代，盟并不是置于札萨克之上的一级行政机构，因此不设盟务衙门和相应的官吏，也不得随便干预各札萨克旗的内部事务。

内蒙古全境共设六盟：东四盟和西二盟。会盟之地由盟长定。土默特左翼旗隶属卓索图盟，其会盟地在土默特右旗（今朝阳县境内）。土默特左翼旗第六任札萨克阿剌布坦，第七任札萨克索诺木巴勒珠尔和第十二任札萨克色棱那木济勒旺宝均兼任过盟长；第八任札萨克贡楚克巴尔桑，第十任札萨克那逊乌勒哲衣，均兼任副盟长。

按规定，内外札萨克各盟，会盟在指定地点（会盟地点不得改动），每三年会盟一次。会盟时，按惯例清政府派遣钦差大臣和理藩院司员组成的官员，分别前往各盟的会盟地点，会同盟长验审盟事。盟内各札萨克王公、台吉及属下官员，率领有关人员务必及时集于会盟地点，违者受罚。在康熙十三年（1674年）时规定，每年春季，内外札萨克各盟在指定地点会盟，检阅各札萨克兵丁的军事，器械及操演情况。乾隆十六年（1751年）停止派遣钦差大臣赴盟验审，各札萨克按期会盟，将所办事宜上报理藩院。

盟的上司是理藩院及该地区的将军或都统。理藩院统辖盟旗事务。而地方性的各种重大事情，特别是军事方面，则由盟长咨行将军或都统会办。

清朝在内蒙古所设立的盟的政权机构，巩固了内蒙古的封建割据局面，严重地阻碍了内蒙古在经济文化方面的发展；由于封闭落后，人民的生活日益穷困。

二、旗佐组织制度

清朝在内蒙古设立的旗分为札萨克旗、总管旗、喇嘛旗三种。札萨克旗的数量最多，它既是清政府在蒙古地区的行政、军事机构，又是清朝皇帝赐给旗内各级封建主的世袭领地。清朝廷对蒙古封建主授札萨克时，不但考虑部内影响及地位，尤其考虑对清廷是否忠顺有功。因此，原则上对归顺清朝的大小蒙古封建主，无论是汗、济农、宰桑、一律论功授予札萨克。未授札萨克的封建主，只能成为闲散郡王、贝勒、贝子、台吉、塔布囊。

土默特左翼旗属于札萨克旗。一旗之长为“札萨克”（即旗长之意），总管全旗事务。他的职权在于按照清政府所赋予的权力，负责处理旗内行政、司法、赋税、徭役、军事、贸易及旗内官吏的任免。将这些政治、经济及军事事务，交旗所属机构官员具体执行。

土默特左翼旗札萨克下，安排“协理”三人，副协理一人。协理是札萨克的辅佐员，实际上行使副札萨克职务。协理的产生，由札萨克从旗内闲散王公、塔布囊中选拔，经盟长呈报理藩院，由皇帝任命。终身职务，但不得世袭。

管旗章京二人，副章京三人。管旗章京同协理一样，直属札萨克领导，总管旗民，或与协理协同掌理旗务，直接处理司狱事务和卡伦（关卡，驿站，税关等）。副章京是管旗章京的辅佐。管旗章京的任命，无须经皇帝批准。缺员时，札萨克可从旗内闲散塔布囊或旗民中选拔，与盟长商讨任命，倘无适当人选，也可以从参领中选任。

印务梅伦四人，受协理或管旗章京的命令处理旗务。

土默特左翼旗设扎兰（亦称参领）十八人。掌印扎兰帮助掌印梅伦处理各种事务。每月有一名扎兰到王府值班，每十八个月轮一次。扎兰指挥和命令苏木（佐领）统辖兵员，处理地方租税，掌理旗内重大事件。扎兰由札萨克从塔布囊中挑选任命。苏木称佐领（亦称箭），为旗基层军事和行政单位，其长官也叫苏木章京。每一百五十人为一苏木，土默特左翼旗设八十个苏木。苏木管理本苏木的司法、征收赋税、服役、编制兵员等事务。每三年搞一次户口调查（年六十岁以下、十八岁以上皆入册为箭丁），上报理藩院。苏木章京由闲散塔布囊中提名担任。

骁骑校（昆都）协助苏木章京管理本苏木的军事和整修军械、召集兵丁、检举和押送犯人等事务。土默特左翼旗设八十名骁骑校。

领催（博硕克）为普通旗兵，不是官吏。他受苏木章京及昆都的旨令，征收阿勒巴及调查户口等事务。一般每一个苏木有六名领催。

排山达，处理札萨克府中的事务及札萨克一家的事务。下有“哈班”“包衣达”等差人，武的称“护卫帖式”，文的称

"笔帖式"，掌理文书，保管帖簿等。

严密的旗佐组织形式，加强了蒙古王公的统治，当然也巩固了清朝廷在蒙古地区的统治。在蒙古王公制度下，广大蒙古族人民受尽了压迫和剥削。

三、封建等级制度

在清代，蒙古封建主和上层喇嘛是清朝统治蒙古人民的社会基础，受到清朝统治者的特别重视和照顾。当满洲统治者征服内蒙古时，便想利用蒙古封建主来统治人民。因此，就把蒙古社会制度的基础，原封不动地保留下来。按照蒙古王公的地位及对于清朝廷的功绩和效忠程度，授予他们新的爵位和品级，取消原来的汗和济农等称号。爵位分为六等：亲王、郡王、贝勒、贝子、镇国公、辅国公。对贡献和影响甚小的蒙古贵族，也顾其传统，授以一、二、三、四等台吉的世爵。对土默特左翼旗和喀喇沁三旗贵族授予塔布囊地位。

土默特左翼旗第一任札萨克善巴，早在后金天聪九年（1635年）由皇太极授予镇国公衔。康熙元年（1662年），善巴之子卓里克图上奏其父功绩，因之，朝廷授予卓里克图多罗达尔汉贝勒之衔并领受世袭。土默特左翼旗第十二任札萨克色凌那木济勒旺宝，朝廷因其功绩，授予郡王衔。民国年间授予亲王衔。

通过这些等级制度，蒙古人民处在蒙古封建王公的层层统治下，从而阻挡了蒙古人民直接反抗清朝统治的目标。而爵位的升降、封削，要看蒙古封建主对清朝廷效忠的程度为标准。封了爵位，即有俸禄。俸禄分为七等，亲王每年俸银两千两，俸缎二十五匹；郡王俸银一千二百两，俸缎十五匹；科尔沁亲王因其特殊的地位，俸银每年为二千五百两，俸缎四十匹；郡王俸银一千五百两，俸缎二十匹；贝勒银八百两，缎十三匹；贝子银五百两，缎十匹；镇国公银三百两，缎九匹；执政的札萨克、台吉及塔布囊俸银一百两，缎四匹。清朝廷给予蒙古王公高官、厚禄的目的在于笼络蒙古封建主，巩固清朝统治地位。

清初，又规定蒙古王公贵族按爵位世袭，享有一定数额的随丁，墓丁（守墓人）和陪嫁户。亲王六十名随丁，郡王五十名，贝勒四十名，贝子三十五名，公三十名；守墓人，亲王十户，郡王八户，固伦公主与郡王同贝勒，贝子各六户，镇国公和辅国公各四户。此外，对陪嫁人户也有规定。对蒙古王公贵族的法定服役人，不能随意改变。

顺治五年（1648年）又规定，蒙古王，贝勒，贝子，公年节赴京朝觐皇帝，称为年班。皇帝设宴、观灯；赏赐雕鞍银茶筒、茶盘、茶叶、布、缎衣、帽、撒袋、腰刀等物品。笼络蒙古王公，安抚蒙古族民众。

四、封建隶属制度

在清代的盟旗制度下，王公、贵族、上层喇嘛构成了这个社会的统治阶级。受蒙古封建王公，上层喇嘛压迫和剥削的箭丁、庙丁（沙毕纳尔）、随丁（哈本济勒嘎），墓丁（押墓坦）、庄丁（庄图尔）、喀喇昆（庶民）是被剥削阶级，统称为阿勒巴图。

箭丁（胡雅嘎阿拉特）、庙丁（沙毕纳尔）是在札萨克旗里和总管旗里，六十岁以下，十八岁以上入册登记的阿勒巴图。他们占旗民的绝大多数，享有人身自由，有一定的生产资料。札萨克和闲散王公不得随意压迫和剥削苏木箭丁。但是，箭丁毕竟是札萨克王公属下的阿勒巴图，仍受札萨克的支配，随时奉命应征从军，驻守卡伦，充当驿站差使（乌拉齐）从事旗内劳役等公务。作为旗内阿拉巴图，每年按规定向旗札萨克交纳实物税；有五头牛以上及羊二十只者，交一只羊；有羊四十只者，交二只羊；有牛一头，交米三锅；有牛二头，交米六锅；兵役、军需供应、进贡、会盟、王公嫁娶等事，也会增加箭丁的额外负担。

随丁、墓丁、庄丁是清朝给予蒙古王公个人的役使者，他们不属于佐领箭丁，不承担兵役和衙门劳役；但是，他们的政治权利和经济地位远不如佐领箭丁，他们作为王公个人的阿勒巴图，深受主人的压迫和剥削。

随丁（哈木济勒嘎）隶属于蒙古王公、贵族和佐领以上官员者。清朝政府为了使蒙古王公贵族不“以马甲为从役”，又使王公贵族有供役之人，就从箭丁中拨出一小部分人成为蒙古王公贵族的随丁。随丁和主人有着严格的人身隶属关系。1648年，清政府规定：亲王到多罗额驸的随丁人数，亲王六十人，依次到多罗额驸为二十人。顺治九年（1652年）规定：台吉和塔布囊一等到四等的随丁人数分别是十五人、十二人、八人和四人。康熙三年（1664年）规定，管旗章京随丁四人，副章京二人，参领、佐参领一人。封建主可以任意驱使随丁为自己劳动，无偿占有他们的劳动果实。

陵丁（温根包勒）是为蒙古王公守墓的人。陵丁负责陵墓的管理和祭祀，并且负担祭祀费用，终身为王公看墓。今“富荣镇海棠衙门，大板镇腰衙门，阜新镇衙门营子，佛寺镇的衙门和红帽子乡的衙门的部分居民的先辈是当年的陵丁。

庙丁（沙比纳尔）是脱离旗札萨克和王公贵族管辖，而成为寺院和上层喇嘛的属民。他们都有着严格的人身隶属关系，受寺院上层喇嘛的剥削压迫。土默特左翼旗最大的寺院瑞应寺（佛寺）经朝廷批准，由旗府拨出庙宇附近的十七个村屯划归瑞应寺管辖。1824年，道光皇帝赐予瑞应寺札萨克喇嘛行政印鉴：“土默特大喇嘛察罕第颜齐呼图克图之印”，实行政教合一体制，掌管各项行政司法事务。当时的旗庙——瑞昌寺（黑帝庙）所在地黑帝庙和庙下街两村的居民均为庙丁。普安寺（大喇嘛洞）前的大板村，也是当年庙丁的住所。

庄户（陪嫁户）是随公主格格的陪嫁户。清政府规定："随蒙古亲王之女陪嫁闲散户五户，郡王之女四户，贝勒之女三户，贝子，镇国公，辅国公之女二户。"庄户一般都是外来户，地位比较低，终身服役，或再次随陪嫁，还可以买卖。

奴隶和喀喇昆是地位最低而毫无人身自由的人。奴隶及其子孙永远是王公的奴隶，不列入丁册，世世代代受其主人的奴役。奴隶也可以成家，但其子女仍为奴隶。

严密的封建王公制度，人身依附关系，使广大蒙古族人民受到蒙古封建主和清朝统治者的残酷剥削和压迫，生产力受到严重的破坏，造成了蒙古地区的经济和文化长期处于停滞落后状态。

五、经济制度

土默特左翼旗的建立，结束了长期的封建割据状态，社会安定，蒙古族社会经济有了较快发展。

由于盟旗制的建立，制定了各种禁令，不能随意逾越旗界的情况下，牧地范围固定，牧场得以有计划的使用，并在一定程度上采取了保护牧场的措施。打井、搭棚、筑圈、打冬草较前增多，致使牲畜头数有了较快的增长。由于关内连年遭灾，清朝廷实施"借地养民政策"，指示热河等各地招纳关内灾民。于是关内汉民大量流入。在土默特左翼旗南部开垦土地，然后逐渐向北半部扩展，农业经济开始逐渐形成，并有了很大发展。土地私有制趋于尖锐。其分配关系更见紧张。在土地所有形态和经营形态上出现了"死契地"，其中包括"兑契地""巧当地""黑地"；"活契地"，其中包括"押契地""当契地""烂价地""租契地"；"白楂地"，其中包括"内仓白楂地""庙仓白楂地"等多种形态；另外还出现了"生计地""差役地""恩赏地""内仓地""外仓地""庙地"等土地所有形式。为管理土地，建立了"地局"。对土地所有权的承认上，由官方发给“红契”。

随着农业、牧业的发展，手工业、商业亦相应地发展起来了。手工业同农业分离，产生了适应农牧业生产的各种加工业。社会分工的发展促进了社会生产力的提高和生产的社会化、专业化。

在商业方面，一是大批关内汉族商人在蒙古贞地区进行贸易。二是旗札萨克赴京，率领成批商队，携带土特产品在京出售，购回绸缎、布匹和日用杂货。三是在民间，采取定期集中的形式，搞集市贸易。寺庙之地或大型村镇已成为集市的中心。

六、金融货币制度

清代在流通领域中，使用的货币是“制钱”，亦称“东钱”。但是，自清光绪初年到民国初年，蒙古贞地区除使用“制钱”外，较大的钱铺、烧锅、粮栈、商号等都自行发行制钱票，亦称“帖子”。在蒙古贞西南部流通义县商号发行的“义帖”；清河门商号发行的“门帖”；广宁商号发行的“广帖”。中国银行、热河兴业银行、交通银行又发行“银大洋”“银小洋”“铜子儿”。制钱的单位为“吊”“文”。十六个铜钱为一百文，一千文为一“吊”，也就是一百六十个铜钱为一吊。银大洋一圆换算制钱为八吊。银小洋一圆换算制钱为六吊。铜子儿每个为二文。

七、司法制度

札萨克亲听制　清代，蒙古社会内部的诉讼司法，皆以各旗札萨克亲自掌管。土默特左翼旗范围内发生的各种案件，报旗府，向札萨克呈诉，并由札萨克拿治罪犯。由管旗章京具体负责监狱之事。如案件不决，则报盟长亲听。札萨克判断不公，亦报盟长。盟长不决或判决不公，则报送理藩院。驻有司官之地，则由司官会同札萨克审办。命案，民事诉讼等与地方官会听，而加以审判。

罚誓遣死制 罚者，则罚罪犯者。主要罚取牲畜，分三等：罚1头、5头、9头。超九至九九数而止；当罚牲畜不足，缺一，鞭二十五，至鞭百而止。

誓者，被罚无牲畜则令誓。对无牲畜者先鞭一百外，令佐领设誓；三九以上，令管旗章京设誓。如有隐匿者，当被罚外，设誓者亦被罚。监狱亦有不同程度的设誓。

遣者，将犯罪者遣发至边远烟瘴地区。发至河南、山东为一等；发湖广、福建、浙江、江南为二等；发云南、贵州、广东、广西烟瘴边地为三等。

死者，犯罪者有死罪，被处决时，用斩、绞斩、枭首凌迟处死。死罪者报送理藩院与刑部会审而决。

八、军事制度

常备军制度 按清朝兵制，旗必须有常备军。土默特左翼旗的军事制度，在都统统帅下，以佐领为基础单位，擢拔兵丁，建其常备军。全旗以每佐领150户，每户出壮丁一人执服兵役。每佐领150名士兵，全旗80个佐领，达12000名士兵，成为旗常备军之基本团体。由骁骑校负责全佐兵员。由扎兰（参领）分别统帅，带兵梅伦直接指挥旗兵。随时出击，参加战役。

常设旗兵制度 为维护全旗社会治安，在防御台站、卡伦、道口、坛庙、教场、苍廒等外，旗府安排常设旗兵150名。分马、步二队。马队100人，步兵50人。比较大的旗，多者达360人。到清末土默特左翼旗已达360人。装备有两门炮。每年八月初七、初八日，集中操练演习。其兵饷粮草向全旗旗民摊派。

旗札萨克残酷剥削广大“阿勒巴图”（旗民），课以重捐杂税，遭到广大民众的强烈反抗。为镇压农、牧民反封建斗争，旗札萨克实行“团练”制度。委派得力人员加强训练。土默特左翼旗于咸丰年间，出现了“老人会”，反抗封建王公的斗争长达五年之久。旗府利用团练，残酷镇压了 “老人会”。

中华民国初年，土默特左翼旗旗兵改为蒙旗保安队，负责地方的安定。梅伦为保安队总队长。参领为保安队副队长。旗保安队下设中队。旗内各类队伍，全部编制在保安队。

九、旗县并存制度

清朝廷于1637年设土默特左翼旗，管辖蒙古贞这片土地。当时，地广人稀，旗府政务不多，官员少。到了近代，居民逐渐增多；特别是到了清朝末叶，汉民大量涌入，蒙汉杂居，政务繁忙，疆域辽阔，行政管辖范围广、任务重，需要新设衙署，增加官员。为此在蒙古贞地区需要新建立县政府。清光绪二十九年（1903年），由热河都统锡良，对新建之县取名“阜新”，即“物阜民丰”“焕然一新”之意。拟好县名，上奏清朝廷。四月，朝廷给予批准，建立阜新县；阜新之名载入了光绪二十九年的《清实录》。同年11月，委派王维墉为知县，到任署理。管辖境域同于土默特左翼旗全境和土默特左翼旗所辖的朝哈尔哈旗（今库伦旗六家子乡）汤图喀尔喀旗（今库伦旗格尔林乡）。

阜新县建立后，隶属于承德府。光绪三十年（1904年）设朝阳府，阜新县改属于朝阳府。清乾隆年间，在奈曼旗土城子乡的巡检沟屯设巡检衙门。光绪年间，迁至鄂尔土坂。建县之初，初设于鄂尔土坂（今内蒙古自治区奈曼旗青龙山乡古庙村）的巡检衙门改为县衙。其市街东南-西北走向，有一华里长。东西各有一小门。户数约有百余，人口有千余。有“烧锅”两处，一家“当铺”，有大小商店、旅店，如“义成兴”、“德发和”“德兴和”等20余家。小铺、摊床百余个。这里集市贸易较发达。辐射范围西至承德、凌源、朝阳；东至奉天、开原；北至通辽、郑家屯；南至义州、广宁等地，成为当地的贸易辐辏、商贾云集，粮谷、牲畜、皮张的吞吐集散地。到光绪三十四年（1908年）又析置绥东县。此地归绥东县辖。因县衙处于县境之西北隅，管辖多有不便，第五任知县姚志远呈准移治。遂派员分往各地履勘适宜地点。最后勘妥水泉以西、邱家店以东之地为向阳之地。委右堂刘锡福规划街基，成立工程队；委商人马翠豪，王玉和监修衙署。遂于清宣统二年（1910年）辟水泉、邱家店之中，细河北岸周原朊朊的草莱野滩，在仅有民户十余家的基础上，规划街市，起造房屋，建置衙署，经之营之，期年告成。在清宣统三年（1911年）夏历十月，县衙从鄂尔土坂迁到此地。当时的阜新县城，街衢整齐，以中央十字街为中心，街道向东西南北方向伸展。这里人口逐渐集中，交通发达，商贾云集，贸易兴隆，成为政治、经济、文化中心。

清朝末叶，新建县治，官制尚简，警务、司法均由知县兼理，暂无设专门机构。当时知县兼理事通判。下设“承发吏”“吏礼房”，“东、西、南、北蒙房”。有“班役”“分头快、二快、头状、二状、头皂、二皂等六班”。有“典吏”，俗称“右堂”或“西厅”。

1912年，中华民国建立后，废除帝制。民国元年（1912年）春，改县衙为县公署；知县改为知事。下设两个科和“承审”“监狱”。承审中分司法和警察。中华民国三年（1914年），撤销朝阳府，阜新县归属热河特别区。中华民国十七年（1928年），属热河省，改二等县。县公署改为县政府，县知事改为县长。下设两个科和承审及监狱。

民国十八年（1929年），东北政务委员会成立，热河省归东北政务委员会管辖，阜新县归热河省。

清朝，称蒙古和西藏为外藩，归朝廷理藩院管辖。清朝对各旗有宗主权；而旗内的行政，则允以札萨克自治。自康熙末年至雍正年间，在蒙古地区驻扎理事兼管征税司员。乾隆十二年（1747年），增设司官，受理蒙汉民间交涉事务。道光至光绪末年，于内蒙古各旗设置县及治局。在同一地区，形成了旗县并存局面。蒙古人民内部事务由旗管理，汉族人民内部事务由县管理。蒙汉民间交涉的事务，则实行都统制，加以管理。光绪二十九年（1903年）阜新县建立，同土默特左翼旗管辖区域相同。在同一疆域范围内，存在旗县两个衙门。旗县间不能解决的问题，由三座塔厅（设在朝阳）负责处理。此为旗县并存制度。

蒙古贞南明边墙与清柳条边 明代，在医巫闾山北部的蒙古贞地区，兀良哈三卫中的泰宁卫各部落、察哈尔部落，喀尔喀部落、巴岳特部落和其他各部落，与明朝交往，开设马市、木市。

明朝辽东提督王翱，采取毕恭倡议。从正统七年（1442年）始，在辽东西起山海关，东至鸭绿江岸修筑边墙。边墙分作三段。其中第一段，从山海关铁场堡至白厂门关（亦称白土厂关），此段称“辽西边墙”。在这段边墙中，蒙古贞南境缘一段，自大清堡北（今清河门）入境，经卧凤沟、新民、国华三乡镇到今黑山县白厂门镇北山的白土厂关。

沿边墙，设置营，堡、墩、台，安排巡探、按伏、备御。明朝廷派将领以总掌其权而守之。明代边墙大部分为土墙，少部分为石墙，墙一般高一丈二尺，宽二丈。蒙古贞南境墙长达一百多华里。边墙上设镇夷堡、镇边堡、镇静堡等。镇夷堡东南盘岭，有界口。有乾河口台，大驸马营台、夏韩口、寺儿山、小新台、沙河台、新关门等墩台；镇边堡东北，有三岔河台、喜峰口台、古路口台、上孛罗林、下孛罗林、韩家岭、凤头山台、尖儿山台、虎头山、魏家岭、马安山台、东新台、红儿山台；镇静堡有：西长岭台、王来住冲大台、石洞口台、石剌山台、兔鹘山台、大寨儿山台、石灰窑台、白土厂、镇远关大台、白土厂东小台、缸窑空台、蒙古贞境内晾马山台。

明代边墙的遗址，至今仍依稀可辨。国华乡皮边口子屯前山的明代墩台，现仍屹立在望。

清代柳条边 其中一段位于蒙古贞与义县、北镇、黑山、新民等县旗交界处。这一段柳条边西起蜘蛛山乡的柳条沟，经清河门老镇、沿卧风沟、新民、国华，至白厂门，基本沿用明"九边"辽东边墙修筑。抛开明边墙走向，从白厂门新修边壕，向东北方向伸展。经国华、富荣镇、苍土、十家子、泡子等乡镇南缘，从兴隆山村越绕阳河，进入彰武。

柳条边是保护清朝发祥重地盛京和三陵的重要边障。清朝廷深知，修筑长城无济于事，但也想出简洁方便的办法，修筑柳条边，挖筑边壕，于壕上栽植三行柳树，狗咬纹式，如同篱笆，使之出入极难。边外大路，2丈6尺宽，区内马道1丈1尺宽。蒙古贞南缘边壕上，筑起了边台，封堆30余座。两座边门（清河门、白厂门）。每门派驻守门章京一人，笔帖式一人，防御一人，披甲武士10人，属兵若干。自清康熙十五年（1676年），设清河边门和白土厂门（白厂门）以来，清朝廷极为重视柳条边的建设。先后有康熙、乾隆、嘉庆、道光等皇帝巡视过柳条边。

第三节　土默特左翼旗的建立

明朝末年，后金皇太极天聪三年（1629年），兀良哈部人，成吉思汗四杰之一者勒蔑（亦称济拉玛）的十三世孙善巴，同成吉思汗黄金家族的后裔鄂木布楚琥尔，率其属众，归顺后金。天聪九年（1635年），皇太极下诏：将蒙古贞部与土默特部的属众分编佐领。任命善巴、赓格尔、鄂木布楚琥尔三位为“札萨克”（执政之意），分别统辖其佐领。崇德元年（1636年），善巴被封为“达尔汉镇国公”之爵衔。赓格尔与善巴是同一家族。于崇德二年（1637年），设土默特左、中、右翼三旗。善巴、赓格尔、鄂木布楚瑚尔分别任左、中、右翼旗札萨克之职。翌年，赓格尔之札萨克职务因罪被削职，故撤销中旗。其属众全部归属善巴掌管。自此，出现了东西土默特。东土默特即土默特左翼旗，辖蒙古贞地区，即今阜新地区。西土默特即土默特右翼旗，辖朝阳，北票。清朝盟旗参佐制度完成于1782年，土默特左翼旗、土默特右翼旗、喀喇沁三旗，均隶属于卓索图盟。土默特左翼旗管辖80个佐领；每六个佐领之上设一扎兰（参领），全旗共18个扎兰。旗府内设有各种职能部门，负责行政事务。土默特左翼旗，自建旗至1945年被撤销历经309年。

土默特左翼旗，自1637年至1661年，称为土默特左翼旗札萨克镇国公府；1662年至1892年，称土默特左翼旗札萨克贝勒府；1893年至1929年，称土默特左翼旗札萨克郡王府。1930年称土默特左翼旗公署；1934年，称土默特左旗政府；1940年，称土默特左旗札萨克。1940年至1945年，撤销阜新县政府，由土默特左旗札萨克统管。旗政府从王府迁至县城，直到1945年止。

康熙元年（1662年），因漠北喀尔喀部内部纷争，产生矛盾，喀尔喀台吉巴勒布冰图，率其属众南迁。当时，清朝廷安排巴勒布冰图到土默特左翼旗北部驻牧。拨今库伦旗格尔林乡及以西的六家子乡等地，归巴勒布冰图所辖，并建汤图喀尔喀与朝喀尔喀两旗。先于康熙四年，清朝廷封元太祖裔喀尔喀台吉巴勒布冰图为“多罗贝勒”。巴勒布冰图贝勒属于闲散贝勒，虽有旗的地域，但无行政实体，无实权，外出办事，所用之文牒均由土默特左翼旗札萨克盖章生效。

土默特左翼旗的疆域范围，东到绕阳河与苏鲁克交界；西至巴格塔布桑与土默特右翼旗为邻；北至库昆河与库伦旗毗邻，南至柳条边与义县、北镇、黑山、新民接壤。其中，巴勒布冰图贝勒所属之汤头喀尔喀（今内蒙古库伦旗格尔林乡等）附属于土默特左翼旗。清康熙三十一年（1692年），土默特左翼旗贝勒札萨克额尔德木图向清朝廷奉献旗之东北隅，建立养息牧场，作为贡祭三陵之牧养地。

土默特左翼旗驻地，据《蒙古游牧记》载，土默特左翼旗札萨克原驻海特哈山，汉名为旱龙潭山。今富荣镇“贝力房”村旱龙潭山南麓，当初善巴从其官营子村率领属众在此定居。自善巴之子卓里克图继任札萨克，上报朝廷叙其父之功绩，康熙元年（1662年）清朝廷授以多罗贝勒衔之始，此地则得名为“贝力房”。蒙古语则称为“诺颜豪沁”，意即“王爷之旧府”。由于善巴及其后嗣对当地百姓过度盘剥，所以山南（指医巫闾山）的蒙古民众群起暴动，放火焚烧了新的衙门，赶走了居住于山南的兀良哈人。在额尔德木图贝勒时期，向北迁府于今七家子乡的旧贝营子。大约在玛尼和阿喇布坦贝勒时期，于1736年再迁至今王府镇而定旗府所在地。今阜新市细河区四合镇九营子，蒙古语称“札萨克音浩饶”，意即札萨克所住之旧居。旧居的旧宗，现讹称之“九”营子了。

历任札萨克　土默特左翼旗第一任札萨克“善巴”。善巴和鄂木布楚瑚尔，跟随后金作战，同建“功勋”。由于屡建战功，命其掌管土默特左翼旗，任札萨克职务，并授予荣誉衔：诏世袭网替，代代相传。善巴于顺治十四年（1657年）十一月二十九日卒。

善巴之子卓里克图，直接承袭了札萨克职位，并于康熙元年（1662年）十月八日，上奏其父善巴功绩，清朝廷授予卓里克图“多罗达尔汉贝勒”之爵位。同时享有土地之权，加强了王公贵族的统治权。他于康熙十三年（1674年）九月四日病殁。

卓里克图之长子兆图，乃第三任札萨克多罗达尔汉贝勒。

康熙十四年九月六日病死。兆图之三子额尔德木图承袭札萨克之位，于康熙四十二年（1703年）四月一日病亡。

额尔德木图之长子玛尼，为第五代札萨克多罗达尔汉贝勒，于康熙五十二年（1713年）二月二十一日殁。

玛尼之长子阿剌布坦承袭札萨克之位，乾隆五年（1740年）六月二十七日病故。

阿剌布坦之长子道尔吉扎布早亡，其孙索诺木巴勒珠尔承袭第七代札萨克多罗达尔汉贝勒，兼理藩院侍郎、木兰行围场长、卓索图盟盟长等职。于嘉庆十五年（1810年）十月二十日病殁。

索诺木巴勒珠尔因其长子车札布不肖，而命其次子贡楚克巴尔桑承袭第八代札萨克多罗达尔汉贝勒，兼卓索图副盟长之职。嘉庆二十一年（1816年）五月十四日病亡。

贡楚克巴尔桑的长子济克莫特札布承袭第九代札萨克多罗达尔汉贝勒。道光十三年（1833年）五月二十六日亡。

济克莫特札布之长子那逊乌勒哲衣承袭。并兼任卓索图副盟长，卒于同治元年（1862年）十月二十六日。那逊乌勒哲衣之长子散巴勒诺尔赞，世袭了第十一代札萨克。因奢豪过度，征收繁重的捐税徭役，引起人民的强烈反抗。于同治九年（1870年）清朝廷撤销其札萨克职务，保留其多罗达尔汉贝勒之爵衔。光绪十四年（1888年）九月四日死。

散巴勒诺尔赞被撤职后，其弟哈斯塔玛嘎于同治九年，辞去喇嘛还俗后，任札萨克之职。这个委任未报清廷，也未加爵位，仍袭一等塔布囊之爵，但清廷也确知，默认其札萨克。当散巴勒诺尔赞死后，其长子色凌那木济勒旺宝承袭了第十二代札萨克多罗达尔汉贝勒。光绪十八年（1892年）晋升郡王爵位。兼任卓索图盟盟长和理藩部侍郎之职。

末代札萨克云丹桑布，系第十代札萨克那逊乌勒哲衣的二弟宝音乌力吉之孙嘎剌桑道尔济之子，成为第十二代札萨克色凌那木济勒旺宝之过子。中华民国七年（1918年），民国政府授予郡王爵位。中华民国二十五年留学日本。留学日本期间由鲍海楼（蒙名伊萨布）代理旗长职务，处理行政事务。回国后，曾在锦州省、兴安西省任过文教科长。1943年回本旗任旗长，直至1945年止。

第四章　蒙古贞宗教

第一节　萨满教

一、蒙古萨满教

蒙古贞早先信仰萨满教（孛教），后转为信仰藏传佛教。萨满教蒙古语称孛教[①]，是阿尔泰语系民族普遍信仰的宗教。它形成于原始社会，伴随着母系社会过渡到父系社会而发展起来的一种社会现象。

萨满教在蒙古史籍中的记载，始于11世纪成吉思汗远祖孛端察尔的家祭朱格录；后来到蒙合不勒汗、俺巴亥汗时期，对萨满教的信仰比较普遍。从成吉思汗时期到继承者窝阔台、蒙可汗时期，萨满教信仰成为诺颜们的行为。

1268年，忽必烈汗建立元朝后，由于政治的需要和其他原因，聘请西藏八思巴喇嘛为国师。佛教传入蒙古后，在上层社会中得到广泛传播，因此，萨满教逐渐失去其在统治者信仰中的主宰地位，但在民间仍有许多信奉者。

元朝末代皇帝妥欢帖睦尔（1370年）退居应昌府后，召见

① 孛教，在《蒙古秘史》中有记载。

宫廷喇嘛："你们说能保我江山社稷，为何未保？"将喇嘛驱逐之。顺帝驾崩，"从此经教废止"。此后二百年（1370—1578年）间，佛教在蒙古地区被废除，未能发展而消亡。这时，萨满教重新成为蒙古地区的主要宗教并得到发展。

14世纪中叶，蒙古右翼鄂尔多斯、永谢布、土默特·蒙古贞万户逐渐强盛起来，其中阿勒坦汗管辖的土默特万户势力尤为强大，为维护其自身利益，攻占吐蕃（音博）而皈依佛教。阿勒坦汗于1578年邀请三世达赖到青海察卜齐勒（仰华寺）庙讲经传法。乌仁·唐嘎日格道音侍卫有诗云：

阿勒坦汗始传祥经
芸芸众生心灵虔诚
旁门神灵偶像被焚
左道神崇拜物被禁
孛额·乌德根消声灭迹
德政经伦绫结般锦

自从1582年阿勒坦汗去世后，到1634年，近半个世纪，孛、佛二教斗争非常激烈；后来孛教虽然走向衰败，但在民间仍有其影响。

清朝廷利用佛教对蒙古族实行愚民政策，积极传播扶持佛教，致使蒙古人最早信仰的古老的萨满教逐渐走向消亡。

二、蒙古贞孛教

蒙古贞部落最早信仰的是孛教。17世纪20年代，土默特、蒙古贞、兀良哈等部落迁徙到现在的蒙古贞地区仍信仰孛教，并得到大力发展。例如：

（1）蒙古贞人祭祀信仰的崇拜物如：商什（独棵大树）、敖包、天、火、山、泉、湖、黑莫日（吉祥马）等。蒙古贞所有艾里，部洛克（村屯）都祭祀这些崇拜物。由于长期信仰，渐成习俗。多数艾里的人们至今还有信仰孛教。

（2）蒙古贞祭祀信仰崇拜物时，请孛教职业者孛额·乌德根举行祭祀仪式，实现其心愿，因此对孛额·乌德根特别尊重。

（3）蒙古贞人定期祭祀崇拜物时，在仪式上表演好汉三艺（射箭、赛马、摔跤），并举行盛大的那达慕尽情吹打弹唱，还在野外搭灶做大锅饭，大家共同享用。

17世纪中叶，由于佛教的大规模传入，在蒙古贞最早流传的孛教受到排挤，便同佛教展开了激烈的斗争。

蒙古贞第一任札萨克善巴修建了旗庙瑞昌寺（黑帝庙）不久，于1651年，呼和浩特呼图克图乃济托音（亦称内奇托音，书上都写“乃济托音”，他给日本国出版的《蒙古大辞典》题词时自称“乃齐托音”）喇嘛（1557—1653年）来到该庙诵经传道，大力宣扬佛教的理论和教义，同时传播蒙古文《甘珠尔经》。乃济托音喇嘛的徒弟葛根苏莫（佛寺）第一世活佛桑丹桑布（1633—1720年）开始修建庙宇，大力宣传佛教。他的继承者们继续扩建庙宇，供佛像，藏经卷。深入研究宣传经文的同时严守寺庙的清规戒律，大大吸引了民众信仰。接着普安寺、广法寺相继建成。

在佛教咄咄逼人的形势下，孛教的职业者孛额·乌德根们仇恨并发出哀怨，诅咒道：

祭品要被埋在地里
戒律要被挂在树上
唇舌要被乌鸦咬伤
鲜血要被吸净吮干
白骨要被铮铮做响
佛像是泥巴和涂料

诅咒没有摆脱萨满教消亡的命运。孛、佛二教相比，孛教的崇拜物及其孛额·乌德根固定说唱的"无字经文"与佛教辉煌的庙宇及其彩饰绸缎，神佛画像和深刻系统的经卷理论、庄严的庙会，严密的哲理以及众多的喇嘛队伍相比显得相形见绌。

从17世纪中叶到18世纪中叶的一百多年间，两教经过激烈斗争，大约在清乾隆年间，孛教敌不过佛教的现象才显露出来。

蒙古贞人虽信仰佛教，但仍然无心抛弃自远古以来信仰的孛教，因此，出现了两个教互相和解相容的局面。

孛教在其发展过程中分化成黑、白两派。白派接纳了佛教教义，男萨满称之为列呈，女萨满称为乌德根。他们利用佛教不杀牲的说教，改变用活人作替死鬼和宰杀牛羊祭祀等做法，孛·乌德根说唱内容也融入了佛教经文内容。黑白两派已无明显区别，只在说词有所不同。

佛教也吸纳了孛教崇拜物的做法，喇嘛替代孛·乌德根举行祭祀活动。大多数喇嘛庙宇堆起孛教的十三敖包，每年定期祭祀。有的喇嘛寺内出现祭古日塔木却京的喇嘛孛，这在蒙古贞地区开始广泛流行。

孛教、佛教虽然相容；但到后来，佛教兴盛，孛教逐渐消失了。约在18世纪末叶孛教、孛·乌德根执行祭拜的跳神活动，全部被佛教喇嘛取代，孛教活动场所已消失。孛·乌德根，以孛列呈，查干叶力威的天母信仰东青嘎日布和跳安代等几种形式仍残留在民间。

三、蒙古贞孛教信仰

1. 商什树

所谓商什就是以多年的老独棵大神树为崇拜物。商什是蒙古语，商什树是蒙古贞地区孛教崇拜物之一，蒙古人由氏族集体商定每年定期设供品举行祭祀仪式，成为宗教信仰习俗。到清朝末年，蒙古贞有820多个村落，每村都有商什树，有的“艾里”有两棵，因此，蒙古贞有800多棵商什树，每棵树前都有坐北朝南的用石头雕成的商什女佛像。据说，商什树石佛是蒙古孛教崇拜的乌德根母——药王母演变而来的。

2. 对十三敖包的信仰

蒙古贞地区孛教表现形式之一的十三敖包，是十三位神之尊位。蒙古贞地区过去有500多座，现存280多座遗址。

敖包包括旗敖包、部洛克（地区）敖包、艾里（屯）敖包、部落（氏族）敖包、寺庙敖包等五种。还有独座敖包和佛教的“萨查”敖包。

3. 对天的信仰

天是太空中主宰一切的虚无的神灵，是孛教崇拜的主要神灵，因此蒙古贞人自古以来就非常信仰天神。

4. 对火的信仰

火神（嘎力根母）是孛教信仰中的重要崇拜物之一。蒙古人从古代开始一直祭祀火神。认为火是新生、纯洁、避邪与明净的象征，赐予幸福和财富，消灾避难的潜在力量。因此，蒙古贞人非常虔诚地信仰火神。

5. 对山的信仰

孛教认为万物都有神灵，把山视为崇拜物加以信仰。因此信仰孛教的蒙古贞人也崇拜山。

四、孛教对蒙古贞的影响

用马克思主义的观点观察孛教，不是孛教创造了蒙古历史，而是蒙古历史创造了孛教。孛教又在蒙古历史发展过程中，同藏传佛教的斗争中而慢慢消亡。孛教在漫长的历史过程中对蒙古族的政治、经济、思想、文化、哲学、伦理、艺术、诗歌、音乐、词汇及其风俗等诸多方面产生了重要影响；蒙古贞地区同样受到深刻影响。

1. 孛教的“天命论”思想，在蒙古贞人的思想意识中影响致深。天命论在蒙古人生活中是以誓言形式体现的。例如，创造事业时说“天知道”，阻止别人做坏事时说“这样做天会斥责的”。“我说的你不相信?我如果那样，天就在此”，“我如果是做了那种事情，六月天被雷轰六次”。束手无策时呼叫：“天啊！天啊！”说先辈死是“上天了”。称皇帝为“天子”。把政治变革称为“天时”，从而循规蹈矩，不敢越雷池一步；将田园收成称为“天的恩赐”，欠收称为“老天收回去了”。孛教的“天命论”深深融入蒙古贞人的思想意识之中。

2. 对蒙古贞文学艺术的影响也比较深刻。孛额·乌德根的呼号称之谓孛教文学。在漫长的历史过程中，这种文学形式深深浸入蒙古贞民歌、诗词、好来宝、故事、传说、祝词、赞词、婚礼词、音乐等诸多文学艺术领域，极大地丰富了文学艺术的内容和形式。例如蒙古贞《安代》三部曲就是孛额·乌德根韵曲子。蒙古贞婚礼歌词中“哦嘿嘛嘿、哦昧嘿”“阿哈咴”“结德尔”“呼嘿呀”，童谣中的“哨哨乃株尔！跟随乃株尔”等都是从孛教呼号词演变而来的。

3. 对蒙古贞习俗的影响

对白色的崇拜风俗，亦源于孛教。蒙古人把白色当成纯洁美好的象征，而加以尊崇成为习俗。蒙古贞设宴会、订婚约、迎贵宾、敬老人时，都把白色三角形哈达或长方形绸缎哈达当作祝福的象征，敬献给贵客和亲人。在长辈过本命年时，晚辈首先敬献洁白的哈达叩拜。

——那达慕大会是祭祀敖包活动的一项内容。举行摔跤、射箭、赛马等好汉三艺活动，同时还开展奏乐、唱歌、跳舞、诵诗词、说好来宝等娱乐活动。这些活动已经成为蒙古贞人的习俗。

——以火洁净习俗。蒙古贞人用篝火迎亲、以火迎施法驱魔者的习俗，还有帽子、衣服落地，行李帽子之上有人坐过之后，都要用火洁净之后方可使用。这些都是受蒙古孛教敬信火神之后而在民间产生的习俗。

——选择用木的习俗。例如祭火时选用榆木等质地好的木头点火，而不用杨柳木。制作小孩的“乌勒贵”（摇车）选用榆木，不用杨柳木。装饰敖包时选用柳树、柳条。这些都是蒙古贞人对树的信仰而形成的习俗。

——敬重西方位之习俗。蒙古贞人敬重西方位习俗到处可见，请贵客坐于屋内西侧弯子炕上款待；将老人的卧室安排在西侧间内，有条件的把佛龛供奉在西屋内西北角；大年初一拜天时，向西跪拜；碾房、磨房都设于西厢房等等。敬重西方位的习俗来源于孛教信仰上天的礼仪。而上天有各自的容貌，各自的行为，各自的居方。孛教敬仰的十三个天神中，西方的三个天神是善良的，东方的三个天神是邪恶的。其呼号词曰：

西方巴特查干天神
西南方致富小白天神
西北方威武英雄天神
东方心狠手辣天神
东南方三角地花顶天神
东北方怪声处邪恶天神

还有种说法曰：

东方黑心天神啊
以火炭为食物
以火蛇为鞭子
以恶狼为坐骑
以人肉为口粮
有铁石般心肠
伛偻狼般跌撞
好斗狼般疾步
逞强好胜诬赖天神

如上所述，蒙古贞人天长日久遵循孛教形成了惯例，从而敬重西方位已成习俗传于后世。

——蒙古贞盖正房上腰檩子时，从房顶上向四面八方抛扔饽饽习俗。上腰檩子仪式开始，将腰檩子装饰一番，把几笸小米面饽饽挎到檩子上。由木匠祝福曰：

冉冉旭日西边
漫漫夕阳东边
潺潺流水北边
巍巍山岳南边
建起宽敞家宅
平平勒木梁柁
檀香木的山柁
长青松木檩子
支撑万斤柱子
辅臣般的脊柱
顶门立业之门

延年益寿炕沿
照亮家室窗户
炊烟袅袅烟筒
端庄笔直压檐
四方平行椽木
阴阳八卦图案
方形红布装饰
五谷布袋点缀
上架腰正檩子
抛掷饽饽馃子
食物上份奉献
齐全完美门户
长久安居人口
永远富庶康泰。

祝福完，几个人将筐内的饽饽从屋顶抛向四方。等候已久的人们全力争抢。在这种喧闹欢乐声中，将腰檩子摆放于正位，仪式就结束。这种扔饽饽的习俗，就是由孛教祭敖包、商什等规矩演变而成的。这种习俗至今还在民间保留着。

第二节　藏传佛教

藏传佛教亦称藏语系佛教，又称喇嘛教，是指传入西藏的佛教分支。藏传佛教是以大乘佛教为主，分宁玛派、噶举派、萨迦派、格鲁派四大派体系。传入蒙古地区是格鲁派（亦称黄教），创立者为宗喀巴。蒙古族最早接触藏传佛教、皈依西藏佛教的人是成吉思汗时期的蒙古族王室阔端王子。大力扶植喇嘛教是忽必烈。据《缀耕录》记载，自阔端至元亡的百余年间，上自皇帝、宗室、后妃，下至王公、大臣、显宦、庶士，无不归敬喇嘛教。有元一代，京城广建寺庙，香火缭绕。从忽必烈和蒙哥分别接见嘎玛拔希，直至元顺帝父子，一直是皇室中传授密法，蒙古贵族普遍皈依喇嘛教，这对于当时的和以后的蒙古社会，影响至深。蒙古各部普遍信奉喇嘛教。

一、藏传佛教传播的历史背景

阿勒坦汗时期深受藏传佛教影响的土默特·蒙古贞部，东迁到今蒙古贞地域。这时最早管辖蒙古贞地区的北元最后一位可汗林丹汗，在白城子（今属泡子镇）府上供奉嘛哈噶喇佛，使藏传佛教在蒙古贞地区有了新的发展。后来林丹汗挥师西进，支持藏巴汗，转而信仰噶举（白教）派。信仰格鲁（黄教）派的蒙古人，归服后金皇太极，特别是原服务于林丹汗的查干达尔汗呼图克图墨尔根喇嘛，宣扬“天运已归满洲汗”，同呼和浩特的乃齐托音呼图克图一世，察哈尔迪彦齐呼图克图，一同到盛京，将蒙古最高护法嘛哈噶喇佛，献给了皇太极。于是后金政权在盛京修建实胜寺（皇寺），供奉嘛哈噶喇佛像，加深了佛教对蒙古人的影响。

清朝廷于1650年请章嘉呼图克图到盛京，盛情款待，赏赐最高封号。在盛京期间，东部蒙古地区的蒙古信徒到盛京接受章嘉呼图克图摩顶礼，叩拜嘛哈噶喇金佛。

二、藏传佛教的传播

蒙古贞的土默特左翼旗第一任札萨克——达尔汗镇国公善巴，把札萨克府建在今国华乡灰特浩绕（今后官营子）。后因筑起柳条边，于17世纪中叶，将府衙从灰特浩绕迁徙至今富荣镇的贝力房。在旗府新址前八华里远的土默特河畔，修建了“黑帝庙”，将家庙改为旗庙。1650年，被称为父亲喇嘛的乃齐托音来到该庙修炼，大力宣传佛教。从此，藏传佛教在蒙古贞开始传播。

乃齐托音是卫拉特蒙古土尔扈特部土绵（万户）长塔必那之独生子。名叫阿巴德，他受戒于班禅额尔德尼。三十几年潜心修成佛而扬名，成为呼和浩特大昭呼图克图一世。1634年，他带领徒弟来到东蒙，确认后金皇太极为明主。内齐托音在黑帝庙一年多的时间里，集结众笔切齐（缮写员）抄写复制108函的“甘珠尔”经，分别赠给各旗的王公、大小诺颜、夫人、托音、喇嘛、官吏等。并用施主奉献的金银财物全部奖赏给背诵“大威德金刚”经和密宗基础经者，结果背诵“金刚”和“密宗”者日众。同时还用金银铸造高尺余的“道日玛”塔，分赠各旗王公、大小诺颜和北京八旗都统供奉。

土默特左翼旗札萨克善巴，土默特右翼旗札萨克鄂木布楚瑚尔为首，其大小福晋、官员，接受“灌顶”受戒。而阿必乃亲王（林丹汗的侄子）则未受此恩赐。后来舍萨迦法王告内齐托音“比我还强”的御状，而被遣回呼和浩特。1653年再次来蒙古贞，在途中圆寂。乃齐托音走后，其三大弟子桑丹桑布、他本迪彦齐、麦德尔继续传播佛教。

乃齐托音的大徒弟蒙古贞瑞应寺一世活佛呼图克图桑丹桑布于1669年始修建佛寺，其后有五世呼图克图受圣恩，不断扩建佛寺，该寺鼎盛时期喇嘛人数达三千多人。在蒙古贞乃至东蒙地区闻名遐迩。

他本迪彦齐喇嘛，成为转世活佛后被聘请为“稀热”喇嘛，广有法术而著称。麦德尔成为汤图喀尔喀旗麦德尔寺院活佛，共转六世，他们为了在蒙古贞地区传播藏传佛教献出了毕生精力。

普通百姓白斯呼朗（1632—1694年）出家修炼。从1683年主持修建“金案洞”（普安寺），成为“沙布荣”。其后有五世堪布续建许多寺与塔。广修佛经事业，为使佛教在蒙古贞地区的广泛传播发挥了一定作用。

藏传佛教之所以在蒙古贞地区迅速传播，是因为清政府制定了一系列法律、法规和优惠政策保护发展佛教。对信仰佛教当喇嘛者，颁发催禄证书，免征兵役和赋税；修建寺庙由朝廷出国帑资助；欺侮喇嘛者受到谴责或判罪；呼图克图们可觐见皇帝。清朝廷这些政策，自顺治年间到嘉庆年间，延续了一百多年。后来虽然这些政策有所松动，并逐渐失去作用，然而蒙古贞地区的蒙古人在信仰佛教的虔诚度越来越深，达到了势不可当的地步，同时也达到了清朝廷安定蒙古贞人的目的。

蒙古贞地区在清朝统治的268年中，全旗开石场、烧砖瓦、伐木材，请工匠建筑寺院。旗建旗庙，王爷建王爷庙，梅林建梅林庙，扎兰建扎兰庙，艾里建艾里庙。据1952年调查，蒙古贞地区尚存不同类型的寺院共有195座。家庙无计其数。蒙古贞不仅建有诸多寺院，还涌现出了很多呼毕勒罕，呼图克图和喇嘛。直接由达赖、班禅所封的堪布喇嘛有8人。旗札萨克、大活佛呼图克图封的“沙布荣”喇嘛有33人，喇嘛最多时达15000多人。

藏传佛教的传播，虽然阻碍了蒙古贞的经济发展和人口增长，但对繁荣和发展蒙古族的语言文字、文化艺术、哲学思想和医药卫生事业起了一定的积极作用。

三、喇嘛的学识修养及佛事活动

1. 学识修养

——因明经学

蒙古贞的瑞应寺、普安寺、佑安寺、广法寺、瑞昌寺、广化寺、辅国寺、同善寺八大寺院都设有参尼特扎仓，学习因明经学。受因明哲理经教养的喇嘛按十八个“斯尔奈”（年级），学习“对尔巴”“巴尔沁”“乌玛”“珠德”“都勒巴”等经卷。从十来岁步入寺院精心苦读到五十来岁，才能学完，参加“苏格那木”的多次答辩活动和考试，根据成绩，授予“茂冉巴”

“道日木巴”“嘎布楚”“嘎沁·却尔吉”等职称。

——天文历法

蒙古贞的八大寺院设有丁科尔扎仓，另外岗岗庙、其其尔台庙、梅林庙等寺院也设有丁科扎仓。丁科扎仓的喇嘛们，深入研究天文学，编撰“历书”，预报日月食；还开展藏文等学术活动。主修奔赴“萨木贝勒”地域的经卷。

历书家编撰的时宪书对当时农业经济的发展起到很大作用，并对启发智力有一定的科学价值。

——密乘经学

蒙古贞祝词曰：

门户前方保佑的
大发慈悲的佛祖
家中端坐的老人
手捻佛珠享清福

——阿克巴扎仓

阿克巴扎仓的喇嘛们习读密宗咒语。如欲得咒文真言时，必须受比丘戒并且发誓违犯密宗戒律者，经过长期戒律考验，经师才可传授密宗真言咒文。

密宗咒文较简短，喇嘛们反复诵读。一天只吃一顿饭，关门闭户，不见外人，默默修炼，达到肉身凡胎涅槃成正果的目的。喇嘛们还经常念诵祛病除魔经或赐福予吉经。

——蒙医药学研究

蒙古贞只有瑞应寺建有研究医药学的门巴扎仓。自1702年，培养出许多名医（有关这段历史在第八章详述）。

2. 佛事活动

蒙古贞喇嘛们的佛事活动相当繁多，因此，喇嘛们为完成每天的佛事活动而忙碌不止。

——法会

拉萨·茂拉玛法会（亦称祝福法会）。每年正月举行。

常苏莫·葛格德尔法会是祈求消除风雹灾害的法会。

环祭弥勒法会是预祝到萨木贝勒康泰福地的法会。

嵩才·洛拉莫法会是给习因明哲理经的喇嘛评定职称的法会。

丁科法会，在丁科扎仓举行的法会。

农乃坐禅法会，亦称摩尼坐禅。

朝都布法会，寺院给首席大喇嘛逝世作周年诵经法会。

东其德法会，以给人类增寿禄为目的，给敖斯尼哈佛七种供品，依次筹备到七千的法会。

衮日格·穆拉莫法会，七月份在参尼特扎仓举行十五天衮日格，穆拉莫祝福法会，习因明哲理经的弟子们经过答辩得到赠予“格西”职称的法会。

雅日奈（夏令安居）坐禅法会，释迦牟尼佛每年从六月十六日至九月二十日升天诵经修炼时为其祝福的法会。

道热布成果经法会，由五十名喇嘛在高穆庙关门闭户，为祈愿全世界无战乱诵五天成果经。

诸王法会，其中有延年益寿的阿尤西王法会、德莫其格王法会、占来舍格（千手观音）王法会、让死者转生福地的巴吉格王法会、药师王法会、桑迪王法会、勒哈珠苏莫王法会、雅曼达嘎（大威德金刚）王法会、祭山水风水的达木林（马头明王）王法会、祈求子孙的度母王法会、预祝到萨木贝勒福地的丁科王法会。

法王驱魔朵马法会，为众生消病禳灾，诵经抛掷火箭。

初九法会，是每月初九为大众消病除灾念五大明王经的法会。

米格乍莫（宗喀巴颂词）法会，为众生消病灭灾，千遍万遍的诵读米格乍莫经。

苏京法会，每月十五和月末两日举行，沙弥、比丘们聚在一起双手合十向佛祖反省自己半个月内所犯罪孽，正心正律，接着比丘们向佛祖祈祷诵经。如果比丘不参加这个法会，就被驱出环寺巡礼路之外。

佛灯法会，十月二十五日举行，在释迦牟尼佛像前，点燃千盏佛灯，诵经祭祀，以纪念宗喀巴诞生和圆寂之日。

浇铸金花法会，用各种颜料浇铸大威德金刚坛城、宫殿，点火烧都德的法会。

提布桑法会是为死去的经师喇嘛诵周年经的法会。

冬至法会，古时在这一天处死囚犯，为死者消除罪孽而诵经的法会。

年终法会，为大众消病除灾，诵五大明王经和白伞盖佛母经。

刚泰法会，遇盗匪猖獗，疫病流行时举行刚泰事佛法会。(1945年日本投降后，盗匪猖獗，瑞应寺举行了一次刚泰法会)。

——绕祭舍木钵日克（乐队列行）

绕祭舍木钵日克是为所有人的安宁、弥勒佛劫相生的隆重礼仪法会。蒙古贞瑞应寺每年二月晦绕行环道祭祀外，迎接活佛或接待呼毕勒罕、呼图克图时也举行这种仪式。绕祭舍木钵日克上千名喇嘛参加，沿环寺巡礼路绕行一周。因需费用大，只有大寺院才有这一活动。绕祭舍木钵日克时，有上万香客朝拜并观赏查玛舞。施主们有很多奉献，香客们都得到仙丹和“京嘎”而归。

——明王查玛（跳鬼）

明王查玛是使寰宇安宁为目的。

跳明王查玛，需要参加天母7人，曾都嘎1人，鳌头1人，阿修罗2人，高木5人，法王5人，髑髅小鬼2人，蝴蝶4人，凤凰1人，度母21人。

——米拉·米拉来呼查玛

这个查玛是反映米拉立地成佛的过程。

——米拉日布查玛

这个查玛是以降伏妖魔为目的。

参加米拉查玛舞的有度母1人，阿修罗6人，牡鹿牝鹿2人，髑髅小鬼2人，护法天2人，当年值法天1人，布袋和尚（弥勒化身）和10个弟子。米拉圣贤和徒弟，黑白二老汉和狗，凤凰1人，道德嘎莫2人。

——丁科查玛是预祝到萨木贝勒地区的查玛法会。21个喇嘛诵经，主持喇嘛戴王裁衣帽，手持摇铃，到舞场四周列队，领经师起经，众喇嘛同声诵经。跳查玛舞活动连续进行三个多小时。

为了聆听丁科王经，从远道赶来的几千名虔诚的信徒，手指戴金或铜指套，脑门儿上戴红色缨子，祈祷到萨木贝勒福地。

广化寺每年3月跳丁科查玛。

四、寺院经济

蒙古贞喇嘛学识教养修炼和佛事活动都需要较多的经费，所需经费主要从寺院经济收入中支出。寺院经济收入有以下几方面：

1. 农业收入

蒙古贞旗札萨克拨出33万亩耕地，分给全旗195座寺庙。全旗寺院每年可征收750万公斤到1000万公斤粮食。

2. 信徒们捐献的收入

参加庙会、查玛舞会、舍木钵日克等佛事活动，信徒们都要捐献一些钱物。

富裕户、托钵僧、晋职喇嘛承担或承办的大锅斋饭和某一法会得到的捐资也是收入的重要组成部分。

修建寺庙、铸佛、请经等活动所需的大额费用，一般通过化缘来解决。

3. 喇嘛个人收入

喇嘛起初享受国家俸禄。后来取消俸禄后，喇嘛的生活来源主要是靠家里供给，或靠庙会斋饭、斋茶度日。也有到乡下念经得酬金作为生活来源，也有走出寺院当雇工得钱粮度日的。富裕喇嘛收地租、放高利贷过富裕生活。

4. 寺院支出

寺院支出项目主要是庙会斋饭、斋茶、庙仓扎仓生活费用，佛香、佛灯、供品等费用。

瑞应寺鼎盛时期有喇嘛三千多人，每年支出三百万元。那时蒙古贞有喇嘛一万五千多人，全旗寺院每年需支出共一千五百万元。

5. 民间诵经、驱邪、施舍。

藏传佛教传入蒙古贞三百多年间，蒙古贞人信仰佛教达到至高无上的地步。为了今世或来世，除了到寺院敬拜施舍外，还把喇嘛请到“艾里”“部洛克”，家中念经驱邪的特别多。

诵经类 诵丁科王经，需要念三天，因费用较大，只有富裕户才能请喇嘛念此经。1930年招束沟的七家子屯希迪巴彦与众富裕户联合请弥勒活佛诵经三天，聚众数万人。

诵阿尤西（无量）王经，为使老人延年益寿，而诵此经。

诵巴其格（马头明王、马头观音）王经，超度亡者来世投生福地。

诵达木林王经，念此经主要为了消除战乱，盗匪，镇服恶兆，降服龙王，行善积德。

蒙古人有为村屯安宁、家庭吉祥、积德行善的美好愿望，把喇嘛请到家里念经。

诵药王经。

诵他日巴（大通方广忏悔灭罪庄严戒佛）经。

诵嵩迪经。

念金光明经。

念八大葛根经。

念超度亡灵经。

念招魂经。

念甘珠尔经。

念白伞盖母经。

祭关圣大帝。

祭成吉思汗。

蒙古贞人请喇嘛祭孛教偶像诵经。如：

祭十三敖包。

祭商什和商什神。

祭天。

祭火（嘎力因额赫）。

祭山。

除此之外，操办婴儿满月，小伙子娶亲，闺女出阁，祈求甘露，消除天灾，招魂附体时也诵经。

驱邪类：

认为重病不愈或患烈性精神病，是阎罗小鬼危害或有人诅咒所致，为此念各种古日木（修福）经，祈求消除致病原因。古日木经需要十多名喇嘛一起念诵。主持喇嘛坐在中间，掌堂师、领经师和诵经喇嘛两翼列坐。经卷、金刚杵、甘露瓶、铃杵、鼗鼓、钹、铙钹、长号角、小号角、箫等诵经用的法器摆满案桌，主持喇嘛不时摇鼗鼓和拨弄金刚杵，徒弟们有吹号的、吹箫的、打鼓的，诵经活动非常活跃地进行的同时朝德班喇嘛精心制作“驱魔朵马”“施食回遮法”“曼荼罗”。诵经时，半天时间只休息一次，连续诵一天或三天。驱邪经种类有：

注筑忿怒王曼荼罗，是为了消除因口舌被别人诅咒患重病的人的病因。

驱魔朵马是高三尺，三棱体，髑髅头火器，收到火中的魔鬼或逃之夭夭的恶魔都被追赶击败之。

施食回遮法，将汗巴尔玛鬼的塑像巴令（食子）放到郊野，这是为了消灭恶魔。

断“查勒玛”是患者被阎王绳索套住而致病，剪断查勒玛，其病痊愈。

献“巴日查”（酬金），奉“额日古车”（施舍）。所谓巴日查，是各户请喇嘛念经后，自愿给喇嘛的酬金。献巴日查还有个简短仪式，家长或家人代表家里主人，跪在喇嘛面前，口颂：

请旭日般的喇嘛，
诵莲花般的经卷；
请月亮般的喇嘛，
诵萨木嘎般的经卷，
回报仨额尔德尼恩惠。

主持喇嘛酬金一百元，掌堂师、领经师、朝德班各七十元，随从弟子喇嘛各五十元，报告完毕，把酬金巴日查奉上，主持喇嘛领诵祝福词，此次诵经活动即告结束。

——额日古车

蒙古贞人祈求佛祖的事得以实现后便向寺院捐献物资称为奉额日古车。额日古车中包括有土地、房屋、金银、物资、粮食、绸缎、衣物、斋茶等。

施舍的东西不能要回去，施舍的种类有：固定施舍，在固定期限内施舍固定物资，非固定施舍，这是个人按自己的信仰程度，可随时施舍；体力施舍是贫困人家给寺院出工一年或几年劳力。

五、佛教的教义对蒙古贞的影响

佛教在蒙古贞，对人们思想及其文化艺术等各领域产生了极为深刻的影响。

1. 对蒙古贞人思想的影响

蒙古贞人原来信奉孛教的关于“人的灵魂不死”的教义，与佛教关于“识”的教义截然不同。孛教教义认为“人的灵魂有此岸、彼岸两个世界。此岸是活人世界，彼岸是死者世界”。“人们在此岸世界生活繁衍，人死后灵魂到彼岸世界也同样生活繁衍”。此种教义对人们思想和精神没有产生什么损害，人们对死后彼岸世界无所顾忌；活着的时候想得到的一定要得到享用，生活充满了竞争意识。可是佛教教义认为“每个人都有前世、今世、来世更替的规律”。前世（指多个世）积德行善，今生就富贵；今世积德行善，来世就福禄双全。人活着的时候有好心肠做善事，死后灵魂受到菩萨的保佑投生福地；否则死后被阎王小鬼抓去，扔进十八层地狱投生恶地。佛教的这种教义深入蒙古人心灵深处，对思想认识产生了极其深刻的消极影响。例如：蒙古贞人解释世人痛苦和幸福时，认为苦难之人是“前世犯下罪孽的报应”；幸福之人是“享前世修来的福气”；有的比喻大肚子汉是“饿死鬼托生”的；怕寒冷的人是“冻死鬼托生”的；有的咒骂人“来世托生成没屁眼的人”；“九世断子绝孙”；有的为证明自己的清白，发誓“我如果做了那般事情，托生成五台地区的毛驴”；有的自知还不清老年人的债务时说“来世托生个牛为你效力”。诵经修福的人与很早诵经修福的人发生口舌后，诵经修福多的人自恃打赌时说：“你小子我们俩死一遍看看。”

上述例子全是佛教教义对人的思想意识方面的影响所致，佛教的这种教义严重地束缚人们的思想意志，削弱竞争意识，让人们老老实实地忍受剥削和压榨，使蒙古社会长期处于贫穷落后状态。

2. 对蒙古贞风俗习惯的影响

深信佛教教义和敬仰菩萨的蒙古贞人，起初到寺院向菩萨叩拜祈祷；后来竟形成了将佛像菩萨像请到家中设佛龛供奉习惯，每天烧香磕头成为必要的习俗。蒙古贞人家里不供佛的几乎没有，对家中不供佛的人称之为不开化的孽种，即自己不懂、不听人家劝，不被教化的鬼。

为把六道众生从苦难中拯救出来，来世托生福地，众多蒙古人接受了口念佛教的“唵嘛呢叭咪哞”六字真言，形成“数佛珠”“合唱嘛呢歌”的习俗。

所谓“数佛珠”是手持一百零八粒佛珠串，念一遍六字真言，数一粒佛珠。过去老汉、老妪给自己定下一天念多少遍佛珠的规矩，每天必须做到。有的老汉、老妪为了立地成佛灌顶受戒，有分别剃度成优婆塞、优婆夷，整天数佛珠，口念宗喀巴颂词，尤为虔诚。在蒙古贞地区“合唱嘛呢词”。有多种形式。一为“太平嘛呢”，老头老妪手摇法轮，配词同六字真言说唱。有的村举行嘛呢法会，以实现保佑艾里、部洛格大众千安幸福之目的。例如，领诵老人唱道：

明亮明亮的光，
光亮的查干洞哟。
五台的五个山啊，
山上有文殊菩萨。

众人合唱：

嘛呢叭哞，
嘛呢叭哞，
嘛呢叭哞，

嘛呢叭哞。

太平嘛呢合唱举行一天，请嘛呢户备膳宴请老人们。这种“嘛呢”法会，在蒙古贞山岳沟、满头沟、岗岗七家子、良官营子、北河拦等村屯较广泛流行。

还有一种是：“悼唁嘛呢”。按现在南方人说法叫“助念团”。老人们围坐在逝世长者灵柩旁，抱着愿望和缅怀先辈恩德，表达衰痛的心情，在七七四十九天内，尽早被解脱到佛国或投生三善道，投生到人间时要投生到上层人家的合唱嘛呢歌。此嘛呢又称之谓“丧事嘛呢”。如：领诵老人唱道：

用好木杌尔伦，
制作摇车的阿爸哟，
朝夕相处相爱，
乳汁哺育的阿妈哟。

众人合唱：

嘛呢叭哞，
嘛呢叭哞，
嘛呢叭哞，
嘛呢叭哞。

领涌老人唱道：

打漩的急流哟，
撞击河岸有力啊。
欢笑娱乐的一生哟，
全凭父母照料哟。

众人合唱：

嘛呢叭哞。
嘛呢叭哞。
嘛呢叭哞。
嘛呢叭眸。

聆听这样和谐的嘛呢唱词，死者家属、子女、亲朋、好友、邻里感动得热泪盈眶受到深刻的敬老教育。

悼唁嘛呢在蒙古贞地区也广为流传。

3. 对蒙古贞文学艺术的影响

蒙古贞民歌、好来宝、诗歌、祝词、赞词、婚礼词等口头文学中，深深地渗透着佛教教义。民歌《韩秀英》歌词中有：

念诵金字甘珠经的老爹爹，
为的在金色世界上修好。
挑拨我们爱情的那个兔子，
让他掉进十八层地狱。

念诵银字甘珠经的老妈妈，
为的在银包世界上修好。
挑拨我们婚姻的那个兔子，
让他永远走不出地狱的门。

好来宝《燕丹公主》中说道：

杀牲罪孽之人，
掉进十八层地狱。

积德修福之人，
托生到天堂享福。

附录：

瑞应寺迎请第七世转世活佛札记

1978年阜新市落实国家宗教政策，在党的十一届三中全会精神鼓舞下，1985年阜新市宗教协会成立，1988年4月10日，按中央文件规定，在县政府的积极协调下，瑞应寺庙产归还给喇嘛，审批宗教活动场所，准许开展正常的宗教生活。鉴于瑞应寺自六世活佛森丕勒尼玛于1942年圆寂后，直到1997年历时55年间，一直没有活佛。1986年，瑞应寺的老喇嘛、县政协委员吴·阿尔斯楞和德祥及丹毕扎拉森（天宝）喇嘛与信教群众徐国珍等人，自发组织了“恢复瑞应寺迎请七世活佛”上访团，向县、市、省、中央统战部、国家宗教局等部门汇报反映瑞应寺情况，请求批准迎请第七世活佛。经过市县3年、省里3年、中央3年，历时10余年不懈的努力。国家宗教局批准了瑞应寺老喇嘛们的请求，同意按宗教仪轨迎请瑞应寺第七世转世活佛。1996年2月，寻访瑞应寺七世活佛的工作小组成立后，去甘肃拉卜楞寺请示嘉木样活佛制定了《寻访转世灵童仪密书》，然后按照《仪密书》中提供的地点、年龄、民族成分等要求开始了寻访工作。寻访小组走遍了佛寺乡家家户户，按照《仪密书》要求征集了17—18岁的适龄人。后寻访范围缩小到佛寺镇水泉村里适龄人员24名俗家青年，结果没有选到。后征集范围扩展到瑞应寺9位适龄小喇嘛，共82名候选人，最后经过法会筛定，法器辨认等仪式后选定5人候选，其中选出2人参加银盆选丸程序。1997年4月15日经甘肃拉卜楞寺活佛嘉木样大师按照藏传佛教仪规举行30多喇嘛参加的大法会经过银盆选丸，最终认定佛寺镇水泉村乌力吉巴雅尔（刘万年）、九月之第三子、瑞应寺小喇嘛刘海龙（1979年11月9日生人）为瑞应寺第七世转世活佛，送法号察罕殿齐洛桑义希·成来坚措。在迎请转世活佛工作中，得到了各级党和政府有关部门的支持。阜新蒙古族自治县人民政府、阜新市民族宗教事务委员会高度重视，认为这是落实党的民族宗教政策的具体体现。1996年，经国务院宗教局第22号文件批准，在省市县三级宗教部门的指导下，1997年10月9日，举行了瑞应寺第七世察罕殿齐洛桑义希·成来坚措活佛坐床典礼。1998年4月，又派活佛去甘肃拉卜楞寺拜关楚格、巴特尔两位高僧为师，修习佛经一年多。其后，回瑞应寺主持寺院事务。七世活佛察罕殿齐洛桑义希·成来坚措现任辽宁省政协常委、阜新市政协常委、阜新蒙古族自治县政协副主席。如今，在七世活佛洛桑义希·成来坚措活佛的主持下，瑞应寺佛教圣地经过20年的恢复建设，终于古刹再现生机，香烟缭绕，紫气东升，成为善男信女的进香拜佛朝圣之地，旅游观景的好去处。瑞应寺现为辽宁省级文物保护单位，国家AAAA级风景名胜区。

第五章　蒙古贞的经济

在漫长的历史岁月中，蒙古族与其他兄弟民族一起共同开发了蒙古贞这块土地，推进了蒙古贞经济社会的向前发展。经济形式经历了牧业经济、半农半牧经济和农牧业的三种经济形式。蒙古贞社会经济由畜牧业为主的经济结构逐渐发展到了以农业为主，手工业和商业贸易并存的多种经济结构。

第一节　牧业经济

自从12世纪以来，蒙古贞部落一直过着逐水草而居，随季节而迁徙的马背民族的游牧生活。从清初到19世纪初，近二百年中，由于国家的统一，漠南蒙古地区的战事的减少，蒙古地区进入了和平稳定的发展时期。清政府在蒙古地区实行了“分土封疆”政策，设旗划县，开辟养息牧场，准许牧民在划定的地界内放牧。牧民由早期随季节逐水草迁徙游牧的形式，逐渐变成了有固定牧放地的形式。随着生活的安定，牧业经济的发展，人口也逐渐增加。牧业生产秩序、生产技术、经营管理都得到了相对改善，如打井、搭棚、筑圈以及牧草的保护，冬营地的固定等日趋合理，促进了畜牧业的迅速发展。当时蒙古贞牧业经营的品种主要有牛、马、羊，其中马和羊的数量居多；马成为与汉商交易的主要品种，牛羊皮和牛羊肉以及乳酪也是蒙古人的主要交易商品。牛既可拉车又可以食肉，牛粪又是主要燃料。当时，牛、羊、马的饲养量最多。由于生活的需要，蒙古人也经常以畜产品同汉商就地交易或到汉民聚居的义州、锦州、广宁等地换取生活资料。

第二节　半农半牧经济

在游牧业经济长期发展的同时，蒙古贞地区出现了早期农业。“顺治九年（1652年）开始，蒙古贞的细日塔拉河流域和阿丽玛图山一带的荒地被开垦”[①]。据口碑资料，细日塔拉原为茫茫大草原，由于草地上长满了博曼代花（俗名蒲公英），每当春季黄花遍地，故得名细日塔拉（意为黄花滩），史书称之为黄花滩。其地域范围（今指）东至阿金歹、新邱，西至清河门、蜘蛛山，南至卧凤沟，北至他本扎兰、旧北营子（亦称九营子）。中心地带：今长营子、县第二高中、阜新镇西南蒙古大院、海州庙、乌兰毛头、艾友营子一带。昔日的细日塔拉草原上流淌着涓涓细流，称此河为细日塔拉音高勒（今称细河），她是蒙古贞牧民饮水养畜的源泉，人们称之为生命之河。阿丽玛图山又称乌兰木图山，原意为有梨之山；海拔为831.4米，是蒙古贞第一高峰（在今八家子镇境内）。那时蒙古贞农业只是粗放型早期传统农业，种植的作物品种有蒙古米（黍谷）和荞麦。据史书记载，那时的农业只是“春撒种子等待秋收而已”[②]。从这时起蒙古贞逐步进入了畜牧业伴有农业的经济形态。到了清雍正元年（1723年），由于山东、河北等地汉民族人口进入蒙古地区垦荒种田的日渐增多，蒙古贞的农业耕地也逐渐被开垦耕种农业比重渐渐大起来。据《近代东北

①②《蒙古风俗鉴》记载。

史》记载，清雍正二年（1724年）山东、河北歉收，清朝理藩院允许卓索图盟王公实行“借地养民”政策，允许汉民进入蒙古地区造房居住。从此，大量流民和移民进入蒙旗地界内租地开荒谋生。蒙古贞人对种田汉民非常同情，对他们施以恩惠，说：“这些地你种，每年给我些酒、肉和大米就可以了。”[①]蒙古人对于贫苦的汉人非常尊重，对种地的汉人很照顾，从不收更多的地租。这样从客观上起到了鼓励汉人垦荒种地的积极性，从而使汉人到蒙古贞旗种地者日益增多。

蒙古贞荒地逐渐被开垦的同时，给蒙古贞地区引进了更多的农作物品种和耕作技术，使蒙古人也逐渐认识了发展农业的好处，同时提高了蒙古人开畦培垄耕作技术和适时播种等田间管理技术，开始注重农业。从此蒙古贞地区的农业比重逐步加大；从游牧业逐渐转向定居，开始筑土屋、修圈栏，依山傍水而居的村落更加多起来。蒙古贞怒和音格日（地窖）、绍如音格日（土房）、板升（房子）等就是从那时开始修建的。沿袭至今有的带有“格日”“百兴”蒙古村名，不难看出这种历史的痕迹。到了乾隆四年（1739年）进入东北地区的汉民人数达四万人。他们多是春来冬去。春来租地而耕，秋收过后返回原地。对此，清政府作出了规定，约法“蒙古地区可以将土地出手（即租出）”。还规定汉人种地蒙古人吃地租。到乾隆十三年（1748年）仅卓索图盟土默特左旗和喀喇沁旗内汉民开荒承典的土地达两千顷之多。蒙古地区的草原日趋被开垦，数量之大以致影响到牧地的养护、畜牧业的发展，从而引起了清廷的注意。于乾隆十四年（1749年）发出禁令，阻止汉民继续进入蒙古地区开荒造田。但是，山东、直隶等地农民为了生存，不顾清政府禁令，从古北口、喜峰口进入东北。“像潮水一样涌

① 引自《蒙古风俗鉴》。

入，一时不可遏止”[①]。“柳条边墙已阻挡不住汉民涌入东北的洪流”。由于汉民大量进入蒙古贞地区，促进了蒙古贞农业的发展，很快使蒙古贞地区形成了半农半牧经济形态。这一时期，农业种植作物有高粱、谷子、麦子、黍子、糜子，豆类等。粮谷已成为人们的主食，肉类、奶制品成了副食。但大部分蒙古人仍兼食炒米和荞麦。粮谷和畜产品的剩余部分，通过交换的方式，解决其他生活物资的短缺问题。如换来铁铧、锄、镰、锅、碗、器皿等生产生活用品。

第三节　农牧业经济

农业的发展加快了牧业经济的解体，使蒙古贞地区的经济由半农半牧经济结构逐渐转向了农牧并举，农牧互补的生产结构。蒙古贞人开始从牧业或农业中选择一种进行经营，有一部分人牧业和农业同时经营。到了清朝同治年间，由于“出关外求生的逃荒者（包括流民）日渐增多，平原大量进行开垦”，对此，清廷几经控制也未能奏效。厉行封禁的结果是愈禁愈多，最后清政府不得不承认“查办流民一节，竟成具文”。因此，更多的蒙古人也开始弃牧就农，辟地为耕，耕地面积日益扩大。到清末民初，清王朝国库空虚，为了补充对外巨额赔款，实行了“移民实边”政策。因而，从光绪二十八年（1902年）开始对蒙古地区实行了全面放垦。民国政府成立后，于1914年3月，颁布了《国有荒地承垦条例》二十九条，翌年11月又发布了《垦辟蒙荒奖励办法》七条，进一步推行移民政策。这时期，张作霖也在东蒙（含卓索图盟）地区设立了垦务局。“对凡愿意移往开垦的农民，将发给旅费、种子及农具。

① 引自《近代东北史》王喜魁等著，1984年由黑龙江人民出版社出版。

新垦土地将免赋三年”。张的计划得到了蒙古王公们的赞助。到了民国八年（1919年），卓索图盟设过郡县的全部地方含蒙古贞地区，农业占据了优势地位，蒙汉人民杂居的比例也加大了，农民人数多于牧民人口。由于民国实行奖励垦荒政策，蒙古贞地区北部的风沙区域的广阔牧场也大部被开垦。从此，蒙古贞完成了由牧业向农业的转变，形成了农牧结合，农畜并举的农业经济结构。

第四节　商业贸易经济

蒙古贞人在游牧生活时期，商业贸易不是很发达。蒙古人从来鄙视经商，因而阻碍了商贸经济的发展。到了半农半牧时代，已不限于互市和通贡，随着大批汉商进入蒙古地区，蒙古人也学着做起了买卖，从而促进了蒙古贞地区的商业贸易。如“一梭布可易一羊，一布衣可易一皮袄”，“一斤茶易一羊，十斤茶易一牛”。货币流通以后，蒙古贞就出现了以货币交换为主的贸易方式。内地汉商用银、钞购取畜产品，而牧民以畜产品出售换来的银或钞购买布匹和各种生活用品。后来，随着农牧业经济的发展，商业贸易也就发展起来了，商业贸易形式也多起来，出现了商帮贸易，庙会贸易、外城贸易、集市贸易等形式。到了清朝末期，随着商业贸易和货币交换关系的发展，出现了商品赊销的方式（即先赊货秋后算账）。因而也导致商业高利贷的产生与发展。商业贸易和货币交换关系的发展，一方面促进了蒙古贞地区农业生产的发展；另一方面也造成了赊购、负债、再赊购、再负债的恶性循环，使一些农牧民因负债而破产或逃亡。

第五节　手工业经济

蒙古贞地区早在游牧和半农半牧经济时期，手工业就比较发达。如畜产品加工业、建筑业、木器制造业和粮食加工业都远近闻名。特别是家庭刺绣艺术和寺院匠人艺术很有特点。

畜产品加工业早在牧业时期就很发达。由于生产生活的需要，出现了专营鞣皮、制革、擀毡等手工匠人，称之为白皮匠、黑皮匠、毡匠。这些手艺高超、技术娴熟的匠人，活跃在牧民中间。他们以手工业劳动为主。由于村屯都有专营或兼营匠人，既方便了牧人又满足了市场的需求。

蒙古贞随着农业的发展和牧民的定居，出现了房屋建筑业和木工手工业者。早在牧业经济时期就有木匠，但主要都是从事寺庙建筑和制造木车、木制水（奶）桶等。到了农业时期人们对木工、瓦工的技术要求也不同了，主要是制作农业生产工具、生活用具，如：农用犁杖、风车、木轮车和生活用的木箱、木柜、炕琴等。

随着农业的发展粮食加工业从无到有。清初以来，蒙古贞农业区内由于粮谷作物产量的日益增多，出现了粮食加工业，如：酿酒烧锅，还有榨油作坊、粉坊、豆腐坊和糕点制作坊。平安地镇王泽洲（蒙古族）的酿酒烧锅，日投四十八斗高粱，产白酒700斤，是当时很有名气的制酒作坊；蜘蛛山乡丹桂营子的齐焕章在清河门外经营的“永发”号油坊以及瑞应寺的“善东”号商店和丁科尔稞子铺的“佛寺光头”食品等都远近闻名。

刺绣是蒙古贞妇女人人掌握的手工艺术。如枕头顶、烟荷包、腰褡裢、耳包等这些生活用品，都要靠自己刺绣。蜘蛛山乡娘及营子有一位著名的刺绣手工艺人乌仁阿拜，刺绣手艺精巧，远近闻名。

蒙古贞随着佛教的兴盛，寺庙日渐增多僧人也日益多起来，因而在蒙古贞各地就出现了许多修建寺院的各种匠人，如：画像艺人，制法器的银匠、铜匠以及锡匠、塑匠、铝匠、裱糊匠、钟表修理匠、理发师等都是受人们尊敬的手工艺人。

第六章　蒙古贞文化

蒙古贞地处辽宁西部，是个多民族杂居地区，有蒙古族、汉族和满族。藏传佛教传入蒙古贞后，将藏文化艺术也带入蒙古贞地区。各民族的文化，风俗互相影响，互相渗透，互相借鉴，丰富了蒙古贞文化的内涵。

明朝隆庆五年（1571年）明朝和蒙古议和后，结束了汉、蒙一百多年的战争，长城硝烟散尽，人民得以安生，互通有无，买卖兴隆。蒙古贞人民逐渐从土默特东移到蒙古贞地区，开始时还是以游牧经济为主，后来河北、山东地区汉民不断进入，特别是清光绪年间，汉民人口数量超过蒙古族人口数量。为了管理方便，于1903年建立阜新县，实行蒙、汉分治。蒙古族的游牧经济也逐步转向农耕经济，建立了固定的村落，固定的牧场和固定的农耕土地。蒙古贞地区经济发展，人口增长，进入了全新的时期；文化也得到了长足地发展，形成了游牧、农耕兼有的蒙古贞文化形态。蒙古贞人原来信奉“孛”（萨满）教，在生活习俗中，早已烙下了孛教文化的印迹。后来，藏传佛教传入蒙古贞地区，因此，在孛教和佛教两种宗教文化的影响下，蒙古贞社会、生活、思想乃至文学、艺术等各方面打上了宗教文化的深深烙印。

到了近代，随着蒙古贞与外部世界的交往日益频繁，特别是在蒙古族文化受到启蒙运动的影响和新文化潮流的推动下，蒙古贞地区的优秀知识分子、学者和有识之士，通过各种途径，不仅继承了本民族的文化传统，同时从其他民族文化中吸收了新的血液，蒙古贞文化取得了长足发展，丰富了整个蒙古族文化和祖国文化的宝库。

第一节　民间文化

一、民间文学

蒙古贞民间很早以前就有大量的孛教歌词，许多祭词、答辩词、祈福词、祝词、歌谣等，都是用诗歌形式创作的。《蒙古贞婚礼词》就是综合祭词、答辩词、祈福词、祝词、歌谣为一体的长诗。除此以外，蒙古贞民间也大量流传蒙古族传统的英雄史诗。这些诗歌以口头和书面的形式流传下来，人们在各种不同场合，或通过吟诵，或通过讲述，来表达他们反对战乱，渴望和平生活的要求。同时作品对发动战乱的罪犯给予彻底揭露和有力的鞭挞。史诗中歌颂了英雄，同时也鞭挞了那些凶恶、残酷、掠夺成性的魔鬼。史诗总是以英雄人物得到胜利，魔鬼遭到灭亡，人们获得安宁和太平生活来结束。如《格斯尔传》是民间说唱体英雄史诗之一。这部史诗成功地塑造了以格斯尔王为首的一群英雄人物同人民一道，勇敢机智地与罪恶势力进行斗争的形象。篇幅宏大，语言生动朴素，深得人们的喜爱，广泛流传于蒙古贞地区，各地都有专门的讲述人和说唱的艺人（胡尔沁）讲述《格斯尔传》。

自清朝以来，蒙古贞的民间文学有了新的发展，其中包括故事、民歌、童话、谚语和寓言等多种形式。许多民间口头创作文学的出现，充分反映了蒙古贞人的智慧，清廷的愚民政策也没有影响到蒙古贞民间文学的发展，反而使传统的民间文学作品有了新的内容。近代以来的民间文学作品中的英雄人物，不是跟幻想的魔鬼做斗争，而是直接抨击现实社会中的封建统治者。如民歌《莫德来玛》《刚来玛》，就是直接揭露了当时官吏花天酒地穷奢极欲的生活。《巴达尔沁乃乌力格尔》及《巴拉根仓》是形式新颖的民间文学。前者的主人公是非常有风趣的周游各地的巴达尔沁喇嘛；后者的主人公是机智诙谐的巴拉根仓。许多民间故事都把这两个人联系起来，形成两个故事系列。故事中主要反映了反封建、反喇嘛教的内容，用辛辣的讽刺手法，嘲笑了僧侣、封建主和不法商人。

翻译汉语文作品为主的其他民族的文学作品是这一时期蒙古贞文化发展的新特征，极大地丰富和发展了蒙古贞文学。这时期，汉文小说大量被译成蒙古文，如《聊斋志异》《笑林广记》《今古奇观》《水浒传》《封神榜》《刘秀走国》《西游记》《三国演义》《红楼梦》等几十种。这些喜闻乐见的文学作品，比之清廷提倡下，译出的《圣谕广训》和佛教经文，传播更为广泛，使蒙古贞人民熟悉了中国的历史，欣赏了汉族人民的杰出作品，了解了他们的生活和斗争史实，为丰富和发展蒙古族文学和语言，起到了积极作用。

这一时期，说书的风气在蒙古贞民间开始盛行。说书艺人，除演唱《好来宝》《格斯尔传》《江格尔》等蒙古族文学作品外，汉族小说也成了他们说书的主要内容和传统节目。正是这一时期，出现了蒙古族文学史上具有重大影响的，系列口头的和书面的文学作品。特别是恩可特古斯的章回体小说《兴唐五传》的问世，开创了蒙古贞地区长篇小说创作的先河。

成书于19世纪下半叶的《兴唐五传》，流传极广，深受人们喜爱。手抄本《兴唐五传》以《苦喜传》《全家福》《殇妖传》《契僻传》《羌胡传》等五部构成，共一百零六卷，七百十四回，212万字。全书以唐王朝忠良与奸臣之间的斗争为主线，塑造了徐、薛、秦、罗、程、尉迟等忠臣后代，为保卫唐朝江山，外抵入侵者，内平反叛铲除奸臣，为百姓安居乐业立下功勋的英雄形象。作者借唐代故事，歌颂了那些为国家民族而英勇献身的英雄，用借古颂今的手法反映了当时蒙古族人民反帝反封建斗争的英雄气概。

19世纪后期和20世纪初的反帝反封建斗争，促进了蒙古贞的民间文学发展。许多作品热情地歌颂了人民群众的反帝反封建斗争，描写了他们创造历史的丰功伟绩。

蒙古贞人民是极其擅长诗歌创作的。他们在进行反封建斗争和生产劳动时，诗情洋溢，放情吟唱，以激励自己和鼓舞他人。因此，诗歌就成为他们进行战斗的有力武器，成为丰富多彩、取之不竭的文化宝藏的一部分。其中比较著名的歌颂人民反帝反封建斗争的有《海龙》《麦拉萨》《散贝勒》《六十三》《僧格道尔吉》等；反映人民痛苦生活的有《花斑鸠》《博茹来》《穷人的灾难》等；反抗封建婚姻制度的有《都盖玛》《金莲》《拉西玛》《阿拉坦呼》等；反对宗教迷信和揭露喇嘛腐朽寄生生活的有《茹布沁翁斯达》《博音合什格达喇》《色仍固师》；此外，还有许多歌颂祖国和家乡的诗篇。

民歌是蒙古贞民间文学中最流行的形式之一。蒙古贞有挖不尽的民歌，而且包含的内容和题材异常丰富。这里有情真意切的思念家乡和亲人的思念歌；有优美动听、情节曲折较长的情歌；有用于各种礼仪庆典、喜庆聚会等特定场合的宴歌和婚礼歌；有赞美故乡山河与牲畜兴旺的牧歌和赞马歌；还有反映蒙古族的民族心理和对自然、人生看法的谚语、格言歌；此外，控诉军阀和封建上层的掠夺和压迫，歌颂人民反抗和革命斗争的民歌也越来越多，如反封建，嘲讽僧侣，针砭时弊的民歌和关于“老人会”斗争的民歌及抗日民歌。蒙古贞的民歌直接来自人民的生活，凝练的语音、精彩的诗句，配以优美的曲调，表现了民族的激情、性格与生活特色，给人以鼓舞和激励，使人们得到优美的艺术享受。

蒙古贞民歌，由于受牧业兼农业经济的影响，带有浓厚的游牧和农耕色彩。这一特点，不仅从民歌所反映的内容、语言、人物、题材等方面可以看出，就是从曲调上也可以听得出，与其他地区有所不同。蒙古贞的民歌曲调，具有明快、质朴的农区特色。有的如微风拂柳，细雨绵绵；有的似万马奔腾，粗犷豪放；有的深沉委婉、如泣如诉；有的则滑稽幽默，情趣横生。她具有节奏清晰，调式多样，旋律起伏跌宕，善用“啊哈嗬咿”等助词乐句承上启下等特点。

近代以来的蒙古贞民间叙事诗是在民歌的基础上发展起来的。其内容大多以真实事件为背景，反映民间的苦难和歌颂人民的抗暴斗争，反帝反封建领袖人物与民族英雄。如《六十三》是一首民国以来广为流传的民间叙事诗。六十三（人名）是反抗开垦蒙古草原的英雄，牺牲于蒙古贞翁山的牌楼峰。他的英雄业绩，由著名民间胡尔沁艺人章察编成民歌传唱。经过长期流传于民间，最后形成了这首叙事诗。歌颂了六十三及其战友的反抗开垦草原的英雄伟绩，鞭笞了军阀的残暴与贪婪。全诗格调雄浑悲壮，充满战斗激情。

《六十三》《陶克陶呼之歌》和《嘎达梅林》是蒙古族人民为了保卫家乡、保护草原与军阀展开殊死斗争的真实写照。在这一时期出现的民间叙事歌，大多有着相同的主题，如《巴布扎布》《开垦苏鲁克》和《僧格道尔吉》等。此外，早期出现的民间叙事歌，也有许多是反映爱情悲剧，较著名的有《春梅》《都盖玛》《水丽玛》《金友》等。

蒙古族的诗歌创作进入新的兴盛时期后，蒙古贞地区也出现了许多有才华的诗人和作家。这些文学艺术家中，除有一部分王府的官员和文书房的笔帖式外，还有很多是民间说书的胡尔沁艺人。这些艺人不仅能吟诗说书，而且也能作诗编曲，堪称是蒙古贞的民间诗人、作家。如：恩可特古斯、贡楚克巴勒桑、衮都套通阿、章察、色乐贺等，他们是这一时期具有代表性的诗人和作家。此外还出现了不少深受人民热爱的行吟诗人，如好来宝大师毕力克格日乐。

作家恩可特古斯（1860—？）是蒙古贞佛寺镇东河拦村人。他从小聪明，勤奋好学，而且记忆力非凡，人们说他过目成诵。他十来岁时，入私塾学习蒙古文，二十多岁时，不但精通了蒙古文，还兼通满、汉、藏文，并且擅长胡尔沁说书。三十多岁时，根据多年阅读小说和说书的经验，开始创作《兴唐五传》。成书后，被人们争相传抄，很快流传于全蒙古贞和哲盟、乌盟、昭盟、呼盟各地，成为人们茶余饭后阅读消遣的好作品。

诗人贡楚克巴勒桑（生卒年不详）的著作《呼和格日乐图》是一部一韵到底的训谕诗，活泼自然、通俗易懂。它问世后很快流传蒙古贞各地。全旗各村私塾曾作为儿童启蒙读本。他又在土观呼图克图活佛的授意下，将汉文《关圣帝君灵签》一百签用蒙古文翻译，各地寺庙按其译本转抄应用。

诗人衮都套通阿（1881—？）是在王府为王爷讲喜剧故事的幽默家，又是一个歌手、胡尔沁。他后来到科尔沁草原博尔罕太庙一带说书。此间，将僧格林沁的事迹编写成民歌《僧王之歌》，因而深受博旺旗（今科左后旗）王爷的赏识，长年在博王府内以说书、唱歌为业。后来他又把达那巴拉被土匪杀害的悲惨事迹编创了民歌《达那巴拉》八段词进行演唱。这首民歌经过长期流传于民间，最后形成了现在的长篇叙事体民歌。歌中描写了达那巴拉和金香真挚的爱情生活，在封建社会制度下所遭受的苦难，也揭穿了当时封建统治阶级的代表额尔敦毕力克统领，对其士兵、部下的残忍。

诗人章察（1886—？）是蒙古贞大固本镇卧布代村人。他师从胡尔沁艺人道义。一生从事胡尔沁说书，是近代蒙古贞著名书曲艺人之一。他的著名作品有民歌《正月玛》《大家好》和《六十三》等；他还编修了很多部胡尔沁书，如《大西梁》就是经他修改编纂而成的一部完整的长篇胡尔沁书。

诗人色乐贺（1924—1988）是蒙古贞良官营子村人。终生以胡尔沁说书为业。他的作品有民歌《花斑鸠》，是一部童话叙事民歌，很受群众的欢迎。

二、民间文艺

蒙古贞地区，不仅有脍炙人口的民谣、史诗、祭词、祝词、故事，童话、谚语、寓言和谜语等民间口头文学作品，还有人民群众喜闻乐见的音乐、舞蹈、曲艺、小戏等民间文艺形式。几百年来，这些文艺品类，经过代代传承的职业的和业余的歌手、胡尔沁[①]、好来宝沁、笑呵沁[②]、演奏家、祝词家和故事讲述人等各类艺人的继承、发展和创作，使其具有了独有的民族风格和地方特色。蒙古贞人民把它贯穿于生活当中，作为他们文化生活不可缺少的一部分。

好来宝 好来宝这一文艺形式，是从古代蒙古民间对歌、对诗中演变而来。它既是蒙古族传统民间文学的一种形式，又是蒙古族民间曲艺形式之一。好来宝是以凝练的语言，精彩诗句，歌颂人间真、善、美；抨击世间假、恶、丑；谈古论今，无所不及。好来宝以优美的曲调、鲜明的民族风格和强烈的感染力，博得了人民群众的喜爱。

蒙古贞地区的好来宝表演分“单口”“对口”“群体”三种。一般把单口好来宝称作“扎答该”（开敞式）好来宝，即由一人手持胛骨边击边唱或操四弦胡自拉自唱；对口好来宝称为“闭特兀”（闭锁式）好来宝，即由二人以一问一答式表演；因言语带有相互诙谐调侃的攻击性，故又称之为“代日勒查”（攻击式）好来宝；群体好来宝叫作“都尔苏乐贺”（表情）好来宝，即由多人表演展现情节，或四人自拉自唱，或四

① 沁——蒙语，意为从事这个方面的人。胡尔沁指拉四胡说书人。
② 笑哈沁——指说笑话、讲故事的人。

人拉胡琴众人唱等。其中一问一答式的对口好来宝，在民间较为普遍。

蒙古贞民间广泛流传的传统长段子好来宝有《燕丹公主》《灯笼颂》《骏马赞》《宅院颂》《数纲鉴》等。近代流行的著名长段子好来宝有《孝顺之歌》，以生动凝练的诗句，赞美尊老敬上的蒙古族传统美德，对于青少年具有很好的教育意义。

近代以来，蒙古贞地区出现了许多好来宝沁艺人。著名单口好来宝沁毕力克格日乐和对口好来宝沁拉喜德力格、松迪扎布等很有代表性。他们对蒙古贞好来宝艺术的发展具有一定的影响。有一些精彩段子至今仍有人在吟唱。

好来宝大师毕力克格日乐（1880—1940）是蒙古贞五道桥子人，出身喇嘛。他一生云游各地吟唱好来宝，化缘为生。他头秃，人称五道桥子秃头僧。他以专唱“扎答该”（开敞式）好来宝著称；善于见景生情，即兴作诗；手持牛胛骨，边敲边数唱，内容真实、语言生动，寓教育、幽默于娱乐之中，很受人们欢迎。其作品多是祈福、祝颂之类，诗句简练、清新，韵律整齐，铿锵有力，感情热烈，具有较高的艺术感染力和表现力。2009年蒙古贞好来宝被列入辽宁省第三批非物质文化遗产保护名录。

安代 安代是清朝以来产生、发展于蒙古贞地区的民间习俗活动之一。它的由来是从孛教乌德根给人驱邪治病时所用的疗法“唱安代”演化发展而来；这与藏传佛教的兴盛与孛（萨满）教的衰落有关。孛教自明代万历年间以后直至清朝，由于藏传佛教的广泛传播而濒临消亡。在这一历史时期，人民群众根据自身治病的需要，将孛教乌德根为人“驱邪治病”的宗教性“唱安代”疗法，变革为群众自己来驱邪治病的民间性“唱安代”疗法。使孛师唱安代治病的旧的形态，演化发展为群众自己唱安代治病的新的形态。民间唱安代，最初用于治疗妇女癔病和抑郁症。过去人们认为得了癔病和抑郁症，就是病人着了“阿惕”（魔）的结果。因此，称这种唱安代为“阿惕”（驱魔）安代。

唱“阿惕”安代，需要十三名安代歌手，其中一名是首席歌手（即领唱歌手），其余为伴唱歌手。歌手们双手持白巾，一人领唱，众人相和，载歌载舞。安代的舞蹈动作主要是单跺脚和双跺脚，节奏强烈，具有朴实、奔放、刚劲的风格。安代有固定的十三个曲牌，如：《招引歌》《逗引歌》《激起歌》《朝代》《争夺》《艾蒿根》《对诗》《额哲鲁》《江西腊》《额烈各沙日》《骆驼岭》《卖碗调》《杰古尔奈古尔》。曲牌的结构与唱词结构是一致的，主要以上句、下句构成，上句为正词，下句为衬词。安代的唱词，除有固定词牌外，大多还是即兴编词。所以首席歌手必须是富有临场经验，能说善辩，出口成章，年龄较大的优秀歌手。

唱“阿惕”安代的歌手们主要靠充满深情的唱词和委婉动听的音韵，使病人振奋精神，以沁人肺腑的歌声去震撼病人的心情，使她能够进入安代场地，同歌手们、亲人们一起跳起来，以恢复其正常的精神状态和美丽的丰姿。总之，唱“阿惕”安代是一种治病手段，是一种精神疗法和暗示疗法（似气功）相结合的民间习俗性活动。

从“阿惕”安代演化发展看，在民间广泛流传的还有祭祀性安代和娱乐性安代两种。

祭祀性安代　过去，遇久旱不雨时，农民以唱安代的形式，在井边举行祭祀龙王“求雨”的仪式。这是民间有组织的一种农耕文化习俗。活动的方法是：群众同安代歌手们一起，在指定的日子到街上游行，并到村里选一家在井边进行祭祀仪式。由首席歌手领唱祈祷词，伴唱歌手们接唱衬词，绕井蹦跺跳跃，以烘托气氛。众人跪地叩头，并口呼“呼来——呼来！”如此走遍全村所有井口为止。这种唱安代的形式，通常称之为“胡都根”（井边）安代。

娱乐性安代 由于安代曲牌和安代的舞蹈动作，在民间比较普及，几乎人人都会哼曲，人人都会蹦跺起舞。所以，劳动人民在劳动之余，在田间地头，只要人多一些，就要唱起安代来。一般由擅长即兴编词者领唱，众人相和，打起圆场，蹦跺欢跳。这种自娱自乐、消除疲劳的活动形式，通常称之为“塔热”（田间）安代。

蒙古贞地区是安代发祥地之一[①]。自清代以来，蒙古贞地区出现了许多安代歌手，近代著名的安代首席歌手有乌日图吉勒图、图古乐、阿尔斯郎等人。

乌尔图吉勒图（1870— ？）蒙古贞佛寺镇北河拦屯人。他不仅能唱安代，还能诵祝词、唱民歌、吟唱好来宝等。他口才好，记忆力强，擅长即兴编词，成为当地有名的安代首席歌手。

图古乐（1928— ？）蒙古贞佛寺镇东河拦村人。自幼聪明好学，十五岁开始拜本村阿四郎等老歌手为师学唱安代。经过几年的艰苦学习掌握了唱安代的方法和特点以及全部曲牌。又随老歌手走进安代场地，熟练地跳会了安代的各种舞蹈动作，成为远近闻名的安代首席歌手。

阿尔斯郎（1902— ？）佛寺镇东河拦村人。小时因家境贫困，只在私塾读了几年蒙文。少年时期多次观看民间唱安代，逐渐学会了安代的曲牌与舞蹈动作。三十二岁那年，村里群众为其西邻家妇女治病唱安代时，作为一名伴唱歌手第一次走进安代场，成为唱安代的成员。从此，多次参加“阿惕”安代的活动，唱跳技艺得到逐步提高，成为远近村屯里较有名气的安代首席歌手。

清末民初，娱乐性“塔然”安代在蒙古贞的农村最为普

①《中国大百科全书·音乐舞蹈卷·蒙古族舞蹈》，442页。

及。它的舞蹈动作，经过人们的长期加工、提高，逐渐趋于规范，更加定型，更加优美，成为蒙古贞地区特有的一种载歌载舞的文艺形式，近年来，蒙古贞安代艺术在传承中得到发展，在继承中得到保护。2007年被列入辽宁省第二批非物质文化遗产保护名录。它在发展、普及的过程中，逐渐传播到东蒙地区。

乌力格尔 乌力格尔说唱是胡尔沁艺人说、唱、拉、演的综合性曲艺艺术。清末民初，蒙古贞地区乌力格尔说唱艺人大约有几百人之多。农闲季节和春节前后，是胡尔沁艺人最忙的时候。

蒙古贞的“胡仁乌力格尔”源远流长，其渊源可追溯到蒙古封建社会初期。那时，在蒙古族中就出现了以诗、话兼有的方式，讲述英雄史诗《江格尔》和《格斯尔》的“江格尔沁”和“格斯尔沁”艺人的活动。这就是今天胡尔沁艺人的前身。

随着社会经济文化的发展，蒙古贞地区的民间文化艺术也不断地发展。家庭私塾、村塾、庙塾如雨后春笋般出现了，为农牧民识字读书提供了优越条件。在农牧地区很快就有了阅读蒙古文书籍和小说的人才。特别是清代，由于推行满文，蒙古贞旗札萨克衙门里，精通满文并能直接翻译成蒙古文的官员和“笔帖式”很多。他们在公余之暇，将汉文小说译成满文，由满文再翻译成蒙古文，提供给民间传抄。这样，阅读蒙古文小说的人多了起来。蒙古族文人写的、翻译的小说大量出现在蒙古贞民间。

清代乾隆、嘉庆、道光年间，随着农业的发展，人民生活的改善，广大农牧民对文化生活的需求日益增长；艺人们为适应群众的需求，不断对老式故事的讲述进行改革、创新，他们开始自操四胡伴奏，把原来的表现手段，改变成为说、唱、诵、评、拉、演为一体的“胡仁乌力格尔”这一曲艺艺术形式，受到人们极大的欢迎和赞赏。

到了清代中下叶以来，在胡仁乌力格尔艺人中，名家辈出，出现了不同流派不同风格的胡仁乌力格尔艺人。有的以说、评为主，以唱、诵为辅；有的以唱、诵为主，以说、评为辅；有的则以说、唱并重。总之，他们都是以蒙古贞蒙古语为主，使之胡仁乌力格尔通俗易懂、明快流畅、幽默风趣、表现力强，从而博得了人们的普遍欢迎。

蒙古贞地区胡仁乌力格尔书目有传统、现代、长篇、短篇等很多种。经常说唱的有《格斯尔传》《青史演义》《兴唐五传》《三国演义》《隋唐演义》《穆桂英挂帅》《水浒传》等五十多部书目；还有现代书目如《二万五千里长征》《肖飞买药》《烈火金刚》《刘胡兰》等十多部。据调查，清末民初，是蒙古贞胡仁乌力格尔发展的鼎盛时期。这个时期的胡尔沁艺人在蒙古贞不下一百五十名，到新中国成立前夕，只剩八十多人。具有代表性的艺人，除上面提到的恩可特古斯、衮都套通阿、章察、色乐贺之外，还有著名艺人丹申尼玛、道依、敖日希克等。

丹申尼玛（1810—1880）蒙古贞佛寺镇人。他的胡尔沁说书艺术精湛，造诣很深，在蒙古贞各地卓有名望。在他晚年时期，云游内蒙古科尔沁地区说书，并在那里落户，收徒传艺，成为哲盟地区胡仁乌力格尔的奠基人。

道义（1861—1920）今沙拉镇沙拉乌苏村人。从小喜爱听故事和讲故事。后来学会胡尔沁说书，成为蒙古贞及东蒙地区著名的说书艺人。他的说唱艺术高超，语言清晰，琴技娴熟，深受人们欢迎。他收过很多徒弟，对蒙古贞胡仁乌力格尔艺术的发展做出了贡献。

敖日希克（1952—?）蒙古贞佛寺镇陶斯浑艾里村人。他以胡尔沁说唱为业，不仅掌握了多部传统和现代书目，而且完整地吟唱《格斯尔传》全部篇章。他在讲述和吟唱《格斯尔传》方面，在蒙古贞地区独一无二。

除胡仁乌力格尔外，蒙古贞地区还流行“讲述乌力格尔”和“听读乌力格尔”的民间文艺形式。“讲述乌力格尔”是靠故事员无伴奏的讲述，近似读评书；“听读乌力格尔”则是由识文断字者直接朗读乌力格尔书，由众人收听。这两种文艺活动形式，虽然比较单一，但村村都有从艺者，比起胡尔沁说唱普及得多，因而极大地满足了群众的文化生活。背诵蒙古贞胡尔沁说唱故事具有显著地域特点。2006年胡尔沁说书以乌力格说书名义与内蒙古自治区一同申报国家第一批非物质文化遗产保护项目获批准。杨铁龙、韩福英被认定为传承人，享受国家津贴。

民歌演唱　蒙古贞民歌是流传最广的一种民间文艺形式。不论逢年过节、婚丧嫁娶、祭祀礼仪、宴筵会客、祝寿贺喜、新房落成、得子满月都有民歌演唱；田间地头、树荫月下、街头巷尾、院落炕头，处处都有民歌演唱，时时传出歌声和琴笛之声。

民歌演唱有多种多样的形式，有配乐演唱，也有无伴奏清唱；有独唱，也有齐唱，在不同的场合有不同的演唱形式，如过年搞拜年活动时，全村各家要派出一名户主（老者居多），组成拜年队伍，集体走街串户逐家拜年。在路上边走边齐唱《天上的风》《出升的太阳》等歌；每到一户祭拜火祠时，由一人独唱《祭火歌》《祭苏里德》等歌；团拜队伍中的老者在每户炕上就席后，齐声高歌《喜庆的天》《色诺颜》《祝酒歌》等歌。当团拜队伍每光临一户的院中和走出时在院中都要高声齐唱各种民歌；同时各家都要鸣放烟花爆竹迎送，场面非常庄重热闹，充满新春佳节的喜庆气氛。

遇有婚事时，既有祝词家的婚礼祝颂词；又要唱很多的婚礼歌，如：新郎唱的《索姻壶》，新郎在新亲席前唱的《女婿献歌》，男方歌手的《迎亲歌》《新亲就席歌》以及《洞房之夜祝酒歌》；女方歌手的《交代女儿歌》；宾客席间唱的宴歌《金色世界》《四河》《黄莺》等。总之，从新郎迎亲出发到新人入洞房的整个婚礼过程中，都充满歌声。

在丧事上，也要唱民歌。一般是死者生前友好，在遗体旁边绕转经筒，边唱嘛呢歌（即寝歌），歌颂死者的生平事迹，以示悼念。

或在大年正月，或房屋落成乔迁新居，或得子满月，或老人祝寿等喜庆场合，有的人家邀请歌手演唱长篇叙事民歌，有的还要点歌演唱。如：演唱《韩秀英》《僧王之歌》《嘎达梅林》《金珠儿》《云良》《达那巴拉》《喜金锭》《海棠白棠》等情节生动、歌词较长，是叙事体民歌。有的还要请来演奏人员，配以各种乐器进行伴奏。有些民歌内容生动感人，当唱到高潮时，歌者唱得委婉动情，使听者闻之潸然泪下。

每遇庙会和祭敖包的那达慕大会，有的歌手还要向群众自愿献歌，如蒙古贞腰衙门村的拉希巴拉净夫妇，是著名歌手。他们夫妇俩专门演唱叙事体民歌《金珠儿》，并按歌中的人物——山虎和金珠儿，扮成角色演唱。这种唱法深受观众的欢迎和赞赏。

清末民初以来，在蒙古贞民间流行的礼仪类、赞美类、思念类、爱情类、婚姻类、讽刺类民歌不下350首（篇），其中有叙事民歌150首（篇）。这时期蒙古贞的男女老少人人都会唱民歌，少则三五首，多则几十首。会唱百首以上的民歌手村村都有。近代以来的著名歌手有：佛寺镇东河拦村的图古乐、乌拉哈扎布；大巴镇东苇子沟村满都呼；富荣镇镇宝日殿村的阿拉坦巴雅尔；红帽子乡白都营子的佟德林等。2009年，蒙古贞民歌以东蒙短调民歌名义与喀左民歌一起被列入国家第二批非物质文化遗产保护项目。

民乐演奏　民间乐曲演奏是蒙古贞地区比较活跃，而且是人们愿意欣赏的一种民间艺术形式。金秋季节是说书艺人和演奏家们频繁活动的季节。不少人家都要请艺人说书或请乐班演奏民乐，以庆丰收；除此以外，有的人家新房落成，老人祝寿或得子满月时，都要请乐班演奏庆贺。每到农闲时节，乐手们或在树荫下，或在月光下，自动聚会演奏习练，交流曲牌。

流传于蒙古贞的民间器乐曲约有五百余首。这些乐曲中，绝大多数是自古传承下来的乐曲，如《阿斯儒·十一首》就是蒙古族喜庆宴会上演奏的一种传统组曲。具有质朴、典雅，民族生活气息浓厚的音调特征。该乐曲即元代蒙古乐曲二十八种当中的一个（汉文史书《通志续》）。又如《莫德来玛》《藿英花》等乐曲，是从一部分优秀民歌曲调中改编的，具有浓厚的蒙古民歌风格。还有些是吸收、借鉴了兄弟民族的乐曲，并按自己民族的传统特点加工、衍化而成的，如《西番将军令》，带有明显西藏寺庙乐曲的特点；而《春来》则有东北民歌风。把蒙、汉、藏风格兼收并蓄，可谓蒙古贞民间乐曲的一个独特之处。

蒙古贞地区有很多民间乐班（队），其人数多少不定，多则几十人，少则只有两人，一般有十人以下的中小型乐班居多。早期富人家姑娘、媳妇们用如下乐器进行演奏：横笛、筝、瑟琵、马头琴、笙、胡笳、三弦、铁胡琴。各地乐班使用的乐器，可分弦乐，管乐、打击乐三种。弦乐器有中、高、低音四胡，高、中音二胡，三弦、月琴、马头琴、扬琴等；管乐器有笙，管（单、双）、笛子、唢呐、箫等；打击乐器有九音锣、叮沙、木鱼、大鼓、小鼓、镲、板子等。乐班的乐器配法无一定路式，因地因人而异，根据各地的条件灵活配备。

蒙古贞乡村里的大小民间乐班中，较有名气的是大巴镇西束力者村乐班，道不代村乐班和朝阳泊力格村乐班，长营子镇岗岗七家子乐班等。这些乐班中出现了不少技艺高超的著名演奏家，著名的有笛子独奏家岗岗七家子的却苏荣扎布；管子演奏家招束沟乡胡赛艾里村的吉木扬扎布；四胡演奏家大巴镇西束力者村的罗旺扎布；扬琴演奏家长营子镇大岗岗村的白音吉日嘎郎；著名司鼓手苍土乡苍土村的森普乐等。

民间小戏 蒙古贞地区的小戏，是在扮演叙事民歌人物的基础上，逐渐发展而来的一种民间文艺形式。它的形成，对于蒙古贞地区的戏曲发展，奠定了一定的基础，称为蒙古贞戏曲孕而未生的胚胎和渊源。

受拉喜巴拉净夫妇扮演演唱叙事民歌《金珠儿》人物的影响，蒙古贞的很多村屯里，也开始流行了扮演角色的民歌演唱。很多乡村里，人们遇有喜庆时节，如新房落成乔迁新居，或得子满月，为老人祝寿，不仅要请民间乐班来演奏庆贺，而且还要请几名歌手来演唱民歌。歌手们起初是由二人扮演角色演唱，后来，由多名歌手按歌中涉及的所有人物扮成角色演唱，女性人物则以反串方式男扮女装。再加上民间乐班配以伴奏。这种演唱基本上构成了小戏形式，它是蒙古戏剧的雏形，颇受群众的欢迎。

后来，一些学校里也盛行排演小戏，当时小戏题材，大多都是以叙事体民歌为题材。如1943年，王府国民高等学校学生排演的小戏《达雅博热》，为当地群众露天舞台演出，受到观众的一致好评。《达雅博热》小戏的人物扮演，由二年级学生乌勒吉巴图饰王爷，由二年级学生铁旦饰正妃京斯勒玛，由二年级学生长命饰达雅博热。乐器伴奏，由二年级学生何其业图操四胡，三年级学生铁牛操二胡，三年级学生纪如木赛图吹笛子，由巴音吉日嘎郎老师操扬琴；该小戏组还到阜新市日本放送台演出一次。

学校学生的小戏排演，对于蒙古贞地区民间小戏的发展，有很大的推动作用。

第二节　宗教文化

一、孛教文化

蒙古族自古以来信奉孛教。成吉思汗以前，蒙古地区宗教中占支配地位的是孛教。孛教巫师集幻人、解梦人、卜人、星者、医师于一身，在社会上起着重要的作用。孛教文化长期以来给蒙古族民间以极大影响，特别是孛教关于“灵魂不死”之说，对于人们的思想影响极为深刻。孛教认为，“人的灵魂有在这边和那边世界两种栖居的地方，这边世界是活人的世界，那边世界垂死者灵魂的世界”，“人们在这边世界里生活时，要吃、要喝、要生息繁衍，人死后，其灵魂要到那边世界去，如同在这边世界里一样，享用如同人间香火，照样生息”。孛教这种教义，对人们的思想，生活似乎没有什么损害，甚至还调动了一些积极性。人们对死后（那边世界）的事情不加任何考虑，在活着的时候，以争胜的心情去奋斗，以斗争的精神去生活。孛教这种教义也充分体现在蒙古贞孛教文化中。

孛教文化的表现形式，主要是体现在宗教祭祀仪式，如：祭商什及商什乌德根（独树女神）、祭敖包、祭火，祭山以及孛·乌德根为人治病“唱安代”等。由于蒙古族人民自远古以来，信奉宗教的结果，孛教的一些祭祀仪式早已演变为民间祭祀习俗。这些民间祭祀，不仅仅是一种祭祀活动，而且它还是民间心理、宗教意识，祝颂、歌唱、体育、风俗、信仰、理想等蒙古族文化意识的载体，是蒙古族人民文化历史的一种形态。蒙古贞人也不例外，不论什么时候，无论辗转迁徙到哪里去，都丢不掉祖辈相传的习俗。

祭祀商什（独棵树）及祭商什乌德根，是远古时期的人对树木就有了图腾信仰性质的崇拜。崇拜商什，也是孛教对天、地、日、月的崇拜，是万物有灵论的原始阶段。把在大地上长出的参天大槐树为灵异，认为有神灵，所以崇拜它、敬仰它、祭祀它。民间祭祀商什的习俗，就是古代对自然信仰的延续。

孛教还认为，天是父、地是母，地里长出的参天独树就是地母的化身，所以，把它当作地母女神来祭祀。后来，人们在"商什"旁安放石雕乌德根（女神）的偶像，定期向她祈祷，祈求风调雨顺，五谷丰登。

过去，蒙古贞地区村村都有被人们崇拜和祭祀的商什，祭祀都有指定的日期，大多在每年的4月16日；也有的在3月3日；有的村屯请喇嘛念经；祭商什的仪式较简单，如七家子乡十二台村祭商什和"饯送圣祖奶奶"仪式，是比较完整而具有典型性。

到了祭祀之日，全村都要动员起来在商什旁搭就锅灶，杀猪宰羊，筹备做饭。仪式开始，摆好香案、供品，由一位村中老者焚香、酹酒，吟诵祭祀之词，祭词大意是：

春日田间播下种，
叩拜商什贵神灵。
快把害虫收回去，
免除灾害再发生。
祈求降下及时雨，
但愿牧场草茂盛。
祈盼禾苗长得好，
保佑百姓五谷丰。

众人齐跪叩拜。仪式结束后，众人就地分吃大锅粥。接着举行那达慕活动。

蒙古贞地区还有在商什那里饯送"圣祖奶奶"的习俗。春夏之交，是给幼婴接种牛痘预防天花的时期。凡是接种牛痘的人家，从种痘那天开始，都要用细柳条或干草制作一个八寸直径的圆圈圈，用红布条装饰之后，悬挂于大门口，以示该户是接种牛痘之家；另一个意思是把它当作一种神灵悬于门口。故称这个圈圈为“圣祖奶奶标志”。

满十八天之后，悬挂圆圈圈“标志”的各户将圆圈圈一起送到商什那里举行“饯送圣祖奶奶”的仪式。其整个过程是：接种牛痘幼婴的母亲们，抱着孩子，挎着装有小米面做的馍馍的筐，带着“标志”，村中的男女老幼，都聚到商什旁。事先，由年轻小伙子们早已清扫好树周围场地，用各色布条装点好大树，这时，把各户送来的“圣祖奶奶”标志悬挂于树枝上，把送来的豆包等供品摆放到树杈上。仪式一开始，由一位老翁或老妪诵祭词：

……
原野坡地木花草，
制就丸散灵丹药，
瘟疫灾祸和病魔，
圣祖奶奶驱逐走。
山地旷野花草木，
配制膏丹神妙药，
从那病痛苦难中，
圣祖奶奶搭救好。
……

这般地叙述圣祖奶奶的恩德之后，最后祭诵道：

嫩柳干草制就的，
九色绸缎装饰的，

苍苍奶奶圣祖婆，
老少吾等饯送你。

这时，所有妇女们抱着幼婴向商什叩拜；接着，把所有从家拿来的豆包抛向四面八方，让聚来观看的人们纷纷争抢。仪式在欢快的气氛中结束。

这里的“圣祖奶奶”就是蒙古孛教所信仰的自然物——药草的象征。这种民俗活动也反映了蒙古贞的母亲们祝愿儿女健康平安的美好愿望。

祭敖包 祭祀敖包的习俗来自孛教信仰。孛教唯一信奉的是天；认为，无处没有天的主宰。天有十三方位，即东方一个天，西方一个天，南方一个天，北方三个天，西南、西北、东南、东北各一个天，上、中、下各一层天。但天是虚幻的，并无具体偶象，于是，堆起十三个敖包（石堆）作为十三个天的偶像来祭祀。人们把自己的期待和愿望向敖包祈祷，并祈求保佑。

蒙古贞地区祭祀十三敖包之处很多。民国时期就有275处，其中分为旗敖包、地区敖包、村敖包、氏族敖包和寺庙敖包。这些敖包都有指定的祭祀日期；但由于历史原因也各不同。绝大多数在夏历7月13日；个别地方是4月2日；旗敖包则定于7月2日。

敖包祭祀仪式，最早是由孛教巫师主持执行。在民间至今仍流传着孛·乌德根的古老祭词，如：

穿上花锦袍，
串镜扎在腰，
敲起皮制鼓，
接引天神到。
身着花衣衫，

铜镜挂脚前，
击起圆形鼓，
邀请长生天，
人见是石头，
我看是天神，
诚心来宴请，
盼您速降临。
众观是敖包，
我瞧是神灵，
焚香来迎请，
望神快起程。

自从藏传佛教传入以后，敖包的祭祀，由喇嘛念经替代了孛教巫师的祭词。旗敖包、地区敖包、村敖包和氏族敖包和寺院敖包的祭祀方式大致相同，但在具体细节上有所不同。

旗敖包 位于翁山之顶，始建于第二任旗札萨克卓里克图时期，约在1640—1675年之间。举行祭祀之日，有旗札萨克、旗协理、梅林、参领以及佐领等官员，还有看护翁山的十八个村头目都来参加。远近的老百姓也都从四面八方赶来。人们聚齐后，祭祀仪式开始。

在摆好净水壶、酒杯、鲜果、全羊肉、奶酪、花束等各种供品在香案，喇嘛坐一排念经，在奏起鼓、号、唢呐等法器的同时，石鼎中烧起香火，正在这香烟缭绕之际，由十八个村头目各端一副猪“乌查”，绕行敖包三周之后，将“乌查”摆放于敖包前的香案上，以示祭奠。之后，由一名头目高声咏诵风调雨顺、五谷丰登、人畜兴旺、百姓安康为内容的祭词。这时，由旗札萨克为首，所有参加者向敖包叩拜。

仪式结束后，将鲜果、酒肉等供品分发给所有参加祭祀者分享。接着，进行器乐演奏、表演歌舞和好汉三艺等那达慕活动。到午后三时许，所有参加祭祀敖包的人们享用大锅肉粥。人们幸福快乐地度过祭祀敖包的一天。

地区敖包　大巴镇杜代营子敖包和于寺镇齐金台敖包为地区敖包的典型。

杜代营子村河南十三敖包的祭祀，是由杜代营子、五家子、苇子沟，哈拉户稍、温土营子、朝阳泊力各、欧力营子、呼布惕、齐呼台、新邱、道不代、二门德力、阿力木图等十三个村屯共同承办。日期指定为夏历7月13日。过去，该敖包祭祀的规模较大，远近闻名。敖包会上有蒙古贞东半部的著名摔跤手前来参加比赛。

祭祀的前一天，用柳枝和各种彩旗装点敖包。敖包前搭起帐篷，铺好毡子，设好香案，还要在敖包旁架设大锅，杀猪宰羊，做好一切准备工作。到了祭祀之日，桌案上摆好香炉焚烧香火，布置好各种鲜果和猪、羊“乌查”等。首先请来十三名喇嘛坐在敖包前念经。然后举行绕行敖包的仪式，由一名老者手持“招引箭”在前带领，接着四名老者手持系有“哈达”的长木杆随后，他们边走边呼“福禄聚来”之祷告词，紧接着喇嘛们吹奔号、唢呐、敲鼓打镲而行，后面是群众紧随。向左绕行敖包三周之后，喇嘛就座，众人在敖包前跪地叩拜。仪式结束。

接着，喇嘛和所有参加祭祀敖包的人们，就地吃肉粥。最后，那达慕活动开始。

赛马是第一个项目。由十名骑手参加比赛。由大会主持人发令后，众骑手挥鞭策马向东飞驰到十二华里外的温土营子村前的平原，再回返到敖包前。第一名受到的奖赏是“灰哈”（以咀掰开的猪头上半部）和长条哈达；第二名受到的奖赏是“额如”（猪头下半部）和长哈达；第三名受到的奖赏是长哈达。其余为纪念奖赏方哈达。

摔跤比赛。在敖包前场地上，摔跤手们分成甲乙两队站好，这时，各队出一名祝词人诵词：

甲：如同那花龙腾飞祥云层，
乙：好似那大鹏展翅舞长空，
甲：好比那猛虎穿越丛林中，
乙：好像那雄狮跃过青山峰，
甲：放出那金甲的摔跤手吧！
乙：放出那银甲的摔跤手吧！
甲：放摔跤手！
乙：放！
甲：放！
乙：放！

之后，第一对摔跤手舞动膀臂威武地跳跃进入场地，相互致礼，开始角逐。按次进行比赛完毕之后，对最先交手的一对和最后交手的一对摔跤手，奖给长哈达，其余均奖给方哈达。

歌舞活动 在杜代营子河南岸草地及树林中；安排几处活动地点。有民乐手的演奏，有民歌手的演唱，还有说书艺人的说唱，群众按自己的兴趣参加活动或者欣赏各种文艺节目，这时祭祀敖包的仪式升腾起吉祥欢乐的气氛。

村敖包 村敖包是全村共同祭祀的偶像。蒙古贞地区村敖包最多，村村都有，祭祀仪式大致相同。如王府镇舍不代村祭敖包时，先由村民推举出七人筹办祭祀敖包活动。从各家各户收取粮米、杀猪宰羊，筹备野餐事宜，请喇嘛和执行祭祀仪式程序等。

舍不代村祭敖包定于每年农历7月13日。到了祭祀之日，用柳条、彩旗装点敖包，设置香案、香炉、花卉、肉食供品，并放置一斗米，上插四把“招引箭”。请来十三名喇嘛，面朝敖包而坐，诵经。这时，有四名小伙子身穿礼服，操起斗中的

"招引箭"，按仪式主持人的吩咐，骑上四匹骏马，朝东南西北四个方向分别奔驰而去。此间，众人绕行敖包三周之后，向敖包叩拜。这时四位骑手从几里之外飞驰而来，一路上边挥"招引箭"边高声呼喊：

村落的福禄呼来，呼来！
安康的福禄呼来，呼来！
财源的福禄呼来，呼来！
五畜的福禄呼来，呼来！
五谷的福禄呼来，呼来！

奔驰到敖包前，向左绕行敖包三周后下马，四人跪于喇嘛面前，由首席喇嘛发问："村落的福禄到没到？"四人齐声回答："到了！"这时众人齐声："到了！"如此，问答完毕"五种福禄"之后，四人站起，将"招引箭"插在米斗之中。接着，主持人把头份肉粥敬献给十三敖包，众人共同叩拜，祭祀仪式就此结束。

仪式完毕，全体共进野餐，分食祭敖包的肉粥。接着进行摔跤、奏乐、唱歌、说书等文娱活动。以此形式欢度祭敖包的喜庆佳日。人们把敖包当成偶像来祭礼供奉。后来，又把敖包与祖先联系起来，认为祖先的灵魂都在天上，祭敖包是祭天，也等于祭祀天上的祖先。为了让祖先欢欣，所以增加了敖包的祭祀内容——开展骑马、射箭、摔跤等那达慕活动，以示儿女子孙们在健壮成长，不惧邪恶，幸福地生活着。

随着时代的发展，那达慕活动从祭敖包的仪式中分离出来，成为民间单独一项活动。近代，成为以地区（村、乡、旗）为单位定期举行的群众性文体活动的一种形式，蒙古贞地区的蒙古族，家家供奉火神，并在指定的日子里进行祭祀。祭火仪式均在室内进行。祭祀一般在腊月二十三和除夕之夜称为祭灶；除此，儿女婚嫁、春节团拜时也祭祀火神。

蒙古族的火神位于火祠（盆）之中。所谓火神，即指火种而言。蒙古族有季子继承家业，接续灶火（指祭火祠而言）的传统。接续灶火，是要让火祠中的火种长生不灭。这是一代代供灶火继承者以不懈的精神，遵照执行的任务。

火祠中存储火种的事务谓之“传火”。“传火”一般都由家庭主妇来担任。传火的最佳用柴是荆条根。每隔三至五日填一次薪以将火种永远传下去。一个氏族有一个氏族的火祠。如果氏族中某一成员迁居到异地他乡，须从原火祠中分取火种另立火祠。蒙古贞旗王爷是兀良哈氏族人。第一任札萨克善巴，把札萨克所在地最先建在依和各日屯，其同族兄弟分居于吐拉尺村和四官营子村。他们都是从善巴那里分取火种各立火祠，分别传火祭祀。三处火祠，若有一处火种熄灭，必须要到另一家火祠中取火种继续传火。绝不准到其他氏族家庭取火种。

祭山　山是孛教对自然的崇拜物，也是《万物有灵论》的体现。祭山自古成为蒙古族民间的习俗。蒙古贞地区很多村屯都有祭山习俗。大板镇腰衙门村祭祀村北哈日其郎山的活动，具有代表性。

祭祀日为每年7月2日。祭祀的筹备工作与祭敖包相似。其程序是，祭祀场地设在哈日其郎山南麓的平坦地带，场地中央摆设香案，摆放酒具、牛羊头等供品；在场地上还堆起一堆松柏树枝。仪式开始，十几名喇嘛诵经，演奏鼓、钹，吹奏蟒号、羊角号；同时点燃起堆放的松柏枝，浓烟缭绕于空中，香气飘荡在山间沟壑之间，此称之为焚大香，场面非常壮观。此刻，村民们跪在旷野平地，向山神频频叩拜的同时，由一位老者诵诰祈祷祠：

扎！

用以醇香美味佳肴，

祭奠您崇敬的山神。
但愿您——
让雨露降得均匀，

让五谷全都丰收。
让六畜多多繁衍，
守护我村落太平，
保佑我儿女平安。

二、藏传佛教文化

藏传佛教传入蒙古贞地区三百多年以来，佛教文化对蒙古贞社会生活的各个方面产生了广泛影响。尤其佛教关于“灵魂”的教义，不同于孛教。佛教认为：“人有前世、现世、后世三世轮回。前世行善，今世可荣华富贵；今世做好事，来世可行吉祥之路。活着的人，心地善良不作孽，死后的灵魂可受佛祖的恩典，来世托生在有福气的地方。如若不然，死后的灵魂被丰都小鬼捉去，不仅受地狱之苦，来世还要受苦受难。宗喀巴所开创黄教教义的核心是：“人类的兴衰福祸，逃不出前世已定的命运，行善不作孽，能忍受一切痛苦，才能到达极乐世界，才能摆脱世上的苦难。”佛教这种生死轮回和宿命论的教义，束缚了人们的思想，削弱了人们的斗争意志。人们只想死后不受地狱之苦和后世转生于好地方，从而毫无争胜之心，忍受别人的剥削和压迫，致使整个蒙古社会，长期陷入贫穷落后状态之中。佛教成为封建统治阶级愚弄人民的思想工具，对蒙古贞社会的发展，起到极大的阻碍作用。这是佛教的消极一面。另一方面，佛教对发展蒙古贞地区的哲学、文学、艺术、建筑、医学、文化等方面，起到了积极的作用。

佛教文化主要以宗教法事为表现形式。法事是指佛教的各种仪式活动。法事活动名目甚多，大致分为殿堂内的修道法事、纪念法事和殿堂外的斋醮法事三类。

修道法事是僧众自我持修的活动，也是寺庙最基本的日常功课。僧众们通过这些活动，寻求“悟道”与“功德”。修道法事包括咏讽经书和课诵等内容，其中尤以朝暮课诵为主。

纪念法事是纪念释迦、宗喀巴等佛祖圣诞或升天之日等节日举行的法事。这些法事往往都有特定的经文，规定的日期，如10月25日释迦圣诞要持诵《释迦本行集经》等。佛教是多神教，因而纪念法事甚多。除此，还有为人间太平而举行名目繁多的庙会法事，如“色日伯仍”法会、放“丁科尔王经”法会、“达木林王经”法会等。

斋醮法事主要是在殿堂外举行的宗教外部活动。如斋主常给若干经费，请喇嘛诵经祈福、攘灾、拔苦、求寿、祈求平安以及超度亡魂等斋醮法事。蒙古贞地区民间斋醮仪式的种类很多，归纳起来有如下四类：(1）民间设坛斋蘸神灵；借以求福免灾而举行的法事；(2）超度亡魂，使之免受地狱之苦而举行的法事；(3）为老人祈福长寿而举行的法事；(4）为驱邪治病而举行的法事。

经箱乐班醮坛法事　从清朝到民国时期，佛教在民间设坛建醮的宗教法事活动，其名目甚多。以举行超度亡魂的法事为例，蒙古贞的好多寺庙设有专门从事超度亡魂施食祭炼法事的“经箱乐班”。经箱乐班的醮坛法事，需一名熟悉经书和宗教仪式的德高望重喇嘛主持，另外，需八至十二名喇嘛，持法器（打击乐）和笙、管、笛、箫等吹奏乐器参加演奏，并咏唱。

蒙古贞地区，组建有经箱乐班的寺庙有：朝阳泊力格庙、束力者庙、英桃庙、敖瑞音苏木庙、黑帝庙、阿金歹庙、绍仁台庙、沙赛庙、岗岗庙、王府前庙、胡赛艾里庙、朋生庙、杨助音苏木庙等。这些经箱乐班中，出现了不少演奏技艺高超的演奏家，其中著名的演奏家有：岗岗庙的笛子手却苏荣扎布，英桃庙的管子手满嘎拉，朝阳泊力格庙的司鼓官保等。

寺庙音乐　寺庙音乐是一种佛教仪式音乐，密切配合各项宗教法事，起着烘托宗教气氛和渲染法事情节的作用，并贯穿于各项法事活动始终。其类别分为韵腔（声乐）和曲牌（器乐）两种。

韵腔，佛教音乐韵腔，由僧众一代接一代地口传心授，并在各项法事诵经、念咒、咏唱、诵诰实践中加以发展而形成的歌腔形态，是佛教音乐的主体。

曲牌。佛教音乐中的曲牌音乐，主要运用于纪念法事和斋醮法事之中，在这两类法事仪式中，喇嘛们诵经，咏唱各类韵腔外，还要有掐诀、念咒的内容和踏罡步斗、降妖捉鬼的各类动作，为配合这些宗教动作，需要演奏器乐曲牌，以助其势。

器乐曲牌可分为正曲、耍曲和法器牌子三类。

正曲，主要用于法事仪式的正式程序之中。正曲的主要法器（乐器）有唢呐、笙、管、笛、九音锣、大筒号、羊角号、海螺、撞盅、木鱼等。正曲基本曲目多数为佛教音乐之专用曲目，如《希萨勒》《沙吉拉布》《小帮钟》《古勒吉瓦》《東胡如勒》等。也有少数曲目《布翰召》《金蟾落地》等世俗的民间器乐曲，也被用于正曲之中。然而，这类民间通用的器乐曲牌，进入佛教寺庙音乐的山门内，与钟、鼓法器之声结合，混合于庙宇殿堂内外，音乐气氛早已超尘脱俗，呈现出明显的仙乐妙音之韵味。

耍曲，主要用于法事仪式的正式程序开始之前，作“闹开场”“序曲”，为开坛行法做准备。演奏此类器乐曲牌的时间，可长可短，短则半小时，长则一两小时。耍曲的基本曲目，多数是世俗的民间器乐曲牌。蒙古贞各寺庙经箱乐班所演奏的耍曲曲目，全是民间器乐曲牌，大约有四十多首。也有少数曲目是佛教音乐所专用。

法器牌子，在佛教，法器是指喇嘛在行法时所用的器物。

这些器物有两类，一类是朝拜佛祖用，如净水瓶、曼荼罗、宝盖碗、瓦其尔、佛灯、萨玛嘎花等；另一类是各种乐器。佛教音乐中被列为法器的常用乐器有：大铙小铙、大镲小镲、叮沙、手铃、鼗鼓、木鱼、大鼓、立鼓、铁磬、铜磬以及唢呐、笙、管、笛、箫等。

寺庙音乐中的法器牌子，虽然不多，但地位十分重要，在咏唱时，笙、管、笛等伴奏乐器可略去不用。然而打击乐器是必不可少的。法器牌子的特点鲜明，与韵腔结合成一体，混响于香烟缭绕的殿堂内外使人肃然起敬，如入仙境。

寺庙舞蹈——查玛 查玛是一种祭祀性宗教舞蹈，是有一定故事情节的舞剧。查玛有哑剧舞和话剧舞两类。舞剧中的人物都是神鬼，因而民间俗称“跳神”。如“却尔吉乐”查玛的人物有度毋、吉祥天母、阿修罗天神、勇保护法、蝴蝶神、闫罗王、鹿牛神、尸林之神、金翅鸟神、多子仙等。

蒙古贞地区寺庙哑剧类查玛有两种，一是“却尔吉乐”查玛，演员头戴面具，近似傩舞。因人物面孔凶恶，形象瘆人，动作剧烈，故称暴烈神舞；另一个是“丁科尔”查玛，演员无面具，只戴大檐凉帽，菩萨装束，动作缓慢柔和，俗称菩萨神舞。话剧类查玛只有一种，即“弥勒”查玛。扮演人物的角色，不戴面具，要化妆，人物间有对话。剧中人物有弥勒佛，黑老头，白老头兄弟，一条狗和两只鹿。

蒙古贞地区跳暴烈神舞的寺庙有佛寺、黑帝庙、海州庙、岗岗庙、敖瑞音苏木庙；跳菩萨神舞的庙有王府前庙；跳“弥勒”查玛的有朝阳泊力格庙、阿金歹庙、牛心屯庙、巴斯营子庙、娘娘庙（绍仁台庙）、甘珠儿庙。各庙每年都有定期的查玛舞庙会。庙会期间，上香朝拜者，做生意、逛庙会的人络绎不绝，车水马龙，人山人海，其盛况极其隆重热闹。

查玛是藏传佛教舞蹈艺术，具有浓厚的藏族舞蹈风格，特别是暴烈神舞的动作难度较大。自从查玛传入蒙古贞以来的三百年间，其舞技以师傅带徒弟的方式，一代代地传下来。这期间出现了很多舞技高超、精通的人才，其中有查玛大师佛寺镇的高尼格尔扎布、黑帝庙的海虎、岗岗庙的根敦扎布等人。

嘛呢歌是广泛流传于蒙古贞地区民间的宗教性民俗活动之一。“嘛呢”，意为“摆脱厄运，洗清罪孽”。因而人们想通过咏诵嘛呢歌，为死者或活着的老人洗清罪孽，摆脱厄运，以求来世转生于极乐世界。咏诵嘛呢歌与现在南方助念团相似。

自从明末黄教传人蒙古地区，轮回转生的教义深深地扎根在人们心中，所以，咏诵嘛呢歌的习俗，在民间形成并流传开来。

嘛呢歌　多在丧事中，将死者遗体入殓前后咏诵；还要为活着的老人咏诵。咏诵嘛呢歌，多是村里的老者担任，他们在死者家里围坐在遗体或棺椁周围，边摇“好日老”（法轮、转经筒）边咏诵嘛呢歌。曲调颇有寺庙音乐韵味，给人以清邈玄奇、肃穆敬仰之感。其场面甚有恭谨庄重之气氛。

嘛呢歌有很多种，按地域分，有藏嘛呢、五台嘛呢、库伦嘛呢和蒙古贞嘛呢。其中五台嘛呢唱词多用汉语，是属庵庙文化，是由和尚、尼姑所传播。从内容上分，有孝顺嘛呢（怀念父母之恩），歌颂嘛呢（歌颂佛祖、人生及死者的生平事迹）和欲望嘛呢及祈福嘛呢等。

蒙古贞地区诵嘛呢歌活动比较普遍，差不多村村都有。其中最为出名的是普安寺附近的满特音高勒村，这里有嘛呢会组织，常年有嘛呢会活动。

现在，蒙古贞婚礼、祭敖包、蒙古贞刺绣、蒙古贞马头琴音乐分别被列入辽宁省、市、县非物质文化遗产保护名录，使蒙古贞传统文化遗产在传承中被继承和保护。

第七章　蒙古贞教育

蒙古贞有源远流长的教育史，早在契丹族和蒙古牧民定居时期教育事业就比较发达，辽代官府创造契丹文字，创办州学、府学。受其影响，民间也办起了一些私塾，学习儒家经典。到了元代，创造了蒙古文字。铁木耳任辽阳行省平章政事（省长）时，省会设在懿州（今塔营子乡）。后王伯胜任平章政事，择贤师、筑书馆、办教育。元代末期所立《懿州城南学田碑》和新民镇排山楼村口的《大玄真宫祖碑》记载，蒙古贞地区在当时已是“家庠户序，学校如林”，可见蒙古贞教育特别兴盛。

1637年，在蒙古贞地区建立了土默特左翼旗。由于战乱的逐渐平息，社会开始稳定。这时藏传佛教也在土默特左翼旗开始盛行。佛教寺院的影响已波及广大乡村，人们开始到寺院学蒙古文、藏文和珠算等知识。学蒙古文的人逐渐增多。到了清朝末年受“废科举、兴学堂”的维新思潮的影响，1908年旗札萨克在王府创办了新学堂和官仓书馆，培养了一批贵族和官宦子弟。

中华民国成立后，教育部实行了新的国民教育办法。将学堂一律改为学校，官办教育有了一定的发展。特别是由于同内地经济、文化交往的日益增多，人们逐渐认识到办教育的重要性。这时，人们不仅学蒙古文，而且还要学汉文。义学和私塾日渐增多，从上到下掀起了办教育的热潮。

1931年，发生九一八事变，东北三省沦陷。1932年，日本帝国主义为了达到疯狂掠夺东北资源和实行奴化教育的目的，扶植清朝废帝制，建立了“伪满洲国”傀儡政权。同时，废除了民国时期的教育制度，大讲“大东亚共荣圈”“日满一德一心”、培养“忠良之国民”。并把“私塾”一律改为官办小学，建立了国民高等学校，强制中国学生学习日语，以便达到其奴化教育之目的。

1945年“八一五”光复后，伪满政权统治的学校全部瓦解，教育中断。1946年在国民党统治地区无教育可言，蒙古族教育基本停止。1947年，只有在蒙古贞北部和中部的解放区，教育事业才得到了恢复。但只是启蒙教育，学生只学一些蒙古文“阿巴哈”(字母)、汉文的《百家姓》和《三字经》之类的读物。1948年蒙古贞解放，蒙古贞教育事业迎来了新的曙光。

第一节　清代教育

一、寺院教育

在清朝时期，寺院教育成为蒙古贞教育的主体。不仅寺院喇嘛学到了蒙古文、藏文和满文，而且寺院遍及的蒙古贞各地，很多蒙藏文水平较高的喇嘛，招收俗家子弟，教授蒙古文和珠算，寺院成为当时蒙古族青少年学习蒙古文的重要场所。据当时的调查统计，“土默特左翼旗蒙民识蒙古文者有3000多人”，有的造诣很深，成为学者。

在寺院教育中，除了设蒙古文、珠算等启蒙教育课程以外，还有培养专业人才的专科教育。以瑞应寺为例，当时，它既是佛教活动中心，又是一所综合大学。除内设四个“学部”外，还设有文书房。每个学部都设有专业科目。其中有门巴学部、丁科学部和文书房，培养了一大批对社会有用的蒙医药和天文地理等方面的专业人才。

门巴（亦曼巴）学部是瑞应寺一世活佛桑丹桑布亲自倡导下于1702年兴建的。它是学习和研究蒙医药的一个重要学部。历经三百余年，经过十几代人的努力探索，蒙医蒙药理论，从宗教中解脱出来，发展成为独立的、独具特点的蒙医蒙药学。该学部编译了《四部医典》《增方四部演经》《密封疗法》《药方》等蒙医蒙药经典著作。并采取师傅带徒弟的办法，传授蒙医药学。学徒在这里经过十几年的学习和实践，方可单独行医。对医术精通者由活佛亲自赐予“道布切”称号。先后培养出墨尔根、温布、善济米图等医术高明，造诣很深的著名蒙医800人。他们云游东北和内蒙古等地行医治病，同时把门巴学部的医术种子撒遍了北方蒙古各地，为提高各族人民的健康水平做出了重要贡献。

丁科学部建于1823年，这是专门学习和研究天文历法的学部。这里有古代的地测仪、漏钟和日晷等仪器。研究天体，编写历书，有自己的一套观测和计算方法。向民间刊行了上千部蒙文历书。对广大农民准确掌握农事时令，起到了很好的指导作用。同时培养了很多研究天文历法的人才，图布丹宁布是其中最杰出代表之一，他精通天文、数学，潜心研究天文历法，能计算出日月食的准确时间，编撰出蒙古文历书，他曾被邀请到清朝钦天监，为中国天文科学的发展做出了突出贡献。

文书房是学习蒙古文和珠算的重要场所。当时瑞应寺的往来文牍、账目管理多用蒙古文书录。翻译整理大量礼典、医药、历法都离不开蒙古文。文书房招收的弟子都学习蒙古文和珠算。农村富裕人家送子弟学习蒙古文和珠算，同时，也学习汉文，有的达到了蒙汉兼通，有不少人成为农村教蒙汉文私塾先生。清朝末期，精通蒙古文的包丹喇嘛曾被聘到北京英国大使馆讲授蒙古文。该文书房曾组织人员编著并保存过大量文献资料。其中，记述瑞应寺历史的专著《活佛传记》，便是一部研究藏传佛教在东蒙地区传播的一份不可多得的地方文献资料。著名喇嘛恩可特古斯写出了《兴唐五传》，在民间广为流传。后来，被翻译成几种外文，传播到世界不少国家。文书房招收的喇嘛郭振义学习了几年蒙古文当了老师。新中国成立后，回到家乡学校，从事多年蒙古文教学工作，为蒙古贞蒙古族教育事业献出了自己毕生的精力。

二、官办教育

清光绪三十四年（1908年），旗札萨克在“废科举、兴学堂”思潮影响下，按理藩院规定，在王府创办了一所维新学堂，正房、东西厢房各五间，由王府梅林任董事，教师有3名，学生有50名。这是近代蒙古贞官办蒙古族教育的开端。

学习内容，按照“养成贤才，忠于王朝”之学堂宗旨和“无论何等学堂均以忠孝为主，以经史为基础”的学堂章程进行教学。学生学习满、蒙古文“阿巴哈”和翻译的蒙古文《三字经》《千字文》《大学》《中庸》《孝经》《圣谕广训》等。这所学校的建立，对学习使用蒙古语言文字和发展蒙古族教育起到了重要作用，并培养了不少有知识有理想的蒙古族青年。

三、官仓书馆

清朝末期，朝廷在京城开办了“八旗官学”，允许农村蒙古族青年参加乡试。旗札萨克在蒙古族贵族和官宦的要求下，在王府“毕其根格尔”（文书房）开办书馆。使王公贵族子弟学习蒙古文和满文，以应乡试。有读三五年的，也有读七八年的。应试通过者，可参加高一级的科举应试，学识较高的落选者被留在官仓任文书，有的被提升为王府官署的文书官，经几年的官场锻炼，有的被提升为“扎兰”“梅林”等官职。多数落选者回乡办书馆，以教书为业，成为广大乡村主办私塾的先生。

四、私塾

清朝末期，人们日益认识到学习文化知识的重要性，在蒙古贞村落，出现了私塾，有家庭自办或村民联办的两种形式。家庭自办的多数是一些富裕人家，联办者多数是普通平民。他们动员学生家长各出“斗米”“百柴”聘请老师，招收几十名学童进行启蒙教育。这些私塾馆，学习时间不固定，学习内容不一致，学习年限也不一样。清朝时期，在蒙古贞地区这种私塾馆也并不多，在蒙古贞教育中并不占主导地位。

清朝二百多年间，蒙古贞教育发展是缓慢的。究其原因有三：一是清朝廷制定优惠政策，促使广大蒙古族群众信奉佛教，蒙古族家庭不是把聪明伶俐的儿子送学堂受教育而送寺院当喇嘛；二是清朝廷采取封王晋爵的世袭制的用人制度，严重影响了人们求学读书的积极性；三是简单再生产的牧业经济，无须人们掌握更多的生产知识，因而阻碍了教育事业的发展。

第二节 民国教育

辛亥革命后，民国政府在《蒙古盟旗王公制度优待条例》中规定：“东土默特旗札萨克郡王、协理、梅林、札兰制度一仍其旧；世袭领地，地方行政管理以及王公贵族、寺院、喇嘛、活佛等称号一概保留，唯有对民国政府呈文一律用汉文。”中华民国十九年（1930年）蒙藏院下发《蒙古会议决议》，要求各盟旗限期成立教育机构，实行义务教育，强迫就学，如期普及教育。这一时期虽然近代教育已经出现；但还是以封建教育为主、办学形式和教学内容比较单一。

一、官办学堂

民国年间，蒙古民事务由蒙藏院管理。按蒙藏院规定，在民国元年，把王府维新学堂改为土默特优级小学。每年招收五六十名学生。学生大部分是蒙古王公贵族子弟，也有一些是富户人家子弟。设置的课程有《国文》《修身》《自然》《地理》《历史》《算术》《图画》《手工》《音乐》《蒙古文》和《体操》。这所学校虽然规模不大，但对蒙古贞的部分蒙古族青年了解社会形势、崇尚知识、树立理想，实在受益匪浅。

二、义学

在蒙古族聚居的村屯，由本地士绅富户联合办学；并推举校学董事，掌管学校事务。义学的办学经费、教师薪水由义仓支付（所谓义仓是由办学的联户集资、捐粮、然后将钱粮放贷取息，用利息作为办学费用）。到义学读书者，免缴学费；住宿生的食宿费用，由校方供给。学制不定，多则五年，少则一二年。

中华民国四年（1915年），在王府烟台营子村办义学一所。学董事由土默特左翼旗管旗章京包丹努力布担任。学校有五间校舍（蒙汉文教室各一个），两名教师，40名学生。所用教材是《百家姓》《三字经》《千字文》及五经四书。学生学完蒙古文“阿巴哈”以后，读译成蒙古文的《三字经》及五经四书简易读本。

民国初年，瑞应寺曾办过义学，后因宗教势力的干扰，时办时停。到了中华民国十六年（1927年）由喇嘛勿力套格陶倡办，经活佛耶西达力杰上报旗札萨克同意，把瑞应寺西札仓空殿闲阁当教室，重新恢复了学校。为了缓和同上层喇嘛的关系，由瑞应寺札萨克喇嘛吉郎戈任董事，派文书房的郭振义任教师。该校学生最多时达到300人，成为初、高两级小学。设置的课程有《蒙古文》《汉文》《珠算》等。九一八事变后，因战乱学校分散到北河拦和八道岭两处。该校创办人勿力套格陶到北河拦学校任董事，一直到1945年“八一五”光复为止。后来，他曾受到土默特左旗旗长包海楼的嘉奖，送给他“热心兴学”的大牌匾。人们亲切地称呼他韩学董，教师郭振义等人到八道岭小学任教一直到“八一五”光复。

三、私塾

中华民国时期，由于外来汉族人口的逐渐增多，蒙汉民族社会交往日益频繁，经济有了一定发展。很多开明绅士，有钱人家乃至普通百姓都懂得了办学的重要性。于是出现了村办学校，人人求学的进步局面。从中华民国初期开始，有七十多个蒙古族村都办起了不同形式的私塾。大体有两种：一种是家庭自办。一般是有钱人家或官宦家庭，聘师教子，学成之后，以晋进士阶层；另一种是村民联办，多是一般平民共同举荐董事，家长各自出“斗米”“百柴”聘请教师，招收数十名儿童，进行启蒙教育。学制长短不一，有的是季节性的，农闲季节请来教师授课三四个月，农忙时停办。有的是常年办学，学习内容是：蒙、汉文版的《三字经》《千字文》《大学》《中庸》《论语》等五经四书。泡子镇德力格尔村吉亥拉齐依成嘎，在该村办起了私塾，后来他的儿子玛哈巴斯花钱两万继续办学，并延续多年。先后有几百名蒙古族青年在这里求学读书，很有社会影响。泡子镇大屯村办的学馆，其教师德吉图连续教书二十余年。还有红帽子乡戴家为学董的私塾馆；大五家子乡高東台村私塾馆；大巴镇苇子沟村私垫馆；蜘蛛山乡丹桂营子村和大营子村的私塾馆，不仅有固定的教师、校舍，而且还坚持常年办学。到了中华民国二十年，此类私塾馆由光绪年间的几所发展到六十几所。后来逐渐发展成为村办公立小学校。民国时期，蒙古贞没有中等学校，一些上层人物和有钱人家的孩子，主要到沈阳蒙旗师范学校和北京蒙藏学校读书。

这时期的蒙古贞教育有三个明显特点：一是，由于官办学堂，特别是私塾馆数量的明显增多，因而不仅有王公贵族、官户人家的子弟进学堂读书，而且广大平民的子弟也有了受教育机会。二是，在这一时期，学生不仅学习蒙汉文，而且接触了汉族的古代文化，还比较系统地学习一些自然科学知识和文化知识。这对于促进经济和文化的发展，有一定的积极意义。三是，由于这一时期军阀混战，封建势力割据，无论是官办教育，还是民办教育仍然是很落后的，办学条件比较差，教学人员素质低，因而，远远不能适应社会和生产发展的需要。

第三节　伪满时期的教育

1931年九一八事变，日本帝国主义侵占东北，给东北人民带来了灾难。1932年，在日本帝国主义的操纵下，东北伪满傀儡政权成立。日本帝国主义的魔爪逐渐深入蒙古贞地区。日本帝国主义在政治、经济上实行严厉控制的同时，着手对文化教育的控制。为达到奴化教育的目的，在建立伪满洲的同时，发布了《废除民国政府的教育制度，教科书暂用五经四书为教材》的伪国务院第二号通令。1934年9月开始用新编固定教科书。从此，东北原有的教育制度全被废除。强行其“日满一德一心”之所谓建国精神；“东方道德、忠孝大义”灌输其国民思想；用养成“忠良之国民”为幌子，企图使青少年成为俯首帖耳之亡国奴。

一、学校概况

小学：伪满时期将原初等教育一律改为国民学舍；高小改成国民优级学校。当时有国民学舍34所，优级小学3所；国民义塾3所。

中学：兴亚学校，伪满初期，招生对象是初、高小毕业生。修业年限为一至二年，每期招收30—40名学生。主要学习木工和瓦工技术，同时要学习日语和蒙古语。该校只招三期就停办了。

喇嘛学校：招生对象是蒙古贞各寺院的喇嘛（年龄不限），招生人数不固定，表面上是研究佛学经文，其实是学习日语。由于多数喇嘛，不愿学习日语，因此没招到多少人，不久就自消自灭了。

锦州省立东土默特国民高等学校（1941—1945年），该校是一所农科中等学校，学生来源于本旗优级学校毕业生和北票、朝阳、彰武的考生，每年招100人。

当时土默特左旗蒙古族学生可到外地就学的学校有："扎兰屯师范学校，王爷庙兴安学院；海拉尔、开鲁国民高等学校；喀喇沁崇正裕正女子高等学校、锦州师道学校等院校。前后约有二百余名学生毕业于上述学校。

伪满时期，在大学读过书的有李国兴、李国范、吴永瑞、韩金山、齐范、齐书耀、戴书阁、吴宗洲、戴书田、齐振东、韩灵寿；到日本留学的有贺鸿章、海忠祥、包福全、海宝珍、岳德本、鲍瀛洲、云丹桑布等人。

二、学制安排和课程设置

学制：伪满洲国建立以后，日本帝国主义为了达到奴化教育之目的，于1937年（伪康德四年）5月2日公布了"遵照建国精神及访日宜诏之趣旨""体会日满一德一心不可分之关系""养成忠良之国民"教育方针，根据《学校纲要》规定，缩短了民国以来的学制，将原有的初级小学改为国民学校，学制为四年，国民学舍、学制为三年；高级小学改为国民优级小学，学制为二年；"新学制"还规定，将缩短原有初中、高中学制一并改为中学四年；将王府国民高等学校学制缩短为四年。1938年，还下令停办私塾和私立学校。

课程设置：伪满洲国建立以后，小学课程设有：《国文》《算术》《修身》《自然》《图画》《音乐》《手工》《体育》和《蒙古文》。1938年（伪康德五年）实行新学制后，设置的小学课程有：《满语》（汉语文）、《日语》《蒙古文》《算术》《自然》《音乐》《体育》和《劳作》；设置的中学课程有：《国民道德》（后改为《建国精神》）、《日语》《蒙古文》《数学》《地理》《历史》《物理》《博物》《国势》《农业》和《劳动》。

在教科书中，凡是涉及关系到国家和民族意识的内容全被删掉；把“访日宣传、日满一德一体、天照大神”等内容塞进教科书中；把小学《修身》和中学《国民道德》改成《建国精神》；史、地教科书中的内容也被歪曲，把日本帝国主义分子乃木等人的内容塞进教材里，当成崇拜的偶像。

1937年（伪康德四年），伪满洲国文教部训令第二十六条规定，“在学校教育中彻底普及日语”；在学制要点中规定，“日语依日满一德一心之精神，作为国语之一而重视”。1938年（伪康德五年），实行新学制以后，将日语列为国语、将汉语改为满语。并强行在日常生活中用日语讲话，如，王府国民高等学校强行规定，从早晨起床到晚间熄灯之间会话必须使用日语；甚至每顿饭前宣誓也用日语。1942年（伪康德九年），日本帝国主义变本加厉地实行殖民地教育手段，把学生思想引向所谓“忠良国民”，忠于皇帝陛下之训服良民，企图让青年学生忘掉自己的祖国、忘掉自己是中国人。

三、学生

村办的国民学舍招收本村的小学生，国民优级小学（小学高年级），从全旗范围内经过考试录取一定名额的男女学生。从1940年起，由土默特左旗蒙民裕生会发给学生生活补助费，凡对入优级学校的住宿生，每人每月补助5元；1943年后减少到2元。王府国民高等学校除招收本旗优级学校毕业生外，还从北票、朝阳、彰武经考试录取优级学校毕业的男生。凡入学的学生全部住宿，由旗蒙民裕生会发给每人每月5—8元助学金，1943年后减少到了3—5元。

四、管理机构

土默特左旗设有教育科，第一任科长是霖沁扎木苏（冯国庆），视学张化宣，教员由旗教育科任命。

在这一时期，把初小改成国民学舍，取消私立学校和私塾。把六年制的中学改成四年制的国民高等学校，减少了学生的学业年限，降低了国民教育质量，以劳动代替教学，打乱了正常的教学秩序，如王府国民高等学校强行规定“学校勤劳奉仕”，每天组织学生劳动不少于两个小时，让学生轮流到矿区抬煤、挖水沟。由于过多的劳动，学生学不到真正的、系统的科学文化知识，得不到基本技能的训练。

在这一时期，蒙古贞教育有一些发展，小学的入学率由民国时期的20%提高到40%；又办起了蒙古族的优级学校和国民高等学校，结束了蒙古贞没有蒙古族中学的历史。在教学内容上也安排了自然科学方面的一部分基础课，这对社会生产力的发展起到了一定的促进作用。特别是很多青年学生，在校学习时期，更加了解了日本帝国主义的侵略本性。后来，有许多青年走上了反抗日本侵略，拯救中华民族的抗日道路，成为抗日战争和解放战争中的骨干力量。

锦州省立东土默特国立高等学校始建于1941年，校址于今王府镇北山，1945年日本投降后停办。这是一所农文科中等学校，学制四年，每年招收100人。学生来源除本旗优级学科毕业生外，还从土默特中旗、苏鲁克以及敖汉旗、奈曼旗、库伦旗等地蒙古族优级学校毕业生中考试录取。学校按伪满洲国学制改革后规定的《学校教育纲要》中所称的“以建国精神及访日宣诏为宗旨，以道德教育为主，以国民精神为基础，陶冶人格，养成忠良之国民之精神”。设置的课程有建国精神、国语（日语）、蒙古文、历史、地理、数学、物理、化学、博物、农业、劳动和体育。用三种语言授课。建国精神、日语、数学用日语授课，历史、地理、农业等用汉语授课，其他课程用蒙古语授课。学校校长由日本人担任。教师中有日本人13人，蒙古族39人，学生全部住宿。由旗蒙民裕生会发给学生每人每月5—8元助学金，1943年降到3—5元。学生每年还要自带一部分成品粮。学校有百余垧地的校田，有六匹骡马和百余只羊。按伪满洲国新学制规定：实行综合教育之体制。在农业季节终日劳动；农闲时间每日劳动两小时。1943年，伪满洲国文教部颁布《学校规程修正文件》中强行规定：“学校勤劳奉仕，终日教练每学期不少于30天。”学生按年级轮流到高德矿、新邱矿参加挖水沟等劳动，残酷的法西斯统治和过重的体力劳动，激起了学生强烈反抗，曾发生过几起学生痛打汉奸警察、反对日本校长和教官的罢课事件。

这所学校的很多毕业生后来都成为解放蒙古贞、建设蒙古贞的骨干力量。

第四节　新中国成立之前的教育

1945年“八一五”，日本帝国主义无条件投降，祖国光复。光复初期，蒙古贞有建在王府院内的中学一所，8个班，340名学生，有17名教职员工。当时，土默特左旗的小学236所，其中优级小学11所，其余者为初级小学，有306个班，13791名学生，教职员工421人。适龄儿童入学率为28%。当时成人教育有民众学校一处，学员22人，教师1人。

1945年12月30日，国民党军队攻占蒙古贞。县城及铁路沿线成为国民党统治区（简称国统区）。蒙古贞北部农村，成为中国共产党领导的革命根据地。国统区与解放区的教育，有质的区别。

在国统区，国民党热河省教育厅发出的恢复和重建小学计划纲要规定：乡镇设立中心国民学校，保（村）设国民学校（初级小学），旗设优级直属小学。1946年7月15日，国民党市、县政府合并建县。8月，逐步恢复已停办一年的一部分学校。10月，在海州建立了县立初级中学一所，原王府的蒙古族国民高等学校，改为蒙古族初级中学。

国统区的学校，实施中华民国教育宗旨，推行封建法西斯教育，在学生中，极力推行国民党党义教育，文化课改为军事训练课，大肆进行反共宣传教育。尽管这样，教师与学生逐渐觉醒，学校中经常出现反饥饿、反迫害、反内战的斗争事件。行政及警方不断镇压，致使教师不断辞职，学生离退学。有的学校不得不停办。其中仅有的一所初级中学，便自行解散。这所学校有250名学生，29名教师。就这样学生念不成书，老师没有工作了。小学124所，学生9560人，教师 250人，也因经费短缺，名存实亡。

蒙古贞北部地区的广大农村，在中国共产党领导下，组建旗县联合政府，任命巴图为教育科长。在战争条件下，也极为重视教育工作，没有校舍，群众自己腾出房子来做教室，聘教师讲课。在土地改革中，不断扩大成果，随后建立起大小不同规模的小学。为保证经费，分给学校一定数量的耕地做校田。为加强领导，按照有利于教学活动的原则，将小学划分成几个学区，在每个学区设立中心小学或者是完全中心小学，担负该学区的教育、教学工作。在教育战线上，举起了“民主的、大众的、科学的”新民主主义教育旗帜，学校教育有了很大发展。贫下中农的子女都能上学读书，有的地方也建立了幼稚园。1949年3月，县城建立了辽西省立第一所初级中学。在中学里开设农干班、师训班，培训了一大批干部和师资队伍。1949年4月，县里召开第一次教育工作会议，贯彻辽西省教育会议精神，决定着手整顿小学，把各学校办成新型的正规化的学校，教育走上正轨。

解放区教育的特点是，由群众自己办学，学校教育和社会运动紧密结合，学生组成儿童团，师生参加土改宣传队，站岗放哨，文艺演出。建国前夕，蒙古贞有中学一所，205名学生。成人学员150人，教职员19人。小学已发展到643所，学生达51982名，教职工1137人。适龄儿童入学率达50%。在成人教育中，通过“夜校”“冬学”“速成识字班”等形式，开展农民夜校，扫除文盲。

第八章　蒙古贞蒙医药

蒙古贞蒙医药远近闻名，是东北和内蒙古东部地区蒙医的发祥地。它有悠久的历史，鲜明的民族特点和浓郁的地方特色。蒙医的高超医术曾赢得各族人民的赞誉，历经沧桑，经久不衰。

蒙医药学是祖国医药学的重要组成部分，也是蒙古民族的文化遗产。长期以来蒙古族劳动人民为适应当时社会环境、生产方式、生活习惯和地理气候等条件下产生的朴素的医药知识；在传统蒙医药学基础上，吸纳了各民族，特别是藏族的藏医学精华，发展成为今天的具有蒙古民族医药特点的蒙医药学。蒙医药学是蒙古民族在同自然界与疾病做斗争的实践经验的总结和智慧结晶。

第一节　蒙医药历史

蒙古贞地区位于辽宁西部，内蒙古（漠南蒙古）东部丘陵地带。自明清以来，这里的蒙古族的经济体制和生活方式，逐渐由以牧业为主转变为半农半牧，直至农耕，定居。这里的蒙医，在当地自然条件及社会经济、文化的不断发展的过程中，继承和发扬了蒙医药学，创造具有独特的因地、因时、因食、因药、因人和因病蒙医疗法，在祖国防病和治病方面做出了重大贡献。

一、蒙医药的历史地位

根据史料记载和调查，蒙古贞地区名医辈出，明清时期被誉为“神医华佗”的绰尔济诞辰已有430年，中华民国时期，应日本国邀请行医的眼科名医杜尔赛，被瑞应寺五世活佛誉为“药师佛的化身”的名医温布；新中国建立后，出任内蒙古自治区卫生厅副厅长的蒙医学家古纳巴陀罗，1983年被中央人民广播电台誉为“草原神医”的前任辽宁阜新蒙医药研究所名誉所长邢布利德，1979年被邀请到内蒙古撰写《中国医药百科全书·蒙医分卷眼科部分》的眼科名医齐端节等一代名医，他们为保障人民健康做出了卓越贡献。

三百年来，瑞应寺门巴札仓（即曼巴扎仓，医药僧院）共培养出四千多名蒙医，其中获“曼冉巴”（相当于教授）“道布切”（相当于主任医师）称号的有81名，名医800名，他们行医在东北三省、内蒙古、甘肃、新疆、青海、西藏等广大地区。

蒙古贞蒙医尤以切脉如神，治病治本，外治疗法而出众，饮誉北疆、驰名中外。

二、蒙医药学发展

蒙医药学历史悠久，是一门传统医药学，它以临床科学，独到的医术引人瞩目，越来越受到人们的重视。有世代相传的“四始之说”[①]，“病之始——消化不良症；医之始一末布（大梵天）：药之始——白煎水（开水）；患者之始——希得布（人名），从这里看出蒙药医学的原始源流。

---

① 四始之说：患者之始飞天之子希得布；病之始消化不良症；医士之始末布；药之始白煎水。

蒙医的始祖——伊达干[1]。在产生“四始之说”的那个遥远的年代，人们为了繁衍生息，在同疾病斗争中，逐步掌握了朴素的医疗知识，也有了从事治疗的职业者——伊达干。据传，伊达干治病，开始用的是饮食疗法，逐步掌握了治疗外伤的医术。茹毛饮血的北方民族很容易患消化不良症，把它作为“病之始”是有道理的，人们狩猎、游牧，经常在野外骑马奔驰，与凶禽猛兽搏斗，折骨损伤在所难免。伊达干在治疗的实践中，积累了丰富的经验，自然擅长外治疗法。藏医巨著《四部医典》记载：针刺放血和饮食疗法，从蒙古传入吐蕃。由此推断：伊达干活跃的那个时代，可以看作蒙医的萌生时期，也称蒙医的孕育阶段。从这个意义上讲，伊达干是蒙医的始祖。从社会发展的角度推断，生活在我国内蒙古自治区、东北三省和蒙古人民共和国境内的各部族，还处在狩猎、游牧为主的那个时代，至今已有两千多年的历史。

蒙古民族在信仰藏传佛教之前，一直信仰原始宗教——萨满孛教。有名的“孛师”叫“别其”。（“别其”一词是蒙古语。“布赫依”，占卜的变音，汉文书中称女“别其”为巫，男“别其”为觋）。“别其”会唱会跳，既看天相风水，又卜生环未来，既通气功，又懂医术；既能施术驱魔，又能推算人世祸福，成了一身多艺的“先知先觉”者，多在上层社会活动，影响很大。这时，活跃于民间的伊达干们，借重他们的势力，发展自己医术。他们虽不是萨满，同样受到社会的重视。信奉他们的人越多，研讨疾病的机会也越多，时间越长，他们的医术越精。这样，一直延续到元代，萨满教逐渐衰弱，便形成了“教亡医兴”的历史局面。

蒙医的主体——“额姆奇”。“额姆奇”这个词指的是医生，蒙古语的本意则是“施用药物的人”。额姆奇的出现，标

① 伊达干，内蒙古医学院教授额日很巴图《蒙医药史略》中有记述。

志着蒙医进入了新的发展时期。

伊达干们在长期的医疗实践中，懂得了什么药能治什么病的道理，而且用药治病，人们便称伊达干为额姆奇。女伊达干则成了从事助产接生的吾达干（接生婆），同时亦产生了掌握几种外治疗法的道姆奇，相当于私行医者。从而，形成了“额姆奇”行医，“伊达干”接生，“道姆奇”行术的三家并存发展的局面，并一直延续至今。但是，当时的医生还没有掌握系统的医学和药学理论，额姆奇真正掌握并建立蒙医药的理论体系，还是得力于藏传佛教的传入。

三、藏传佛教的传入与蒙医药学的发展

1253年，元世祖忽必烈尊封西藏佛教（俗称喇嘛教）的萨迦派八思巴喇嘛为“国师”，赐以玉印。1264年，忽必烈迁都燕京（今北京）设总制院，命八思巴以国师领总制院事，掌管全国佛教事务和西藏地区的行政事务。1270年，八思巴又被封为大室法王，升号帝师，并赐玉印。但是，在元代，喇嘛教主要是皇室贵族信奉的宗教，当时在蒙古地区影响大的仍然是蒙古原始宗教——萨满教。

1578年（明万历六年）后，土默特一部和蒙古贞部带来的藏传佛教在这一地区广泛传播，随之也带来了西藏的思想、天文历算、医药和艺术等，藏医巨著《四部医典》亦随之传入。

到了清代，清朝统治者，则以蒙古人“唯喇嘛之言是听”，利用喇嘛教作为统治蒙古民族的精神武器，在蒙古地区兴建寺庙，大兴其教。当时蒙古贞是整个内蒙古喇嘛教寺庙分布最多的一个旗。

在规模宏伟的寺庙中，建有培养蒙医的“门巴札仓”机构。学医的喇嘛苦读洋洋几百万言的《四部医典》等经卷，经过十几年学修达到了一定水平。实践、探索、吸收这部巨著的精华，丰富发展蒙医的传统理论，在300多年的发展过程中，

蒙医理论体系得到不断完善、提高。

蒙古贞原有大小喇嘛寺庙里几乎都有僧医。医药学在寺庙中发展，与佛僧所学五大明之一及其同佛家所谓的利乐；有情，普济六道众生有关。蒙医则讲医道四舍：一舍经祝颂二舍身济世；三舍药济贫；四舍饭救生。因此，蒙古贞的各寺庙中，除普通僧侣从医外，还有上层11位活佛和沙布荣从医；他们是蒙古贞著名蒙医。

瑞应寺（在佛寺镇）始祖活佛桑丹桑布。

佑安寺（在于寺镇）一世活佛阿尤什绰尔济墨尔根及已故第八世活佛王扎拉。

广法寺（位于沙拉镇）始祖活佛必乐各及第五世活佛根普勒。

十二台庙（位于今七家子乡）活佛松穆德湛巴（汉族，是蜘蛛山乡塔子沟人，姓李）。

辅国寺（位于大固本镇）活佛，噶喇藏。

隆昌寺（位于国华乡）沙布荣刘春宝。

野马套海庙（位于大固本镇）沙布荣。

高林台庙（位于他本扎兰镇）沙布荣马占元。

牌楼庙（位于招束沟乡）始祖沙布荣丹巴却佩。

章古台庙（位于哈达户稍乡）沙布荣宝音特古斯。

第二节　门巴札仓

一、瑞应寺门巴札仓的建立

扎仓是藏传佛教大寺院下设的一级组织机构。它在修学内容及经济方面有一定的独立性和自主权，札仓本身就是一座寺院。根据寺庙大小设立参尼札仓，阿克巴札仓，丁科札仓二、

三、四或五个札仓；但较小的寺院则不具备设立札仓的条件。

门巴札仓（ᠮᠠᠨᠪᠠ ᠳᠠᠴᠠᠩ）是蒙古贞人约定俗语，意同曼巴扎仓，藏语意为医药僧院。康熙四十年（1701年），瑞应寺一世活佛去承德谒觐康熙皇帝，奏请扩建寺庙事宜。这时，在大雄宝殿西侧，在临时修建的一座庙中，教授医学。翌年，由年届古稀的蒙医益喜札花设计，在瑞应寺正殿东2华里远的山丘上建药师庙3间。约在1811年，经瑞应寺四世活佛罗布桑图布丹格力格之命，扩建药师庙，设立门巴札仓，成为瑞应寺5大札仓之一。

三间药师庙内正中供有高三米多的药师琉璃光王如来塑像，东西两侧各有一尊2米多高的塑像，东为尚伦护法，西为毗沙门护法。尚伦护法像，头顶一部金字《诀窍秘籍》医典。沿东西山墙两侧供有《大藏经》《四部医典》（部分）、《金光明经》《涅米般经》和护身咒语的木刻版。后来扩建时，在药师庙东西各建3间殿，成为9间大殿。东3间住本札仓僧职管理人员，西3间住殿堂香灯师等人，并存有鼓、钹等法器。

嘉庆十七年（1812年），在药师庙前扩建大殿5间，中间3间，前有卷棚，正中1间，后有罩房，称为门巴札仓前大殿。前大殿正中供5米高的镀金阿閦佛像，其后侧有2米高的马头金刚塑像和1米高的观音铜像，左侧有本札仓堪布法座，座后挂有巨幅唐卡（卷轴画），其上书有梵文金字尊胜佛母真言。后罩房正中供着药师佛铜像，在后面有精雕见方的供台上，有彩绘平面药师佛曼荼罗（坛城）。平面坛城正中，突雕立一莲台，莲台正中罩一部金字《药师佛经》，莲花的八个花瓣上有《药师经》中所说善名称如来，药师如来和释迦牟尼如来等八大如来，连同坛城内的药师佛眷属、菩萨、药叉、供养天女及天王等共64尊，高7寸许的铜像。坛城周围镶有玻璃。前大殿内东山墙上部挂有500尊阿閦佛“唐卡”。其于挂有人体生理解剖图，药用植物及人体脉、气、明点4幅挂图，其中药用植物占两幅，其下还有8位罗汉画像。西山墙上面挂有500尊药师佛像唐卡，其下有药用矿物，动物，医疗器械和药物炮制4幅挂图及8位罗汉画像。前大殿正门上悬挂着用蒙古文、藏文书写的青地金字“施舍至上甘露寺”匾额。殿前为大门，门房3间，后9间大殿，东侧有3间灶房，3间东厢库房。9间殿东北有藏式灶房3间，灶房前有东西厢房各7间，自成院落，供杂役人员所住及车库，马厩和库房等。

札仓的领导机构中，“堪布”（[illegible]）是最高职务，由本寺院大活佛任命，从法相僧院的高僧中选派，主持札仓教务、行政事务，相当于汉佛教寺庙的住持或方丈。在堪布之下有管理札仓的教务及行政事务的数名僧职人员，这些人员都由札仓堪布任免，他们是：

众僧念经时的领诵师——“翁则达”（[illegible]）1人。

维持法会秩序，平时负责札仓众僧的纪律，检查犯戒行为的——“格斯贵”1人。

负责殿堂的清扫，料理香火，筹备法事供品等事宜的香灯师——“高尼尔”“苏木沁”各1人。

负责札仓的行政和财务事项，对外联系及接待来札仓的施主等事务的“第巴”（执事）、“涅日巴”（管家）各2人。闲散“涅日巴”1人。负责土地经营及车马农具的“涅日巴”1人，文书1人。

教务、行政事务支差办事的杂务人员——“囊素”各2人。

负责法会及平时众僧茶饭的“扎玛”“奇巴尔”“根巴”各1人。这些人各有专职，分工细致，不得越职专断。他们分别有不同的任期，期满也可连任。

门巴札仓最盛时期，有学僧300人。至新中国建立时只有60多人。

经济状况，土地200顷，马车两辆、篷车1辆，散畜30头。

二、修学概况与蒙医药学基础理论

1. 修学概况

门巴札仓的学僧，首先要从师学习蒙古文、藏文，再按规定学习各门经典之经。学习的内容有佛学和医学两大部分。

门巴札仓分“松”“尼”“噶日姆”3个年级。松为初级，学历7年，尼为中级，学历8年，升入“噶日姆”高等年级后，也就算一生的永久性年级。其学历比较可按升入初、中、高等年级论高低。学僧们在学习过程中，必须先熟悉背诵在全寺性法会及本札仓经堂所要唪诵的佛教经典，学习做各种佛事活动的仪式。

学习期间，如有自愿当医僧者，则拜临床实践经验较丰富的医僧为师，除了更好地掌握必修课《四部医典》外，还要进一步学习《诀要续补编》（兰托布）、《蒙医金匮》（曼阿仁钦迥乃）、《兰琉璃编》（呼和贝多日雅）《诀窍秘籍》（曼阿噶扎玛）、《珍贵七品》（嫩萨特札顿）等蒙医药学经典。医药学专业课就有32种之多。医僧多用典型病例向学医道者传授理论及临床实践，进而带其诊病。学徒一般经过10来年的学习，便可独立行医。医僧们还要按季节去野外采药，老师教初学者认草药、饮片，熟悉药性，药物炮制和配伍制剂等方法。另外，很多蒙医僧在自家庭院、菜园栽种药用植物，以备制剂用。瑞应寺老蒙医白巴图曾在自家园中培育药用植物130多种。蒙医在用药、制剂等方面同藏医亦有很大的区别。

门巴札仓每3年，根据学僧的资历、理论及实践方面的造就，授予“曼冉巴”（医学博士）学位，人选由札仓管理委员会决定，每届名额1—2人，并决定出下届预备人选，通知其本人。获得学位者要在本札仓经堂向众僧诵《四部医典》的第3卷，向本札仓或全寺众僧施茶饭，布施和招待有关人员。无力应付上述开销的僧人，便可弃权。对于医道优秀者，本寺活佛赐予“道布切”（活佛侍医）医生职称。其行医所需药品及医疗设备等将由寺院出资予以筹办，其地位相当于现在的主任医师。

2. 蒙医学的独特理论

蒙医学既吸收了藏医理论，又与自身的临床经验相结合，而形成的有民族特点的独特的医学理论。蒙医学认为：人体内存在着赫依（风），希拉（胆），巴达干（涎）三种物质，看不见摸不着。这三种物质在人体内平衡时，就无病；一旦失去平衡就产生病变。蒙医的责任就是通过诊断、治疗使三者保持平衡。这种“三相和合”的理论是蒙医学的基础理论。

在蒙医看来，生命运动对物质世界有很大的依赖性，“三相和合”是生命运动的动力。这是因为：赫依（风），希拉（胆），巴达干（涎）的生成变化与自然界的空气、水、土、太阳能等及社会环境（饮食、起居、活动等）生成变化有着直接关联。因此，生命的存在取决于“三相和合”在人体内的相对平衡。基于这种认识，蒙医学认为：人体有“七力三垢”：食物精华、血、肉、脂肪、骨骼、骨髓、精液为七力；大小便和汗水为“三垢”。由“三相和合”支配着。“七力三垢”，当其失去平衡发生病变时，就体现在“七力三垢”形态、色味的变化上，就成了蒙医进行诊断的重要依据。

蒙医学又认为：“三相和合”在人体内部有二十个存在特征和十五种功能，其中：

“赫依”（ᠬᠡᠢ），大致相当于中医的“气”和“风”，但其作用广于中医的气和风，其性为粗、轻、寒、微、硬、动。风的功能是主呼吸、血液循环、五官感觉、二便的排泄、运化水谷、精微以为生命活动的动力。按其在人体内所在部位和所主功能的不同，又分：“持命风”“上行风”“通行风”“平位风”“下泄风”。

“希拉”（ᠰᠢᠷ᠎ᠠ），大致相当于中医的“火”，但其作用也广于中医的火，与解剖部位的胆腑迥然不同。其性为：腻、锐、热、轻、臭、泻、湿。胆的功能是：产生热能，维持体温，强消化，知饥渴，壮胆生智，荣润肤色的热能动力。按其所在部位和所主功能不同，又分："消化胆""容光胆""行动胆""视力胆"和"增色胆"。

"巴达干"（ᠪᠠᠳᠭᠠᠨ），大致相当于中医的"水和土"，其作用也广于中医的水和土。其性为：腻、凉、重、钝、稳、柔、粘。涎的功能是增加胃液、运化水谷、司味觉、生肉润肤、调睡眠、胖瘦和性情，保持和调节体内水分运转的动力。同样涎又分："根基涎""研磨涎""尝味涎""餍足涎""黏合涎"。上述各五种风胆涎组成了整体功能性结构系统，但它的形态特征又非解剖学、组织学所能观察或解释。它们既自具职能，各有特点；又相互影响，相辅相成；即对立的统一；又相生相克的运动关系。例如，人的消化功能是通过研磨涎、消化胆和平位风相互协调，统一地进行活动来完成的。

讲"三相和合"失去平衡，实际上就是这二十个存在特性发生了变化，即出现了盛衰不及或太过。医术高超的蒙医通过诊断，能准确无误地发现这些微妙变化。

3. 独特的蒙药学

蒙医用药也有独到的理论依据——蒙药学。蒙药学的内容包括讲解药性、配制药剂、用药原则三个部分。依据"三相和合"的理论，蒙药学讲五行、六味，八性、十七效。"五行"指药物生长的土壤、水分、日照等自然条件。"五行"决定药味、药性、药效。据调查，蒙医常用药材达两千多种。其中有植物、矿物、动物药材。元代蒙古族名医忽思慧撰写的《饮膳正要》，是一部最早的蒙药学。他在这部著作里讲的营养学，实际上分析"五行"与药味、药性、药效的关系，至今，蒙医采用的饮食疗法，还在使用其中的药方。这部著作产生的年代，比李时珍的《本草纲目》还早。

蒙药学认为，药味、药性、药效是应对“三相和合”的二十种存在特性发生病变情况而提出的。例如，药味甘，其性温和，其效适合治疗“并病”“合病”。根据这个道理，配制蒙药分：性味组方、功能组方、三化味组方。通常而言，性味组方治单病；功能组方治“并病”；三化味组方治“合病”。

为了发挥药效，蒙医十分重视配药方法和药的剂型。目前蒙医常用的一百二十七种蒙药，就其制作方法有：水制、酒制、油制、奶制、炭制以及汤、炒、炙、洗、淘、泡，淬、煮、蒸等方法；但蒙药以生制为主；其剂型分膏、散（汤）、丸、丹。因此蒙药具有剂型小、药劲大、药效高、无副作用等独特功效；施用、携带都很方便。一个医生可以把127种常用药，都装入一个药褡子之内，打开药褡子就是一个“药局”。

蒙药有以下特点：（1）灵活用药引子。蒙医确诊后开出的主药，必须配有药引子。病人服用时根据病情变化不断更换引子，辅助主药发挥最大药效。（2）忌口，因人有胖瘦之别，食物有嗜好与过敏之分，病有寒热虚实与时令之别，药有寒热温凉，味有甘苦酸辛咸等等，都是诊病，用药区分。忌口是为了避免药性药劲达到预期治疗效果。一般来讲，有时医生告诉患者，多食些什么，这是辅助发挥药效之需。如赫依（风症），手脚麻木，半身不遂、腰腿痛，驼背等病，多食营养之物；忌，苦、涩，生冷之物。住暖房，防风着凉。如希拉（热症）头晕、目赤、高热等，忌食发火及有滋养补寒等碍邪外出的食物，如辣椒、生姜，葱蒜、烟酒、肉等。巴达干（寒症），体虚、胃寒、腹泻、哮喘、肢冷患者，忌食冷积发物，如瓜果、豆类及清凉饮料。

总之，服药期间，凡属生冷、肥腻、腥味等不利消化并有刺激的食物均应忌口。如皮肤病、哮喘症、疮疡痧痘及风湿病，要忌鱼虾、蛋、牛羊肉、葱蒜等腥荤发物。肾炎水肿，忌食盐。胆道蛔虫、忌糖。胃病吐酸水，忌食肥脂滞腻之物。饮食积滞，忌豆类薯芋及瓜果等难以消化之物。

另外医生根据所用药物的四性五味确定忌口，如用药物甘草、苍耳、乌梅、桔梗、黄连、吴萸等，忌食猪肉；用地黄、常山、首乌者忌食葱蒜、萝卜；用人参，忌食萝卜、蟹、茶、绿豆制品；用丹参、茯苓、麻黄、桂枝者忌食醣；用苍术、白术，忌食桃子、李子；用土茯苓，使君子者忌饮茶；用荆芥、薄荷，忌食鱼虾蟹；用黎芦，忌食羊肉；用厚朴，忌煎炒豆类；用珍珠时，忌口钙类食物；用檀香，忌口韭菜、大蒜；服热性药，忌生冷食物；服凉性药，忌酸、辣食物，以保证药效。配方中有草乌就必须有阿鲁拉（柯子），化合解毒，产生特效。据考证，蒙古贞境内，列入国家药典的药物有：植物药239种，动物药41种，矿物药24种。

第三节　蒙医诊疗

在“三相和合”理论指导下，蒙医学把世间已经发现的404种疾病，分成赫依、希拉、巴达干、血液、黄水和寄生虫六个类型，分寒、热两大类。

蒙医诊断疾病的方法主要靠问诊、望诊和触诊。问诊同其他医学的望诊看舌象，验尿为主要内容。触诊则以切脉为主。切脉是将脉象、五行、季节联系起来作为诊断的内容，其中寸关尺诊断部位及分配所属脏腑，同中医略有不同。蒙医治病主要是以饮食、起居、药物和外治为手段。《四部医典》第20卷28章有云：“虚症最初行止（起居）最为慎，行止无效，再用饮食疗法。饮食无效可擦温凉药，三法无效，器械（外治）除病灶。”同时指出，实症则以药物、外治、饮食，起居疗法为顺序而治之。由此可见，蒙医对以调整饮食，起居疗法的重视，认识到上述四种疗法的相辅相成关系。

赫依型，即风类病，主要是赫依在“三相和合”中占据上风所引起的疾病。这类病往往具有胸闷、气喘，血液循环不畅、五官感觉迟钝、大小便排泄不正常等特点。

希拉型，即胆类病，主要是希拉在“三相和合”中或盛或衰而引起的病变。这类病感到头痛、口苦、发烧、胸胁刺痛、消化时痛、口渴等。巴达干型，即涎类病，主要是巴达干引起“三相和合”失去平衡，导致病变。这类病主要表现为腹胀、消化不良、食欲不振、疲倦、周身发凉口酸等特点。

黄水病，蒙医学认为，黄水是人体新陈代谢的产物，它遍布全身，食物经过消化，其精华通过肝脏化为血，血之精华化为胆，胆之精华为黄水。黄水一多，影响机体的代谢功能，引起黄水病。

血液病，血液循环不畅所致之症。

虫病，人体内各种寄生虫导致疾病。

蒙医学认为，希拉（胆）属热，巴达干（涎）属寒、赫依（风）居中，与胆相合则助热，与涎相合助寒，所以，六类病可以分寒热两类。但是，“三相和合”中每相可以单独成病，也可以每两相或三相相和导致病变。单相盛衰而引起的病变好辨别诊断，该是什么病就是什么病；其中两相或三项互相干扰引起的病变就难辨认诊断了。这样的病变称“并病”“合病”。诊断时要格外慎重，不但观察病人的情态，年龄和体质状况，而且观察致病的时令和环境。蒙医的诊断，也与中医运用的问诊、望诊和触诊相同，但是，蒙医更注重治标与治本的关系，力求从整体上寻找病根，因病、因人、因时、因地采取不同的方法进行治疗，扶正祛邪，达到治本的最终目的。

为了治本，蒙医十分重视综合治疗。采取的办法，不管用哪种疗法都讲“对治”：热对寒，盛对抑、锐对钝、浮对沉、重对轻……变化无穷。例如，对热病投凉药退热；对寒病投热散寒。当然“合病”——疑难病的情况比较复杂。先投热药还是先投寒药，视病人的具体情况而定。再如，对虚症，在采取药物治疗的同时，先施起居疗法，无效则用饮食疗法，都无效就用外治疗法医之。对实虚，采取的疗法与虚症疗法的其顺序恰恰相反。这种发挥四种疗法相辅相成的作用，全方位围歼病症的医疗，正是蒙医的独到之处。蒙医治疗“再生障碍性贫血”病文明海外，蒙医药“血衰”疗法于2009年被列入省非物质文化遗产名录，2011年列入国家名录。

一、饮食疗法

蒙医历来重视营养学及饮食疗法，并把饮食疗法列为临床四“对治”之首位。早在一千多年以前，蒙古族民间就流传着这样的谚语：“病之始，始于食不消；药之源，源于白煎水（开水）。”元朝饮膳太医忽思慧用汉文编写了《饮膳正要》，收集各种奇珍异馔，汤膏煎造238方，日用谷、肉、果、菜230种，是我国最早的一部较完整的营养学及食疗著作。在《四部医典》中，为防病、治病而纲要性地提出“食法、禁忌、食适量”三项遵循之道，是对平时饮食卫生及患病时的食疗方法的宏观论述。

蒙医药学对饮食营养学方面的研究及饮食疗法的理论根据和药物一样，概括地依饮食的“五元”（五行）归属，味、性、效而入手。在生理方面，人体正常生命活动应保持阴阳平衡。四大调和，无不以饮食中味、性、效之合理所保障。在病理方面，由于饮食失调，致使三相和合及其三相和合同七体气，三垢之间失去相对平衡，是正常的生理功能性结构和器质性结构产生病变的根本原因。而且，就人体存在和运动所依赖的最重要的物质能源基础也正是饮食之精华。

人体内的风胆涎三相和合，在每昼夜和全年的每个季节中，有着“聚、动、息”周期性的运动形式，随之而来的便是人正常体力的季节性（六时）变化。如，夏季因多雨潮湿之阴凉，使风动、涎聚，而损胆热故，应摄甘、酸、咸味轻，温饮食来扶胆热而壮体力；秋高气爽，人体力上升，为消除胆热聚集故，须用甘、苦、涩味饮食等。合理调节饮食，按其味、性、效与风胆涎之“聚、动、息”为对治，防三相和合之太过，一防相互骚扰之病变，维持其正常功能活动，也是饮食疗法所依据的部分理论根据。

“内科诸病皆因不消起”，“既久不消病因变痼疾”（见《四部医典》第三卷第六章）。蒙医学认为，一切内科疾病的根源为不消症。不消症也称食物不化，痼有不消和消化不良。蒙医不消症的概念决不单指胃肠道器质病变而言；不消症是由过食生冷、油腻、变质、不易消化、不适及不习惯的饮食而致，首先病及人体消化系统，如治疗不及时或误诊，便会酿成“扩散、增展、突兀、卷紧”四部痼疾（疑难病症）。如上所述，不消之因可生痼疾之果，而这一因一果同饮食的关系又非常重要。

蒙医对患者施外治疗法时，施治前后，让患者在饮食方面所遵循之例也很严格，可谓是饮食、外治两种疗法的并之用的巧妙之术。

二、起居疗法

在《四部医典》第一卷（根本医典）第五章概述，起居疗法部要做到：“行止朗（风）症择暖地，心投友人相伴随。赤巴（胆）病人凉爽处，稳居安适莫可催。培根（涎）病人常散步，居处暖和最要紧。”这是说，风病患者宜住在温暖处，并以其情投意合的好友相陪；因为一旦风有变态，即成一切血管、神经诸病之因，它与神经系统的关系比较密切，如精神病在蒙医学中称为“巨日痕赫依”，“巨日痕”是心，“赫依”是风，这也可以说是辅以一种精神疗法。胆病患者宜阴凉处，需安心休息；涎病患者则宜适当活动，住处需暖热。对风胆涎其中二、三者齐发的“并病”及“合病”，也需要对症辨证地调节之。如用上述的起居调节法，则可对风胆涎病达到治疗的效果，反其道而行之，也可以成为导致风胆涎病的致病因素。蒙医在诊断疾病及防病、治病方面，非常重视一年四季的季节性，同时把一年每两个月为一时的一年六时之说，这就是在蒙医学中所说的六时起居，人体根据自然界的时序变化，而采取相应措施。全年六时之季节是：春、长夏、夏、秋、冬、晚冬。

长夏时节，骄阳似火，人身体力被夺，当此之时不宜曝晒太阳，可洗凉水浴，衣着宜薄，居住清凉之室，经常保持空气新鲜；此外，亦可在微雨而凉风拂面的树荫下散步。

夏季时节，此时天空多云，阴雨潮湿，居住之所不可过凉，而以温和的房间为宜。

秋季时节，由于夏季之凉，至秋季温热时，人体受阳光之曝晒，致使雨季蓄积的胆，将于秋季发作，因而，宜穿着含有冰片，松香等香气衣服，室内喷洒清凉香水，宁静憩息。

冬季时节，气候寒冷，昼短夜长，除注意增加饮食外，应保持温暖，着新皮衣，经常穿靴鞋，适当进行热敷，晒太阳、烤火炉，居住处需温暖。

晚冬季节，气候亦趋寒冷，生活起居更应做好防寒措施，才能保持健康。

临时起居，即应注意：勿过饥、勿过渴、勿忍呕、勿憋住喷嚏及呵欠，呼吸要自然，睡眠要充足，痰及唾液均宜及时吐出，及时排便等。

三、外治疗法

外治疗法是经过细心观察后，由身体表面把病直接拔除。医治疗法有：内分熏、浸、涂等三种柔和外治法；针灸、放血、熨等三种粗重外治法和裂、切、引、拔等四种猛烈外治法；另外有泻药、吐药、鼻药、缓导剂等医病法，亦属外治疗法。并按季节分为：秋季属胆，宜用泻法；春季属涎，宜用吐法；夏季属风，则须用轻导泻灌汤为宜。《四部医典》第一卷（根本医典）第五章中概要地指出：“诊治初则涂油揉，还有霍尔艾灸法；次则发汗和放血，还可作浸浴疗法；最后温熨及火灸。”这是说，治疗风疾用涂抹清油（香油等）及蒙式灸法；治疗胆病，则有发汗、放血、罨浴之法；治疗涎症，则用熏蒸、火灸之法。

蒙古贞地区还有两种特殊疗法：

1. 磕长头疗法

磕长头是一种五体投地的顶礼。慢性病或异病者，长期服药不济，蒙医采取外治疗法——围绕寺庙磕长头。一乃应和病人求愈心理，静心祈祷神灵，使病人有病愈有望之感，颇似气功的意守丹田，实乃具有练身养体疏通经络，调理气血，外强肢体，内壮脏腑的作用。属精神疗法和体育疗法的一种。

过去在普安寺北梁白塔，每逢4月15日左右，磕长头者络绎不绝。磕长头的人在腿上，胳膊上绑有破布片或麻袋片，每天择时坚持十天半个月。人多时，抢不上位置，一个顶礼磕头的人刚起身，另一个倒地而拜，此起彼伏。可见其功之妙，治病者之多。

2. 安代疗法

安代疗法是从古老的民间歌舞艺术移植的用来治疗疾病的一种精神疗法；是古代孛（萨满）教巫师们进行治病的一种疗术。藏传佛教传入蒙古贞后，安代舞又渗透了佛教色彩，说患者着了邪，安代就能驱除病魔之说而在民间流传。因其舞姿优美，唱词动听，民间群众在假日或在田间地头休息时，也常常跳安代舞，故蒙古贞地区有“安代之乡”的美称。据传：库伦旗有一女得了邪病，其父让女儿坐车外出求医。中途车子出了毛病，进退不得，其父急得无奈，又哭又唱，倾诉苦情，埋怨女儿为啥得病，为啥不想开点。附近村民闻声来围观，被其悲歌打动，也随之连跳代唱；病女见状下了车，也舞入人群，病情逐渐好转。从此，人们常常对精神失常患者施用安代疗法。一般对失恋、惊吓或所欲不达而苦闷所致的癔病患者用此疗法。舞者在病人面前翩翩起舞，舞中欢唱，歌声优美，舞姿使人动情。歌词是根据病人病因编成的。如动员病人起身舞唱，劝慰病人忘却余悸，鼓动病人驱邪新生之类。一人领唱，众人相随，句句打动病人心田；有时并挑逗观众大笑，增加热烈气氛，使病人慢慢醒悟，精神活跃，有的竟在当场舞入人群之中，越跳越欢，歌词也随之更新，使病人思想更加开朗。达到狂舞时，有人竟把衣裳当扇子扇而撕破衣襟，丢掉鞋靴而不顾；病轻者舞唱一二日；重则一二个星期，病人精神就能恢复正常；亦有把病人送到亲朋好友家暂避原地半月，改变其生活环境。这种疗法在当时科学落后的时代亦可谓之有效良方。

下面简录两段歌词：

舞唱者涌进院直至内屋用蒙古语便唱：

来呀姊妹兄弟们！
大家一块欢唱哟！
迈开你的脚步跳起来哟！
像蝴蝶一样翩翩起舞哟！

经反复唱几遍。领唱者来到患者跟前动员患者起身舞唱：

呼依（喂）起来一块跳跃哟！

似达日奇个[①]一样飘荡哟！
呼依，离开你的床榻哟！
到萨仁道特尔[②]去会友哟！
呼依，这边来哟“昂嘎波若”[③]
瑶池旁边去跳跃哟！
呼依，这里如海棠山一样广阔哟！
飞也似的欢跳哟！

四、放血针灸疗法

放血是治疗胆病为主的热性病的外治法，是寒性疗法，其功为引病（毒火）外出；针灸疗法是治涎病为主的寒热性病的外治法，属热性外治法，其功乃壮阳火。蒙医使用灸疗法较早，中医《内经·异法方宜论》中说：“北方者，天地所闭藏之地也。其地高陵居，风寒冰冽。其民乐野处而乳食。藏寒生病，其治宜热。故灸者，亦从北方来。”《内经》一书大约流传于春秋战国时期，到西汉初汇编成书。书中所谓“北方”虽然没有明确指明是蒙古地方，但从当时所说的“北方”和“其民乐野处而乳食”来看，显然是把蒙古地方和蒙古民族的祖先包括在内了，所以灸疗法也可以说是起源于蒙古地方。具有适合于游牧民族的生产方式、生活条件及北方寒冷的气候特点，是蒙医的传统疗法。灸疗法亦很早就传入了内地和西藏。藏医《四部医典》中明确载有“蒙式灸法”。《四部医典》记载，“人身针刺放血穴位有77处。”已故蒙医研究所副主任医师武香阁，凭多年实践经验，他发现了18处新穴位。主要由血液方面

① 达日奇个，三角小旗，插院落大墙四角处，象征吉祥走运之意。
② 萨仁道特尔，在月宫中的意思。
③ 昂嘎波若，长辈对晚辈的爱称。

引起的诸多病证。如对妇女产后热、坐骨神经痛、伤食，尿闭、头痛、牙痛、眼病、高血压等症，均有特殊疗效。

五、药浴疗法

主要指药浴、温泉浴、驴骨汤浴等几种。人们在生活实践中懂得，洗澡前都要吃些食物，可见浴疗具有消食化气，通经活络，发汗活血，散淤之独特的功效；并有解热爽身，祛闷解乏的作用。药浴、温泉浴可治疗风湿症、皮肤病、伤食、闭尿等症。阜新蒙医药研究所多年来根据治疗脑血管病后遗症，腰腿痛患者的经验，开展了药浴疗法，收到了明显效果。

治风湿症：可用“蒙医五宗”即小蒿、麻黄、水柏枝、刺柏叶，杜鹃叶外加玉竹、黄精等，研成粗末，先以少量水熬开，然后放入温水池盆内兑好，水温以能忍受为度。

治牛皮癣、疥疱、荨麻疹、湿疹等皮肤病，用“蒙医五宗”外加白云香、草决明等，均有独特的疗效。

六、罨疗法

分热罨，冷罨两种。热罨具有祛寒、发汗、解毒、养身，抑制感染等功能。冷罨具有解热解毒作用，疗效显著。

蒙古族的先民们，凭多年实践经验，总结出以骆驼、牛、羊、鹿等草食反刍动物剖腹热罨，用蒸汽热罨，用牛羊瘤胃内的反刍物热罨等治疗法。热罨疗法，具有活血、止血、止痛、除感染、祛黄水等特殊功能，成为蒙医的独到之处，一直沿用至今。

第四节　学术与学派

随着蒙医药学理论和医术的发展，必然出现学术争鸣。有传统、有争鸣、有革新便出现流派。流派是学术成熟、进步的表现。至今在民间广为流传着：称某某是谁的门派，他们的理论如何高超，他们的经验如何丰富；这个善治慢；那个善治快等。纵观诸家之长，仿佛描绘出这样一个轮廓：

一、传统学派（亦称经典学派）

这一学派以古纳巴陀罗、乌由、巴达格尔扎布为代表。他们精通蒙医药学理论，谙熟古籍经典，诊病切脉如神。临床上遵循医典用药，重循序渐进而根治，可谓本派之学风。群众说他们切脉如神，用药谨慎，故拜其学医道者络绎不绝。他们各有门徒数十至上百名，为继承发扬蒙医药学做出了巨大的贡献。

二、经验学派（亦称实践革新派）

此派以邢布利德为代表。他精通传统医药学，注重总结实践经验。在医典药方上做到药味加减及变化药引子，以求因人因病而施治。他凭多年经验对各种病进行大胆尝试，以治肝炎为例，在原有24味方剂上又加五味药，配伍蒙药113号，收效卓著，誉为治肝炎病的灵丹妙药。他在治疗国内外尚未攻克的疑难病症之一“再生障碍性贫血”的过程中，以蒙医理论潜心分析论证，在有关方剂上加药数味，并调整了方剂中的药味比重，而取得了显著疗效，获得国家专利认证。

三、特殊疗法派

这个学派以其医疗特点，又分重外治疗法和迂回治疗法两个派别。前者主张以外治为主，药治为辅，他们治病先针刺放血，再视病情变化，采用灸或熏，常常收到手到病除的奇效。后者主张先让病人吐或泻，然后用药。这如同打仗，先打外围战，击退外围之敌，然后集中兵力攻击主要敌人，取得最后的胜利——痊愈。其高超医术令人惊叹。如温布大夫，身居东南团山子行医。后来，瑞应寺五世活佛得病，多方医治无效，侍医们建议请温布来医。温布一请不到，二请才到，一针除病，被授活佛侍医“道不切额姆奇”称号，并为他树碑立传。他们有“三付药不如一针灸”看家本领。在当时群众生活贫困，疾病流行，缺医少药的情况下，深受百姓欢迎。

学派争鸣给蒙医药学带来了活力，推动了蒙医药学的繁荣发展，续久不衰。

随着当今世界科学技术的飞跃发展，各学派亦探索学习现代医学知识，充实、提高自身；取现代医学先进诊断，医疗设备而为我所用，并在实践中不断地提高蒙医药学，将是今后蒙医药学向现代化迈进的必由之路。

第五节　医药机构

辽宁省蒙医医院　是一家集医疗、科研、教学、制药、康复、预防保健、旅游文化七位一体的“三级甲等”民族医医院。始建于1958年，1978年恢复兴建阜新蒙古族自治县蒙医医院，1981年10月投入营业。2014年9月21日，县蒙医医院升格为辽宁省蒙医医院，确定为全国重点民族医医院。医院占地面积45685.8平方米，建筑面积40474.86平方米。现有职工

387人，其中蒙古族占85.6%，副高级以上专家有62名，国家名医学术继承指导老师2名，学术继承人4名，省名医4名，蒙医药专业研究生28名。拥有先进的医疗、教学、制药、康复等设备。住院部有床位400张。医院门诊开设33个蒙医特色专病专科，12个医技科室。拥有1个国家临床重点专科、1个国家民族医重点专科、1个国家民族医“十二·五”重点专科建设项目和5个辽宁省重点专病专科。该医院是省、市、县三级新农合定点医院和市、县城镇居民、职工医疗保险定点医院。治疗各种常见病、多发病、疑难病、慢性病方法独到，疗效显著。就诊患者遍及全国31个省、市、自治区，美国、日本、印尼、韩国、蒙古国等15个国家有患者前来就医。

蒙医药研究所 拥有国家科技部课题2项、市级课题5项、县级课题12项，所内课题35项。2012年，蒙医药治疗“再生障碍性贫血”经国家中医药管理局专家组评审，治愈缓解率达65.71%，有效率达91.43%，居世界领先水平，被评为国家级非物质文化遗产。该所挖掘、整理传统蒙医药学遗产宝库，研究总结临床经验，先后出版《蒙药方剂选》《四部医典蒙藏对照》《放血疗法》等10多部蒙医药理论著作；有17个科研项目获辽宁省自然科学二、三等奖；获中国首届民族医药传承贡献二等奖1项，科技创新、科技进步三等奖各1项，著作二、三等奖各1项。蒙古勒津蒙医药被评为辽宁省非物质文化遗产保护项目，并确定为国家级和省级非物质文化遗产保护基地。

蒙医专科学校 1952年成立阜新蒙古族自治县蒙医学校。1994年阜新高等专科学校设立三年制蒙医、蒙药专业班，纳入国家统招计划，隔年招生。自办学以来，毕业生就业率达100%。2010年以来该专科学校与内蒙古民族大学合作培养了蒙医药专业研究生21名、本科生146名。开设蒙医学、蒙药学和蒙医护理等蒙医临床专业。

蒙医特色五疗康复中心　是国家中医药管理局“十二五”重点专科建设项目，国家中医药管理局蒙医五疗温针流派传承工作室建设单位，有传承人5名。以蒙医放血疗法、针刺灸疗、药浴和涂擦法等五种疗法。采用20多种专业技术治愈患者疾患。2010年3月，《蒙医温针疗法的规范化和针具的改进》项目获阜新市科协科学进步二等奖。同年8月，蒙医特色五疗康复中心被国家中医药管理局特批为全国针灸、理疗、康复重点专科。2010年接待就诊患者达2.94万人次，深受百姓信赖和好评。

蒙医药文化博物馆　占地面积2000平方米，收集整理40多种临床疗效确切的名老蒙医经验方，3000多件蒙医药古籍、典籍、文物器具、传统器械，其中蒙医药古籍1000多册，有很多是孤本、善本。

蒙药制剂中心　蒙医院设有传统工艺、蜜丸、水丸、散剂、酊剂、膏剂等车间，生产5个剂型106个品种蒙药。使用蒙医特色单人、单方、单配制的传统制作方法，在病人及家属的全程监督下配制，被各族百姓誉为“良心药、放心药”。

阜新蒙药有限责任公司　1970年成立阜新蒙古族自治县蒙药厂，当时为辽宁省唯一一家蒙药生产企业。1983年易地改建迁入现址。2003年由国有企业改制为股份制公司，占地20000平方米，建筑面积6500平方米。该公司是辽宁省新医药产业，是经国家民委、财政部等十三部委批准的民族医药生产企业，是辽宁省唯一一家蒙药生产企业。公司拥有国内先进的制药生产线，检测手段齐全，设备精良，技术力量雄厚，并有省级企业技术中心，管理规范。公司于2004年、2009年两次通过国家药品GMP认证。现有总资产4875万元，银行信用等级为AA级。有员工150人，其中工程技术人员60人。该公司坚持以人为本，以市场为导向，走名牌之路。以诚立基，以质量求生存，以信誉求发展。研制生产的6种剂型，7大系列，59个品种中蒙成药，全部纳入国药标准，其中“扎冲十三味丸、珍宝丸”荣获辽宁省优质产品称号，“冠心七味胶囊”荣获辽宁省政府专精特新产品开发金奖，产品已经遍布全国26个省、市、自治区。

第九章　蒙古贞风俗

在漫长的历史进程中，随着社会的发展，环境的变化，蒙古贞人具有了自己独特的生产、生活方式和风格，由此形成的风俗习惯具有鲜明的辽西蒙古贞地方特点。

第一节　房屋与庭院

一、房屋

蒙古贞人在游牧时期，主要居住于毡房，即蒙古包。蒙古包，像圆形帐幕，跟天棚相似，用细木杆搭成骨架哈那，围壁与幕顶用毛毡覆盖，门也用毛毡制成。蒙古包顶的中间有圆天窗，可让阳光射入，或作烟的出口，因蒙古包内地中间常生火炉。因人们生活的贫富差别，蒙古包有大小之分，有的装卸方便，大型的需载于车上搬迁。人们不论是上战场或迁居，拆卸车装紧随其后。到了半农半牧或以农业为主时期，逐渐居住于土木石结构的房屋，形成了定居的村落。蒙古贞人的房屋建筑多为依山傍水，坐北朝南，以三、五间为多见。在旧时代，有地位，有官职的，如在旗府中任梅林以上官职者，可准建五间正房，一般庶民，虽富有，只准建三间正房。家里人口多的可在正房两侧续建耳房。无论贫富，除建三间或五间房屋外，忌建其他四、六间量的房屋。

蒙古贞人盖新房，架设中檩子、上房盖很有讲究。事先都要拜喇嘛择定吉日良辰。在新旁上盖之日，屯中邻里、亲朋好友都来帮工，并送黏豆包或小米面豆包，以示祝贺。人们对于架中檩子尤为重视，先将中檩子担在两把椅子上，在中檩子中央挂上红布八卦图。并在中檩子前摆上案桌，桌上放有哈达、钱、水果、糕点、酒等供品，桌旁置斗，装满豆包。之后，举行上中檩仪式。请来儿女双全的老人用蒙语致祝颂词。现译成汉语展示如下：

风水宝地阳光照，
河塘水面莲花俏。
青堂瓦舍工艺妙，
主人增福门庭耀。
松木梁柁粗又直，
杉木山梁直又实。
檩子椽子纳福禄，
避邪佩有八卦图。
四梁八柱夺天功，
四明四暗满堂红。
四前四后筑工美，
四正四圆增光荣。
吉星高照主人家，
丁畜兴旺门庭发。
世世代代无忧愁，
洪福齐天人人夸。

祝词完毕，架设中檩，由木匠站在中檩上酹洒美酒，并向四方扔豆包让人们争抢，以示吉祥。

在房屋结构上，多为以东面一间开门的称“口袋房”，亦有中间开门的称“钱褡子房”。室内的设施与布局也独具一格，靠窗的西间搭炕，与西侧顺山炕相连，成为曲尺形炕，俗称“弯子炕”。在弯子炕北端后墙处设佛龛；在弯子炕前面设火神祠。故蒙古贞群众，将室内西面一间为重，年老者可坐卧于西炕。中青年男女不可随便坐卧于西炕。

二、庭院

蒙古贞人的庭院建筑布局，完全体现了农业为主的特点。唯有每家院中的拴马桩，仍显现着牧业时期的印迹。庭院建筑的另一特点是贫富差异较明显。多数百姓的庭院，一般都是土打墙或石垒一人高的院墙，栅栏院门，院中一侧建有一座囤仓子。较富有的人家及官宦人家，修筑的是高大的屯土院墙或砖石结构的院墙，配有壮观的敉楼大门。院庭两侧建有厢房，大门两侧建有门房，还有草房、仓房、碾磨房，车马棚、牛羊圈等。

第二节　服饰与饮食

一、服饰

蒙古贞人早期服装是适应牧业生产的传统蒙古袍。后来，逐渐改变成普通长袍。这种长袍，因性别、年龄、身份的不同而有区别；又因气候变化，亦分为单、夹、棉、皮几种；还因所处的场合不同，其穿戴亦有区别。

男人的衣着，头戴“礼帽”，四瓣统合小帽或圆胎皮帽；身穿钉有铜纽，布襻（俗称算盘疙瘩）的大襟长袍，腰系布带。腰带前面则挂瓷或玛瑙鼻烟壶，左侧悬烟口袋，右侧佩带腰刀，后挂火镰袋，将烟袋插入长筒靴中，或插在腰带左边。外出时，除着以长袍外，外罩对襟马褂，显得格外气魄。老者愿悬佛像，手提念珠，出外必携鞭杖。下身的裤子则分单、夹、棉。鞋为圆口布鞋或布靴，亦有单、棉之分。袜子用白布做成纳底袜，亦分单、夹两种。还有毡袜、毡鞋、趟头马、趟头牛等鞋靴类。

女人穿着与男人大致相同。衣长以蔽鞋，颜色较艳，外罩坎肩。裤子多着单裤；冬季在单裤外，罩以套裤，分棉、夹两种。已婚女子，均扎腿带。鞋是绣花布鞋，鞋脸掐单或双鼻梁。

进入以农业为主的时代，为劳作方便，人们也穿起了半身短衣和轻便布鞋。

古时，蒙古贞男子头上留长发，在脑门儿上剪掉一圈，在两耳之间剃去三指宽，与头顶上剪掉一圈处相连，前额也同样剃去二指宽，头顶上剪掉一圈外，与上述剃处之间的头发，留着长到眉毛处，而额的两侧剪去大半，留下长发；其余的头发全部留着长起，编成三根辫子，垂在耳边。

古时蒙古贞，妇女梳辫子，头戴尖顶垂肩帽，还戴一种名为孛黑塔。汉族称为顾姑冠的圆形特殊冠饰，是用树枝或树皮制成，有一肘长，顶部作四角形，自下而上渐宽，在上部插有一根细长的用金银、木条或羽毛制成的枝条，冠饰与帽子缝在一起戴。

清朝，男子一律头顶留发，梳成一根长辫子，垂向脑后。女子留全发，未婚的梳辫子。结婚以后，在头顶梳髻儿。新娘、少妇、中年、老年妇女分别梳不同的发髻，平时妇女喜欢在头上戴绫子花，并饰有额箍、珊瑚枝、银簪、珊瑚簪、凤头簪等，还戴金或银耳环，珊瑚、翡翠耳坠子。

二、饮食

蒙古贞人，在游牧时代，多以肉、奶食为主。后来，由于生产方式的变更，其饮食构成发生了很大变化，而皆以粮食为主。主要粮食品种有小米、黏黄米、炒米、荞麦面等。并以牛羊肉为副食，亦将各种蔬菜烹制成各样炒菜，或炖菜。在食品中，最具有地区特点的美食有：“蒙古馅儿饼”“黏豆包”“牛犊汤”“拨面条”“炒米”“肉粥”等。

“蒙古馅儿饼”，是蒙古贞人在长期的生活实践中所独创的，具有鲜明的民族风味和地区特点。一般多以荞面或白面为面料，馅儿以牛羊肉为主。以其色、香、味、形俱佳，制法精细而享有盛名，成为款待贵客的美馔。

“黏豆包”，是以黄米面，小豆或豇豆做馅包成圆球状后，蒸熟，趁热沾荤油、红糖、芝麻面食用。冬季，一次加工，集中蒸熟后存放，在正月里，每日早餐再热了吃，一直吃到正月末。

“牛犊汤”（亦称芝麻汤），是蒙古贞人爱吃的别有风味的食品。当母牛生犊时，全家人吃芝麻汤以示喜庆和祝愿六畜兴旺，因而命之为“牛犊汤”。其做法是将和成的荞面擀成薄片切成小方块，在开水中煮熟捞出，掺以芝麻面，加开水或煮面汤，放盐搅匀而食用之，香鲜可口。

茶，是蒙古贞群众所喜爱的一种饮料。早期，群众在本地山野之处采集山茶，烹制自用。后来多饮用红茶。来客必须重新沏茶招待，从不把自己正在饮的茶水倒给客人，茶杯要盛满，以示尊敬。

喝茶还有另一种方式。将“砖茶”同牛奶熬好，喝“奶茶”，此种茶别有风味。也可用来泡炒米、加奶油等食之。

第三节　家庭与婚姻

一、家庭

古时，游牧家庭中的男子，除制箭及照管牲畜外，便出去打猎，练习射箭等，以备服兵役。而他们的妻子则制作短皮袄、衣服、鞋、靴与各种皮制品，还管理与修饰大车，为骆驼装驮包等，而且做事都很敏捷。

家庭中长辈为尊，视为家庭“主事人”，大事必须由长者应允、决策。家庭中若长辈外出，家中则以长为尊，主持家务。旧时家庭中的妇女没有继承权和离婚权。子女多的到成年结婚后，可自己单独盖房独立生活，组成小家庭。最小的儿子有继承家产的权利，父母随季子生活。晚辈人须听从长辈的家教，老人到什么时候都有指教、训诫儿女的权利。这是一种良好的习惯。

二、婚姻

蒙古贞地区的婚姻，既保留着蒙古草原上的古老风俗，又有定居后所形成的新风俗。最早是以父母之命，定终身大事，晚辈只能服从。从说亲、定亲到结婚，都由父母包办，青年男女无自主权。

蒙古贞人婚姻礼节很多，主要有说亲、定亲、结婚三大程序。家族以父系为主，婚姻为一夫一妻制，同一血缘的男女不得结婚。结婚一般女到男家。注重讲门当户对，讲道德根基。配偶的选择，由父母做主。选定后，由男家托请媒人前去女家提亲。当女家父母同意这门婚事后，可谓亲事定准。此时，男家媒人向女家长辈献哈达、赠送礼品，以示吉祥。此后，由媒人到女家商量订婚仪式，同意后，由男家择定吉日，以酒席宴请女方父母及双方直系亲属。席间新亲互相拜见，双方家族相互认亲。这就是订婚仪式。筵席之后，由女家拿示要求聘礼的红纸礼单，或以口头提出，彩礼由男方在结婚日期前送到。婚礼事宜，由男方家选定吉日良辰后，由媒人前往女家禀知结婚日期。当举行新婚仪式时，男家请祝颂人与新郎赴女方家送聘礼，称为“纳聘”，并举行迎亲仪式；在女方家进行“门前对辞”“祭祀火祠”“敬献聘礼”“讨名问庚”“送女出阁”等程序。之后，女方家出阁送亲，送亲队伍一般于凌晨抵达男方家里。男家要进行“篝火迎亲”“结发拜天”“堂门祝福”“祭拜火祠”“侑酒献歌”“饯送新亲”等程序。送走新亲后，男方家引新娘拜见翁姑及各位长辈并馈赠礼品。新婚满三日娘家来人“省亲”。然后新婚夫妇回拜。此谓新娘住娘家。至此，婚礼仪式结束。

第四节　丧葬与祭祀

一、丧葬

有土葬和火葬法。

牧业时期为天葬。农业时期实行土葬，多为深土葬，葬后均不留坟包。贫者亡后，一墓一穴；达官贵人逝后，一墓二穴。而且必须秘密地葬在他所指定的地点。葬前，将墓地草连根铲除，打出一个大墓坑，并在墓之侧再往下挖出一个墓坑，将死者埋葬于侧坑里，并随葬帐幕、母马、公马、马具、马奶、肉类等，埋好后覆上草，恢复原状，使人无法找到。

蒙古贞人习惯上，寿终于炕上，不准停尸于床榻，用白方布遮面部。过七炷香后按时令季节穿“寿衣”。子孙晚辈，在其头部前放桌摆好供果，跪地叩头。然后给亡者洗手净面，将遗体从窗户抬出入木棺。蒙古贞人有守灵的习俗，而无穿白戴孝的规矩。治丧期间，不穿艳丽服装，妇女花鞋都要套上黑布外罩、梳妆不戴花，不嬉笑打闹，不向外人请安问好，也不接受他人的请安问候。当年的春节不贴对联和年画。

在院中停灵期间，对逝者年纪大的老者祭奠果品，此果品外人可一抢而光，给娇儿食用，以示其增寿。有的人家为老人治丧，还有向屯、街、邻里舍饭之俗。

出殡时，备“嘛呢”树，是一刀一次砍下来的柳树枝，上挂方形白布，写有嘛呢经文。其子或侄子扛着走在灵前引路，埋葬后将此树插于坟头。起灵招禄，抬起灵柩刚走出大门时，家人手拿“神箭”，召唤亡者的“禄分、福分、口分”。连续呼“呼咧！呼咧”！直至灵柩抬出街口为止。

出殡时，逝者长子承担灵柩辕驾，若长子不在可由次子承担，无子可由晚辈男性至亲担任，这是一项极为重要之事。

葬后三天，添土圆坟，坟前给烧纸祭食品、果类、酒等。老者逝后，请喇嘛念经，每七天一次，直到七七四十九天为止，以示超度亡灵。

葬埋尸体之墓地。过去一个家族有一个茔地，或者一个村屯有集中墓地。老者死亡可葬入此集中墓地。非正常死亡者，如：自刎、上吊、跳井、投河、车轧、刀、枪、斧伤死、服毒死亡者均不入老坟。喇嘛有寺院茔地。喇嘛死（称圆寂）后多用坐棺火化，墓用砖垒成圆形，抹上白灰，称“白坟”。

凡死于肝、瘤病、痨病、月子病者，均行火葬。

遇年节祭坟，清明节添坟烧纸，以示后继有人。

二、祭祀

蒙古贞最隆重的祭祀是祭敖包。

祭祀时先在敖包前立一木杆，杆上挂上若干五颜六色的布经幡。仪式大致有血祭、酒奠、火祭、玉祭四种。

血祭，宰杀牛羊，将其供奉在敖包之前，其意是这些牛羊是天地所赐，认为唯有以牛羊祭祀才能报答天地神之恩赐。

酒祭，是把鲜奶、奶油、奶酒或白酒祭洒在敖包上，祈求天地给人以平安和幸福。

火祭，在敖包前以柴生火，各户主在火堆边，口念自家姓氏，供上祭品，将煮熟的牛羊肉丸子、肉块投到火里，向火堆叩拜，祈求天地赐予人间欢乐。

玉祭，古代祖先视玉为珍品以奉神，有“苍玉礼天”的说法。人们把最心爱的昂贵玉器献出来，当供品祭敖包，以此表示虔诚，亦有象征民富国强之意。

蒙古贞地区的民间祭祀活动，还有祭天、祭星、祭山、祭火、祭祖、祭“商什”树等，而最具地区特点的还是祭轧场磙子、祭碾子两种。

祭轧场磙子。当秋收打完场，三日内要祭轧场磙子。在夜空星斗满天闪烁时，场院里聚来众人，主人将轧场时所使用的磙子、木叉子、木锨、耙子、扫帚等，摆放于场院正中，并在每个磙子上祭放三个豆包，家中的晚辈们跪在磙子前，长者斟满酒杯，往所有的工具上，边祭酒，边诵祝词：

磙子磙来万石粮，
脱谷脱得万斤谷。
叉锨簸箕加扫帚，
聚来米谷满库房。
今夜当空皓月殊，
全家老少来祭祀。
为了来年大丰收，
祈求神灵多佑护。

长者祝词之后，向四方扔撒祭品（豆包），众人争抢，以示吉祥。据说，殷实人家，能扔撒几斗祭品。

祭碾，人们在年末，将所用的米面碾磨完之后，便进行祭碾活动。先将碾房打扫干净，将簸箕、筛子、笤帚等物，有序地置于碾盘上，在碾前桌上，祭摆好水果、糕点、豆包等，家主人跪地献酒，并祝祭词：

碾坨咕咚响圭长，
碾得万石米面香。
奔波滚动日日忙，
碾磨千家百户粮。
筛簸扫具真得当，
风车扇得米满仓。
今年丰收喜洋洋，
明年更比今年强。
岁尾年末祭琼浆，
祈求神灵保安康。

祭祀之后，将祭品摆于碾盘上，待正月初五收回。

第五节　传统节日

蒙古贞传统节日很多。有些节日虽与汉族同一个时间，但过节的形式不同，有自己的特点。

春节，是蒙古贞人最重要的传统节日。即从过小年（腊月二十三）始到过大年（春节）。每年农历腊月二十三，是非常热闹的一天。旧时，人们对火格外崇拜，认为主宰火的是神，可赐予人们幸福和财富。所以，家家供奉火神祠，火神祠是火神之位。过小年，是一年当中最后一次祭火之日，谓之年祭。这天晚上，人们在佛龛、火神祠前点燃佛灯；在火祠三面，各摆一碗黏米粥，火神祠中央再置锅撑子，在其三个支腿旁和粥碗中。各插撑子，还要在三个支腿旁和粥碗中，各插一根木柴（一头缠有白纸的旗形箭杆）。然后，在锅撑下点燃干枣树枝或榆树枝。全家人跪在火祠前，家长往火中敬酒，同时把茶、大油、黄油、红枣、五谷、水果、糕点各种颜色的小方块布放进火中。此时，家长边端起供品，边祷告："哦，现端起的是腊月二十三的祭品，有饮品之首美酒玉液，食品之首黄油、炒米和水果，请享纳吧，火神，今叩首跪拜神灵，保佑门庭无灾无难，五谷丰登，六畜兴旺，保佑家庭幸福，生活美满，地久天长。"之后，家人就地叩头。这时房门敞开，院中灯笼明亮，鞭炮声声。祭灶君神，与此相同，不同之处，只是把旧灶神像点燃，再贴上新灶神像。大年三十（除夕）这天，蒙古贞人讲究全家团聚欢乐共宴，家人在一起吃"布忽勒"（即整羊或大块肉），亦称吃"手扒肉"。按习惯，蒙古贞人平时不允许父子同桌饮酒，但除夕可以例外。除夕之夜彻夜不眠，家家张灯结彩，欢乐通宵。

人们最高兴的还是过春节即过大年。把大年初一凌晨拜天接神视为过年的最重要内容。旧时，人们认为新年初一凌晨，在天庭过年的诸神，要下界回到人间，因此，不论男女老少，衣冠楚新，喜气洋洋，家家举行隆重的拜天接神仪式。接神时，家家在佛龛、火祠前焚香，点佛灯；院中焚香，挂灯笼，在门窗，闲房等处均点燃佛灯。并在院中心摆放一张高桌子，上置一盛粮之斗或升，高插炷香，点上大佛灯，旁摆祭品，同时在桌前点燃芝麻秆。主人手举香火，边往火中敬献祭品，边祷告：新年来临之际，愿天神增降福禄，祈求苍天保佑平安……反复祷告。全家人面向西、北、东、南方向，依次跪地叩拜。此时鞭炮齐鸣，火光普照，深夜里显得格外隆重。拜天接神完毕，便回室内祭火祠、祭灶神。之后，在炕上放桌子，摆好糕点果品。老人坐于正席，晚辈们给老人拜年，献哈达、敬酒，祝愿老人身体健康，新年好。然后跪地，请老人祝福：

辞别了吉祥之年，
迎来了福禄之春。
拜了天神平平安安，
接了诸神福德源源。
新的一年喜气洋洋，
牛羊成群五谷成山。
无忧无虑好事成双
全家欢乐幸福安康。
……

祝福之后，晚辈们共同谢吉言，叩头起立。老人给孙男、孙女赏“压岁钱”。接着全家人吃新年饺子。

过年时，唯有未婚女子不向任何人拜年问安。

初一早，日出前，晚辈人务须向屯中和家族老人拜年。黎明前人们提着灯笼，一群一伙，走街串巷，来来往往，好不热闹。人们到了每家之后，先向佛像叩头，再向家中老人拜年问安。然后由众人中的年长者，向老人献哈达、敬酒，众人跪地请该户老人祝福：

送别丰收祥和之年，
迎来富贵福禄之春。
祝愿大家吉祥康健，
日日平安家家盛昌。
孝敬父母尽献忠心，

精忠报国再建功勋。
捷足先登足下生辉，
顶礼膜拜冠冕增煌。
牛羊成群五谷丰登，
万事皆顺心想事成。
吉星高照无灾无难，
鸿运升腾福德满堂。
祝愿大家生活幸福，
像高山矗立似江河流长。
……

对不同对象，祝词有所区别。老人祝福完毕，众声谢吉言，叩头起立，共同入席。席间，大家边喝茶、边吃品果、边唱歌欢乐。

日出之后，老年人亦到各家相互拜年。来到每家先向佛像叩头，家人将老人请到炕上，沏茶端果，以礼相待。老人们欢唱《四海》《受命于天》等歌曲。兴高采烈，欢度春节。

正月里，从初一到十五，不论大人和孩童都尽情地玩乐。人们还要探望远亲近友。根据每个家庭的经济条件，均备些礼品相互拜访，多为晚辈拜访长辈。

蒙古贞人很重视“值本命年”。俗称“本历年”。当人们到了本历年，亲属邻里、好友都来祝寿。条件不同，所献寿礼也不尽一致，但至少也要带上一面哈达、烟荷包向值本历年人敬拜祝寿。本历年注重六十一岁，因为干支相合的正本命年。

正月十六为“抹花脸”日。这天日出前，屯中的叔嫂、姐夫内弟之间，相互抹花脸。有的老年人也给自家的小孩抹额顶。有“抹了花脸，庄稼不得黑穗病”之说。以示时年农事顺利喜获丰收。

正月二十五日过“天仓”。人们起早，在院中用草灰圈几个圆仓，里边撒五谷杂粮，求望今年粮食丰收。

二月二为龙抬头日。日出前，各户用草灰从街上的井口开始撒一条灰线引到本户，以示龙神降临，风调雨顺。家家早餐烙饼，以扑鼻的芳香，诱醒蜇类。

清明节，是人们祭祀和怀念已故老人的统一节日。并以添坟方式以示怀念。每年清明节，人们不论在近处还是在外地的都要赶回来，与家人一起前往祖坟祭祖扫墓。先是在坟前烧纸，烧供品，为祖坟添土。然后，家人把食品在火堆上烤热之后，围坐在坟前喝酒、吃菜，意在与故人团聚，共享乐趣，来寄托对故人的怀念之情。

端午节，农历五月初五，日出前家家户户，都要在门窗、箱柜、屋檐下插上艾蒿，以示禳灾吉祥。家中老小都要把艾蒿叶塞到耳朵里，意为防御病虫之害侵入。相传，古时生活在草原上的先民，一次为逃避敌人的追杀，而无处藏身之时，眼前出现了片片艾蒿丛，人们便藏于艾蒿丛中才保得性命。从此，人们把艾蒿视为吉祥之物而敬之。这天，人们还进行登山活动。男女老少，三五成群到附近的山顶上，登高眺望，以示长寿和吉祥。

中秋节，农历八月十五为中秋节，亦称团圆节。一般出远门的或在外做事的人，尽量回家同家人一起过节。晚上品茗赏月，家家欢乐。

第六节　传统礼仪

一、见面问好

蒙古贞人以热情好客，礼貌待人而闻名。对熟人或初见者，一见面总是热情地上前问候，“他，赛音百努”（您好），随后把右手放在胸前微微躬身，请客人进蒙古包内或屋内落座。当客人落座后，全家人围在客人左右问长问短，问寒问暖，如同自家人。慷慨大方的女主人，把奶皮、黄油、炒米和奶茶端到客人面前，让客人享用。茶碗总是盛得满满的，从不盛半碗，否则视为不礼貌。用茶之后，还以手扒肉等美味佳肴款待客人。若遇尊贵客人，主人常把奶壶、酒壶端出来托在哈达上敬给客人，并频频向客人敬酒。斟酒时，把酒杯托在左手掌上，倒满后放下酒壶，用右手托于掌上，稍躬身，略举过头顶递至客人面前，有时还唱起一些欢迎和友谊的劝酒歌来劝酒。当最尊贵的客人到来时，常摆整羊席，蒙语称摆“布忽勒”。当客人告别时，举家出来相送，一再说：再见，祝您一路平安等语来相送。

二、敬烟请安

蒙古贞人敬烟表示欢迎、尊敬和友好。当客人走进蒙古包或屋内之后，主人向客人问寒问暖，先问“身体好”，再问“畜群可兴旺”。如遇家中有客人，客人之间无论相识与否，同样互相问候，相互递烟荷包或鼻烟壶，说您好、请抽烟。主人向客人敬烟时，拿自己的烟荷包，取客人的烟袋给装烟，双手递给客人，随即给点火。这时，客人以同样的方式向主人还礼，请安。同辈人相遇要问好，说声“吉祥”。遇长辈要先请安；骑马或坐车相遇时，要下马或请安。男子请安，单屈左膝，女子请安屈双膝。无论男女长辈必须称“您”。

三、敬献哈达

蒙古贞人视哈达为最圣洁、最崇高、最吉祥之物。新年初一，向佛祖叩拜，晚辈向长辈问候拜年时使用。婚宴上向尊贵的新亲献哈达，表示以最崇高的礼节欢迎新亲。家里来了尊贵的客人，在酒宴之前，主人向客人敬献哈达，以承敬重。民间普遍使用的哈达中还有一种长条形的哈达，用五尺或七尺长丝绸，折成五寸见宽，用时，主人用双手举过头向客人敬献，然后敬上美酒，唱起祝酒歌以助兴。

四、尊老敬上

尊老敬上是蒙古贞人的传统美德。年长的老者，或是客人，无论他是至亲还是陌生人，都将受到晚辈人的敬重。平素见面不论什么场合，晚辈都要向年长者请安问好。在宴席上，首先是给老人敬酒。尤其在过年时，晚辈向老人跪拜叩头，请求祝福。平时村里人办喜事，操办酒席，都要请村里年长者坐在首席，喝喜酒，席间向老人献哈达。对不能前来就席的老人，主人要派专人端去头份酒菜后才开席。平时，晚辈外出时，要向老人进辞行礼；返回后，要行回拜礼。招待亲友长辈，必须双手端茶递酒；迎送客人须到大门外，行车骑马路过坟茔地时要下车，下马，步行而过：行车骑马过村屯时，要下车，下马步行而过街，过了村屯之后方可坐车骑马，以示礼貌。

五、友好互助

蒙古贞人在日常生活交往中，养成了友好相处、互助互帮的美德。人们以助人解难为乐，比如，屯中邻里修建房屋，大家乐于出工出资相助，竣工之时赠送礼物，以示祝贺。屯中谁家打井、请碾子，大家不约而同地前往出谋划策，鼎力相助。若谁家有婚丧嫁娶之事，都要出工出物相帮；经济条件好的人家赠送整猪、坛酒等，一般人家也要送一面哈达，以表心意。“家有坐月”之事，亲友和邻里都前往给产妇“下奶”，送去鸡蛋、粉条、面粉，猪肉等物。满月之后，家人压饸饹，以示孩儿长命百岁，同时答谢“下奶”之亲友等人。亲人有的送来豆包，家人也做豆包，满月之日向邻里孩童分发，以示吉祥。若遇村里有人得重病，亲友都焦急万分，送医送药，帮助安排车辆，钱财请医生，替主人分忧解难。若遇村里人搬家乔迁，街坊邻里主动出车出力相助，妇女们则打扫房间，烧水做饭，招待客人，热热闹闹，忙个不闲。

第七节　忌讳习惯

很早以前，蒙古贞有许多约定俗成的忌讳习惯。游牧时期，骑马、坐车到牧民家做客，接近蒙古包时须轻骑慢行，以免惊动畜群，行至附近要下车马步行前往，进蒙古包之前把马鞭放在门外，若带进包内，被视为对主人的不尊重；进门后靠左边走，入包后在主人的陪同下坐在主人的右侧；离包时走来时路线，待主人回包后再上马。当给客人送茶或敬酒时，客人须欠身双手接。睡、坐时，不许向西北方伸腿，因是供佛之处。农牧时期，忌坐车进院，禁忌拿鞭子、绳子、持刀、打狗入室。与人搭话不下车马，被视为没有礼节。

忌食狗肉、种猪肉、病畜肉。父子不同席饮酒。媳妇与公公不得同桌进餐。在师长面前不饮酒。青年男女不得在长辈面前吸烟。盛饭、倒茶、敬酒忌讳半碗、半杯。不能坐在门槛上吃饭，也不能站着或边走边吃饭。吃完饭后，不得扔摔碗筷。忌用筷子敲打饭桌、碟碗等。常人平时不得横卧于炕上；睡觉时，脱下的裤子不得放高处和枕头左右，要放在脚下。不得从衣帽、枕头上跨过，如无意跨过时，须马上用火，在衣物之上旋回几下，予以火净。

街头走路时，忌讳倒背手、敞怀、露襟、歪戴帽。串门时，禁忌绾袖口、绾裤腿和绾辫子。

客人面前不吵架，不打孩子，不打狗骂鸡，扫炕扫地。不论大人小孩子不准踩踏门槛。不许用脚蹬炕沿、锅灶。不许在火神祠上烤脚、烤衣物。不宜用烟袋、手指头、筷子头，指画他人头部。家中有病人时，在家门口左侧缚条绳子，把绳子一头埋在地下，表示主人不宜待客，谢绝进门。

第十章　蒙古贞佛教文化

随着佛教的盛行，佛教文化影响到了蒙古贞社会的各个领域，为蒙古贞社会带来了哲学、文学、天文、历法、数学等新的知识领域，包括建筑、雕刻、绘画、音乐等艺术门类，在蒙古贞得到了空前的发展。藏传佛教文化分为外部文化和内部文化。外部文化表现在生活习俗、服饰穿戴、饮食起居、礼仪崇尚、典章制度、殿塔建筑、彩绘佛画、造型艺术等方面。内部文化表现在哲学思想、道德价值观念等意识形态和心理素质方面，这是佛教文化的本质特色。藏传佛教文化讲求“庄严国土、利乐有情”，内容包含慈爱感恩的处世方式，崇俭抑奢的生活信条，清净恬淡的精神境界、和合共生的生态智慧等，这对于提升公民道德水平，弘扬文明向上精神大有裨益。佛教文化包括语言文字、历史、哲学、逻辑、文学、医学、天文历算、数学等文化体系，还有建筑艺术、雕塑绘画、制作工艺、寺庙音乐舞蹈、生活习俗、美术绘画、金属制品、刺绣、刻版艺术等都是精品文化。蒙、藏、汉、满文化的各具特色和多样性是传承与弘扬的载体。蒙古贞佛教寺院建筑艺术是我国建筑艺术的奇葩。

第一节　建筑艺术

建筑是人类基本实践活动之一，建筑艺术是人类文化的组成部分，是一个民族文化艺术的模型，也是社会生产力发展水平的重要标志。然而，建筑离不开建筑艺术，建筑艺术是建筑王冠上的一颗璀璨明珠。建筑靠建筑艺术而升华，建筑艺术靠建筑而存在和发展。

藏传佛教建筑是社会诸多建筑的一个种类。藏传佛教建筑艺术在诸多建筑艺术中独树一帜，别具一格。

蒙古贞地区于16世纪末至17世纪初出现的藏传佛教建筑，是蒙古贞蒙古族群众从游牧经济转向农业经济的生产实践活动的结晶，是蒙古贞民族文化发达的具体体现。其建筑艺术有其高蹈独步，匠心独运的民族与地方的风采。

北元时期，蒙古贞部落和土默特部落归属于阿勒坦汗，游牧于丰州滩。阿勒坦汗在呼和浩特建一座“弘慈寺”，后改为“无量寺”，笃信藏传佛教。与此同时，北元大汗博迪带领察哈尔部，顺西剌木伦河，东迁到双辽以南，医巫闾山之北的广大地域。北元第五代大汗林丹汗，在今蒙古贞泡子镇东八华里处，建了白城，定为首都。林丹汗笃信藏传佛教，其自己亦有“胡图克图号”。从迈达里法王卓尼攀尔济处，受精深密乘之灌顶后，组织大批人力将108函《甘珠尔经》译成蒙古文。扶持藏传佛教。在他26岁时，拜见萨斯嘉・班禅・希剌卜胡图克图，受精深密乘之灌顶。释迦牟尼佛庙及其他多处庙宇，一夏之间，修建竣工。内供佛像俱塑成就。蒙古贞部落从呼和浩特逐渐迁到蒙古贞地区，与察哈尔部结合在一起推动了藏传佛教在蒙古贞地区向前发展。蒙古贞地区从明末清初，就出现了藏传佛教庙宇建筑。清朝，大力发展藏传佛教定为国策，制定各种优惠政策，鼓励蒙古族群众出家为僧，并奖励建寺修庙。据1920年，阜新县知事杜秉伦上报热河省公署公文中的记载蒙古贞地区有喇嘛寺庙369座。当时有国庙、旗庙、佐庙、家族庙、家庙等。真可谓十里一寺，五里一庙，到处庙宇林立，蔚为壮观。诸如瑞应寺、普安寺、同善寺、广法寺、瑞昌寺、广化寺、德惠寺、辅国寺、积庆寺、海州庙、长寿寺等大型国庙和旗庙。

这些庙宇的建筑规模大小不一。同一类殿堂，在不同寺庙中，都有不同的规模。而且各种单座建筑，其数量多少不一，占地面积也大小不一。占地大的达20平方公里，一般规模寺庙占地二至五万平方米；规模小的亦占一千多平方米。

就寺庙建筑艺术而言，从广义上讲，包括布局组合艺术、主体建筑艺术、建筑构件艺术；从狭义上说，包括各类殿堂，各类佛塔等的建筑艺术。蒙古贞藏传佛教建筑，不但规模，形式不尽相同，而且建筑艺术精湛闻名。

一、布局组合

1. 寺庙建筑选址

寺庙建于何处？这里包含着从观念到实体建筑的佛教原理。选址的原则，一是利于养性修道。藏传佛教认为，修行的第一要求是割断尘缘，与世无染。释迦牟尼修道之初，到尼连禅河西岸，在僻静的菩提道场毕波罗树下静坐思维“四谛”“十二因缘”之理，最后达到觉悟成道，在鹿野苑说法，收第一批佛教信徒。瑞应寺一世活佛遁入沙门，见哈达尔图山秀丽，远离村寨，遂居尔悟掸禅；普安寺一世活佛白斯古朗，登上海棠山崖，看海棠山似印度灵鹫峰，乃筑室诵经。可见佛教徒皆效法佛祖，于远绝红尘的佳丽之地修道养性。因此，寺院建筑多选僻静秀美之地。多年来形成了原则；二是利于广招信徒。游人入寺观光，信徒进庙烧香，佛殿庄严肃穆，钟声贯耳，香烟缭绕，置身于松柏掩映的梵宫佛寺之中，与佛教净化意识并生的是身清气洁的审美享受。幽深的丛林与净土世界似乎更有环境、氛围的暗合之处。所以佛家占尽湖光山景，是一种包含宗教目的的选择。瑞应寺一世活佛桑丹桑布手捧康熙皇帝的圣旨，同土默特左翼旗多罗达尔汉贝勒选瑞应寺址时，遍览各地，最终选择了今佛寺地址。此处三面环山，前面开阔。河水萦绕，前有似龙珠的宝旗山如同影壁，乃佛家最佳养性修道之处。于是在此大兴土木，修建了东方藏传佛教中心——瑞应寺。

2. 藏传佛教建筑格局

中国封建社会的建筑，特别是宫殿建筑，都要以“威四海”作为建筑的思想基础。以传统的根深蒂固的阴阳宇宙观和崇尚对称、有序、稳定的审美心理对待建筑格局。在这种文化心理的指导下，必然产生出一个具有普遍意义的建筑模式。并将运用于宫殿官邸建筑，也运用于祠堂民宅建筑，当然寺院道观建筑也离不开这种建筑模式。藏传佛教传入蒙古贞地区之后，其寺庙建筑也自然融合了这种建筑模式。采用平面方形，对称稳重，南北中轴线布局，构成整饬严谨、气势恢宏的建筑群体。

蒙古贞地临柳条边，同汉、满民族相处，有较强的吸纳性。在建筑上吸收了汉族中轴布局法，因此，对称、平衡是蒙古贞藏传佛教建筑的一大特色。对称应源于对偶。对偶的来源是阴阳观念。缘此，寺庙建筑的间数为奇数（似乎有失于对称的原则），实际上一明两暗的三间，中为阳，两旁为阴，是阴阳两性结合中的极为对称的形式。因此，成为藏传佛教建筑的基本格局。此外，一切格局都是这个基本格局的衍生。因阴阳观念在蒙古贞群众中形成传统的思想核心，故而，这种对称布局在寺庙建筑上的反映最为突出。以瑞应寺为例，前门三楹，门内设法舞场，左右列以石雕雄狮，场后第二门五楹，门内中央修有转经轮一座，左右钟鼓楼各一座。大雄宝殿九九八十一间，殿后的“九大臣祈愿殿”。共九楹七十三扇门。这一典型建筑格局，是对称、平衡的阴阳观念在藏传佛教建筑上的具体体现。寺院的平面布局中，建筑群以纵为中轴，沿着南北中心线，左右对称，分布着寺院的主要殿堂，在中轴线的东侧，设生活区，诸如行政管事、后勤处等；中轴线西侧为接待四方云游僧人及外来客人的建筑。措钦大殿，就是此类典型建筑。这种对称、平衡的布局，是蒙古贞传统的中庸，不偏不倚观念的充分体现。

同时，这一观念的另一种表现形式是寺庙建筑组群幽深曲折，院落重重，使措钦大殿或活佛宫邸、徐徐展现于众香客、施主面前。大殿或宫邸前，设多道门，此间起承转合，绝非使你一目可以了然，一览可以无余，这也是蒙古贞人内向、含蓄的民族性格的体现。蒙古贞藏传佛教寺庙建筑另一特点是随山就势，不受对称、平衡建筑模式的限制，如普安寺的建筑群，则上下有致、高低错落，左右纵横，利用地形，因地制宜，富于变化。

寺院建筑格局最重要的是，以特有的风水论的文化心理，在总体设计上，将全寺建于三面环山，前面开阔的风水宝地上，形成“九龙墩式”格局；将寺庙最重要的建筑物建筑在全寺最突出的中心位置，形成众星捧月，丹凤朝阳的“凤朝阳式”格局；每座建筑物均建于基台之上，而且重要建筑物的基台越高，符合佛家的“须弥座”“金刚座”“莲花座”的要求，因此，形成“莲花台式”格局；在寺庙主体建筑中，采取“梯次式”格局，是从山门到天王殿，到大雄宝殿、召佛楼、达嘎庙层层递进的梯次建筑；在寺庙周围，修建环寺巡礼路，路上千百尊浮雕佛像，团团围抱，产生内聚力、向心力，采用“环形内向式”格局；在个体单座庙宇，或供体尊耸峙大佛而建的威严高大的庙宇，采取“层楼式”格局；对于钟鼓楼，东西配殿等建筑，采取严格的“对称式”或“并列式”格局。

二、主体建筑

蒙古贞地区藏传佛教寺庙的建筑形式为藏式与宫殿式相结合；同时更多地融合了宫殿建筑的美学特征。在时间进程和空间形式上，都具有共同的特征，屋顶的形状和装饰占重要地位，屋顶和屋脊的曲线和上翘的飞檐，呈现着向上，向外的张力，配以宽厚的正身，廓大的基座，主次分明，升隆有致；加上严谨对称的结构布局，使整个建筑显得庄严浑厚，行观其间，不难体验到强烈的节奏感和鲜明的流动美。

1. 寺庙殿顶

寺院建筑的体身部分都显得庞大笨拙。但殿顶的琉璃瓦或青泥瓦的结构特点，把殿顶做成曲面形，殿顶造型有庑殿顶、歇山顶、悬山顶、硬山顶、攒尖顶等。庑殿、歇山殿顶又分单檐和双檐两种。瑞应寺各札仓正殿均为庑殿顶、歇山顶。如德丹阙凌殿，九大臣祈愿殿、参尼扎仓正殿，均为双檐歇山顶。其东西配殿为硬山顶。殿顶具有独特风格的白伞庙、绿度母庙顶为圆攒尖顶。显出蒙古贞地区蒙古包式的特点。藏式建筑的殿顶为平顶，瑞应寺大雄宝殿正体身为藏式建筑，一楼顶为平顶，四周围为带盲窗的女儿墙，二、三楼为宫殿建筑。

殿顶的琉璃瓦饰，表现出北方地区的特色。红黄色的半圆筒式琉璃瓦，上下紧扣，顶端用圆形瓦当堵口，饰以殿顶正脊、垂脊、檐角，既能防雨漏，又有应力，减轻了庞大建筑物的垂直重量。当然，红黄色的琉璃瓦用于国庙的大型建筑上，一般庙宇或一般寺庙的庙舍只能用灰色瓦顶。

大殿顶的正脊与垂脊相交处的“大吻”，因它有张牙舞爪欲将正脊吞下之势，故称“吞脊兽”。在宫廷建筑中，又称“鸱尾”，它产生于汉代，最早的鸱尾呈鱼尾形，鸱是大海中鲸。佛经上说它是雨神的座物，能灭火，故造鱼形以压胜。正脊之中间，设火焰掌、莲花，还有法轮，个别的还有倒钟。瑞应寺大雄宝殿正脊上的法轮，喷射着金光，显示着佛家法力无边。瑞应寺舍利庙殿脊上，一对睡醒的金鸽喜迎冉冉升起的一轮红太阳，腾空欲飞，殿脊的经幢幡在晨风中飘荡。

2. 庙宇飞檐

上翘的飞檐使殿顶独具风韵。弯曲的殿顶面，向外和向上探伸起翘的檐角，使十分庞大高耸的殿顶显得格外生动而轻巧。除了殿顶面是凹曲外，殿檐、殿角和殿顶的飞脊都是弯曲的，彼此相形相映，构成了宫殿建筑形式运用于佛殿建筑而别具一格的殿顶造型艺术。

大型殿宇，在檐角上常排列一队小兽，小兽的大小、多少，视寺庙大殿的等级而定。最高等级的共有十个，其顺序是由一个骑凤的仙人领头，后为龙凤、狮子、天马、海马、狻猊、押鱼、獬豸、斗牛、行什。这些排列有序的小兽，或象征吉祥安定，能灭火消灾；或是正义公道的化身，能剪除邪恶。这些造型精美，神态各异的小兽，具有很强的装饰性，使本来极无趣而又笨拙的实体部分，成为整个建筑物美丽的冠冕。蒙古贞寺庙的殿宇檐角上的小兽，大多为三至五个，有的建筑物檐角上通常都没有。

3. 庙殿斗拱

寺庙大殿的殿顶与殿身交接部分，传统木结构建筑中，置有一种称为“斗拱”的支撑木构件。它是古寺大殿建筑的一个显著特征。斗拱处于柱顶、额枋与殿顶之间，主要由斗形木块和弓形肘木纵横交错、层叠构成，逐层向外挑出的一种悬挑结构，形成上大下小的托座，主要起支撑巨大殿顶出檐和减少殿内大梁跨度荷载的作用。当然也是柱网和殿顶构架间起装饰作用的构件。因为斗拱构造精巧，造型变化复杂多变，具有很高的装饰作用。斗拱形式反映了在寺庙大殿建筑上的等级观念，斗拱虽是把若干方形小斗与若干方形的拱，重叠装配，用于承托梁头与枋头，用于外檐支撑出檐的重量，这本是一种实用的工程构件，却被社会化，以斗拱层数多少表示建筑的等级，这种斗拱也只运用于国庙建筑。瑞应寺的德丹阙凌殿，参尼扎仓殿，才有这种殊荣。

4. 梁柱结构

寺庙殿宇两山墙中，重叠梁架由挂柱支撑，充分利用了杠杆的力学原理；大殿内柱网栉比，支撑横檩竖椽成方形结构，同砖、瓦、石紧密结合在一起，形成巨大的庑殿。瑞应寺大雄宝殿的内柱十米以上，外柱10米高，共64根柱，托起无数横檩、大梁、构成九九八十一间大殿。其他各庙的殿宇，也同样曲梁柱结构，有机地构成。

蒙古族具有的极强的结构观念，也充分体现在寺庙的木构建筑中，木构建筑的主体在于架构，在于梁、柱、檩、椽的组合，也就是一堆线条有机组合的整体。在蒙古贞人的观念上，整体的概念就是组合的概念，不要任何连接中介物，只依靠众多柱、梁、檩、枋本身的相互咬合而构成一个复杂的整体结构，这就是蒙古贞人对于自己文化结构充分研究的结果。

5. 庙殿开间

寺院中的庙殿，以“间”为单位构成单座建筑。以平面组合中的寺庙院落的殿堂，大多数开间都是奇数。这也是古代流传下来的习俗以单数为吉祥。开间越多，等级越高。如瑞应寺大雄宝殿的开间为九九八十一间，其他大型寺庙的大雄宝殿的开间也是八十间，这正是象征着佛祖释迦之尊。其余各殿多至九间，少至三间而已。殿堂的“间”的纵深为进深。开间与进深形成一定的比例关系，每间为大体相当于“黄金比”尺度的矩形，均匀分布的柱网决定了建筑的平面，为建筑结构的整体性奠定了基础，使整体建筑取得和谐统一的效果。这种形式还可使房屋的质量中心和刚度中心相吻合，提高和增强了坚固性能。

6. 庙殿台基

寺院的每个殿堂，大都有台基。按各庙殿建筑的等级和风格，其台基分为普通基座与高级基座。普通基座用于山门殿、天王殿等。如德惠寺的山门殿基座高一米。随着院落的进深，基座也逐渐升高，大雄宝殿的基座，人们常称为“须弥座”，须弥是佛教中“位于世界中心的最高之山”。把大雄宝殿置于须弥座上，借助于台基高隆的地势，周围建筑群体的烘托，以显示佛殿的宏伟庄严。同善寺的大雄宝殿基座高3米，边长各37米。普安寺的大雄宝殿建于山崖沟边，基座高十米左右，从山下朝上看，大殿更显出伟岸高大，气势宏伟。

7. 庙殿彩绘

彩绘是指在梁、檩、柱、额枋上的绘画。其目的是为了木结构防腐，同时也是不可缺少的装饰艺术。特别是梁枋上的旋子彩画，成为寺庙殿宇的建筑彩绘的主要形式。那些用琢墨、大点金、雅五墨（青、绿、丹、黑、白）绘成的龙锦图案旋花、翎毛花卉与寺庙灰、黄色的瓦面，朱色的檐柱，白色的墙壁、台基相配，色彩浓重而有鲜明的对比感，把整体建筑装饰得更加绚丽灿烂。

8. 庙殿藻井

在建筑内部的天花板称为藻井。在横檩被柱网托成方形的结构中，用木条与木板相结合成为方块，以遮掩房梁并进行彩绘，图案精美，使大殿在外观上成为无梁殿。

9. 庙殿雕刻

在殿堂墙壁、柱体上的浮雕，为建筑物外观上增添了美的色彩。德惠寺山门殿的山墙顶端，左雕雄狮、石雕麒麟。两山墙中下部雕刻着花瓶，雕瓶中生出荷花，蒲草，插在瓶中的青龙偃月刀上挂着双鱼彩饰，瓶侧横摆“如意宝”，下放祭果。左侧花瓶上刻有四个满文字。雕工极为细腻，线条清晰。在关公殿前墙上，雕刻着八个画面，关公挂剑于树上，在树下聚精会神地读书，远山近水，奇岩青松，画面逼真，栩栩如生。庙殿方形石柱上，阴刻藏文佛家六字真言和“佛光普照”的汉文极为精致。同善寺的大殿中的金龙盘玉柱，佑安寺的彩巾饰柱的浮雕，均独具匠心，各具特色。

殿外的雕刻，有护门的双狮，庙周围的浮雕佛像，是蒙古贞雕刻家的绝妙作品。瑞应寺参尼扎仓西北角庙堂前一只绿鹦鹉，振翅欲飞，雕功与真无二。各庙的石旗杆均雕得笔直，粗细均匀，高二十多米，傲然挺立。

佛塔建筑。藏传佛教传入蒙古贞后，在建造寺庙的同时，也建造了许多塔。其建筑结构，建筑风格也各有不同。有楼阁式、密檐式、喇嘛式，金刚宝座式和灵墓式等类型。个别的也有六角形或圆形的。它的艺术在于其整体自下而上遥层减窄减低。层数一般为单数。塔由台座、覆体、宝匣和相轮四部分组成。以后又将台座覆体扩大，里面设置佛像，供信徒们顶礼膜拜。蒙古贞接受藏传佛教的同时，在建筑艺术上也广泛吸收外来建筑的精髓，兼容并蓄，加以改造利用。使其蒙古贞化，使藏式建筑，宫廷式建筑，结合而成为蒙古贞式的寺庙建筑。印度佛教的塔的建筑艺术，传到蒙古贞，将其实心的塔，改造成内藏佛教作废法器的空心塔，如乌孙尼哈塔，就是这类的塔，这就是蒙古贞民族文化的基本精神。

三、建筑材料与建筑构件

蒙古贞藏传佛教寺庙，其建筑材料大多是就地取材。主要是就近的山石，当地烧制的青砖和山野中生长的松柏树。还有当地石灰石烧炼而成的生、 熟石灰 。为使其石灰与砖、石连牢固，又采用糯米煮熟后之汤浆加胶，成为粘连剂。

寺庙殿堂的殿顶，在梁、檩、椽之上采用“荆条”或“扫条”“槐条”，绑制束把，排列檩椽之上，做埽工，既轻又防腐。这种用料建筑形式，是蒙古贞建筑的又一特色。

在建筑材料使用上，一般柱子均用木材。但有一部分庙宇，采用石头做柱子。如德惠寺、佑安寺的大雄宝殿之前楹，采用当地石头，凿成方形柱子，并雕出彩巾、瓔珞、文字等，这是蒙古贞寺庙用料的一大特点。

殿堂雕梁画栋。在梁枋上进行彩绘，为使画面精美，同时为防止梁枋腐蚀风化，采用胶、麻布及麻，黏糊于梁枋及柱子上。这也是用料的一大特色。

桐油漆也是寺庙建筑不可缺少的防腐蚀、防风化的一种建筑材料。蒙古贞现存的寺庙建筑上的涂料及海棠山摩崖造像用的颜料，至今保持亮丽没有褪色，是建筑师和颜料学家值得研究的重大课题。

寺庙建筑构件和构件之间的榫头卯眼结合结构是保证建筑物整体坚固的关键。这种结构被称为“四梁八柱”，“墙倒屋不塌”。它和现代梁柱混凝土框架结构极为类似。寺庙建筑每层都向中轴收拢，利用民间称作的“收分”力学原理，也称为“纵向并列砌拱法”，形成下大上小、下重上轻、重心低，整体刚度强，抗震能力强的空间体系。采用榫卯结合的空间结构，虽经剧烈震动（如地震）而有所松动，却不致散架，起到了耗能的作用。寺庙建筑的屋顶挑檐，采用斗拱形式，较之没有斗拱的，在同样地震烈度下抗震能力要强得多。斗拱是榫卯结合的标准构件，是力传递的中介。它不仅是建筑装饰物，也是将屋檐重量均匀地托住，起到了平衡稳定的作用。

采用柱墩和高台结合的建筑基础，是寺庙建筑无论在平面，空间结构或在局部构造上，均有整体刚度的建筑构件，也是寺庙建筑的一大特点。先挖地槽，然后分层夯实。柱墩基则分层加碎砖瓦，石渣夯筑。坚实的高台浮在地基土壤之上，缓冲地震震波的冲击，抑制液化地基错裂，从而减轻地震灾害的程度。建筑的柱脚是直接坐落在高台基础之上的，每根柱下有石沙柱墩，这样既可防止木柱腐朽，又能起到消能作用。

第二节　海棠山摩崖造像

海棠山是医巫闾山脉北部的一座高峰，主峰海拔715.4米，面积为14.4平方公里。这里山高谷深，怪石嶙峋、植被丰厚、气候宜人，是一处风光秀丽、景色优美的天然景观。

蒙古贞僧人选此清静幽雅、远离尘世的海棠山，修建了规模宏伟，雄奇壮观，蒙古贞藏传佛教的第二大寺院普安寺。

佛教圣地海棠山，山岩壁立、突兀伟岸，为摩崖造像创造了天然的有利条件。于是，僧俗共雕，佛像满山。实为佛国仙境的人文景观，遐迩闻名。

摩崖者，即在山崖石壁上镌刻文字，寄情于石。海棠山文字摩崖分别有蒙文、藏文、印度梵文、汉文等四种文字，达50余处。在国内罕见。摩崖内容多为咒文、真言、赞语等。

也有施主，刻石工匠之名讳、镌刻时间等。摩崖中，早期多为藏文，1896年后，多为蒙文。

造像者，即在山崖石壁上雕刻佛像，以示对佛祖的虔诚。海棠山浮雕佛像以藏传佛教的密宗佛像为多，亦有少数的显教佛像。其中又分为"佛教人物造像和神佛造像两大类。

在佛教人物造像中有：释迦牟尼、古印度僧人阿底峡；宗喀巴、译师洛丹喜饶、贾曹杰·达玛仁钦、克珠杰·格雷贝桑、弥剌热巴、阿旺罗桑嘉措；关羽、周仓、关平；三世达赖索南嘉措、七世班禅丹白尼玛、三世章嘉若必多吉，普安寺二世活佛罗布桑阿旺扎木苏、班禅弟子，普安寺四世活佛丹毕道尔吉，苏日塔拉图等。

在神佛造像中有：四臂观音、明目观音、八臂十一面观音、文殊菩萨、慈氏菩萨、持世菩萨、阿弥陀佛、无量光佛、无量寿佛、极乐世界教主、药师佛，绿度母、白度母、红度母、蓝度母、尊胜佛母、白伞盖佛母，司命佛母；犀甲护法神、骑熊护法神、骑羊护法神、大白护法神、八臂护法神，毗沙门护法神、阎膳护法神，司叶明王（亦称乃琼）护法神、吉祥天母、降阎魔尊、马头金刚、不动金刚、蓝衣金刚、大威德金刚、大猛金翅裙、佛随从等。在神佛造像中也可分上师、佛、菩萨、空行母、护法神五大类，50余种，共有190尊。

海棠山摩崖造像因地因石而宜，不拘方向，灵活选择石崖，多临近寺院而雕琢而成。根据神佛地位的高低，而选址选石雕刻。如释迦牟尼佛，刻在海棠山中的萨本山与喇嘛洞山中间的石崖上，其选像在海棠山造像中最高达5米，其余佛像都在4米以下，有的仅15厘米高。在雕刻中，又突出了高层佛教人物造像和僧俗最为崇拜和笃信的神佛偶像。同时也雕刻了普安寺位显、德高、权重的活佛及大喇嘛。

从雕刻艺术特色上看，刀法精湛，造像形象逼真，栩栩如生。其艺术手法分为高浮雕、影塑、线雕、龛内浮雕和无龛浮雕；其雕刻艺术吸取了古代及国外雕刻艺术风格特点，形成了海棠山雕刻艺术的独特风格。

在高浮雕中，有释迦牟尼造像，由表面刻进6.5厘米，白伞盖佛母造像由表面刻进4厘米，产生了较强的立体感，有泥塑般的效果。浮雕佛像由表面刻进深3厘米左右的占大多数；在线雕中，有一尊八臂护法神和两尊菩萨造像，其技法为折芦描。线条进深一厘米，线雕效果表面平坦，产生了版画艺术效果。造型中按佛经教制规范作画雕刻，采取易简不易繁的原则。如对文殊菩萨只采取坐于莲台上的简捷造像法，而舍弃了骑或坐在狮手身上的复杂造像法。

造像彩绘鲜艳，虽经世纪，风吹，雨淋，日晒，至今有些造像的色彩仍很艳丽。

海棠山摩崖造像中有藏历土鼠年的标志，推算为藏历第十四饶迴土鼠年，清朝道光八年（1828年）。在此之前，蒙古贞，甚至东蒙古地区和东北地区，都没有发现摩崖造像，这种造像流行于西藏的拉萨、日喀则、山南、阿里、昌都等地，甚至遍及整个西藏。如巴热如布摩崖石刻，曲布桑摩崖造像，药王山摩崖石刻，其造像生动，气势壮观。海棠山普安寺第四世莫尔根堪布呼图克图活佛丹毕道尔吉，乃是七世班禅大师的弟子。于清乾隆六十年（1795年），到普安寺坐床。自此僧徒日增，扩建庙宇，弘扬佛法。活佛见海棠山山石林立，岩面平滑，具有雕刻佛像的条件。他想到家乡西藏的岩面雕刻的佛像，产生了在海棠山上雕刻佛像的想法。于是从西藏请来雕刻石匠开始雕刻佛像。在蒙古贞纪年方法上，多用蒙古干支纪年法和帝王年号纪年法，不用藏历。海棠山普安寺的纪年，自从西藏来的活佛丹毕道尔吉开始，才使用了藏历。雕刻佛像和摩崖的石匠用藏历标志。因此，可以肯定，海棠山摩崖造像是从丹毕道尔吉坐床后开始的。海棠山普安寺的摩崖造像中的藏历土鼠年，也正是夏历干支纪年的戊子年。

海棠山普安寺摩崖造像，是占地两平方公里的藏传佛教雕刻艺术的宏大工程。经佛僧、工匠们的总体构思，统一规划指导下，以大雄宝殿上方突出的岩石为中心区域，以两面夹一坡的深邃谷壑为核心，将头戴五智宝冠、庄严肃穆的释迦牟尼佛镌刻于中心，以散点透视之法，雕刻了上下有序，位置得当的石佛造像。累世刻成，代代相传。

海棠山摩崖造像在技法上，细腻精巧、惟妙惟肖；从形象上看，生动活泼，形神兼备，极富美感，令人景仰，海棠山摩崖造像这一艺术奇葩如一串串璀璨的宝珠，点缀在蒙古贞的海棠山上，放射着艺术的光芒，它记录着蒙古贞悠久的历史，继承和发扬了古代藏传佛教雕刻艺术的优秀传统，为现代雕刻艺术的发展起到了承前启后的重要作用，是中国佛教文化的艺术杰作，成为全人类文化遗产的一部分。海棠山摩崖造像的出现，充分表现出了藏传佛教艺术所独具的艺术魅力与审美价值。充分发挥了蒙古贞地方民族艺术匠人的高超技艺，成为蒙古贞的艺术瑰宝。

第三节　手工工艺

蒙古贞藏传佛教各大寺院的生产生活自成体系。由于寺院对生产的需要，经学的需求，僧侣生活的所需，制作生产宗教用品的手工业应运而生，各种手工艺人也云集于寺院。寺院手工艺人同周围农村的各种艺术匠人不断往来切磋，引进先进的工艺技术，不断提高工艺技术水平，提高手工艺品的质量。

手工工艺中，有绘画雕刻术、铸造术、印刷术等；还有科技含量高的各种仪器，这些工艺技术直接为寺院经学服务。

绘画也是藏传佛教的主要艺术。蒙古贞各寺院墙壁上都有绘画；在寺内、喇嘛住房中，都悬挂着绘制的各种佛像。这些绘画都由寺院的画师绘制。佛像分为情节性和非情节性两类。非情节性类绘画大体上指画像类。画师在布帛或在宣纸上绘画，有菩萨像、罗汉像等；情节性的佛画，其内容多根据佛经里的佛教故事做画，其画都画在大殿左、右、后三面墙壁上。除此而外，在梁枋之上彩绘山寺风景，花鸟虫鱼。各寺院的绘画多以壁画为主。

在绘画技巧上，画中人物形貌有别，姿态各异。须眉毫发刻画入微，衣纹细劲流畅，恍若行云流水，线条迂回荡漾，富有节奏感。用笔设色精妙，绘制工细。其风格简洁古朴，气韵高雅超逸。瑞应寺喇嘛画师合勒格拉布顿所画的《瑞应寺全图》笔力遒劲、气韵生动，将规模宏伟，气象万千的瑞应寺，淋漓尽致地跃然纸上，表现出了“祇园精舍”，一派佛国仙境的气派。瑞应寺大雄宝殿梁枋之上有两幅特殊的画面，一是四条腿的鱼，一是从螺内伸出喷水的龙头。其内容和绘画方法堪称“卓尔不群、出类拔萃”。

除了平面绘画以外，雕刻艺术在寺院绘画中占有很重要的位置。因为各寺院都要有大量的石浮雕佛像。瑞应寺的环寺巡礼路上，就有万尊石浮雕佛像。这些石佛像，均由雕刻艺人精心雕琢而成。雕刻艺人在造像时，严格按照佛经造像图样，规范雕刻。造像简繁得当，有精有细。如文殊菩萨像，有两种表现形式，一种是坐骑为狮子，造型复杂；一种是坐于莲花台上，较为简洁。度母像的头饰、手持物及莲花座，均雕得既形象又简洁明快，刻得细腻清晰，显得神情秀丽慈祥。无论是哪个寺院的石佛像，其刀法均为精湛，富于变化。由此展示了蒙古贞的优秀工匠的匠心之博大、工艺之精深。

除佛雕外，各寺院的殿堂、塔身、柱楹、幢头上都有浮雕画面。如德惠寺山门殿条石台阶中间，用豆青石铺设的路，长1.5米，宽1米，石上雕刻着二龙飞腾于彩云中的图案，线条流畅雕镂细腻。大雄宝殿、关公庙、藏经殿正面墙垣上，用砖、石雕刻的各种图案，十分精巧。如“和睦四瑞”图中的四种动物，个个栩栩如生。柱楹上的六字真言，璎珞、彩巾、盘龙等，分别采取阴刻、阳刻等雕法，给人以生动的美感。

佛像雕塑工程浩大。有木雕、石塑、泥塑、石圆雕等艺术形式。各寺院中的殿堂所供奉之雕塑佛像，有的高达数丈，有的小到为寸高。各大寺院大雄宝殿顶上雕塑的一对相向金鹿，活泼可爱，闪射金光。瑞应寺大殿前的两只高丈余的石狮子，是石雕塑的精品。同善寺的石旗杆高25米，雕琢得粗细均匀，玉龙盘杆，鎏金杆面，金灿夺目。这些雕塑是蒙古贞藏传佛教文化中登峰造极的珍品。

寺院艺术品中，最引人注目的是“冰花”“草花”。这一独特的艺术作品是普安寺所独有的。它与青海塔尔寺的“酥油花”相媲美，是国内极为罕见的工艺品。此艺术品以其洁白无瑕，妖娆妩媚的身姿，玲珑剔透，婀娜多姿的体态，令观者瞠目倾倒。

冰花艺人用羊油，经特殊加工，使之坚挺，不致颓堆。用其绝妙的手艺，雕成极为美丽的花朵，其叶其瓣，如真如实，人物栩栩如生。这是蒙古贞艺人的独创，是国内少见的艺术珍品。

寺院在铸佛像、法器等方面，培养了很多铸造艺术高超的匠人，寺院中喇嘛供的佛像，除绘制的以外，还有很多铁铸、铜铸、银铸、金铸的佛像及小型护身佛等。因此寺院的铸造业较发达，冶炼技术较高，制模工艺较强。在铸造艺人中，有银匠、铜匠、铁匠、锡匠等。除铸造外，银匠从事宗教祭器、法器的制作，为美化生活用具，在刀，碗上镶嵌银花、银边；同时制作工艺精细的各种金银首饰。铜匠从事佛教所用的各种法器。诸如法铃、法杵、供碗、佛灯、大蟒号、羊角号等。同时为社会上制作和修理各种铜器，如铜壶、铜盆、铜茶托、钢茶盘、铜勺、铜锁头等。游走各寺院制作铜活的玛拉哈铜匠最享誉蒙古贞。制作锡、铅用品，如锡酒壶、铅茶托等。修理焊接各种器物，锡匠也是不可缺少的。

寺院印刷大量的经卷，印刷术可谓相当发达。比较大的寺院都有专门的印刷间。瑞应寺萨尼特札仓就设有专业化的印刷车间。当时印刷术，还只是停留在木版印刷的水平上。但是木版刻字极为精确，字形美丽、笔画真切，印出的经卷墨迹均匀，字体清晰可读。瑞应寺专门印刷大型经卷《甘珠尔经》《丹珠尔经》，同时也印刷其他小型经卷，对民间、其他小寺庙承担印刷业务。

手工业作坊中，还有木匠、旋匠制作精美的佛龛，门窗用具的花纹图案，或搞大型建筑等；裱糊匠裱糊天棚、墙壁，制作灯笼、箩筐等。钟表修理匠为僧侣们修理钟表。瑞应寺800户喇嘛户户有钟表，因此出现了钟表修理匠，制作糕点人制作各种糕点。如瑞应寺每年的庙会和各庙殿所用的供品，以及僧众各户所需的糕点，其数额较大，因此产生了糕点制作业。善东号和丁科倮子铺生产的糕点品种多、质量高。他们制作的喇嘛糕，远近闻名。寺院中还有理发师，高级厨师、裁缝等。这些艺术匠人的高超技艺，工艺水平，为蒙古贞手工业的发展，奠定了基础。

第十一章　蒙古贞人口

13世纪初，蒙古汗国势力开始向辽西一带扩进。1214年蒙古族人居懿州。此后于元、明、清三代一直没有离开过蒙古贞。明末清初，蒙古贞、土默特等蒙古部落迁入，成为本地开拓者，人口逐步增长。

第一节　清朝以前蒙古族人口

1215年，成吉思汗派木华黎攻取辽西。其中一部分兵士留住蒙古贞地区。1290年，铁木耳任辽阳行中书省平章政事时，设省会于懿州，岳、安、山、单、敖、金、胡、白等姓的蒙古百姓，先后定居在此。

明初北元左翼纳哈出所率二十万大军在蒙古贞地区活动，1387年归顺明朝，其一部分留住蒙古贞地区，其中大部分属木华黎氏族，即李姓氏族，蒙古贞人口逐步增多。

北元达赉逊库登汗于16世纪中叶，率领察哈尔万户及孙、苏、何、包、敖、白等氏族在此定居，人数达万余众。由于战乱不断，北元林丹汗于1627年率部西征，蒙古贞人口一度下降。

后金天聪三年（1629年）兀良哈部善巴奉皇太极之命东迁。1637年设土默特左翼旗蒙古贞部东迁的人口设30个佐领，人口增长到五万余众，奠定了蒙古贞人繁衍生息的基础。

第二节　清朝时期蒙古族人口

清初，蒙古贞有820个村屯、18个扎兰、80个苏木，每苏木150户属民，共11880户，按每户平均5.5口人计算，蒙古贞旗民共有65340人。旗民以外还有各大寺庙属户，王公贵族所属奴隶，各大寺庙喇嘛，养息牧场的牧民，各大山山民，总人口达19万人。

清朝时期，由于战乱减少，经济结构的转变，人口逐渐定居，人口有了一定的发展，对蒙古贞经济文化事业的发展奠定了基础。从历史记载中看，蒙古贞对社会的安定团结起到了重要作用，是当时经济、文化相当昌盛的一个旗。

清朝光绪十七年（1891年）蒙古贞遭受金丹道（亦称学好队）之劫难，人口骤然下降。起于朝阳、敖汉的金丹教的一路人马一万余人，是年十月窜入蒙古贞地区，惨杀蒙古人万余众，“为躲避学好队”的屠杀冻死饿死者不计其数。除莫古土、泡子、大板等村落幸免于难外，其他地方在月余期间内，均被洗劫一空。学好队大肆掠夺蒙古人的财物，烧毁房屋，赶走牛羊，造成了历史上骇人听闻的大劫难。劫难之后，出逃的蒙古人陆续回到家园，没有房子住，没有粮食吃。埋葬了死难者，过着饥寒交迫的苦难生活。

由于遭到金丹教匪惨杀，蒙古贞蒙古族人口20年后不但没有发展，反而降到70000人口。

第三节　民国时期蒙古族人口

1912年，中华民国建立后，蒙古贞人口逐渐增加，到1920

年蒙古贞蒙古族人口达130000之众。

第一次世界大战结束之后，国内军阀混战。蒙古贞地区土匪猖獗，大刀会、红枪会抢劫掠夺，蒙古贞民众受到深重灾难。尤其1930年蒙古贞地区连降四十天暴雨，遭受了严重的洪涝灾害，禾谷绝收。蒙古贞大批难民逃往科尔沁、昭乌达等地避灾，致使蒙古贞蒙古族人口已降到68000人。

1940年第二次世界大战爆发，日本帝国主义为了应付庞大的军费开支，疯狂掠夺蒙古贞矿产资源，征收税赋。蒙古贞人挣扎在饥寒交迫的生活中。1943年，日本在旧庙，施放鼠疫病菌，好力皋、查干朝鲁台等村中患鼠疫死者百余人。好多村民纷纷迁移出走，查干朝鲁台村一户没剩。因此，旧庙地区及周围地区的蒙古人口骤然减少。

1945年日本投降后，内战战火又烧到蒙古贞。国民党到处抓兵派夫。在中国共产党领导下，蒙古族人民成立了喇嘛武装、蒙民大队，为解放家乡，打败国民党，英勇奋斗，付出了巨大的牺牲。

1948年蒙古贞全境解放，当时有12个区，蒙古族人口64000人；1949年将归属北阜义县的3个区（王府、佛寺、蜘蛛山）恢复原建制后，蒙古族人口达84000人。

第四节　蒙古贞喇嘛人数

蒙古贞是藏传佛教传播的重点地区之一。民国时期境内有195座较大寺庙，喇嘛人数达14419人。

从何、戴、吴（王室贵族）、马（牧民）四户家谱中可以看出，蒙古贞藏传佛教喇嘛人数的发展变化情况。

何氏家谱中记载，前四世没有当喇嘛的。从五世到九世之间，男性191人，当喇嘛者59人，占男性的30%；传到八世，当喇嘛者最多，男性46人中，当喇嘛者17人，占37%。

戴氏家谱，前四世也没有当喇嘛的。从五世到九世之间，男性共190人，其中当喇嘛者37人，占20%，其中传到七代当喇嘛者最多，男性35人中，当喇嘛者9人，占25%。

何氏、戴氏两个家族于17世纪30年代迁至蒙古贞，到今天，一直生活在蒙古贞地区。两户从五世开始男性共381人，当喇嘛者96人，占25%；传到戴氏七世，何氏八世（1790—1830年），当喇嘛者最多，男性81人中当喇嘛者共26人，占32%。

吴氏家谱里（王室宗族）前六世没有喇嘛。从七世到十一世，男性52人，当喇嘛6人，占11%；到十一世，当喇嘛者最多，男性14人中，当喇嘛5人，占35%。

翻阅马氏家谱，前六世没有当喇嘛的；从七世至十一世，男性652人中，当喇嘛者75人，占12%；当喇嘛最多的在十一世，男性261人中，当喇嘛者47人，占18%。

这两个家族也是17世纪20年代迁至蒙古贞的。至19世纪，从七世至十一世，两个家族的男性704人中，当喇嘛的81人，占11.5%。当喇嘛最多是十一世，男性275人中，当喇嘛者52人，占18%。这两个姓氏每一世以22年计算，至十一世，共242年。他们约从1629年迁至蒙古贞，240年后正是19世纪中叶（1871年）。而他们当喇嘛最多的年代即1830—1871年之间，正是蒙古贞藏传佛教鼎盛时期。四户家谱中，当喇嘛最多时占男性的35%，最少时占18%，平均为26%。在这八十年间，蒙古贞蒙古族人口近140000人，其中男性70000人，25%当喇嘛，即为17500人，与民间传说的，蒙古贞喇嘛一万五千之说很接近。

第十二章　蒙古贞哲学社会思想

对一个民族的发展，哲学思想和社会思想能够起到巨大作用。哲学是认识史上的升华与飞跃。科学的理论是在社会实践基础上产生并经过社会实践的检验和证明的理论，是客观事物的本质、规律性的反映，是同错误理论不断进行斗争而发展起来的。蒙古贞哲学思想和社会思想就是在长期的社会实践中产生，并不断得到发展，它是整个蒙古民族哲学思想和社会思想的一部分，它具有本地区的特点，但和整个民族乃至整个人类哲学思想和社会思想是一致的。

第一节　哲学思想

蒙古贞人在社会实践中总结了自然和历史知识，创造了丰富的哲学思想和社会思想而传给了后人。那么，蒙古贞人丰富的哲学思想和社会思想在哪里呢？正如俄罗斯著名文艺理论家别林斯基所说，“所有民族均有两种哲学，一种是学术经典上的，一种是日常的、家庭的、一般的。这两种哲学，不管大小，相互之间均有联系。谁想描绘社会，谁就必须了解这种哲学，特别是后者”[①]。蒙古贞人的哲学思想和社会思想，同样

---

①《别林斯基论文选》新文艺出版社1958年版，第86—87页。

蕴藏于这两种形式之中，特别是蕴藏于蒙古贞谚语、格言、祝颂词、民谣、民歌、婚礼词、风俗、孛教和佛教文化之中。

蒙古贞人所积累的丰富哲学思想，在这里不可能全部总结出来，只能记述其中的主要的方面。

世界的本源是物质的还是精神的？换言之，存在第一还是意识第一？这个问题需要认真给予论述。

劳动人民是最初的哲学家，蒙古贞人的祖先已经从原始朴素唯物主义到当今先进的唯物主义，做出了全面深刻的总结，给后人留下了丰富的哲学和社会学思想。劳动人民对物质与精神，存在与意识的关系，分辨得非常清楚，我们先人早就掌握了一年分为四季，春种秋收等规律。如：

太阳有轮回，
年龄无轮回。

——《蒙古贞谚语》

天上的风不平静，
人的生命不永恒。

——《蒙古贞谚语》

事物都有它的规律，蒙古贞人注意掌握事物的规律。对违背事物规律者进行谴责和讽刺。如：

不管是白头羊和黑头羊，
都要从后脚跟开始剥皮，
即或亲王可汗千金公主，
婚嫁时节有报名庚之礼。

——《蒙古贞婚礼词》

狗探舌的时候不想干，
鸡抬脚的时候才想干。
春天里早播一天种子，
秋季里早收十天成果。

——《蒙古贞谚语》

“行路要看陷坑，做事要看条件”，“摸不到臂部的手想要伸向苍天”这两句话，是告诫和讽刺了没有正确估计条件和势态，而自不量力的蛮干者。

先辈教导后代，必须坚持辩证法，切忌形而上学。蒙古贞人在历史实践中认识到辩证法是反映客观世界的普遍联系和运动、变化、发展的正确世界观。因而一直认为一切事物并非永恒不变，而且在发展变化着。“人的生命不永恒”则反映了非永恒的观点。蒙古贞婚礼词中的“绵绵霪雨总有晴之日，宴筵欢乐总有散席之时”反映了辩证法思想。再如：

好中不能说没有坏，
坏中不能说没有好。
黄的不一定就是金子，
新的不一定就是最好。

世界是由矛盾构成的，没有矛盾就没有世界。有“有上就有下，有下就有上”这样一句谚语。一切事物都是相互对立，互为条件而存在于统一的整体之中。如果没有对立面，自己也不会存在；如果没有自己，对方也会失去存在的条件。“没有诺谚[1]，就没有奴隶，没有奴隶，就没有诺谚”。《蒙古秘史》中孛端察尔所说，“衣有领，人有主”就反映了社会发展的这

① 诺谚——奴隶主、官。

个道理。

事物的变化发展，皆因内部因素随着外部条件的变化而发展。如蒙古医学中认为，人体生病的内因是赫依（风症）希拉（热症）、巴达干（寒症）所致。外因是季节、气候、饮食、起居等。由于外因的变化，内因失衡而致病。通过用药、针刺、针灸、放血、洗澡、休息等办法，使外因好转之后，内因就归于平衡，这样使病痛得到痊愈。以《蒙古贞婚礼词》中一例来看：

玉石虽然是个宝，
不雕琢则不成器。
水晶虽然有光泽，
若不擦拭不美丽。
蟒缎虽然艳丽，
不裁不缝不成衣。

这里所说的“雕琢”“擦拭”“裁缝”都是指外因条件而言。“成器”“美丽”“成衣”则指内因变化而言。

蒙古贞人在强调必须有外因条件的同时，认为条件可以创造、利用、克服、改变。蒙古贞的“鸡鸣即拂晓，鸡不鸣也拂晓”这一谚语就是表达这一种思想。塔本迪彦奇[①]所著的《初二海潮》中说道：一个国家的兴衰，不在于人口的多与少。他便以人口众多的中国却被日本侵略的实例证明了这一点。

蒙古贞人很了解任何一种事物的发展，均由量变到质变的道理。“道路老了变沟壑，媳妇老了变婆婆”。因而认为必须心中要有数，必须把握好分寸。所谓“打羊皮蒙的鼓，要掌握好

① 塔本迪彦奇——蒙古贞佛寺镇牛心屯庙的呼毕勒干（转世佛），级别与瑞应寺活佛相等。

力度”就反映了这个思想。

蒙古贞人知道客观世界是复杂的，而且它的发展过程也是曲折的道理。因此面对具体的问题做具体的处理，如“吃到口十道关，咽进肚二十道卡”，“口上反复十二翻，席上无常二十二翻”，“十个指头不一般齐，哥儿几个不一个样”等，均表达了这个意思。塔本迪彦奇说：“对幼儿教导时，应该说远离家门玩耍不行；但对青壮年教导时应该说不远走高飞没出息。”前辈们的这种教诲，说明不管哪种教导都要按人们各自的可能去训导。再如“教牛读书识字是没必要，而教人吃草也是没必要”，也反映了这一思想。

事物都有现象和本质的区别，但在一定的情况下，二者还难以区别。先辈们一再教导我们要拨开云雾看本质。“观其衣着不如看其祖，观其容貌不如看其心”就是表达了这种思想。

事物都有个性，不同的矛盾要用不同的方法去解决。因此很重视方法论。“擒狮要用方法，捉马要用套马杆”“强迫要败事，调解能成事”“心里的污垢要用谈话来清除，器皿的污垢要用洗涤来清除”“对聪慧的人要用话语，对气大的人要用窍门”等都表达了方法的重要性。

事物发展到极点，就要向相反的方向发展，即物极必反。蒙古贞人对这个道理掌握得很好。塔本迪彦奇在《初二海潮》中写道：“因为世间早已定下，兴盛的极点会打开衰败之门，衰败到极点会打开兴盛的门扉……”指出人们在最困难时期，不要怕困难，经过艰辛的努力，终有取得胜利的一天。

实践是检验真理的唯一标准，实践出真知。蒙古贞谚语中的“接触实际的愚者，胜过坐穿垫子的智者”。“观者胜过听者，做者胜过观者”，“相处才知朋友心，骑乘方知骏马力”，“通过吃苦选人才，经过套试择乘畜”等，正是这个观点的体现。

蒙古贞人的哲学思想，有了充分体现并达到了一定水平，而且还有其自身发展史。

一般情况下，哲学是有层次的，有其发展过程。具体地说，哲学观点——哲学思想——哲学理论——哲学理论系统，系统化、理论化的世界观。塔本迪彦奇所著的《初二海潮》为代表的蒙古贞人的哲学思想，并不是“幼儿期”，也不是“青年期”，而是“壮年期”，表明蒙古贞哲学思想的成熟。

在蒙古贞的沃土上，出现了一位著名的研究哲学的学者塔本迪彦奇活佛。他的哲学著作《初二海潮》是蒙古族的重要哲学作品，也是蒙古贞哲学思想的结晶。

《初二海潮》这部著作的产生，说明蒙古贞地区已经具备了创造这种高层次哲学的客观条件。蒙古族哲学史研究专家格·孟和先生（内蒙古师范大学政教系教授）说：“从蒙古族历史发展的过程来看，有过文化中心转移的问题。具体地说：“十三世纪前后，蒙古族的文化中心在三河[①]源头，其代表人物是成吉思汗，代表著作是《蒙古秘史》，主要受匈奴、突厥等民族的影响。十六世纪后文化中心转移到现在的内蒙古自治区西部地区，即伊克昭盟、呼和浩特、巴彦淖尔盟、阿拉善盟、锡林郭勒盟、乌兰察布盟等地，代表人物是萨囊彻辰，代表著作是《蒙古源流》，主要受藏族文化思想的影响。到了十九、二十世纪初文化中心转移到内蒙古东部半农半牧地区，即现在的北票、朝阳、阜新、开鲁、通辽、乌兰浩特等地，代表人物是尹湛纳希，代表著作是《青史演义》，主要受汉文化思想的影响。转移是相对的，是受各种条件的制约，是综合性的原因形成的，因为文化中心地区是经济较为发达的先进地区，是社会各种矛盾的焦点，因而社会变动较大，斗争激烈尖锐，同时又受到某一个先进民族文化思想的较深影响，文化思想上

① 三河——克伦河、鄂嫩河、图拉河。

都有近缘关系，因而成为哲学思想发祥和发展的地区。”[①]那时蒙古贞就有了200来座寺庙，几千名喇嘛和蒙医大夫，仅仅佛寺（瑞应寺）就有二三千名喇嘛。喇嘛和大夫的学位从低级到高级俱全。也出现了研究哲学的萨尼特扎仓[②]——哲学院。即因明僧院。蒙古贞口语称“确来拉仓”。蒙古贞地区出现了多种多样的民间口头文学作品，如民歌，民间乐曲，谚语、好来宝、婚礼祝词、民间故事、儿童文学、传说、安代舞和查玛舞等。佛寺的恩可特古斯喇嘛创作了《兴唐五传》。塔本迪彦奇[③]也正是蒙古族文化中心转移到东部蒙古地区时期出现的学者。塔本禅师的《初二海潮》完稿于甲申年（1944年）。一位学者的出现，如同高大的松柏不能生长于沼泽地带，而是在森林里同众多高松巨柏簇拥着生长一样，塔本迪彦奇也是同众多学者，如尹湛纳希父子和罗布桑却丹、特莫克图、恩可特古斯等人，在同一个时代成长起来的哲学家和思想家。

第二节　社会思想

蒙古贞人最关切的是民族的兴衰，这正是认识到个人利益与整个民族的命运紧紧联系在一起的这一道理的表现。对民族的关心，实际上是关心人的价值的问题。孔子说：“世界上最可贵的是人。”古希腊智者派哲学家普罗塔哥拉说：“人是万物的尺度。”尹湛纳希说：“做人而不了解民族者是牲畜也，作为台吉而不了解祖先者是禽兽也，有限而不了解自己历史者是盲鼠也，有知识而不思考根源者是蠢猪也！”“既然作为一个人类

---

① 《内蒙古社会科学》，汉文版，1995年，第二期13页。

② 萨尼特扎仓——哲学院，即因明僧院。蒙古贞口语称“确来拉仓”。

③ 塔本迪彦奇1953年圆寂，时年48岁。

的一员即可具有理智”，他曾用自己的理智企图拯救民族。塔本迪彦奇曾写道，“我们这一生，因为托蒙古族的福才做得一个人，为了蒙古族的利益而奋斗，不会有为了个人而奋斗的失误”，“得到了宝贝一般这个人生，在此一生无论如何要做出点儿对民族对己都有益处的好事，这其中虽有很多方面，但眼前来说是为蒙古族的利益而做出一点儿成就是很重要的。为什么呢?因为如树根牢固，其枝茂叶盛一样，如果全蒙古族平安的话，吾等几个人哪有不平安的道理，若灾难临头也同样难以逃脱也。”在《初二海潮》结尾的插曲中写道：

自身的愚鲁和过失，
虽然多得无可比拟，
眼见耳闻我的民族，
已到孤独衰落至极，
哪怕做出微小之利，
贫僧以塔本迪彦奇名义，
托福于佛祖的教义，
将此粗浅论文篇章，
献给读者众贤兄弟，
如能取其真抛其假，
可叩开吉祥幸福门扉。

末代塔本迪彦奇（叶喜丹赞）活佛，于1944年创作完稿的《初二海潮》这一哲学著作，专门论述了当时议论中心——“蒙古民族彻底衰落了”这种忧虑，也论证了蒙古民族是沿着兴盛——衰落——兴盛这一物极必反的发展规律。第一卷（共写了三卷，二、三卷至今尚未收集到）中提出了十二个问题，对这些观点给予批驳的同时，提出了自己的看法。塔本迪彦奇颂扬和赞美徒弟是佛的化身，“三宝”[①]的代表，夸赞徒弟的见解是正确的。现在看来，塔本禅师也确有远见，论述既有深度又有广度。他阐述了关于蒙古民族为什么会兴盛，现在为什么会衰落了，将来怎样才能再兴盛的问题。将其中的一部分内容引述如下：

在论述成吉思汗时期为什么会兴盛时说，“圣主成吉思汗那个时代，蒙古族中有很多精英，因而才征服了众多国家和民族，得到各个国家和民族的拥戴”；在论述蒙古民族为什么会衰落时说：“圣主成吉思汗时期蒙古人征服众多国家时，占有广大土地，获取无计其数的财富，达到富有的顶点，享乐至极，因而失去了对经书和知识的潜心研究，对于拥有的财产挥金如土。结果，从其子弟之辈开始，代代都沉浸于享乐之中，渐渐懒惰起来，到了我们这一代，除了知晓吃、喝、睡三件事以外，再没有别的本领，因而达到如此衰落的地步。”“如今这一代无知愚昧者甚多，成了被人们更加鄙视的对象”。

论及怎样才会兴盛时说：“对于可取与可弃等方面要多做考虑；要防备那些无根的巧言和无真的谄媚者；扶持弱小孤寡；分清好坏才能少失误。并做到对真人不说假话；对假人不露真情，大事不计较小仇；因小事不结大仇；为众人不怕个人吃亏；不能因个人利益让大家吃苦；为长远利益不怕一时困难；不为一时幸福而留下一辈子痛苦；在弱者面前不要虎威；在强者面前不能像耗子一样逃遁；在乞者面前不耍英雄；对谩骂者不显忠诚老实；对骗子不发慈悲心；对有贡献者不能不尊重；爱恨不表在外；到何地步也想着目标；不要以钱财衡量人情厚薄；不要以钱物回报别人的恩德；任死不毁恩人；至死不相信坏人；万事都要刨根问底。若能做到这二十一条就不会衰落。”蒙古贞人的先辈在道德规范方面留下了很多宝贵的思

① 三宝——佛、法、僧。

想。最重要的规范是要人们自觉地把公共利益放在第一位。这是一种朴素的集体主义思想。正因为有这样的基础，所以，对今天党和国家所强调的精神文明建设，蒙古贞人是最拥护的。由此看来，蒙古贞人在长期的社会生活实践中，认识到个人的利益和命运离不开整个家族、部族、民族、国家的利益和命运。

热爱劳动，坚持勤俭节约，鄙视懒惰等诸如此类的教导是很多。譬如：

勤奋者手掌挂油脂，
懒惰人眼角挂眼眵。
走能得金，
爬能获银。
懒得到了要烤吃自己脚丫，
惰得到了烧吃自己肾子。
好睡觉是衰败的象征，
爱吃喝是受穷的象征。

——《蒙古贞谚语》

赞美劳动，赞美劳动者。如“一万僧侣莫如厨师大”，“破鞍子下驰骋宝驹，破皮大衣下出能人”，“贫寒人家出才子，臭泥塘里长莲花”等，都反映了这种思想。

对一个人来说，父亲好比天一样重要，母亲好似地一般重要。特别对母亲是最尊重的。同时也提倡尊敬长辈和长者。塔本迪彦奇说：“有的人说，喇嘛师父和父母亲的恩情均无用，非也。因为给你提供一粒粮食和一滴水者均可说是有恩之人，何况是祖辈们的恩情呢?”谚语中提到“先人的教诲，后人的灯塔”，“父亲的恩情一身白茬皮袄即能报答，母亲的恩情永远报答不完”。民歌《阿其玛》里唱道：“不是想吃你的糖饽饽，而是想看看阿爸和阿妈。”

蒙古贞社会特别重视知识和人才。如：

钝刀出刃在于磨石，
愚人长眼在于教导。
金子和银子出自沙石，
智慧和才华来自教育。
权力莫如吃力重要，
钱财莫如知识重要。
有学识者口中吐出诗歌词赋，
无学问人口中冒出蛇蝎蛤蟆。

——《蒙古贞谚语》

《达雅博热》等蒙古贞民歌中，表现出蒙古贞人爱祖国，爱家乡的深厚感情。比如，“出生的土是母亲的怀，饮用的水是养育的乳”，“阿爸的故乡蒙古贞旗好像就在眼前哟”。

蒙古贞人的社会思想，也表现在爱情、婚姻家庭等特殊社会范畴方面，这里道德要求和伦理思想也很多。旧时的婚姻制度，是以父母的意愿，财物的多少，门户的地位高低为基础或以迷信方法来处理解决。不可侵犯的清规戒律，不可违背的传统习惯势力，成了精神桎梏，使广大青年人的自由婚姻难以实现。但是，要求真正爱情的青年，为冲破这种桎梏而努力奋斗着，发誓今生不能实现，等待来世再说者有之。如蒙古贞民歌唱道：

嫁给那皇太子虽然穿着绫罗纱，
若是夫妻不合会埋下忧愁的根子，
嫁给那庄稼汉虽然翻弄土垃坷，
若是夫妻恩爱照皇上幸福不差啥。

听从父母之命同所谓的“有缘人”结了婚，落入终生痛苦之渊。在旧社会里生离有情人是实在可怜的事情，如蒙古贞民歌中所唱的“他晕过去了!”“她错过去了!”的情况下，不呐喊怎么行呢?! 有的互相留赠纪念物，表示人离心不离。还有的找到情人出嫁的地方或者在“等待你回来探娘家”。民歌《万姐》中：“三层牙子的布鞋妹妹给你留下，三月里的庙会上请你穿上它，三嫂子若是问到你的话，请你夸一夸我万姐的手艺哟。”这样，把他们之间的暧昧关系明于世人面前，以示反对包办婚姻制度。

启发、教诲人们要分清好坏人。对好人要以好方法对待，对坏人则以坏方法对待。如：

不可信任的朋友，
害处比明敌要大。
蛇的花花在外边
人的花花在里边。
在草库门上挂彩灯是无用的，
对不知真善者真心是多余的。
任给一条黄牛，
不给一句真话。

——《蒙古贞谚语》

对真人不说假话，
不让假人摸到自己实情。

——《初二海潮》

与此同时，还提倡以法治帮的思想在蒙古贞谚语中有：“谩骂平辈人定刑事罪，奸淫少女者定被杀头”，“理同丝绳，法如钢铁”，“对坏人要用棍棒，对好人要用话语”。《初二海潮》中论述四个等级信徒时谈道："第四乃对屡教不改的残暴者制定强有力的法律，以杀头、痛打、关押等办法来惩戒，以法制让民族和国家得以安宁，也是教之所提倡也。"

蒙古贞人特别重视家庭的和睦安宁，始终告诫夫妻之间、父母儿女之间尽到各自的权利和义务。这方面有"潇洒的骏马若失蹄，那是狩猎的遗憾，结发夫妻互不体贴，那是终生的遗憾，嫌弃妻子的人断子绝孙，嫌弃耕地的人缺粮断炊"，"夫妻二人之间毛驴子不要插足，雌雄野雉之间喜鹊不要乱颠"，"肚肠嘛好坏都可餐饮，家庭嘛什么都可谈论"，"妻子教好孩子，是家庭的幸福"等谚语和《刚莱玛》等民歌中，都有这样的内容。

这里特别提出的是，有很多谚语谴责假恶丑，提倡真善美，如：

真有果，善有力。
吃现成饭，说老实话。
真金埋在土里不生锈，
做实事牛车能赶上兔。
鸽子找富人家房檐栖，
谄媚的嘴看有用的人拍。
把耗子夸成一头骡，
把大家贬成一口猪。
着急的时候认猴子为爹，
无事的时候说神仙是鬼。

蒙古贞人开导青少年掌握正确世界观，批评错误世界观，要他们走正路，不要走邪路，从正反两方面都进行教育。譬如：

困难阻止不了蒙古人，
青山遮挡不住红太阳。
宁可断骨头，
不可毁名誉。
死去的是身躯，
留下的是名誉。
传到远方的是名声，
卧于沟壑的是尸骨。
压不住也不放松，
叼不住也不松口。
没有脸面的进项（收入），
不如有脸面的出项（支出）。
苦药有利于疾病，
严词有利于自己。
好心眼游遍世界，
坏心眼缠绕自身。
无债者为富有，
无病者为幸福。
贫穷与富有，如朝夕之露珠。
拥有富有天地莫要太傲气，
到了贫寒地步莫要太自愧。
贪欲肉肴莫把脸面丢，
迷恋水酒莫把身子毁。
顾及脸面，掉进深坑。
认识自己者是人也，
不吃地（指庄稼）的牛是好牛也。
量被（指被子）伸腿，
量钱花销。
蛟龙鸟鸣的处所毛驴莫盼望，

骆驼要吃的树叶山羊莫动心。
被人相中成为锅中美餐，
莫如被人嫌弃游闲自在。
要想长期相处好，
每天算清来往账。
传言扔在一边，
谏言留在心中。
十个传言八九个谎。
在外说的话抛在外边，
在家说的话撂在家里。
嬉笑过分变吵架，
友谊过度变仇恨。
湖中的鸭，狗能赶出来，
隐匿的话，酒能引出来。
酗酒过度变酒鬼，
情妇过多变穷鬼。
坏人喝了酒甚于魔鬼。
少喝是醉仙，
多喝是蠢牛。
儿马也会打前失，
男人也会有失误。
是土坎都坍塌，
是男儿有失误。
马若不失蹄能变蛟龙，
人若不失误能成皇帝。

——《蒙古贞谚语》

以上所列举的谚语，都是在有关正确和错误世界观方面的格言。对此，塔本迪彦奇在论述关于“真益”的时候谈道：

“必须要做对公共有益的事，所谓‘益’是指结合个人理想而做出一番成就；但由于人们各自的智慧、敏锐、迟钝程度有所不同，只要做到办事要弃假求真，就是‘真益’也。”在论述“头等贤人”的时候谈道：“一日数省自身，找出自己错误者，谓之头等贤人也。”在论述关于正确与错误，造福与作孽的时候谈道：“凡正确的行为均谓之造福，凡错误的行为均谓之作孽也。那就是做了一万个好事，其唯一根源乃是正确行为，而其中虽有很多种类型，但稍稍概括的话，那就是对公共都有益者谓之正确也；对公共有害者谓之错误也；对自己虽有害处，但对他人有益者谓之正确也；对自己有益而对他人有害者谓之错误也；对他人无害而对自己有益者谓之正确也；对他人无益而对自己有害者谓之错误也，对好人有益而对坏人有害者谓之正确也；对好人有害而对坏人有益者谓之错误也；对众人有害而对少数人有益者谓之错误也。”

塔本迪彦奇关于要人们做到对学识谨慎努力，并从六种事业当中找到一种，加以认真从事方面论述时谈道：“要努力学习，还应该为公共的伟大利益而奋斗。所谓的伟大利益并非说事情的大小而言，而是说不要考虑个人的和眼前的一点点安逸自在；为公共的和未来人们的利益，要用各自拥有天资尽可能地从经、书、农、牧、艺、商等六项事业中，不管哪一个，尽量学好一个；不论你有何种理想，只要以‘帽子落地都顾不得捡’的精神忘我地去做，公共的利益就能完成。”

第十三章　反帝反封建斗争

鸦片战争后，蒙古贞地区也逐步沦为半殖民地半封建社会。清政府对蒙汉人民的残酷剥削压迫，帝国主义入侵，外国教会势力的发展，因而造成社会矛盾更加激化。蒙古贞人民掀起了反帝反封建的斗争。

第一节　反帝反封建斗争

鸦片战争后，反动的清政府为了弥补战争赔款，加紧对蒙古贞人民经济剥削，将名目繁多的赋税沉重地压在蒙古族人民身上。

1857年，太平天国农民起义爆发后，清王朝通令各省“抽厘助饷”，“广开捐输”，命令蒙古封建王公献纳银两，或将赏给蒙古王公之“地租银两，照数备拨，以补库款”[①]。1852年，内蒙古各盟旗蒙古王公上书一致同称：“值此军需孔极，情愿将所得一军俸银，捐备军需。”这些捐输的俸银负担全部压在农牧民身上；更为严重的是，连年的军事征调，抽丁充兵给蒙古族人民带来了极大苦难，蒙古地区成为清政府搜扩兵源的重要地区。早在1635年，就规定凡“年满六十岁以下，十八

①《文宗圣训》卷95页。

岁以上蒙古壮丁照例编审"[①]。为镇压太平天国，清政府在东北三省和蒙古地区的军事征调更加频繁，其中征调蒙古壮丁，动辄数以千计。1853年6月，当太平军北伐至河南时，清政府命令内蒙古三盟（哲里木，昭乌达，卓索图）盟长，"各选的雄猛蒙古兵一千名，马三千，将器械、火药、铅丸等物备妥，由王公、台吉、塔布囊上层人物率领，前往热河木兰牧场扎营，以备调遣"[②]。至咸丰七年（1857年），自"军兴以来，吉林、黑龙江马队官兵，先后调往各路军营助剿，为数约有一万三千余名"。在清朝咸丰年间，两年中，从内蒙古征调的蒙古军队就达近万名，马八千余匹，被投入到镇压太平天国的战争中，许多蒙古族士兵在战场战死。1860年，跟随僧格林沁的千余人蒙古骑兵在抗击英、法联军的京津保卫战中仅剩百余人。

赋税繁重，兵差累累，压迫重重，清政府和蒙古封建王公将蒙汉人民推向了穷困绝境。

帝国主义入侵，外国教会势力的扩张，使蒙汉各族人民陷于水深火热之中。早在1830年，荷兰天主教士就潜入辽东进行传教。1886年，比利时传教士在细河区韩家店村建立了天主教堂。1900年，在县城建了耶稣教堂；同年，富荣镇建立了天主教堂，在该乡哈拉户稍建了天主教分教堂。当时，在蒙古贞的城乡接收的教徒达1300余人，仅韩家店就有教徒800余人。1927年，建立了基督教会，在海州、新邱，孙家湾设立三个分会。这些外国教会的传教士广招信徒，传播教义，积极为帝国主义的入侵充当先锋。

英日帝国主义染指阜新煤田，疯狂掠采资源；沙俄帝国主义的入侵，更激化了蒙古贞地区的民族矛盾。1905年，英国技师摩勒，以京奉铁路局之名，投资40万元，在新邱设立"京奉

---

①《东华续录》（咸丰朝）卷23，第11页。

②《文宗圣训》卷42，《简兵五·恤兵附》

煤矿”，开始掠夺煤炭。1894年甲午中日战争后，日本帝国主义一次又一次掀起侵华高潮。1906年后，日本在大连设立“南满洲铁道株式会社”，立即派员到新邱矿区进行现场勘查，并很快完成了对煤田的调查。并建大新、大兴两公司，疯狂开采煤炭，掠夺蒙古贞的资源。霸占中国土地，掠夺中国资源的野心，促使日本帝国主义的侵华步伐加快。

世界历史上最富于侵略性的沙皇俄国，最先把侵略魔爪伸向了中国北方。在镇压义和团运动中，1900年7月，沙皇俄国就调集了17万军队侵入到东北。是年10月，沙俄采尔皮茨基将军，应天主教东蒙古教区总教堂的请求，对旧卓索图盟的义和团进行镇压。侵略者所到之处，烧杀抢掠凶狠残暴，蒙古贞各族人民遭到劫难。

由于阶级矛盾和民族矛盾日益尖锐化，蒙古贞地区的蒙古族人民掀起了反帝反封建斗争的高潮。

第二节　老人会起义

1860年到1864年，发生在土默特左翼旗的“老人会”起义，是蒙古贞地区蒙古族人民掀起的一次较大规模的具有特殊组织形式的反封建斗争。

清朝同治元年（1862年）九月，土默特左翼旗贝勒散巴勒诺尔赞袭爵继承其父那逊乌勒哲衣贝勒王位后，荒淫无度，被人们称为“苏克图诺颜”（醉王）。为其享乐，他大肆勒索差粮，征收丁税，将壮丁费由八吊改为八十吊，并强征“俊男美女”为奴婢，致使阿勒巴图既无可耕之地，又无可牧之场[1]。

①《清穆宗实录》卷85。

广大牧民便以“典卖子女以供差，已不能一日聊生”[①]。七旬老人亦难忍，扶杖群起来抗衡[②]蒙古族人民被迫举起藐法抗差的旗帜。

咸丰十年（1860年）春，在土默特左翼旗北部勿勒巴沁（今哈达户稍乡梅林营子和雅头营子村）的绰金汰和那木萨赉等人首先“立会涉讼，抗差不交”，组织起“勿不格得会”（汉译为老人会），联合了70多个村的老人，掀起了声势浩大的抗差斗争。（因为在蒙古族中，有特别尊重老年人的美德和习惯，老年人享有崇高的声望）。他们指派喇嘛林沁等人以“差重等情赴京控告”，阿勒巴图（贫苦牧民）“呈恳先交差钱八吊”，王府不允反而“议定差钱八吊之外，复加杂差六项”[③]，其中指称“兵差加派十万余吊”。同时，旗官员塔布囊等“复设立团练，名为新老头会”[④]。“使之为绰金汰等人的勿不格得会往寻报复，互相仇杀”。

1862年6月，绰金汰聚集了二百余人，要求减免差项，但遭到旗兵驱散，激起民愤。7月15日，“老人会”在哈楚特营子开会，官兵地方团练闻讯，派出20多人，趁夜前来查拿，绰金汰率众以鸟枪迎击，将旗兵驱散。由此，“老人会”就以武装拒捕的斗争方式，回击王府的镇压。1863年6月17日深夜，绰金汰、那木萨赉等率领五六百人，烧毁了王府官员巴育泰的房屋，活捉了管旗章京哲克通额等23人，夺获马27匹。他们还动员民众到各地索还被旗府榨取的租物和被王府强行逼作奴婢的子女。同年九月，绰金汰、那木萨赉聚集数千人，联合70多个村庄，各持鸟枪器械同官兵展开激战，使清朝廷大为震动，理藩院奏称：“东土默特旗蒙法绰金汰等聚众数千名之

①《阿克敦布等片》明清档案部藏。

②《醉王之歌》《老头会调查材料》。

③《奉使土默特贝勒旗会审老头会日记》。

④《清穆宗实录》卷46。

多，执携鸟枪，器械抗拒官兵，并将塔布囊库纳西厘击毙。该蒙匪等始以‘老人会’名目，敛钱抢物，嗣后纠合多人持械逞凶，藐法抗差，若不赶紧搜捕，恐将来越聚愈众，势必酿成巨患。”[①]清朝廷谕令热河都统麒庆，会同卓索图盟副盟长贝勒那逊鄂勒哲，该旗协理台吉帕尔“速派官兵前往该旗，按名实力查拿、严行惩办，不许一名漏网”[②]。1864年8月，清朝廷派理藩院侍郎额勒和布随带蒙古翻译三人来土默特旗会审“老人会”一案，9月，共逮捕了以绰金汰为首的88名“老人会”成员。经连日审讯，以“藐法抗差，聚众滋事”的罪名，将绰金汰、察干巴图尔等人杀害。1865年12月16日，那木萨赉、恩和巴图、土门恩克越狱潜逃。他们邀集梁廷起、吴振德等50多人，乘马持枪用火炮等武器继续进行抗清斗争。战斗中恩和巴图受伤身亡，清朝廷钦差额勒和布竞将其戮尸示众。朝廷多次严令：“那木萨赉、土门恩克、玛克莎尔各犯，均系‘老头会’著名首恶，岂容任令远飏，日久稽诛？著额勒和布，麒庆督饬贝勒散巴勒诺尔赞等，迅即分路严辑，勒限捕拿，不准含糊了事，倘日久无获，即著严行参办。”并一面咨行盛京将军，奉天府府尹，锦州副都统，卓索图盟盟长严饬地方文武，并所属蒙古各旗，“一体严拿务获，毋任漏网”。那木萨赉等人不久在宾图王旗乌丹营子被捕牺牲。“老人会”起义虽然遭到镇压，但却沉重地打击了清王朝和蒙古封建王公的统治。清朝廷被迫拟定了《查办土默特贝勒旗差项地亩条款》二十二条，免去同治二年以前的差项，恢复了每年只交八吊钱定例。18名旗署官员受到治罪。“老人会”反封建王朝的英雄事迹将永远在蒙古贞大地传颂。

①②《清穆宗实录》第88页。

第三节　白凌阿反清义军的斗争

19世纪后半叶，白凌阿、弥勒僧格领导的武装起义，是蒙古族人民规模最大，影响最为深广的反封建斗争。

白凌阿是卓索图盟喀喇沁右旗人，俗称“东荒蒙古人”。弥勒僧格系其外甥。咸丰十年（1860年），在内地农民起义高潮的影响下，白凌阿、弥勒僧格等联合王达、刘珠、李凤奎、才宝善等汉、蒙古、回族农民分别在义县、朝阳一带发动了大规模反清起义。在历时九年多时间，曾多次转战到蒙古贞地区，沉重地打击了清王朝在蒙古贞的统治。

1861年初，白凌阿率领二三百名起义军，进入离义州（义县）城30余里的高台子，同王达领导的“聚台抗粮斗争”队伍联合，队伍发展到800余人。连日攻打义县县城，击毙击伤清军官兵多名。在盛京将军玉明命令佐领哈尔尚阿“驰往助剿”时，义军从南门突围，王达被捕牺牲。白凌阿率部由义县东渡大凌河，转战到蒙古贞地区。在北镇的闾阳驿打死清军候补千总李遇春等3人，打伤清军8人。起义军声威大震，颇使清朝廷忧患。朝廷连连下旨：“东三省为根本重地，岂容匪继肆行窜扰？著即严饬该协领实力穷追，务将匪首白凌阿及其余党与悉数歼擒，毋许一名漏网。”①

1861年3月14日，白凌阿率领起义军密切配合李凤奎等发动了朝阳大起义，使反清烽火燃遍了卓索图盟、昭乌达盟和奉天省边境。清朝廷调动了驻热河、古北口保驾的黑龙江、陕西、吉林、盛京等省的数千名清军官兵和拟调往僧格林沁的500余名马队进行镇压，汉族首领李凤奎被捕牺牲。

---

①《清穆宗实录》第15页。

1862年初，白凌阿带领百余名义军转战到蒙古贞四家子村，清军当即“星夜兼程”跟踪追击。但“白凌阿早已从四家子转战隐蔽到百里外的蒙古贞贝勒府羊圈子村伏击，以“潜入山林”的游击战术寻战机困扰清军。清军虽然复跟踪搜寻，但“匪首白凌阿，仍未戈获”[①]。蒙古族群众，甚至个别蒙古王公也暗地中给白凌阿以保护。清朝廷御旨称：“近闻白凌阿尚匿该蒙古地界，其甥弥勒僧格经蒙尔金（即蒙古贞）旗贝勒赏给顶戴。著理藩院传谕卓索图、哲里木、昭乌达蒙古各王旗，迅速查明白凌阿现在何处，即行拿获。”[②]此后，清军出示晓谕：“如有拿获送官者，悬以重赏。”妄图达到“以期尽歼，一律肃清”的目的。但是，以白凌阿为首的起义军扩大了转战范围，坚持战斗在哲里木和吉林省边界。1863年夏，经奈曼、库伦、敖汉等旗，再次进入蒙古贞地区。是时，弥勒僧格为清军捕获，“由吉林解热河，行至大石桥店门”之际，“复乘间逃跑”，亦奔赴土默特左翼旗。在蒙古贞塔营子等地，多次“暗伏火药”“轰伤官兵”“共击练勇多名”[③]。在扎兰营子，清河门等地对“铺户”“富商”也予以打击。

1868年初，清朝廷调热河驻防骑兵同卓、哲两盟旗兵，施加“尾追”，“一体严密搜拿”。12月15日，白凌阿在吉林高棚子不幸被捕，英勇就义。弥勒僧格则继续坚持斗争，身背双筒洋枪，手持“夹把刀一把，跨骑青马一匹”。给清军以沉重打击。1869年1月，弥勒僧格经与“官兵”格斗致使被俘牺牲在狱中，清政府以“罪大恶极”戮尸枭示。充分暴露了清朝统治者对蒙古人民镇压的狰狞面目。

白凌阿、弥勒僧格不愧是蒙古族人民的优秀儿子，他们英

---

①《盛京将军玉明等遵旨严搜盗匪由》（同治元年正月二十四日）《军机处录付奏折》等2409号案卷2号。

②《清穆宗实录》第50、59页。

③《清穆宗实录》第1214页。

勇斗争的事迹永远在蒙古贞人民中间传颂。

第四节　刚布、桑布反帝反封建斗争

鸦片战争后，帝国主义加紧对中国的侵略，使民族矛盾日益尖锐。1900年，八国联军的侵华战争；1904年至1905年的日俄战争，使民族危机进一步加深。19世纪末，蒙古贞地区人民反帝反封建斗争风起云涌。

1900年在山东爆发的义和团反帝爱国运动，迅速波及北方各省。同年6月，内蒙古各地也掀起了“仇洋灭教”运动。7月，当八国联军打进北京时，沙俄出动了17万侵略军分六路侵入东北三省和内蒙古东部各盟旗。被俄军打败的清朝军队，经过科尔沁右翼三旗，扎赉特和郭尔罗斯等旗，军纪败坏，到处抢劫掠夺。蒙古族人民受尽了清朝逃兵的欺压。史书记载，在难以忍受的情况下，“大家行动起来手持刀枪、农具同清兵展开搏斗。抢夺他们的枪支武装自己，若遇到三五分散逃跑的军队，引进屯内，利用住宿吃饭的机会把他们杀死，夺取他们的枪支弹药；路过札萨克图、扎赉特、苏鄂公等旗的逃兵，在途中多数被群众打死，（起义者）夺取他们的枪支武装了自己”[①]。在兵荒马乱的情况下，清王朝苛捐杂税反而加重，汉族官商的盘剥也日益加重。蒙汉人民反帝反封建斗争以更大的规模在更广阔的地域开展起来。

1900年，蒙古贞大巴东苇子沟村的蒙古族农民刚布、桑布兄弟，在房无一间，地无一垄，食不饱腹，衣不蔽体、无法养家糊口的情况下，聚众百余人，毅然举起了“反压迫”的旗

① 博儒古德：《图胡莫起义始末》第21页，《兴安盟地方志通讯》1984年第2期。

帜，举行了起义。起义队伍首先将本村地主“边里柱”的粮食，分给当地的贫苦百姓。继而又打败了前来镇压的旗札萨克官军。声势也越来越大，对周围的地主也不断出击，用缴获的武器武装自己。此时，镇压义和团运动的小股日军进入蒙古贞东部，刚布弟兄率领起义队伍给予日军重创，将他们赶出蒙古贞。

1900年秋，刚布、桑布兄弟两人率领百余名军队，进驻图胡莫，作为据点。当时，各路人马纷纷前来投奔刚布兄弟，有前郭旗的郭洛虎，蒙古贞旗色纳道尔吉，博王旗的达赉，云丹钟耐，苏鄂公旗的三眼井、诺尔桑、刘锁、宴英、彭尔（秃子）、岳特（秃子）、额术和炮手等人，组成一千多人的军队。他们“歃血为盟”，宣誓“同生共死”，结为义兄弟，并推举刚布、桑布、王洛虎、色纳道尔吉等人为首领，在图胡莫建筑房屋，修筑工事，接住家眷，开荒种地，把这片三里宽，二十里长的地方，作为能聚集一万人的根据地。

图胡莫，地处苏鄂公旗南部，札萨克图旗东南，在两旗交界处，距今洮南县东南一百华里，在镇赉县正南八十里，原名叫喜热勒太地方，清末开垦放荒后，归安广县管辖。刚布、桑布兄弟在蒙古贞起义后，就将队伍拉到这里，展开了著名的图胡莫斗争，在蒙古族人民革命斗争史上留下了光辉的一页。

刚布、桑布做出规定：“不论任何人，凡参加图胡莫组织者，可以不纳王府的捐税；凡受官方欺压者，为冤者报仇雪恨；对缺吃少穿贫困百姓，分配粮食衣物。”因而，群众非常拥护图胡莫，迁往图胡莫地方的百姓日益增多，“仅一年多时间，前来合夥者及家属搬来者数千人，盛名远扬”[①]。当时，东至扎赉特旗，西至图什业图旗（科右中旗），南至郭尔罗斯前旗，北至札萨克图和苏鄂公旗全境，都成为图胡莫起义军活动范围。

①《图胡莫起义始末》第21页。

图胡莫起义军的活动引起了蒙古王公的极大恐惧。苏鄂公旗公爷与札萨克图旗王爷商议派出军队，共同围攻图胡莫，遭到失败。起义军多次进攻王府，苏鄂公旗公爷喜敏珠尔携家眷逃往洮儿河之南六家子屯居住。为支持苏鄂公旗公爷镇压图胡莫起义，正值在京值班的扎赉特旗郡王珥喇克帕勒，命令本旗每屯征兵一人，组织“民团”，收缴逃兵武器，加强训练。按照黑龙江将军寿山：“凡不参加国家战争私自逃跑的逃兵，若强过本旗时必以缴械歼灭之”的旨令，缴获了从南方（安徽、浙江）调来路过该旗逃兵的“十响毛瑟枪七百支、子弹多发”。然后集中苏鄂公旗，札萨克田旗和札赉特旗的兵力，接连三次向图胡莫起义军进攻。

1901年4月29日夜，三个旗共出动五百余名旗兵和“民团”，在新庙屯袭击起义军，遭到起义军的伏击，旗兵被打的不知所向，伤亡百余名，其余四处逃走。

是年5月3日，当图胡莫三哥喇嘛率领一支义军前往扶余县途中，在前郭旗四十家子屯，与追来的札赉特王府旗兵和“民团”相遇，由于事先准备不足，起义军被旗兵打死打伤三十余人，几百头牛马全部失散。三哥喇嘛在撤退途中将旗南部大地主林老七的数百头牛马赶回图胡莫。

是年6月15日，当农安县大军阀十四阎王与前郭旗王府勾结，共同出兵七百余人，用大车载运九十六门招杆枪（类似小土炮）向图胡莫根据地进攻。刚布、桑布等首领商议，采取引敌深入的作战方针。在旗兵用大招杆炮连轰四天，至19日巧遇连阴大雨，火药因渐湿不能着火之际，义军从东西两面出击，打死敌兵三分之一，打伤百余名，缴获军械多件，牲畜，粮秣，衣物不计其数。

经过上述三次战斗，图胡莫之名，威震四方，投奔者日众，起义军人数增加到三千多名；活动地区又有扩大。图什业图旗（科右中旗）亲王色旺诺尔布桑卜也惶惶不可终日。

吉林将军长顺紧急奏报朝廷，“图胡莫”贼匪莎尼多尔克（即色纳道尔吉）等，并匪首王洛虎各纠大股，在图胡莫等处竖旗倡乱，昼夜抢掠，该旗西南各地均被扰害。清政府谕军机处：“图胡莫等旗，与吉林隔境，兵力有所不及，著袁世凯，色楞额选派劲旅，速往该旗剿办，以免蔓延。”[①]但经多方派兵镇压，皆无济于事。

同年底，札萨克图，图什业图，扎赉特三旗王公“会商”，各旗派一名代表，持公文去哈尔滨“请求俄兵助剿”[②]。俄驻哈尔滨领事派出俄兵二百名，拖拉大炮两门，于11月间，包围图胡莫。设炮台于东南岗上，向图胡莫根据地猛烈轰击。起义军只用步枪反击。刚布、桑布、王洛虎等率部突围，撤出图胡莫。不久，在中外反动势力的残酷镇压下，图胡莫起义终于失败。刚布兄弟的斗争义举极大地鼓舞了蒙古族人民的革命斗志。

第五节　白音大赉武装起义

1904—1905年的日俄战争，给东北人民带来了巨大的灾难。在清王朝和蒙古封建王公的残酷剥削、压迫下的蒙古族人民更加艰难困苦。

土默特左翼旗（蒙古贞）的蒙古族民族英雄白音大赉怀着国恨家仇，毅然举起了反抗大旗。白音大赉早年曾投身绿林。当日俄战争在东三省境内进行时，他就聚集数百人在法库门劫取了俄军的大量枪支弹药，发动了武装起义，声势大振。旗札萨克曾三次派兵镇压，均被起义队伍击败。起义军转战各地，

①《清穆宗实录》卷489，第7页。
②《清穆宗实录》卷496，第314页。

受到人民群众的热烈欢迎。

1909年，当日本侵略者的魔爪伸进彰武时，白音大赉立即率起义队伍开赴彰武，与日本侵略军进行了激烈的战斗，取得了重大胜利。尔后这支起义队伍转战到洮南、靖安，并进攻清朝统治下的州县及汉商、管宦。地方官督兵进剿，皆为其所败。奉天省西北两千余里地区都被白音大赉起义军控制。

1907年6月，徐世昌就任东三省总督后，对奉境西北蒙边“悍匪”进行残酷镇压。当时著称“巨盗”之白音大赉、卷毛生铁子和巴塔尔仓等几支蒙古族起义军，正活跃在彰武县境内。不久，陶克陶的起义军在洮南，靖安与白音大赉的队伍汇合，联合起来，反抗清王朝。对此，徐世昌惊慌向朝廷奏报：“奉省西北边境一带，地属蒙疆，径路分歧，最为盗贼出没渊薮，彰武县境，有蒙匪白音大赉，本系巨盗六十三同党，屡犯彰武县境。入秋后，又有蒙匪陶克陶、胎木、牙什等纠合大股或十余人，或数百人，窜踞洮南、靖安境内，谋为不轨。虽经地方官弁、巡警、员绅，合力堵剿，因众寡敌，以致西北沿边二千余里几无乐土。”[①]

清政府命东三省派重兵镇压。是年6月中旬，东三省总督徐世昌派奉军前路统领张作霖率马步兵十营，驰往彰武、洮南、靖安等处，“分路进剿”。以白音大赉为首的这支起义军，多次与清军英勇奋战[②]。由于清军“前后夹击”，“连日穷追”，起义军被“擒斩无数”[③]。10月18日，白音大赉、卷毛生铁子率领起义军退至科左后旗（博王贝子旗）他里土哈拉哈地方后，“回身死战”，大杀回马枪，清军官兵死伤多人[④]。在血战中，起义军领导人之一的巴塔尔仓因受重伤不幸牺牲。白音大赉率余部退入札萨克图旗境内。卷毛生铁子所部也被清军击

① 《东三省政略》卷16《军事·军政篇》，第148页。

②③④ 《东三省政略》卷16《军事·军政篇》，第149页。

散。于是白音大赉“率党数人潜匿镇安县属三家子，经分防县丞方德明带兵掩捕，悉数格毙”。

正当白音大赉所部义军的抗清斗争进入低潮的时候，陶克陶所部却不断给清军重创，并打击了日俄的势力。1907年9月4日孙尚钱代吉等测量绘制地图的七名日本特务，在伯都讷吉林新军保护下，宿于盛京属开通县即蒙古莫盏图地方店内，“忽于是夜四更时分，匪首陶石（克）陶带领伙匪六七十名围店放枪，击毙一名日本人，其余六名均被绑获，缴获了小口径毛瑟枪三杆，开斯枪二杆，子母五百个，号褂一件，号衣四件，战裙五身[①]。六名被“松放”的日本人，逃回农安县，请求日本总官高乔钱代吉，成田邵作“请作办法”。并与哈尔滨日俄两国领事官“磋商禁阻”。同年9月间，这支义军在奉天省开通县莫盖图地方击毙一名深入蒙古地区绘图的日本人。东三省当局深感义军“势报披猖”，“官军驰至，贼已蔓延青阳镇一带”。

当陶克陶的起义军进至醴泉镇（今突泉县）时，白音达赉“经郭尔罗斯前旗，至洮南府醴泉镇，与蒙古起义军领袖陶克陶会合，势力复振”。两军的会合，使当局更加恐慌。加紧调派清军围攻剿灭，“贼踞烧锅围墙向外轰击，相持至夜，官军潜由西面梯肩登墙，贼始骇愕，夺路奔逃，救出被掳男女三十余人。”[②]“在这次战斗中陶、白率部绕烧锅围墙，奋勇抵抗，展开了一场激烈的战斗。张作霖亲冒矢火，苦战入夜，犹未侵入。不得已从士兵中选出敢死队若干人，扶梯攀垣，用排子枪来射击，陶等才开始突围逃散。”[③]“而清军在这次战斗中却伤

①《大赉县公署档案》代号3405，东北档案馆藏。
②《东三省政略》卷16《军事·军政篇》，第149页。
③《日》柏原孝久；《蒙古地志》上卷，第1532页。

亡了七百余人”[①]。

醴泉镇突围后，陶克陶和白音大赉率部转战到索伦山。徐世昌复调奉天、吉林、黑龙江三省兵力继续加紧围剿。1908年，张作霖率军入索伦山搜索，白音大赉及陶克陶战败，奔巴林旗，又奔西乌珠穆沁旗的兴安山。面对张作霖的追剿，陶克陶回奔索伦山。而白音大赉突围至乌兰套山，在张作霖搜山时被捕遇难。

白音大赉是蒙古贞人的骄傲，是蒙古族人民的英雄。他的光辉事迹，将永远载入近代蒙古族革命斗争史册。

第六节　抗英抗俄斗争

英帝国主义早在鸦片战争之前，就在中国进行了肮脏罪恶的鸦片贸易。在战前，英国输进中国的鸦片总计就达427000箱，掠走白银二亿至三亿两银元。在辽宁的锦州、海城、新民、营口、奉天等地亦大量倾销鸦片。道光十九年五月至二十年四月，在奉天省查获烟土达2400余两。

1840年6月，为了使鸦片贸易合法化，进一步扩大对中国的侵略，英国发动了鸦片战争。英国的“摩底斯”号，“布朗底”号，“衣那”号等舰船，潜入辽宁海面，并登陆抢掠。英帝国主义的侵略行径，受到全国各族人民的反对。1842年6月13日，卓索图盟组成一千人的抗英队伍，在新海门外魏平山处出征，土默特左翼旗挑选壮士200名，由旗协理托布丹，扎兰阿布儒希达率领，加入卓索图盟的抗英队伍。由于《南京条约》的签订，抗英军于1842年9月8日回师，受到旗府的慰

① 《蒙古》嘎·纳旺纳木雷勒：《刚毅英雄陶克陶胡传略》内蒙古日报社1948年5月25日再版。

问，人民的欢迎。

海龙，字云亭（蒙语名牢浩）是土默特左翼旗（蒙古贞）巨将屯人。光绪十五年任本旗左翼第四参领。光绪三十一年升任旗府梅林。1904—1905年的日俄战争，给人民带来了深重的灾难。当沙俄侵略者进入土默特左翼旗时，身居巨将屯的海龙，不堪忍受外侮，率先奋起，亲自组织起周围六十多个村庄的各族群众，抗击了沙俄侵略军。屈服于帝国主义压力的旗札萨克，连续发出几道命令，令其罢兵弃戈，任沙俄侵略者宰割。海龙宁受札萨克之处罚，却绝不屈服于侵略者。交战中，沙俄侵略者将海龙宅院焚烧尽光，但他置自己得失于不顾，同侵略军仍进行了坚决的斗争，直至沙俄兵败走。

海龙抗击沙俄的事迹在土默特广为流传，鼓舞了蒙古族人民反帝斗志。后来人们编成了蒙古民歌，在民间广泛传唱。

第十四章　近代蒙古贞

在清朝廷的统治下，土默特左翼旗的封建王公、贵族，对广大人民群众实行残酷的压迫政策，疯狂搜刮民脂民膏，达到无以复加的程度。

第一节　封建王公统治时期

一、苛捐杂税，名目繁多

旗札萨克征税“计丁而不计地”。称作“壮丁税”（亦称人身税）。这种壮丁税，最初每丁每年交东钱（亦称制钱，用青铜制作的）5吊，后增至8吊、10吊、60吊，最后增加到80吊。除了壮丁税外，还征收“分地税”“祭祀费”、年贡“贡品”“朝觐费”“驿站费”“旗兵饷”“地方费”。札萨克晋爵升级，生辰寿诞、生儿养女等也要百姓交费。交不上诸差项的旗民，只好遭受鞭笞、棍打。尤甚者逼至悬梁自缢，卖儿鬻女。仅舍布岱营子旗民因交不上费而卖儿弃女者就有20户。其悲惨情景不忍目视。更可恶的是，那些贪官污吏，以“已交为未交”之手段，从中舞弊，迫使旗民无法生活，致使大量外逃。当时曾到土默特左翼旗贝勒府办理老人会案件的刑部侍郎阿克敦布说：“逃者已不下两千余户。”达到这样程度，这些官员还不知体恤下情，复将逃丁应交之差，又派给未逃走的各丁缴纳。咸丰十年（1860年）指令摊派兵差十万余吊。接着札萨克为皇帝效忠，又下令每户旗民出贡银一两，真是紧锣密鼓，征敛捐税，令人不得喘息，益形苦累。

二、沉重徭役，不堪重负

封建徭役是压在蒙古贞人民群众身上的沉重负担。徭役种类繁多。有“通苏勒”（意为劳役）、木兰围差、调兵、命案所需之“乌拉”，贝勒年班，因公出境所需之“乌拉”、车辆、伴当、跟役等；旗札萨克修理衙署、衙门印房、下夜、看役等等。这些徭役，无不从旗下摊派。为出“通苏勒”之旗民，自带粮食、衣被、灯油等物，到札萨克贝勒府服劳役。稍不顺眼，即遭鞭打之处罚。除纳官差外，在屯中，还要负担本管塔布囊的种种苛派。其款目杂滥，弊端百出。塔布囊遇有会盟、移营、喜丧、外出等事，其属下的“阿勒巴图”们还得出钱、出马、出车、出毡子、奶子、奶酒等物，供其乘用和食用。这些徭役原来还有章可循，到后来已无章可循，不按章办事，随意滥派。

三、滥派随丁，奴役百姓

清朝廷规定：“塔布囊在外居住，家奴每一辈中准许塔布囊挑取使女一名服役，虽多不准强派。”可是王公、塔布囊无视此规定，无限量地占有“包勒”和“尹吉”。如七家子村有一户塔布囊占有“包勒”和“尹吉”一百多名，这些“包勒”和“尹吉”，无人身自由，任其摆布和役使。成为贵族的“上马石”“下轿板”。他们受无情的鞭笞和棍打，被赠送、出卖或处死。受压迫之深，可想而知。咸丰三年（1853年），旗札萨克在一个月内就打死“包勒”和“尹吉”5名。对此，朝廷办案者刑部侍郎阿克敦布也有点儿看不过去，说：“本管塔布囊粮石（读dàn）牲畜差派繁重，使唤使女任意作践，不堪言之处甚，伊聘定未婚之女，硬配家奴，并卖与口里。”

四、霸占土地，民不聊生

土地是蒙古贞人民群众的养牲之本，稼墙之源。可是旗内的土地，由旗札萨克王公、塔布囊、寺庙和官员等人霸占后，私自招垦，得租肥己。使广大的“阿勒巴图”既无可耕之地，又无可牧之场。

原来，旗内农场甚多，养牲种地，交纳差项，有的还属宽裕。如第十任札萨克那逊乌勒哲衣私债高筑，以地亩押借钱文。塔布囊们向札萨克多求赏地，就把荒场赏给他们耕种，这样，官员们垦种去其一，塔布囊们也纷纷要土地垦种去其一，寺院也涉足垦种去其一，到“阿勒巴图”手中的土地，已是微乎其微了。有地者不交纳差项，而缴纳差项者又没有土地。因此，典卖子女供差者，即使官衙不必十分苛派，亦不能一日聊生。

由于封建王公、塔布囊、官员及寺院的重重压迫、剥削，致使广大人民群众陷于水深火热之中。

第二节　奉系军阀统治时期

中华民国时期，日本侵略势力不断渗透，使蒙古贞也变成了半殖民地、半封建的社会。然而，奉系军阀不但不抵抗日本侵略者，反而以武力镇压蒙古贞人民对外敌的反抗。

张作霖和皖、直系军阀的穷兵黩武，给人民带来了严重灾难。庞大的军费开支，沉重地落到东北人民头上，也落到了蒙古贞人民头上。连年的战争洗劫，使人民群众家破人亡，背井离乡。

为了索取庞大的军费和满足军阀政府的挥霍，除经常增税加捐，借外债，举内债外，又大量发行奉票，向人民群众勒索搜刮。如1924年，热河省各种税率增加一至七成。到1936年，税率又提高到十成。除正税外，还有战时附加捐，名目繁多，不一而足。除田税、豆税、出产税、斗秤税、马牛骡税、驴猪羊税、过路税、屠宰税等等之外，甚至连结婚、学生入学、毕业都要纳税。同时，强迫农民种植鸦片烟。借收饷捐，而裕饷糈。热河省内种鸦片烟不下五千顷，征收烟捐达1300余万元。这一苛政，不仅给人民生活带来恶劣影响，而且严重损害人民身心健康。因此，蒙古贞人民和东北人民一样，把奉系军阀为筹集军费所建的“筹集局”戏称“抽筋局”。

奉系军阀大举内债。1926年5月奉系军阀即发行所谓“公债”五千万元（现大洋）。发行时，强制人民群众认购。因为当时自然灾害严重，人民生活水准极为低下，根本无力认购。奉系军阀以强硬手段督促各县旗知事札萨克极力推行。对记购成绩不佳者，加以严惩。蒙古贞人民在残忍威令逼迫下，不得不倾家荡产，去认购公债。

大量发行纸币，不动声色地掠夺民财。他们用极其卑鄙的手段，印刷大量的不予兑换的奉票、官帖儿，用以购买人民群众的财物。公开向人民进行掠夺，致使奉票价位不断暴跌。这种变相的税捐，大大加重了蒙古贞人民的负担。奉票毛荒的恶果使物价直线暴涨。1926年4月汤玉麟被提升热河都统，1928年末，张学良任命其热河省主席兼陆军第36师师长。汤玉麟统治热河省以后，极力扩编军队，大肆搜刮民财，强令百姓种植鸦片大烟，并巧立各种税捐名目。地亩税由中华民国十八年（1929年）开征。其暴敛之重，在奉系军阀中亦以罕见。人们称之为“汤扒皮”，汤玉麟把热河省变成了自家天下。所有省府厅长、局长和各县县长，以及军队团旅长以上官员，不是其儿子、侄子，就是其外甥、女婿等，真是非亲莫属。当时在蒙古贞开凿煤矿，他见有利可图。于1928年派来了其二婿周铁铮就任阜新县长。在汤玉麟统治热河省的6年中，民不聊生，槁草轵途，饿殍载道，广大人民群众无法生活，四处逃荒，流离失所。

汤玉麟（1871—1937）是蒙古贞地区今新民镇人氏。在其绿林生涯中，深知土默特左翼旗的翁山乃是富饶之山，他公开霸占，不容许附近蒙汉群众进山打柴采药。一旦发现有进山者，立即抓捕起来，定为偷山之罪，予以严刑拷打，生死不测。对山里的所有的野兽、药材、木材，甚至柴草等，统统收归为汤家的私有财产。

阜新县征收总局局长阴似南，是汤玉麟的大女婿，依仗汤的势力，强令清河门商会补税捐5000—6000元；还令其他商户补捐补大烟土等。当时控告阴似南的状纸百余张，因其岳丈势力巨大，谁敢奈何。阴似南私带护勇，硬将喇嘛寺庙内之古玩物品，用车载去若干件。如入无人之境，欺压如此之甚，其征收局稽查孙某，路遇匪贼，被抢之款无几，但其头目阴似南报案硬说劫去5000元，挟其县府包赔其所谓的失款。仅在1930年一年当中，在旗县管区内勒索钱财达30000元。

汤玉麟之子汤佐辅，于1928年在热河省任财政厅厅长之职。为人见钱眼红，到处伸手搜刮，永远满足不了他贪财的欲望。1928年10月，见在蒙古贞地区有利可图，立即跑来在金家洼子创办“玉成矿”。他以极其低劣的生产条件和设备开采煤炭，要煤不要人，矿工在地下做工达十几小时，一筐一筐背出煤来，每日工薪都少得可怜。养家糊口亦食不果腹。

帝国主义侵略中国实行殖民主义的先锋，便是外国教会势力。帝国主义的宗教，不仅是昏迷殖民地民众的一种催眠术，而且是地地道道的掠夺殖民地资源的探险队、先锋军。19世纪30年代，天主教四川神学校校长方·厄玛啜教主来到热河所辖之朝阳的松树嘴子建立传教据点。于是天主教传到蒙古贞，外国教会势力在蒙古贞地区扩张起来。

第三节　日本侵略者的罪行

1931年九一八事变后，日本帝国主义侵占了东北。1932年3月在长春成立“满洲国”，拉出溥仪“执政”，年号“大同”。1933年5月，日本帝国主义侵入蒙古贞，撤民国建立的阜新县政府，建立日伪阜新县公署，王槐三任县长，副县长均由日本人担任。由本田军次郎、牧野正田，北川展夫等日本人直接操纵大权。1934年3月，日本帝国主义改“满洲国”为“满洲帝国”，“执政”改为“皇帝”，年号“康德”。同年4月，县公署的县长改换张遇春，到1938年又改换宋德谦。日本人在县公署设参事官，由阿部虎男、川烟昌秀、钱子英、稻田、牧野正田担任参事官。县长是傀儡，一切事务都由日本人说了算。1939年12月，撤销“阜新县”。由土默特左旗政府，统管旗和县的一切事务。

1945年“八一五”，日本侵略者无条件投降后，于1946年1月，国民党派十三军上校军法处长张天权到阜新，着手成立国民党阜新县政府，并任县长。因张天权搜刮民财太甚，而被撤掉。1946年7月，国民党阜新市、县政府合并为阜新县政府，由原阜新市市长、东北保安第三支队少将司令韩梅村任县长。韩梅村是国民党左翼开明之士，在中国共产党地下工作者的帮助下，从阜新到凌源，于1947年5月，在凌源率部起义，加入中国共产党领导的东北民主联军，成为八路军的一名将领。韩梅村于1947年5月，离开阜新后，由杨明清代理县长职务，1948年3月，阜新解放，国民党最后一任县长安毓书慌忙逃走。

一、“大陆政策”在蒙古贞的野蛮施行

19世纪中叶，日本是一个闭关自守的封建国家。德川幕府是日本封建社会最后一个政权。1868年，日本在激烈的阶级矛盾和民族矛盾的推动下，实行了具有历史意义的“革命和改革”，推翻了德川幕府，建立了以明治天皇为首脑的代表新兴资产阶级和封建地主阶级利益的天皇制政府。这在日本历史上称之为“明治维新”。明治维新后，日本很快走上了军国主义道路。

1890年，日本发生第一次经济危机之后，日本就急于抢占中国和朝鲜的市场，掠夺资源和扩张领土。大肆鼓吹“大陆”是日本的“生命线”。主张以武力侵占中国东北。时任日本首相的大军阀山县有朋野心勃勃，狂妄地叫嚣：“一是捍卫主权线，一是防卫利益线。国家疆域是主权，划中国东北领土入日本是利益线。”因此，日本在兵制改革中，征服中国，称霸亚洲的基本路线已逐渐形成。这就是所谓的“大陆政策”。明治维新不过五年，1874年，就伸出魔爪，侵犯我国领土台湾地区。1894年，悍然发动中日甲午战争。1895年，签订《马关条约》。从此，日本帝国主义的侵略魔爪伸进了中国大陆。一路渡过鸭绿江，攻打九连城和安东，另一路在辽东花园口登陆，包抄大连、旅顺。在旅顺屠杀中国人18000多人。1903年10月8日，在《日清补充通商航海条约》中，就已贪婪地提出“共同经营热河、阜新县、新邱附近的煤矿”一事，暴露出野蛮侵略野心。1905年底，签订《东三省事宜正约》，强迫把辽东半岛和南满铁路“让给”日本；同时强迫中国开放凤城、辽阳、铁岭、长春、吉林、哈尔滨、齐齐哈尔、满洲里等16个城市，作为殖民主义者通商和移民居住地方。1906年，在大连设立“南满洲铁道股份公司”。日俄战争后，日本为在中国取得势力范围，迅速走上对外扩张的军国主义道路，取代俄国，掠夺中

国资源。是年11月26日，改称“南满洲铁道株式会社”，并立即派员到蒙古贞的新邱进行现场勘查煤炭藏量，写出了详细的调查报告，绘制了矿图。1909年，“满铁”再次派出技术人员到新邱，对这一带做了更大规模的现场调查。经过日本政府缜密的研究，于1912年，由日本外交机构直接染指阜新煤田。调查了解新邱煤矿的性质、价值及所有权等一些实质性的问题。为掩人耳目，不露其侵略“魔爪”，让与日本大财阀“大仓组”本溪湖煤铁公司伸手开采。大仓财阀又派出“大日方一辅”技师到新邱探矿，在途中被杀。于是日本侵略者正欲扩大开采，在无计可施之时，以“大日方一辅”事件为由，向中国政府提出赔偿，以60平方公里的煤田，或以11个矿区为赔偿条件，要挟中国政府。并制造种种借口，每交涉一次，就要增加一个矿区的赔偿条件。在日本外务省的直接干预下，获得了新邱六个矿区的开采权。并把六个矿区，划分为“大新”“大兴”两个公司管理，以示规模不大。到最后，已实现了取得60平方公里的事实。在大新、大兴两公司开井仪式上宣称：“我大新、大兴两公司，于东蒙一角新邱之地，拮据经营十余载，终将此宝库收入我手中，为皇国将来经营满蒙，取得一良好立足之地。愿皇威向蒙古内部扩展之势，犹如旭日之东升。”这正暴露了日本侵略者的狂妄的、贪得无厌的强盗凶相。同时又野心勃勃地提出：“阜新煤田远非抚顺煤田之所能比拟的，是罕见的大煤田，当前最迫切的事是，不应满足于现有的六个矿区，应以占有全煤田的角度，来制定未来的规划。”在调查清河门七家子煤矿之后的报告中提出：“下部煤层的潜藏是很有希望的。如果在这里培植起我方的势力圈，附近尽管已开凿有新矿（指民族资本）也易于被我方所压倒，此间同新邱、孙家湾、吐呼鲁相呼应。将形成统一阜新煤田主要部分的局面。”日本侵略者在字里行间表达出鲸吞整个阜新煤田的罪恶目的，已欲盖弥彰。为此，日本侵略者利用蚕食政策，收买民族资本的矿区。1918年5月，收买了12个矿区，其蚕食速度不断加快。不久，又收买了28个矿区。到9月份，又以中国人名义，申报开采13个矿区。日本侵略者不仅利用收买政策，同时也通过“北京政府”的上层人物，秘密签订合同，申办矿区。他们勾结交通总长曹汝霖、币制局长陆宗舆、内阁总理、陆军部长靳云鹏，同时又勾结段祺瑞、冯国璋，得到他们的支持，在王家营子一带办了20个矿区。在日本住友会社创办“三兴公司”进行开采。

1919年，由日本铁路守备队和重炮兵大队，同日本野战军两个师团，组建“关东军”，成立“关东都督府”。“满铁”仰仗其日军军事势力，更是有恃无恐，在阜新接收大仓组矿区，如同英国的东印度公司一样，利用商业公司的形式，进行掠夺。满铁在东北的掠夺，以1907年基数为（100）核算，到1928年，纯收益增长率为百分之2110。从1906年至1931年，在24年中，共收红利83000多万元。从1919年到1931年，“满铁”在阜新的“大新”“大兴”两个公司共生产出煤炭121600吨。掠夺100多万元的红利。

二、九一八事变后的侵略罪行

九一八事变后，日本侵略者掠夺蒙古贞的资源更加明目张胆，动用伪警察“讨伐”抗日义勇军，到处“剿匪”。在蒙古贞投入800多伪军，进行16次“剿匪”。在伪满实业部农矿司设立矿务科，直接派员掠夺蒙古贞的煤炭。“满铁”先后四次申请26个矿区，无论有无“采照”，悍然开采。在米家窝铺，日本人椎名开办了“泰信公司”，年产煤炭15000吨。孙家湾和五龙两个矿区，年产煤炭3000吨。

为了更全面更深入地掌握蒙古贞的资源，源源不断地掠夺蒙古贞资源，日本侵略者于1934年5月，成立了“满洲炭矿株式会社”。并立即着手解决蒙古贞煤炭出口外销运输问题。同伪满洲国交通部签订了建造新立屯达义县的“新义”铁路的合同，投资1000万元。对新义铁路预定线路作了勘察。1935年，仅用七个月时间，架设了八道壕至蒙古贞的送电线路。“满炭”理事长河本大佐等人来蒙古贞调查，决定首先开采孙家湾煤矿。是年8月，孙家湾露天矿破土动工。在东西长3公里，南北宽1.4公里的地面上，展开了疯狂的掠夺战。撤销了原矿务科，特设“矿业监督公署”；于奉天、新京、龙江、承德四处，各省、县、旗矿区分别隶属其管辖；蒙古贞属于“奉天矿业监督公司”。

1936年，新义铁路由新立屯铺轨到海州站。接着又向孙家湾铺设专用铁路。在阜新县公署院内发现石油，引起日本当局的高度重视。是年10月，在阜新成立“满炭阜新矿业所”，下设孙家湾、新邱开发事务所，五龙、太平、高德三个调查班。“满炭”对阜新矿业所投资达12427万元。为加强对其监督，“满炭”在伪新京设立阜新矿业部。在矿业所内的庶务课中，设劳务担当员，开始招募劳工。11月，新立屯至海州之间的铁路开始临时营业，蒙古贞的煤炭开始运往日本。

日本侵略者为了永远搜刮蒙古贞资源目的，于1937年在阜新县设城市建设局，开始搞阜新街市计划。为了达到从海上运走蒙古贞煤炭目的，决定建葫芦岛港口。随之开凿新邱露天矿，成立“阜新教习所”“劳务系员养成所”“阜新制作所”建立“采炭所”“开发事务所”“操炭事务所”“工程事务所”等，以完善阜新采煤机构体系。阜新发电所建成并给矿区送电。阜新矿业已招募劳工达17764人。到1939年10月，日产煤炭已突破10000吨。日本侵略者迫不及待地加紧掠夺，不顾中国劳工的死活，组建“出煤鼓励组”。建立“特殊超产期”，“激发国民的士气，发扬国民的协力精神“，以每月的8日，定为“诏书奉待日”。每月逢8为“大出炭日”。1940年产煤达346.5万吨。从1936年到1945年的十年，日本侵略者从蒙古贞掠夺2526万多吨煤炭，而死难矿工达7万多人。

日本帝国主义在东北的残酷统治长达14年之久。其铁蹄所到之处，都留下了斑斑血迹。在蒙古贞地区犯下了滔天罪行。

1. 建立殖民机构，强化野蛮统治

日本帝国主义为了维护其血腥统治，在蒙古贞以其军事势力为后盾，以军事镇压为手段，强化各种统治机器，先后建立了警察署、法院、监狱、思想矫正院、工人辅导所、矫正辅导院、宪兵队、炭矿警备队等各种反动组织，镇压中国人民，实行法西斯野蛮统治。

日伪刑讯室有十几种酷刑：打板子、灌凉水、灌辣椒水、跪碗碴、火烙、老虎凳、站笼、过电、吊挂等。特别对于反抗者，刑讯逼供。对于逼不出口供者，在冬天将反抗者的衣服扒光，逼其赤身裸体在院里跑步，并向其身上泼凉水，直到冻僵为止，叫作"吃冰棍"。对活活冻死者，日本刽子手发出狞笑，置中国人之死于不顾。他们动不动就拿所谓的中国"犯人"开心，冻几根冰棍看看玩。说："中国人大大的有，死了死了的没关系。"他们不仅对成年的中国人如此残忍，对中国的无辜儿童，用烟火烫其脸颊、一烫一颤抖，烫得紫坑麻子脸，说是"跳舞"。他们已暴戾恣睢、凶残成性了。

日伪所谓的法律名目繁多，卡得老百姓喘不过气来。一举手、一抬足，稍不注意就被认定是犯罪。被抓到思想矫正院或警察署，被打得皮开肉绽，体无完肤。重者被判刑入狱，暗无天日。在农村，发现百姓身上沾小块棉絮，一条线头，就被戴上"经济犯"的帽子，被抓捕入狱；几个人在一起唠几句家常嗑，被警察看见，硬说是"议论国事"，被抓去灌辣椒水后，以"反满抗日""思想犯""国事犯"等罪名，判刑，押进监狱。

2. 实行军事镇压，制造惨案

日本侵略者的军事镇压，遭到东北抗日义勇军的坚决抵抗。1932年1月23日，日本侵略军以其优势兵力，将奋起抵抗日军的抗日义勇军，围追堵截到蒙古贞地区的梨树营子村。当时抓走三名男人带路，继续尾追抗日义勇军。后把三人放回。第二天晚上，这一股日军返回梨树营子，叫开张瑞清家门，打死了张家老太太，张瑞清怒火中烧，抢过枪来，开枪打死了两个日本兵后逃跑。日军烧了张家房屋。第三天，在日本侵略军飞机的威胁下，将躲在西大沟的群众，用刺刀赶出来欲行大屠杀。傅德发、王振海两位老人挺身而出，解救了乡亲。他二人当时被刺倒于地，死于烧毁房舍的大火之中。从西大沟到村中，日本侵略军疯狂地见人就杀、见房就放火，杀了头天带路的李家三人，又将老史家孩子投进大火中烧死。将一名抱着孩子的母亲开枪打死于山坡上，孩子抱着母亲哭喊而冻死。仅在两天当中，日本侵略军杀死梨树营子村的24名男女老少，烧毁房舍30多间，杀掉，烧掉牲畜30多头。这一惨不忍睹、惊心动魄的惨案，是日本军国主义者们在蒙古贞地区犯下的滔天罪行。

1936年冬，日本侵略军窜犯到大固本乡大兴庄村。因抗日义勇军的头领高鹏振到过大兴庄，为此，日本侵略军以当地百姓同抗日义勇军有联系为名，将全村男女老少驱赶到一处，欲实行镇压。日本侵略军于当场就用刺刀挑死一人，冻死一人，并抓捕十几人投进监狱。见此情景，全村百姓四处逃难。

3. 实行奴化教育，摧毁民族文化

日本侵略者，为使东北殖民化，在教育上实行一整套奴化教育制度。名曰培养忠良国民，陶冶情操，涵养德行。实质是愚弄中国人，向其俯首帖耳，充当日本殖民主义者任意驱使的“忠良”的亡国奴才。

在奴化教育制度上，强力推行虔心诚意地崇拜日本天皇和伪满皇帝的奴役思想；都必须歌颂“日满亲善”“五族共和”“王道乐土”；都必须竭尽心意拥护“大东亚圣战”，为战争效力。日本侵略者的所谓建国精神是以“日满一德一心”“日满亲邦”“大东亚共荣圈”为内容，集中宣扬“惟神之道”，鼓吹“八弘一宁”，强迫信仰日本迷信的“天照大神”，于海州西山修建了日本庙宇，在西山街内也修建了日本庙宇，为崇高信仰计，于各地修建“老君庙”，大肆宣讲收揽人心之道。为慰安工人之计，于各工村设立“工人俱乐部”和“工人欢乐所”，以泯灭工人的斗争意志。

由于日本侵略者推行奴化教育制度，摧毁了中国民族文化，破坏了中国的传统教育秩序。在日伪教材中，其内容充斥了国民训、日满协和等奴化教育。同时，实行军训式的棍棒纪律，强迫中国人丢掉民族语言，学习日语，对中国人进行日本式的奴化教育，其罪恶目的就是奴化中国人，令其俯首为日本人效劳，坑害中国人。

4. 派遣特务，搜集情报

日本侵略者自明治维新后，垂涎东北，为实现其“占领领土，必先治其民心”的策略，调查东北各地的民情风俗。于1915年，大量派遣特务进入东北。其中，以土居秀男为首的特务班来到蒙古贞，扎根于大固本乡太和申村，冒充蒙古人，说蒙古语，以行医职业做掩护，笼络人心，暗中搜集情报转帖仁丹广告私下联络，开展工作。对蒙古贞的政治、经济、文化、军事、历史、风土人情等方面大量收集资料，为日本侵略军占领蒙古贞服务。

九一八事变后的第八天，潜伏在太和申和新邱两个地方的日本大特务土居秀男立即负责起新邱“大新”“大兴”两公司的一切事务。

另一个日本特务中村次郎，毕业于日本大阪外语系蒙古语科，为日本侵略者忠诚效劳。以经商贸易职业为名，来蒙古贞做特务工作。于1933年，日本靖安军进到蒙古贞时，他前窜后跳，往来于蒙古贞与新立屯之间，频繁活动。当他走到新邱东三坑附近街道时，被义勇军捕获。中村次郎诡称蒙古人，妄图蒙混过关。未曾料到同当地蒙古人对话时，语音生涩，露出马脚，被义勇军当即处死。

又一个日本特务入江又四郎，当抗日义勇军占领县城时，他带着一张地图，为其主子提供军事情报。在县城进行特务活动时，被义勇军当场抓获，在县城南门外处死。在场2000多名群众，群情激愤高呼“消灭日本侵略者，挽救中国”的口号。

日本特务于1915年来瑞应寺，以文化交流、宗教无国界的名义，研究藏传佛教在蒙古贞的影响，掌握蒙古贞人信仰佛教的心理特点，为从心理上征服这一伟大民族，进行了多方面的调查、研究，为日本侵略者征服东北，提供了大量的情报。

5. 发动细菌战，毒害中国人

日本侵略者，为扩大侵华战争，屠杀中国人民，进行了惨无人道的细菌战。九一八事变后，日本帝国主义在东北建立了细菌部队，专门研究和培育细菌，杀害中国人民。1945年8月，日本帝国主义无条件投降，撤回细菌部队，炸毁其各种细菌实验室，杀害在监狱中做细菌试验的中国人致使带鼠疫的老鼠，到处乱跑，传播鼠疫，无数中国人死于鼠疫。蒙古贞旧庙镇北部的哈达图等4个村，1017户，5214口人，在一万顷土地面积上，爆发了鼠疫，有96人死亡；有3户人家全部被鼠疫夺去了生命。

6. 收买和控制土地

日本侵略者在东北建立伪满洲帝国后，在政治上加紧殖民统治，在经济上进行全面严格控制和掠夺。对蒙古贞土地，借伪满洲帝国之名义，疯狂抢掠，全面控制。

在农村，全面清丈土地，用飞机普查，掌握所有土地面积。通过清丈，废弃原有地契，改发大照，从而严格控制了所有土地。在此基础上，肆意收缴“出荷粮”。每亩出荷30斤至40斤粮，草8斤，义仓积谷金若干。所收出荷粮占每亩产量的百分之五十至六十。同时强迫农民耕种棉花，百分之百出荷，斤两不得自用。发现自用者，定为“经济犯”，受刑入狱。养羊，每只还要出荷羊毛二斤。当时没有改良羊，本地羊毛产量不高，所有产出的羊毛全部收缴，自身不得留用。在缴纳出荷粮过程中，村、甲、牌长各级层层加码，农民不堪忍受。各级官吏们命令限期缴纳，逾期者，警察动之以刑罚，打之以鞭棍，强迫缴纳。还要罚之以数倍款项。从1940年到1944年，仅以阜新县（当时无县政府，由土默特左旗公署执政，借以此名）统计，全县每年出荷粮食达34500余吨，棉花2700吨，羊毛7万斤。广大农民群众无粮糊口，只好以野菜、糠秕充饥，吃得浑身浮肿，卧榻难起。很多贫困百姓，夏无单衣，冬无棉衣。无房者栖身于旧炮台、小窝棚、地窨子等。屋内炕上无席，四壁空荡，冻饿而死者无数。

7. 收买矿区土地，鲸吞矿区

在矿区，日本侵略者大肆收买土地，开矿采煤，掠夺尤甚。在蒙古贞建立“房地实业公司”，专司土地买卖。在收买中，其手段、策略极其阴险卑鄙。永盛矿资本30000元，但买价仅定1200元，在合同上却写1000元，对其差额转嫁给社会，由社会予以支付。这是对各矿交涉时采取的极卑鄙的压制策略。“满铁”以大压小，以势压人，采取“宽、严”，“威、柔”之策，逐渐收买矿区和土地。购买永盛矿后，继而又收买了华盛矿，恒之矿，福增窑，仅用七个月时间，以低廉的价格，收买了12个矿区，用资仅达36500元。使民族资本矿主，蒙受重大损失。继而，又用上述办法，轻而易举地强占了东自二郎庙（沙拉镇属村），西至清河门的28个矿区；另外，买熟地5961公顷（占预定收买面积的三分之一）、房屋1062间。收买之后，又转租农民8160亩，年租小洋3164元，从中盘剥。

8. 收买土地、实行“移民”政策

“满铁”成立后，提出所谓的四条奋斗目标。其中有“移民”一项。日本侵略者为了实现长期独占我国东北的野心，推行其“大陆”政策。九一八事变后，进行大规模地移民和侵占土地。1936年1月，成立了“满洲拓殖股份公司”，1937年8月，又将该公司扩大为“满洲拓殖公社”。1939年设立“开拓总局”。县设“开拓科”，旗设开拓股。前者掌管的土地简称“满拓地”；后者占有的土地称为“开拓地”。两地在东北划分三个地带。蒙古贞地区东部的“查干诺尔”（泡子镇）泡子车站东南，建立了日本侵略者的“泡子铁路自警村”。就是日本侵略者开拓移民的一种方式，他们廉价购买3000亩土地，建立了村落，有25户日本移民在这里定居。

9. 捐税繁重，任意摊派

日本侵略者在强征出荷粮的同时，又课以名目繁多的苛捐杂税。如国税、地方税；有土地捐、屠宰捐、观览捐、游兴捐等；除此而外，还有地方自卫团、村、甲长，对农民任意搞摊派，什么“保甲粮”“保险粮”“雇兵花销”“雇勤劳奉仕花销”“雇劳工花销”等更加重了农民群众的负担。这些捐税占农民总收入的百分之十到二十，并按户、按人口、按地亩数严格计算缴纳。有钱的富户将缴纳的款项，又移栽到贫困户头上。致使老百姓的生活，经常处于吃无粮、穿无衣、花无钱、住无房的悲惨境地。

10. 控制工商业，实行商品配给制

在日本侵略者“统制政策”的统治下，蒙古贞地区的工商业被日本侵略者操纵。民族工商业几乎全部倒闭。广大人民群众的日用生活必需品都实行“配给制”。因此，这些配给物都带上了“洋”字。什么“洋火”（火柴）、洋油（煤油）、“洋镐”（尖镐）、“洋锹”（铁锹）、“洋布”（机织布）等等。在配给过程中，经官署衙门的层层抽肥榨取，配给到民众手中的生活必需品，已是微乎其微，分豆油只分得一小汤匙，而且还是掺了小米饭米汤的豆油。当时连一根火柴都得不到。在老百姓家中，为了不灭做饭抽烟用的火种，无论白天黑夜，长年连续点燃艾蒿制作的火绳。如果私购一条线、一尺布、一盒火柴，如被发现，就被加上“经济犯”的罪名抓起来灌之以辣椒水，或被打得遍体鳞伤，甚至押到留置场禁闭。

11. 摊派劳工和征招国兵

在日本侵略者“国民皆劳”的政策下，摊派劳工。有劳动力者强迫出人，无劳动力者逼迫出钱。有钱有势者不出劳工，可以用钱买劳工。1941年至1945年，蒙古贞地区出劳工40000余人。劳工到矿区，从事着极为繁重的体力劳动；被毒打，受带刑，挨饥饿、遭塌陷、中毒等是经常发生的事；死亡时刻威胁劳工们的生命。患病失去劳动者，将被活埋。孙家湾的“万人坑”，就是劳工们被万恶的日本侵略者铁蹄蹂躏的铁证。

国兵是充当日本侵略者的炮灰。只要中国人年满20岁就被征召当国兵。他们的生活也同样悲惨。大巴镇杜代营子屯，在一年中被征去3名国兵，其中2名死于他乡，被征召没当上国兵称为“国兵漏子”，参加“勤奉队”。其命运和劳工一样悲苦。

12. 设立金融机构，掠夺蒙古贞财富

伪“满洲国”成立后，日本帝国主义为了对东北农村经济进行控制和掠夺，自1933年起，先后在东北各省、市、县成立两种合作社，即金融合作社和农事合作社。1940年，伪“满洲帝国”国务院制定了《兴农合作社设立纲要》，将原来的金融合作社与农事合作社合并，成立了兴农合作社。1940年在蒙古贞已注册设立兴农合作社（地址今县城中靠南门的法院房址）。内设农事部、信用部、购买部。部下设系，其购买系负责配给生活日用品；购贩系负责收购农产品，畜产品工作。

兴农合作社是日伪行政机构属下的重要经济部门，具有政治上欺压蒙古贞人民群众，经济上勒索蒙古贞人民财富职能的反动机构。它把持和控制蒙古贞的经济命脉，使蒙古贞经济和人民群众的生活都处在它们的控制之下。

兴农合作社为日本帝国主义的侵略战争提供物质保证。在掠夺的方式上，初期采取所谓的“奖励金制度”。奖励多售农产品，支持开荒、改良肥料、农具，改善耕作技术、改良品种等。“在大东亚圣战”中越来越感到原用“奖励制度”所搜刮到的粮谷，已远远不能满足日本帝国主义疯狂的侵略战争的需要，于是凶相毕露，在农产品购销方面，实行了强制“粮谷出荷”和“粮食配给”的残酷政策。强迫农民出售粮食。由兴农合作社于每年春季做出购粮计划后，由伪旗公署（当时阜新县政府被撤销，不存在了），村公所，逐级落实到各个农户，由各甲作保，签订《农产物出荷契约书》，对农民播种的作物品种，面积、产量和应纳之出荷粮数量，交纳时间等都做出严格的规定。到了秋季，准时交纳齐全。为了更多地搜刮农民手中的粮食，出荷过后，又以“紧急出荷”“报恩出荷”等名目进行摊派。如不加紧交纳，日伪反动警察倾巢出动，全力以赴，威逼农民出荷。

13. 倾销吗啡、贩卖鸦片

日本侵略者侵犯蒙古贞之后，立刻向蒙古贞地区倾销鸦片烟，从精神上、肉体上、经济上摧残蒙古贞人民群众。日本侵略者通过日本大新公司，贩卖吗啡到蒙古贞；蒙古贞人民义愤填膺，坚决反对贩卖和倾销吗啡。当热河省议员们听到此消息后，有12名议员联名控告大新公司包庇贩卖吗啡。但是政府行政官员腐败无能。根本不过问此事，使贩毒者无所顾忌，逍遥法外。

在倾销鸦片烟的同时，在农村强令种植鸦片烟，而且利用洼地好地种植，其面积达五千垧之多。到处贩卖鸦片烟，吸鸦片者也渐渐多起来，很多人已嗜好成性，其肉体逐渐消瘦，无能力劳动。只吸得穷困潦倒，卖儿鬻女，家破人亡。

14. 精神摧残，文化侵略

日本帝国主义侵略者自1933年4月8日攻陷阜新县以后，直到1945年8月15日无条件投降，期间，为了达到长期统治阜新，源源不断地掠夺阜新煤炭资源的目的，除了实行军事管制外，对阜新和蒙古贞各族人民实施了精神摧残和文化渗透策略。先后建立阜新县协和会、株式会社、孝兼书局、同昌书局、满洲映画社、寿座影院、满映馆、放送局、报馆等文化机构和文艺演出团体，编辑、印制、出版了《阜新大观》《阜新工商案内》《锦州新报》《热河省县旗事情》《全蒙盟旗沿革志》《阜新碳田展望》等书刊宣传作品，摄制《一日生活》影片，大肆鼓吹“东亚共荣”“日满亲善”“五旗协和”“王道乐土”思想，为军国主义侵略本质涂脂抹粉，企图达到奴化教育、腐蚀青年，毒害人民，瓦解人们斗志的目的。

第四节 蒙古贞人民抗日斗争

从日本侵略者的铁蹄践踏蒙古贞大地的那一天起，蒙古贞人民便掀起了反抗日本侵略者的斗争，直到日本帝国主义无条件投降。

一、抗日义勇军

1. 蒙古贞哈凤屯的贫苦农民海福龙，于1930年参加抗日义勇军，于1931年8月在五路军中任排长。在伊克昭盟达拉特大树弯子杀死日本教官，后奔赴大青山参加抗日。后率部起义，成为中国共产党领导下的内蒙古骑兵十七师师长，为中国人民的解放事业做出了显著贡献。

2. 蒙古贞大巴镇朝阳泊力格村的贫苦农民赵福林，他亲眼目睹了九一八事变后，日本侵略者侵占东北的罪行，毅然决然地参加了塔宝福组织的东北抗日义勇军，被黄显声将军任命为第四路军一旅上校团长，从此他便踏上了抗日救国的征途，率领队伍在辽西地区打游击战三年，消灭日本侵略军和伪军上千人。由于日本侵略军集中优势兵力与武器装备，重点进行军事围剿，又加之经济封锁，第四路军一旅同抗日联军第一师合编，赵福林为一师二团三营九连连长，同日本侵略军游击周旋。

后来赵福林领导的抗日联军被日本侵略军打散，赵福林跑到新邱煤矿当矿工。他看到日本工头、矿警察随意殴打矿工，不觉义愤填膺，他同几位工友，将其一名恶毒至极的日本矿警推进废矿坑中摔死。从此，日本矿警不再敢随意殴打矿工。也不敢一人监工了，大大地提高了矿工们的斗争勇气。赵福林有胆有识，被中国共产党地下工作者发现，在组织建立辽宁省第一区保安司令部骑兵大队时，赵福林被任命为大队长。在一次消灭新邱炭业所的日本武装时，他首战告捷。打死了日本侵略军的酋首桑林松二、缴获了大量的武器装备，为中国共产党领导的地方武装的建立打下了基础。

3. 辽宁义勇军第二十路军，是一支较大规模的队伍，活动于蒙古贞、彰武、新民等地，给日本侵略者以沉重打击。蒙古贞蒙古人民积极参加抗日队伍，打击日本侵略者，展开了大小战役30余次，其声势浩大，使敌军闻风丧胆。

4. 东北抗日救国军第四军团第五、六、七、八梯队，转战于蒙古贞地区进行抗日活动。他们一边宣传抗日救国的道理，一边同日本侵略者展开斗争。他们烧毁日本侵略者新邱矿区的“大兴”公司，烧得荡然无存。这一行动惹怒了日本特务、大兴公司负责人士居秀男，从新立屯调来由藤井大佐和美崎参谋长带领的靖安军一个旅团，在大巴镇半截塔的山谷中，遭到义勇军猛烈截击，死伤惨重。

从1931年到1939年，蒙古贞地区的抗日义勇军与日本帝国主义转战多年，屡挫强敌，使日本侵略者惶惶不可终日。

二、民众的抗日活动

日本帝国主义侵占蒙古贞，不甘心做亡国奴的蒙古贞人民，同日本侵略者进行了不屈不挠的斗争。

民众的抗日活动形式是多种多样的。在矿区，发生了“夏菜园子辅导工人大暴动”；“平安监狱大暴动”，“新邱制修所工人大罢工”；“特殊工人抗日斗争”等较大规模的抗日斗争。

在农村，广大农民群众，不堪忍受其压榨，和日伪警察做斗争，打死特务，在“出荷粮”中掺沙土，在征国兵、征劳工时，针锋相对地同警察做斗争，使日伪警察不得不收敛其为所欲为的野蛮行为。

除矿区、农村外，学生运动亦此起彼伏。五卅惨案发生后，热河学生会代表在《热河学生会对英日惨案之宣言》中指出：“公民迭次告发热河省阜新县属纯系日人生理，假中国人名义，妄称合力，暗使中国人出名领矿，盗卖日人。”蒙古贞学生团要求“查封各矿，以保国土”。其声势浩大，在沈阳的日本侵略者害怕民众，特电《新邱运煤铁路的情报》中称：“热河特别区阜新县最近又发生第二个临江县问题，满洲再次挑起排日热潮。”

无论是在矿区抗日斗争，农村中反抗，学生运动的兴起，义勇军的抗战，在蒙古贞地区都给予日本侵略者重大打击，显示了蒙古贞人民的无畏的爱国精神。尽管斗争失败，但抗日爱国精神，在人民群众中不断燃烧，为抗日战争的彻底胜利奠定了基础。

第五节　王府封建统治的结束

第十一代札萨克散巴勒诺尔赞，因穷奢极欲、搜刮民财，受到蒙古贞人民的强烈反抗，而被清朝廷罢黜。其弟哈斯塔玛嘎还俗，代札萨克达十年。按其传统世袭制，这一任期不能算为一代。十一代札萨克死后，其子色凌那木济勒旺宝承袭了第十二代札萨克之位。因十二代札萨克之子早夭而无嗣，过继其两岁的侄儿云丹桑布为续子，并起了叫“光明”的乳名。此意为今后承袭王位奠定了基础。1917年腊月三十日，人们正欢欢喜喜辞旧迎新过春节之时，色凌那木济勒旺宝突然摔倒于内室门槛上，停止了呼吸。其身前的三福晋彩云及养女昭哥，手足无所措而恸哭。当过了午夜还未听到札萨克府的鞭炮声（按其习俗，王府放头响鞭炮，然后各仓及庶民百姓方可燃放鞭炮），人们预感王宫内发生了严重事件。十二代札萨克的叔伯弟弟，人称宝大爷，火速赶到王府探听信息。见老札萨克王已死，大吃一惊。即刻采取紧急应策，由宝大爷掌管旗务，料理丧葬事宜。同时，立即召集王宫内官员及王公贵族代表参加的紧急议事会议。首先研究出戴札萨克王冠，接札萨克之印重玺的承袭人。瞬间，激烈的争夺札萨克王冠的斗争发生，王府陷入了僵持局面。

当时，十四岁的云丹桑布以其长子之身份守灵。预示出承袭札萨克职位。但是，有人提出推举雍二爷之长子依喜王吉勒（亦十四岁，生日小于云丹桑布）承袭王位。可宝大爷权衡利弊，以免有后患，极力推让其侄男不承袭札萨克之职。因为有历史教训可作前车之鉴。第七任札萨克索诺木巴勒珠尔，临终前视其长子根敦扎布不屑，呈文朝廷，传位于次子贡楚克巴尔桑（长子为西仓、次子为东仓）。当贡楚克巴尔桑卒后，又传位其长子济克莫特札布，值此根敦扎布之后裔提出，按封建世袭制度，应由西仓的根敦札布之长孙承袭札萨克之职，并且告了御状。从此打了长达十三年之久的官司。于同治四年（1865年）清廷派钦差大臣、理藩院侍郎额勒和布专程到王府处理老人会事宜的同时，宣谕圣旨，规定东仓（东府）世袭札萨克职位及贝勒爵衔，至此争夺王位之战方告结束。为此，宝大爷怕再引起争夺王位之战，不愿让其亲侄男承袭。可是王宫家族内的灵大爷强烈提出让其子吴兆义承袭。十二代札萨克之养女昭哥也扼腕大吵大嚷："武则天能当皇帝，我为什么不能当札萨克！"如此争夺王位之战持续了五天，难解难分。

面对僵持局面，宝大爷力排众议，确定经查王宫家族世系谱进行决策。近亲直系者承袭札萨克家族世袭谱，每隔几年续写一次，分发各仓（王宫家族近支家宅为仓）。谱分内外两层，一张是黄缎子上用毛笔写王族世系，其札萨克近支用红笔圈定。红圈之内的可继承札萨克。红圈之外者可另当别论。住王府北七家子的全大爷乃为红圈圈定的王宫家族之近支，与十二代札萨克同辈，是第八代札萨克贡楚克巴尔桑之玄孙，可承袭札萨克之职；因他为人软弱无能，不堪此不堪此任；但云丹桑布是其子，又是十二代札萨克之续子。至此，众文武官员一致同意云丹桑布接任第十三代札萨克之职。于是云丹桑布拜祖祭天，佩戴王冠、掌札萨克之印玺。接受众官员的叩头拜礼。之后，向其先王之灵拜祭，停灵七天，进行各种祭祀活动。运尸百里，安葬于大板镇西衙门。

云丹桑布于1918年承袭土默特左翼旗札萨克职务，同年4月16日，中华民国政府授予郡王爵衔；在任职期间继续读书。1924年国民优级学校毕业。毕业后，在本府中专学蒙文三年。边读书边执行札萨克职权。其郡王爵位袭至1931年为止。1931年九一八事变后，跟随张学良到北京，绥靖公署任顾问。在此期间，在承德、北京雍和宫养病。后张学良令其回旗。1933年

4月，经天津海路到达营口。到新京（长春）拜见溥仪。同年5月返回旗府。8月，参加日本松室特务机关长在承德召开的会议。1934年9月，第二次去承德参加日本军师团长土肥原特务机关长召开的会议，讨论研究烟政、亩捐征收、地租、司法、保安队整顿等问题。1936年6月，赴日本东京，入早稻田大学攻读。期间，伪满洲帝国废除土默特左翼旗札萨克制度，施行旗长制。云丹桑布留学期间由依萨布（汉名鲍海楼）任旗长。1940年云丹桑布从日本回国，任锦州省公署参事官。1941年，调往内蒙古开鲁，任伪兴安西省公署任文教科长。1943年又被调回蒙古贞。继续担任土默特左旗旗长。至1945年“八一五”光复，日本帝国主义无条件投降。云丹桑布也已到日暮途穷之时。同年8月17日，按坐于峨眉山享受抗日果实的蒋介石的旨意，建立地方治安维持委员会自任其委员长。9月，其伪政权瓦解，全部由中国共产党阜新县政府接管。云丹桑布又加入所谓的“中央八路挺进军”，继续与人民为敌，在很短时间内，被人民消灭殆尽。

1945年末，云丹桑布欲重建旗政府，去北票、奈曼察看外界形势。此时，中国共产党及当地政府，为正确贯彻党的统战政策和民族政策，看到云丹桑布于“三岔路口”徘徊的情况，适时地派出得力人员争取他投诚。同时国民党地方官吏亦出动人马，寻找云丹桑布建立旗政府。在两者之间举棋不定的云丹桑布看不到光明前途，却跑到国民党县政府县长张天权那里摇尾乞怜，张没有接收。又跑到锦州找东北“剿共”总司令杜聿明，杜只准许其建立郡王府，不准成立旗政府。于是，在1946年1月，成立了札萨克郡王府。当中国人民解放军逼近王府，包围王府的形势下；国民党军队在县城里却按兵不动。云丹桑布到处碰壁，已到四面楚歌的境地。此时，八路军及地方政府进行深入细致的工作，分析当前的形势，给云丹桑布指明投诚的光明之路。云丹桑布权衡其处境后，于1946年4月，向中国共产党地方政府投诚。带领200多人的警务大队，由红帽子转到库伦向解放军投城。在辽吉五分区孙兴华司令员的带领下，队伍辗转又回到蒙古贞，命云丹桑布任支队长，其属下原200多人的警务大队改编为蒙民二大队。

云丹桑布的投诚，对蒙古贞、库伦、奈曼、彰武等地的民族上层人士震动很大。特别是一些地主、富农、绅士也都倾向了革命。他们认为云丹桑布都参加革命了，共产党对蒙古民族肯定有好处。蒙古民族求解放必须靠共产党，国民党实行大汉族主义不可靠，因此，许多蒙古族上层人士，接受中国共产党的政策和主张，接受人民政府的领导，积极参加支援前线的工作，为游击队送军粮、军草，从而有力地巩固了革命根据地。

1946年7月，革命形势逐渐恶化，国民党军北上，对我革命根据地发动进攻。人民政府和游击队处境艰苦，并开始战略撤退。云丹桑布再次暴露其反动本性，重新选择自己的前途和命运，国民党热河省政府派教育厅厅长刘廉科和一名国民党卓索图盟代表到蒙古贞，令云丹桑布叛变。国民党地方的遗老遗少，也令其回首国民党。云丹桑布梦寐以求，恢复其郡王制和旗政府，力求寻找对自己有利的政治靠山，在一片叛变的喧嚣声中，于1946年8月在第五区（今阜新镇）衙门营子村的北屯子叛变反水。其属部二大队也跟随叛变，后游走各地，观察形势，因国民党不支持，又投靠了蒙民11队支队，后又想叛变，被蒙民11支队缴械，转给地方政府处理了。

叛变后的云丹桑布，又当上了国民党札萨克郡王府的旗长。9月，云丹桑布去南京见蒋介石，要求成立旗政府。其愿不遂，12月返回。到沈阳在吴古延麾下充当蒙旗复援（旗务）委员会委员。同时又充任联防指挥部第一联防区（包括北票、库伦）司令员兼旗长和国民党热盟党部特派员。1947年1月，云丹桑布将旗保安大队改编为保安总队，自任总队长，继续与人民为敌。

1948年3月18日，蒙古贞全境解放。云丹桑布溃逃至锦州，在锦州又成立了蒙旗旗兵支队，充任第一支队长。同年7月，被东北民主联军彻底消灭。云丹桑布只身跑到北京隐匿，后到乌兰浩特潜藏，1952年被人民政府镇压。

第六节　金丹道作乱

1891年秋，活动于卓索图盟（今辽宁、内蒙古、河北三省区的朝阳、赤峰、承德）一带的金丹道（民间俗称学好队），以其教门之邪术，施以种种欺骗手段，以“劝人修善”为幌子，煽动信教群众，收罗众多道徒，组织武装“学好队”。竖起“平清扫胡”大旗，以滥杀蒙古族群众为罪恶宗旨，实行“见蒙古人不问即斩”的民族仇杀政策，致使许多无辜的蒙古族人民惨遭杀戮，财产受到不可估量的损失。“学好队”攻入蒙古贞，蒙古贞的蒙古群众争相逃命，背井离乡。逃难者达10多万人。沿途受冻挨饿而死者无数。来不及逃避者，被残杀达一万多人。这是一次规模较大的金丹道武装匪徒作乱事件，给蒙古贞的蒙汉群众带来了深重灾难。

1891年（夏历十月下旬），雪花纷飞的初冬季节，金丹道学好队，兵分南北两路，从朝阳一举攻入蒙古贞地区。所到之处，不分青红皂白，不问官宦黎庶，贫富贵贱，矛头直指蒙古人。只要是蒙古人，无论男女老幼，见人就杀，见房屋就烧，见财物就抢掠殆尽。

以南平王徐立道匪为首的北路学好队，数千人手持猫耳枪，头扎红头帕，腰围七层纸的防护带，胸贴咒符，口呼“杀、杀、杀”，横冲直撞残杀无辜蒙古族百姓。一路杀经他本百兴（今称大五家子）、朝伦忽达格（今称新邱）、达日玛音浩饶（今称西红帽子），直捣哈巴契（今称大朝阳沟）；后继续向东攻杀，从东骆驼山西麓的汪四台村，越过山岭，到浩儒段翁胡拉（今称宫家洼），乌日巴钦，二等皋村，折向康四营子，攻向招束沟塔拉。

从哈巴契（大朝阳沟）分出一支队伍，冲入巴斯营子，经哈朋营子、高林台，到他本扎兰、马蹄背子，冲向北五家子，向东翻越博波勒津大巴（今招束沟西之大板岭），两支人马在此相会合，又共同杀向招束沟塔拉。北路学好队，一路斩尽杀绝。到达日玛音浩饶的克丑屯，见屯中无人，便到处搜索，发现附近的哈丹麦达里山（今称半拉山）密林中有30多人躲藏，立即围上去全部刺死。又发现躲于达里庙内的数十人，亦全部放火烧死。一时间，血雨腥风，金丹道徒匪犯下了滔天罪行，学好队登上哈丹迈达里山，俯望仅数里之遥的王爷府，因惧怕王爷府的警务队，未敢攻入王府；而向东翻越山岭，占据小哈巴契（小朝阳沟）屯宿营。在咕巴契屯，学好队剖开三个妇女的胸膛，掏出血淋淋的心祭旗，狂笑而去。在浩儒段翁胡拉屯古炭窑中藏身的40多人，全部丧命于学好队的屠刀之下。乌日巴钦屯跑出来的80多人，只有20几人逃出虎口，其余全部被残杀。巴斯屯集中跑出来的100多人，头颅被砍，腹被掏空，血流成河。在招束沟塔拉，从四面八方逃难而来的人们，全被包围，没有跑出虎口。其中，在上招束沟，将众多蒙古人赶进兀良哈氏汪朝克的大院内的三间人字大草房中，屋里只挤得无立足之处，相互践踏，一片惨叫声。关上门窗后，放火焚烧。除三两个人跑出喷射火舌的窗口而活命之外，其余全被踩死、烧死。与此同时，在下招束沟屯，同样将众多的蒙古人赶进富户齐木惕氏萨格拉的三间人字大草房，关上房门后，纵火烧人。大火燃起，一片哭喊声，耳不忍听，目不忍视。招束沟处于一片恐怖气氛中。

从招束沟又继续杀向敖力庙、宝德营子、瓢营子、野马套海，一路剿杀，一路焚烧。其一支到花赛汗（今称花才营子）

折向格德日根宝拉格等屯。这时住哈布台村的原籍土默特右旗的敖勒古努惕氏乌勒济，会同玛勒嘎图（今称德一村）的巴札布，他本努图克的莫荣嘎、哈布台七村的巴图孟可，估儒，苏鲁克旗斯克花营子的冲拉格等，组织当地群众和库伦、宾图旗的群众200多人，于1891年11月2日，在野马套海村东北十二里处的梅林营子村西坡，截击了学好队、初战获胜。并追击学好队南下，到黑山县里朝北村（今朝北村）同奉军一起打败了学好队，从招束沟又分出一支人马。经地宫、朝阳泊力格到边内的新立屯，稍事休整后，扫荡了苏札（今称十家子村），海山岱，抓住50多名没来得及逃难的蒙古人，全部砍头。到外朝北村时，该村的海勒图惕氏、鲁东氏等蒙古人全部跑光，只留二三名青年看守家园。当“学好队”来到时，他们躲进本屯叶姓汉人家里。当逐户搜查时，叶姓老人出来请求“学好队”说：“本屯蒙古人已全部跑光，求你们最好不要烧掉他们的房子，他们好搬进去住呀!”在叶姓汉族老人的保护下，蒙古人的房子没有受到损失，躲藏的人也没有被抓，逃命回村的人也有家可归了。从招束沟分出的两支学好队，到黑山县里朝北营子村夏家营子外会合，欲攻入屯中。夏家营子是汉族居住的村，阻止“学好队”进村。这时奉军赶到，“学好队”被击败，部分残余向西逃窜到道布代村（今属大巴镇）被彻底打垮。

攻进蒙古贞的南路“学好队”，由东平王齐贤老道匪徒率领，于1891年10月23日，从紫都台分几路向汤头河流域的各村杀过来。

这一带的蒙古人大难来临，惊慌失措，当地有很多汉族群众勇敢地站出来解救蒙古人。汉族兄弟张修才东奔西跑通知蒙古人避难。蜘蛛山村的陈姓汉族，听到学好队要来，急忙跑到张及营子村，劝翁尼兀惕氏等30多人去清河门躲避；附近二甲营子等村的蒙古群众获得消息后，都去清河门避难。清河门的汉族百姓，对蒙古族逃难者都给予同情，热情接待，安排留宿。还安慰他们说："你们不要怕，如果学好队来了，我们一定保障你们的安全。"因而，这一带的部分蒙古群众未受重大损失。

"学好队"杀经汤头村、喇嘛坂、固日本格日（今称三家子村），一路烧杀抢掠；闯入套图营子（今称牛心屯），杀掉留守的60多人后，发现躲藏于乌诺克团山的70余人，立即剿杀，全部落难。又一股"学好队"翻过萝卜沟岭，到哈布气、乌兰木头等村烧杀。十月末，闯进清河门，正待追剿之际，听其总部命令，集结两千多人，杀向葛根苏莫（今称佛寺）。途经八道岭村，烧杀掠夺，无恶不作。这时该村的一位蒙古老妈妈，对学好队的烧杀抢掠不相信。她说不管什么人，他都得讲理呀！所以，她不但没跑，而且在院里摆放桌子，备好茶水和银两等，如接待客人一样等候在家中。学好队闯进她家，抓其衣领举刀待砍时，老妈妈还面带笑容说："我和你们之间没有杀父之仇，你们何故杀我呀?你们要钱还是要命……"。学好队说："我们要你的命，也要你的钱！"说完，就刺穿她的胸膛，拿走银两，放火烧毁房屋，便扬长而去。在八道岭街头，一个学好队人把一个婴儿挑于枪尖上，高高举起示众，还哈哈大笑着，显示着威风，最后将婴儿钉在墙上，惨无人道，目不可视。八道岭村70余户人家，被杀害者达200多人，房屋全被烧光。八道岭西的杰桑特村，29户人家，200口人遇难，只有一人虎口余生，房屋全部被烧毁，自此该屯已从地球上消失了。八道岭村被烧杀的消息，传到葛根苏莫（佛寺），从各村以及从外县、旗跑来的群众数千人在葛根苏莫（佛寺）避难。无论是喇嘛，还是俗民，都感到一场血洗事件即将发生，恐怖万分。这时学好队真的开始在庙前列阵，乘坐轿车的首领老道匪，到山门前下车，在"学好队"队列前一字排开，坐于地上，诵大开杀戒之经。局势极为严峻。这时，庙仓伙食员敖其尔，带领几个庙丁，抬出官卜庙的大火炮，为狠打这些教匪，在原来装填火药枪砂的炮筒里，又装填了一次火药枪砂后，从大锅房的花墙孔，对准学好队队列，一口气拉响炮栓，只听得轰的一声巨响，火炮炮弹射了出去，火炮中部炸裂，其后座力将敖其尔撞得一头倒地，昏迷过去。这时火炮弹击中了正在诵经的道首及随从，连同轿车一起，全部被击毁。随之寺庙内钟鼓齐鸣，蟒筒号、羊角号响了起来，喊声四起，人声鼎沸。被炸伤的学好队看到道首丧命，又听庙内喊杀声四起，个个惊慌失色，阵脚大乱。庙内穿着各色服装的喇嘛，俗民好汉手持刀枪，潮水般冲向学好队，打死打伤教匪200多人。学好队以为庙中神佛也出来助战，乃魂飞魄散，扔弃旗幡，丢盔卸甲，狼狈地逃向紫都台。

莫牛海、巨宝吐的一支学好队土匪，从西阿门朝老村开始烧杀到东阿门朝老。张文献汉族老人，出来劝说阻挡，被学好队一枪刺死。于是蒙古各户被掠夺烧毁一空。在巨宝吐村南井子东侧的乌勒青桑屯，在哈尔努惕、汪努惕氏两家躲藏有100多人，学好队冲入两家院中，将院中的人全部刺死，将房屋全部烧毁，财产洗劫一空。学好队杀经道伦格日（今称七家子）、四合雅营子、扎兰营子蒙古群众纷纷逃难，家园被烧毁。学好队继续攻入墩大营子、宫官营子，除外逃者外，100多人被杀害。在巴勒嘎营子一位老人奋起反抗，不幸被枪杀。闯入铁匠格冷村，20多人又被杀害。这支“学好队”匪徒折向旧庙地区作乱时，听到南、北两路“学好队”被消灭的消息后，惊恐万状，四处逃散，其首领被正法。

武装匪徒“金丹道”以其教门之邪术，《劝人修善》为幌子，闯入蒙古贞地区，实行民族仇杀政策，一万多无辜蒙古族百姓被杀害，房屋被烧毁，财产被洗劫一空，在蒙古贞地区犯下滔天罪行。

第十五章　解放战争时期的蒙古贞

第二次世界大战结束后，党中央识破蒋介石假和谈、真备战的阴谋，不失时机地派吕正操、张学思、万毅、李运昌等部两万名干部，十万大军向东北挺进。1945年9月15日，党中央决定建立东北局。9月19日，发出《关于向北发展，向南防御的战略方针》的指示，让我军进入东北以后，应把注意力集中于广大农村和中、小城市，发动群众，建立革命政权，同敌人展开斗争。

蒙古贞不仅地处于关内到东北的咽喉要道，而且是煤炭基地，具有一定的战略地位。1945年8月15日，日本侵略者无条件投降后，蒋介石在加紧准备内战的同时，大肆玩弄和平阴谋，提出“重庆和平谈判”。实际未遵守，也不想遵守达成的协议。一面下达“督励所属，努力进剿”的密令，镇压国内反内战运动，一面又密令各地日伪官吏组织“维持会”，网罗当地土匪、大团，占据战略要地，阻止我革命政权的建立。

在这关键时刻，中共冀热辽区党委和军区向蒙古贞地区派来200多名干部，摧毁了日伪统治机构，迅速建立了县、区革命政权。

第一节　人民政权的建立

一、阜新县政府成立

当苏军进军东北，进驻蒙古贞时，日伪地方统治机构土默特左翼旗政府的伪官吏，投靠其主子蒋介石，建立了“县地方治安维持会”，喧嚣一时。

我军冀热辽军区李运昌部队，在河北省丰润县大王庄，组建以李运昌为书记的“东北前进工作委员会”和“前分指挥所”。调八个团，一个营，两个支队分三路向东北挺进。东路的十六分区部队于9月在锦州，组成锦州卫戍司令部。由司令部的政治部主任于纯率队来阜新接收阜新，任第一任阜新工委书记，9月10日同时到达的叶舟，奉命任阜新县第一任代县长。

在苏军配合下，叶舟带一连人马，到达阜新县城，接收了日伪政权。伪官吏所建的县地方治安维持会的“中央八路挺进军”，早已闻风丧胆，逃到法库县城，被我军全歼。此时，在新邱煤矿长期做地下工作的晋察冀分局东北工作委员会直属阜新党支部书记于宝琪，率领护矿工人队伍700余人，同叶舟会合共同摧毁了日伪组织，组建了阜新县政府。他们一面建立和发展革命武装，抓物资，保证对苏军的物资供应；一面深入基层，发动群众，建立了王府、东梁、大板、泡子、务欢池、梅力营子、旧庙、大巴八个区政府。

二、中共阜新县委的建立

1945年10月，中共冀热辽区党委锦州地委决定组建中共阜新县委，委派林沛然等七名同志，在锦州组成了“中共阜新县委”，随之到达阜新开展工作。林沛然任县委书记，刘哲生任县长，叶舟任副县长。在原八个区，建立了八个中共区委员会。

县委、县政府在新开辟的蒙古贞地区，遵照党中央、东北局关于“我军到达各地后，要立即收缴敌伪武装，加紧剿匪工作，严厉镇压汉奸和敌特分子，摧毁伪满政权，建立民主政府，安定社会秩序，迅速恢复生产，放手发动群众，扩大部队，站稳脚跟，争取在东北的优势”等指示，立即投入开辟地区创建民主政权的工作。

县委、县政府的首要任务是放手发动群众。然而，在当时发动群众的工作十分困难，一方面是由于蒙古贞各族人民长期遭受日伪统治和封建地主、封建王公的残酷剥削压迫，对我党我军缺乏了解；另一方面由于国民党进行反共、反苏、反人民，吹捧蒋介石的欺骗宣传，标榜国民党是“正统”，而受蒙骗；加之我党我军进入蒙古贞时，武器装备不齐全，群众很难相信解放军能够取胜。在这种困难的局势下，县委、县政府张贴标语，发布文告，举行各种群众大会，广泛宣传革命道理，启发群众的阶级觉悟。深入农村，开展减租减息工作；剿匪反霸，收缴反动武装，维护社会治安秩序，公开镇压了一批汉奸恶霸，并把他们的财产分给贫苦群众。广大群众逐渐觉醒，群众发动起来了。

县委、县政府把工作重点放在农村，宣传和发动劳苦大众，建立农会、妇女会、救国会等群众组织。为更好地指导全县农村的工作，在王府区的架其营子、哈拉哈两个村搞建党建政试点。通过在群众中调查摸底宣传发动、张贴布告，召开大会、查封处理恶霸地主财产、救济贫苦农民等工作，贫苦农民发动起来，不仅建立了农会，妇女会等群众组织，还在架其营子村发展了3名蒙古族中共党员，建立了全县第一个村党支部。

为了解决各级人民政权急需干部，特别需要本地干部的问题，县委、县政府及时举办了干训班，从农民积极分子和进步青年中，选拔学员进行培训。在1945年11月，举办为期一个月的军政训练班，学习了《论联合政府》培训了70名本地干部，发展了20多名共产党员。这些干部是蒙汉群众中的骨干力量，被分配到各区、村工作，充分发挥了他们的作用，有效地加强了基层政权建设。

三、阜新县土默特左旗联合政府成立

中共阜新县委在少数民族聚居的蒙古贞地区开展工作时，就已注意到贯彻执行党的民族政策这一非常重要的问题。1945年11月初，在新邱、他本扎兰、县城内、哈达户稍等地，先后组织蒙古族进步知识青年，听取了他们的要求和意见，宣讲了党的民族政策，并从中选派代表参加东蒙古代表会议，发动蒙古族群众建立统一战线。于1946年3月，在平安地，将原县政府改建为“阜新县土默特左旗联合政府”，除原正、副县长外，选包忠爱同志任旗长。

解放战争时期，在蒙古贞贯彻党的民族政策，其意义是深远和重大的，通过建立联合政府，首先，在蒙古族群众中，确立了中国共产党在蒙古族自治运动中的领导地位，坚定了蒙古族群众革命斗争的信念，激发了剿匪反霸和打击国民党反动派的斗争热情；建立民族、民主政权机构，培养选拔民族干部，调动其为民族事业和人民民主而斗争的积极性，更好地体现了民族间的兄弟平等和民族团结；患难与共，并肩战斗，统一蒙汉人民的共同心愿与意志，产生了强大的凝聚力和向心力，为实现民族团结，共同打败国民党反动派，写下了光辉的新篇章。联合政府的建立，为全面推行民族区域自治政策，奠定了稳固的基础，提供了宝贵的经验。

四、阜新县、彰武县、土默特左旗、苏鲁克旗联合政府成立

蒋介石在美帝国主义的援助下，向解放区疯狂进犯，到1945年末，1946年初，国民党军队不仅进占蒙古贞，而且攻入蒙古贞北部农村。在我军的坚强反击下，迫使敌人龟缩在海州县城。由于国民党反动派的猖狂进扰，我解放区相继缩小，仅剩福兴地、旧庙、平安地、务欢池等有5万人口的地区；彰武县解放区也缩小到也只有哈尔套、黄花地区。根据当时形势需要，于1946年4月21日，阜新、彰武两县合并，成立了“阜新县、彰武县、土默特左旗、苏鲁克旗联合政府”，简称为“阜彰土苏联合政府”。联合政府下设旧庙、务欢池、福兴地、平塔、哈尔套、黄花、艾林皋、大冷营子八个区政府

阜彰两县合并后，由张昌任县长、叶舟任副县长、包忠爱任旗长。

联合政府为了充分发动蒙汉人民投身于打倒国民党反动派和封建势力的人民战争，着重抓了建立与发展民族武装，培养民族干部、贯彻党的民族政策等各项工作。

阜彰土苏联合政府在党的领导下，领导阜北、彰西革命根据地的人民群众，同国民党反动派、土匪、大团坚持争斗一年零五个月，从胜利走向胜利，到1947年9月，完成了合并取胜的历史使命。

五、中共阜彰县委成立

1947年，阜彰两县合并后，成立了中共阜彰县委，由刘异云任中共阜彰县委书记，由李长桢、赵任远任县委副书记。

县委下属旧庙、务欢池、福兴地、平塔、哈尔套、黄花、艾林皋、大冷营子八个区委。1947年3月，建立了高束台、水泉区委。4月，平塔区委改平安地区委。7月福兴地区委撤销，

并入旧庙区委。高束台，水泉区委撤销，建八家子区委。

阜彰县委成立后，广泛发动群众，坚持阜北、彰西革命根据地，组织地方人民武装，开展减租减息工作。在国民党反动势力围攻革命根据地的严峻形势下，保卫根据地，坚持斗争，发动群众闹翻身，使革命根据地不断扩大，土地改革进展迅速，取得了广大人民群众的信任，革命根据地形势有了很大转变。

六、阜新县土默特左旗联合政府再次成立

1947年7月以后，中国人民解放战争转入战略进攻阶段。党中央发布《中国人民解放军宣言》，发出了“打倒蒋介石，解放全中国”的伟大号召；东北民主联军发动了规模巨大的夏季和秋季攻势，先后解放了彰武、新立屯和阜新县城。在解放区逐渐扩大的形势下，阜彰县为适应新形势需要，于1947年10月初分开，组成了以县长李长桢、副县长叶舟，旗长王保山的“阜新县土默特左旗联合政府”（简称阜土联合政府）。

阜土联合政府下设九个区政府。为贯彻执行党的民族政策，在一、二、五、六、七、八区设立同区政府平级的“努图克”[①]政府，区有区长、副区长，“努图克”有努图克达、副努图克达，区与“努图克”下设村嘎查[②]村有村主任、嘎查有嘎查达。

1949年6月，“阜土联合政府”改称“阜土人民联合政府”。县长尹东征、旗长王保山。各区政府也改称区人民政府。1949年8月，在中华人民共和国成立之前，联合政府已完成了历史使命，改称阜新县人民政府，县长尹东征，副县长王保山。

阜土人民联合政府在扩大解放区，全力支援解放战争，发

① 努图克：蒙古语，意为区一级行政机构。
② 嘎查：蒙古语，意为村一级行政机构。

动群众，进行土地改革运动。扩充军队，迅速恢复生产等工作中，加强了领导，发挥了领导作用。

阜土人民联合政府随着我军节节胜利，又建立了十区，十一区政府和城关区政府。1949年6月，原属北阜义县，土默特中左旗联合政府所属的十二、十三、十四区恢复原建制，回归阜土人民联合政府领导。全县于1948年3月18日彻底解放，蒙古贞各族人民得到了真正的翻身解放，当家做了主人。

七、中共阜新县委再次成立

随着东北战场的节节胜利，阜北革命根据地不断扩大，解放区日益扩大，阜、彰两县亦随之分开。在阜土联合政府再次成立的同时，再次成立了以刘化东为县委书记、李长桢为副书记的中共阜新县委。县委下设九个区委。1948年1月，增设十区委和十一区委。3月，建立城关区委。1949年6月，受中共北阜义县委领导的十二、十三和十四区委恢复原建制，回归中共阜新县委领导。

县委重新组建后，巩固阜北革命根据地，积极支援前线同时，对建党建政工作，做了新的部署。根据1947年10月31日地委扩大会议确定的“坚持边沿区斗争，扩大游击区”的方针和同年11月5日地委会议提出的深入敌区工作的任务，深入发动群众，贯彻《中国土地法大纲》，开展土地改革运动。边土改，边贯彻《省委关于村区政权建设的指示》的精神，全面进行了村级、区级政权的组建，整顿和发展党员，组建基层党组织，加强党的建设。于1947年末到1948年春，开展了党内整风运动。在土地改革运动中，发挥了党员和党组织的模范作用和战斗堡垒作用。

土地改革完成后，县委根据东北局关于“平分土地后，公开的积极建党”的指示和地委的工作部署，决定抓紧时机迅速公开发展党员，整顿和壮大基层党组织。在北部老区进行了建党试点工作。于1948年9月，在全县铺开了建党工作。通过建党建政，发展壮大党的组织，建立和巩固了基层政权，扩大了党在群众中的政治影响。广大人民群众对党的正确领导有了更深刻的认识，巩固了党的领导地位。在县委领导下，全县人民掀起大生产运动，胜利完成了支援辽沈战役的任务。1949年10月1日，终于迎来了中华人民共和国的胜利诞生。

八、中共北阜义县委和北阜义县土中左旗联合政府成立

根据“让开大路、占领两厢”的方针，在北票、阜新、义县三县交界处，于1946年末，成立了北阜义县党政合一的组织——办事处。受热辽地委即21地委的领导。下设五个区办事处。县办事处先后设在牛河东的大乌兰和老二色。1947年末，为加强土地改革工作，成立了土改千人工作团，受21地委领导，工作团和办事处共同领导各区、村。

1948年3月，在办事处和工作团的基础上，正式成立了“中共北阜义县委”，宋林担任县委书记；同时，成立了“北阜义县土默特中左旗联合政府”，周鸣岐任县长、阿英嘎任旗长，下设十七个区政府；其中，属于蒙古贞的有王府、东梁、伊吗图、卧凤沟、蜘蛛山、佛寺，七家子。县委、县政府设在清河门。

北阜义县的主要工作任务是，发动群众支援辽沈战役，进行征粮，扩军优属，剿灭土匪，搞好土改收尾工作，生产自救。同时了解群众思想动态，进行党的组织建设和思想建设。

北阜义县是为适应解放战争形势而建立的，是一个三县结合的过渡性质的县。随着1948年冬季东北解放，大军南下，大批干都也随军南下。1949年5月，辽北省、辽西省合并的同时，北阜义县亦完成了历史使命，将其所属各区回归各县，恢复原县建制。

第二节　创建阜北革命根据地

一、开赴阜北，创建革命根据地

县委、县政府于1945年秋在全县范围内初步创建的红色民主政权，不到四个月，就被国民党军队大举进犯蒙古贞而遭到严重破坏。1945年11月，蒋介石在美帝国主义的援助下，从全国各地调兵遣将进攻东北。11月26日攻占锦州。锦州、沟帮子一线的国民党军队，出动四个师的兵力，共三万余人，于12月23日向黑山、北镇、义县、蒙古贞地区进攻。进犯黑山、北镇方面的国民党军，以其25师为左翼，于24日进占黑山，国民党52军军部率其二师及25师之一部为右翼攻占北镇；并于30日进军新立屯车站，随即被国民党军占领。锦州方面的国民党军以89师为左翼，54师为右翼，合击义县。其中，89师于28日攻占义县后，又于30日占领了蒙古贞。

在国民党军疯狂进犯阜北解放区的严重形势下，中共阜新县委、县政府，遵照党中央12月28日发出的《建立巩固的东北根据地》的指示，无所畏惧，迅速组织党政机关，撤出阜新县城，开赴阜北，向后方农村转移。这一战略撤退，保存了革命实力。

县党政机关干部及武装队伍先后撤到阜北的平安地、务欢池、旧庙、福兴地一带。在当时如何开辟、创建革命根据地，成为当时的主要任务。县委、县政府及时提出三条指示，一是发动群众，组织群众，以打土匪，保家乡，解决经济剥削问题为中心内容建立革命根据地；二是加强党的建设，形成革命根据地的核心力量；三是建立和发展地方人民武装。根据三条指示，首先在旧庙、福兴地、务欢池，平安地等地建立了区委和区政府，并迅速建立农会、妇女会等基层群众组织。在国民党军包围、土匪大团、地主武装横行的危难环境中，开辟建立了“阜北革命根据地”。县委、县政府以旧庙为中心，深入各村屯开展工作。在旧庙新邱的“古寺庙”建立了区委、区政府，在新邱村北“农会山”上，发动群众，搞减租减息，消灭了当地地主武装，以务欢池为中心，在周围农村发动群众，宣传中国共产党的政治主张，建立农会，同敌人坚持斗争。经过一个半月的宣传大发动，广大贫苦农民群众纷纷觉醒，积极要求“加入农会闹翻身”。在旧庙、福兴地、平安地、务欢池等数十个村子，建立了农会、妇女会。在县委、县政府的艰苦努力下，东西70余公里长，南北20余公里宽的广大地区，有5万多人口的阜北革命根据地初步形成。这块根据地在三年解放战争中，发挥了重要作用。

蒋介石仗恃美帝国主义给予装备军队，侵占东北心切，在我根据地立足未稳的形势下，驱其炮灰由铁路沿线直接向阜北根据地的务欢池进犯。1946年2月12日，我新四军三师独立旅和十旅，同县大队一起，给予国民党89师267团二营以迎头痛击。歼敌一个营，击溃增援的一个营，毙伤俘敌官兵483名，缴获战马37匹，枪支129支，轻机枪11挺，冲锋枪28支，重机枪3挺，炮8门，子弹34669发，炮弹39发，汽车2辆，电话机2部。

这次战斗迫使敌人不得不停止进攻根据地的脚步，也打破了一些人对敌人所抱有的和平幻想；也赢得了蒙古贞地区军事形势的相对稳定，为革命根据地奠定了稳固的基础，揭开了蒙古贞地区解放战争的序幕。

为了更广泛地发动群众，特别是为了做好统一战线工作，1946年3月中旬，在平安地将阜新县政府改建为“阜土联合政府”，掀开了根据地联合政府新的一页。

二、阜彰合并，并肩建设根据地

1946年4月，阜新地委在库伦召开了各旗、县委书记、组织部长会议，研究了当前政治、军事形势。由于国民党大量增调兵力，不断进犯阜北根据地，我阜北根据地日益缩小，鉴于当时形势很严峻，阜新地委决定，将阜、彰两县合并，成立了“阜彰土苏联合政府”，阜彰人民联合起来开辟阜北革命根据地，根据地建设进入了一个新阶段。

为加强根据地建设，扩大民族民主统一战线，联合政府贯彻党的民族政策，对蒙古族上层人物进行统战工作。在党的民族政策感召下，由于国民党反动派内部矛盾日益加剧，4月，土默特左翼旗末代王爷云丹桑布带领200多人的警务大队，向我政府投诚，警务大队改编为蒙民二大队。

1946年5月，党中央根据广大农民群众的迫切要求，消除封建剥削，彻底解决土地问题，发出了《关于清算减租减息及土地问题的指示》（即五·四指示），决定改变土地政策，由减租减息改为没收地主土地分配给农民。同年6月，县委根据“五·四”指示精神，决定分两个阶段贯彻执行：第一阶段的内容仍是“双减”；第二阶段试行土改。实行土改的具体方法，根据阜北根据地的具体情况而定。对试行土改的各地分三种类型逐步进行。第一类以哈尔套为中心；第二类以福兴地、旧庙、艾林为中心；土匪经常出没的冯家、务欢池为第三类地区。由于广大群众发动起来了，根据地的重点地区土改迅速开展起来。以旧庙为中心，在新邱、代海营子两个屯，采取了以清算退租方式，开展了土地改革运动。在群众提高觉悟的基础上，斗争了汉奸和大地主，分了他们的土地和浮财、群众当家做了主人。根据地的其他地区也相继开展起来了。

在试行土地改革运动中，根据地扩大武装队伍近两千人，后编入“路西支队”作为军分区主力。蒙民大队再次扩充兵力，达240多人；各区中队也发展起来。当时在阜北骚扰的“乡联队”“红眼队”大团等匪徒达五千余人。国民党反动派为了实现其将革命力量挤出阜新之阴谋，利用反动武装，穷凶极恶地进行反清算，反把倒算。县委、县政府，紧紧依靠人民群众，同敌人展开殊死斗争。

三、撤退到奈曼，重新休整

在蒋介石挑起的中国历史上空前规模的反革命内战气焰下，国民党军、地主武装联合起来以数千人的兵力，疯狂地向我根据地进攻，包围了阜北革命根据地。1946年10月11日，县委、县政府为了保存革命实力，决定撤出根据地，到内蒙古奈曼旗大沁他拉休整。

县委、县政府撤退之后，汉奸地主倚仗国民党军队之主力，以反动地主为骨干，以农会中的叛变分子为爪牙，配合“红眼队”“乡联队”反动武装，向翻身的群众，进行野蛮反扑，反清算，反分地，倒翻身的运动。人民群众财产被抢掠，积极分子、农会干部被惨遭杀害。反共倒把气焰嚣张，根据地处于一片恐怖气氛之中。人民革命斗争的果实，遭到了严重的损失。

11月上旬，阜彰的党政干部和武装力量仅剩200多人，转移到大沁他拉和省、地及各县干部汇合。当时人员思想混乱，信心不足，悲观失望。根据当前形势，省委书记陶铸同志于11月12日，在五地委干部会上做了报告，着重提出三个问题：1. 前沿地区能否坚持游击并建立根据地？2. 敌强我弱的形势能否转变？3. 边沿地区能否发动群众，开展群众运动?通过讨论，统一了认识，增强了信心，悲观埋怨的情绪为之一扫，在“坚持游击、坚持地区”的口号鼓舞下，大家摩拳擦掌，斗志昂扬，树立了坚决打回蒙古贞的信心。撤出之后一个月左右，新四军独立旅在陶铸同志的指挥下，11月下旬解放了哈尔套街，消灭了敌人一个营，灭掉了敌人的嚣张气焰，使敌人不得不缩回去。这次战斗的胜利，鼓舞了革命队伍士气，对打回蒙古贞起到了决定性的作用。阜新武工队重整旗鼓，于12月2日打回蒙古贞，旋即收复了福兴地，并集中了大批人马，到根据地各区做宣传工作，发动群众，震慑了敌人，鼓舞了群众，坚持游击，收复了根据地。

四、战略反攻，扩大革命根据地

1947年1月，县委、县政府根据当时形势，决定停止清算，搞反倒算工作；在革命老区，实行减租减息，分粮食改策解决土地问题。在新区，开展游击活动，打坏（坏人）分浮（浮财），平分一部分土地，打击小股土匪，进行瓦解争取工作，同时狠抓备耕春耕工作。

当北撤的党政机关干部和武装队伍打回根据地后，群众“又喜又怕”。对此，县委、县政府改变了搞群众斗争的策略，根据“秘密斗争能团结广大群众，公开斗争能团结各阶层人民”的经验，以秘密斗争为主，并有机地与公开斗争相结合，领导群众开展斗争。在福兴地、旧庙一带秘密组织农会，恢复政权。干部通过访贫问苦，暗中送粮食、衣物上门的办法，扫去群众心头上害怕国民党地方武装的思想，广大群众逐渐地发动起来，靠近县、区政府。

面对当前斗争新形势，县委、县政府采取了新的策略，对于掌握武装的地主，公开反把的和虽不当降队，但公开或半公开地勾结降队进行反清算的地主，将其魁首逮捕法办，开会枪决；抓不到本人，捕其家属，实行大会斗争，以看押作为人质，重要的罚款，没收其粮食及其财产，济贫扶难；对虽未勾结降队，但在反清算中，趁机向群众收回土地和车马的中小地主，在群众大会上指名限期返还；对没有反把行为，只因群众害怕，自己送还东西的中小地主，在大会上进行宣传，号召其自动按限期返还。实行上述三种策略后，达到了打击少数，争取多数的目的，为稳定人心，转变形势，逐步落实政策打下了基础。

为了坚持和扩大根据地，同城内国民党军队和土匪打仗。县委、县政府建立了军事情报线，及时掌握情报，出其不意地打击敌人。设秘密情报线，由可靠的党员或基本群众担任，使之村村相连，在紧急情况下起了决定作用；设少数民族情报线，利用旗支会、战斗队的蒙古族家属担任，从福兴地到县城。尽管成分复杂，但活动范围广，情报来路多，开展活动迅速灵活；设职业情报线，派专人通过商业活动，掩饰身份，探其敌内部深层次的情报；设公开情报线，由王府出面，令各参领公所或边沿区的保、甲长，经常去县城探听敌人活动情况，及时向我方报告，情报不准确，武工队就要处分他们。在做地下工作中，中共阜新县委副书记赵任远同志是卓越的领导者，做出了突出贡献。

1947年2月，党为加强国统区的地下工作的领导，派赵任远到阜彰、黑山一带白区做党的地下工作。在国民党军队驻扎的城区和铁路沿线各地，敌特横行，警察无孔不入，地下工作人员有随时被捕的危险。赵任远面对敌情，无所畏惧，在敌人鼻子底下，在县城城南设地下交通站，密探敌人情报。为提高地工人员的素质，教给侦察情报的方法，部署搜集敌情报，了解敌军人员名单的任务。及时向上级提供有价值的情报。他以“天津大公报”新立屯分销处主任的身份为掩护到各地，经过几个月的调查，向五地委写出了《党的地下活动计划》。在孙家湾、太平、新邱、阿金站、中学和国民党县政府中，都派进去了地下工作者并开展了工作。于1947年7月1日，赵任远同志不幸被国民党第一集团军参谋处第二科通讯第一组谍报队抓捕，在敌人严刑拷打面前，坚贞不屈，顽强斗争，表现出了一个优秀共产党员的高贵品质。

1947年3月，随着形势的初步稳定，县委在根据地以点为主，发动群众再搞翻身运动；面上的游击活动以政治攻势为主，巩固和迅速扩大根据地。旧庙区委在代海营子村进行再翻身试点。组织农会，重新分了恶霸地主的土地和财产。

通过对福兴地、高束台两地的工作试点，干部和群众的信心大增，认为大胆地迅速地转入公开的群众斗争的时机已经到来。在福兴地、旧庙、高束台三个区，在过去秘密斗争的基础上转入公开发动群众。新老区工作内容有所不同，对老区提出的方针是：重新解决土地问题，彻底减租减息。从此，根据地的工作进入了一个新阶段。

随着游击区的扩大和巩固，在阜北成立了旧庙、福兴地、水泉，高束台四个区政权。军队扩大到600人，县区武装迅速发展壮大起来。

为迎接大规模土地改革和革命高潮的到来，做了夏季、秋季攻势的支前准备。县委、县政府在根据地各村普遍举办了骨干训练班，壮大了党的队伍和干部力量。在训练班上，对骨干人员讲解党的各项方针政策、革命形势和前途；让骨干人员挖穷根；分析阶级；讲劳苦大众做主人等知识。在提高觉悟的基础上，制订了反奸清算，分地，再翻身的计划。组织了说理队、冲锋队、分配队投入轰轰烈烈的斗争中。同时加强了民族统战工作，打击了奸霸地主，工作开展得比较广泛而深入。这个时期，根据地已扩大到务欢池以南，革命根据地已扩大到县城以东七、八、九三个区。

五月，在重点村旧庙、芥力花、生保营子、代海营子等村，进行土改试点；同时为了进一步摸索掌握蒙古族聚居地区土地改革经验，在马尼虎村也进行了试点工作。在农会领导下，分了地主的土地和财产，召开了斗争大会，群众为之大快，歌颂道：

五月三日不能忘，
同桌共餐翻身肉，
全村百姓把头扬，
永远不忘共产党。

县委对不同地区进行分类指导。对根据地老区实行土地改革，对前沿区，彻底打垮大地主、恶霸，分其土地；在游击区，搞反美蒋统一战线，奋勇向敌占区进攻，解放敌战区。当时县委提出：蒙汉团结，反对美蒋，打倒坏蛋，减租减息，生产互助，改善生活。为了落实县委的工作方针，组成两个武工队，东进武工队由吴永瑞任队长，南进武工队由哈图任队长，扩大解放区，保卫后方翻身成果。

1947年7月1日，县委在旧庙召开了纪念中国共产党成立26周年大会，同时庆贺内蒙古自治区人民政府成立；又欢迎新战士光荣入伍，当时扩军400人。

根据地建设越来越好，但斗争仍是艰苦的。1947年9月11日，务欢池区委副书记黄勃和副区长赖天恩，带领武工队十余人进驻怒虎村。发动群众，斗地主、分田地。此时，恶霸地主暗中勾结国民党，国民党军派18团一营突然包围怒虎村时，因敌众我寡，在激烈的战斗中，年轻的蒙古族干部赖天恩和其他十多名同志壮烈牺牲。敌人进村大肆抢掠，制造了骇人听闻的“怒虎事件”。党和人民为了纪念赖天恩等同志的英雄事迹，将“怒虎村”改名为“天恩村”。

经过一年来的解放战争，我军已由战略防御转入战略进攻。城镇一个个相继解放，解放区不断扩大。我军在东北地区取得的伟大胜利使东北形势有了根本转变。东北民主联军于9月14日至11月5日，发起规模强大的秋季攻势，10日，攻克新立屯；17日，攻克阜新县城，全歼敌暂编57师。大军压境，海州守敌兵荒马乱，惶惶不可终日。

在战略反攻阶段，根据形势的需要，阜彰县又分开。中共阜新县委、阜土联合政府重新成立。并组织各级干部和革命武装，在前方，配合解放军展开游击战，袭击敌人，开辟解放区。在后方开展“查阶级、查政策、查走漏、查浮财”的四查运动，铺开三、五、六、七区的土地改革运动，提出“扫地主，平分土地，保护民族工商业”的口号，土改运动进行得轰轰烈烈。当时，七区奇乎台屯的土改也正在紧张进行，村农会会长车吉扎布带领全村群众打土豪、分田地。一群反动地主武装不甘心于灭亡，突袭奇乎台屯，在一场保卫战中，车吉扎布壮烈牺牲。人民群众为纪念他，当时在其屯南立了石碑，奇乎台屯改名为“车吉扎布屯”。 车吉扎布的英名同他的村后关山永存。

1947年12月，驻海州的国民党93军20师的一个营的兵力进犯巴扎兰村。村武装20余人临阵不惧，同美式装备的国民党军进行了激烈战斗，坚持3个多小时，住在童乃村的第五区的区长、蒙古族干部李凤林和副区长、蒙古族干部齐国藩同志，带领区中队10多人前来增援，以有利地形做掩护，打退了敌军。敌军扔下80多具死尸狼狈逃窜回海州。在这次战斗中，五区副区长齐国藩同志和他的通讯员英勇牺牲。用鲜血和生命保卫了解放区。广大群众为纪念这位年青的蒙古族革命干部，编写了歌曲，到处歌颂。

1948年1月6日，五地委在务欢池召开了“土地会议”，贯彻了党中央“自己动手，全面大发动”的方针，传达了“扫光地主、平分富农、中农不动”的政策；整编干部队伍，交权审干。各区、村层层发动，贯彻土地会议精神，使土改运动深入开展。当时蒙古贞北部、东部和西部都已解放。十区（富荣镇、大板、国华）和十一区（新民）也已开辟根据地，县区武装队伍包围了驻扎在阜海之敌。在全面大发动中，县委及时检查了土地改革工作中的差错，解决了形式主义问题。

1948年2月，县、区脱产干部进行整编。参加整编的有147名干部，其中蒙古族干部78名。通过整编，清洗了一些不纯分子，处分了违法乱纪者，为后来的土改、整党打下了较好的思想和组织基础。

到1948年3月15日，全县（指在五地委领导下的地区，不包括北阜义地区的）十一个区，基本完成了土地改革工作，全县地主富农的150万亩土地，14800头牲畜，2246辆大车，1万余吨粮食以及衣服和其他财物等被全县30万穷苦的各族人民分走，斗倒地主富农达4089户。

五、蒙古贞解放，全县大地阳光普照

1948年3月18日，蒙古贞地区全境解放。这一难忘的日子，掀开了蒙古贞人民的新的历史一页，结束了受压迫、被剥削的历史，当家做主人过上幸福的生活。蒙古贞人民永远不忘中国共产党，不忘中国人民解放军，不忘伟大领袖毛主席。

蒙古贞解放后，党的工作由农村转入城市。工作中心由土改转入大生产运动。各级政府召开春耕生产动员大会，对各阶层进行政策交底，打破顾虑，做到不误农时，不荒一亩地，深耕细作，扩大播种面积，做到增产增收。宣布三大自由，争当劳动模范。通过开展副业生产，厉行节约，赈灾救济，解决生产中的一切困难。按自愿两利的原则，成立丰收互助组织。

全县以生产建设为中心，全面领导春耕生产。在春播中，人缺口粮，牲畜缺料，县委发动各个部门，从机关中抽出837头牲畜、救济粮75万斤，及时发到群众手里，战胜了困难。当年播种1182451亩，同时开荒50710亩。

5月5日，县委根据新形势需要，宣布改个人领导为集体领导制。各区建立工作委员会，一切工作必须经过集体研究决定，委员分工负责。对全县干部作具体指导，提高干部的工作水平，出版印刷了《工作通讯》，交流了工作经验。

县委为加强党的建设，在一、二、三、四、六区，进行了整党建党试点工作。经过半个多月的努力，以“自报，公议，党批准”的方法，发展了新党员。到12月末，完成了各村建立党支部或党小组，各自然屯有党员的要求。

在指导农业生产时，注意克服了群众“怕均”“怕富”的思想顾虑，广泛地向群众宣传政策，提出“过去比苦，今后比富比甜”的口号，从而极大地调动了生产积极性。秋收时，全县粮食产量达到2亿多斤。为了更好地做好土改收尾工作，经过一个阶段的土地查平，在规力格营子进行了试点，对全县各区进行辅导，完成了土地调补任务；同时解决了为军属代耕问题，为扩兵工作打开了局面。

1948年10月，随着辽沈战役的进展，驻沈阳的国民党军廖跃湘兵团，西进援锦。11日攻占彰武，17日进占新立屯。泡子东南被国民党新三军侵占。新立屯一带为国民党71军占领。敌人采取“面上占领，齐头并进”的战术，攻占了我县三、七、八、九、十区。四、五、六区和城关区亦受到很大威胁，地主反动武装在这些地区猖狂活动。一、二区还较安全，但由于敌人来势凶猛，干部、群众缺乏备战思想，还由于我军主力开赴辽沈战役前线，农村一时惶恐不安。八区老河土“敖龙胡同事件”就在这时发生的。敖龙胡同村以赖吴氏为首的九名村干部在国民党军面前，毫不畏惧，在重刑之下，个个咬紧牙关，只字不说，表现出了蒙古贞革命村干部英勇无畏的精神。敌人无计可施，于1948年10月，九名村干部在敌人屠刀之下坚贞不屈，英勇就义。县委、县政府在危难关头，领导县、区、村三级干部和民兵武装，英勇备战，坚持斗争。组织担架团，大车团，征调粮食，全力支援辽沈战役；接着进行了清匪起枪、管制反动地富、打击反动会道门活动。经过人民解放军浴血奋战，攻克锦州，取得了辽沈战役的伟大胜利。

1949年10月1日，县城召开了万人庆祝中华人民共和国成立大会。细河两岸，翁山南北，蒙古贞各族人民心潮澎湃，发自肺腑高呼：毛主席万岁，伟大的中国共产党万岁。全县各族人民沉浸在获得解放，当家做了主人的无比欢乐的喜悦气氛之中。

第三节　民族革命武装

在三年解放战争时期，蒙古贞人民在党的领导下，组成各种武装组织，同国民党军队及土匪大团等地主武装，展开殊死斗争，保卫了革命政权，保卫了人民群众，保卫了土地改革，保卫了革命根据地，支援了各地的解放战争，做出了突出贡献。

一、蒙民大队的建立与发展

在解放战争初期，在蒙古贞大地上组建了一支蒙古族英雄的人民武装——蒙民大队。在中国共产党的领导和关怀下，这支革命武装，逐渐发展壮大，转战南北，驰骋疆场，屡建战功。对阜新根据地的建设，家乡的解放，对东北解放战争的支援都做出特殊贡献。

1945年9月以后，县委、县政府相继建立。新四军三师进驻蒙古贞。他们抑制豪强，爱护百姓的行动，深深地打动了蒙古贞的蒙古族进步青年。这些热血青年主动靠近党组织，提出民族自治，成立土默特左旗政府的要求。对此，地、县委和三师的领导同志，给予深切同情和支持。于1945年11月中旬，在他本扎兰召开了蒙古族青年大会。随后在县城召开了有30多人参加的蒙古族青年座谈会。地、县委的领导接见蒙古族青年代表，讲述党的民族政策，提高他们的政治觉悟。包忠爱、王保山等10余名蒙古族青年骨干，在敌强我弱的危险形势下，有组织、有分工地走村串户，进行革命串联。经过一段艰苦工作，克服重重困难，终于动员出一批人。在哈达户稍召开了20多人的会议，进一步分析斗争形势，讨论行动计划。1946年2月6日，地、县委在旧庙开会作出关于成立“旗县联合政府”和组建“蒙民大队”的决定。

1946年3月中旬，在平安地正式组建了蒙古贞蒙古族的人民武装——“蒙民大队”，有蒙古族青年农民、学生和知识分子，共40人参加，由王保山任大队长，骆长胜任副大队长，大队部下设一个中队。

到1946年7、8月间，蒙民大队很快发展到400多人。这时，王保山调到旗支会工作，骆长胜任大队长，保音达赉任副大队长，旧庙区委书记马广基兼任政委，大队部下设三个中队，一、二中队为步兵，三中队为骑兵。

1947年5月，蒙民大队在林东内蒙古自治学院学习结束，奉命回师蒙古贞时，乌兰夫同志命名这支部队为内蒙古人民自卫军第十三支队。骆长胜任支队长，白希凯任参谋长，阿勒塔任政治处主任，陶格套任后勤处主任。

1947年7月，第十三支队与旗县联合大队二中队奉命合并，正式成立辽吉军区骑兵独立团。赵福林任团长，向常青任副团长，中共阜彰县委书记刘异云兼任政委，1947年8月，由张彬同志任政委，骆长胜任副政委，白希凯任参谋长，阿勒塔任政治处主任，布仁、包汉儒任政治处副主任，包文章任后勤处主任，团部下设六个连队，一个警卫排。1947年秋，独立团的第三连调到四野八纵队为侦察连（排以上干部留下了），后把第六连补充到三连。这时部队已发展到700人，1948年3月，辽吉军区骑兵独立团奉命荣升主力，编为内蒙古骑兵二师23团，当时受东北军区、内蒙古军区的双重领导，以东北军区为主，团长赵福林、副团长骆长胜，后勤主任宝音图，其他领导成员未变。

1948年4月，赵福林被调走，白希凯离职到东北军政大学学习。这时团部领导成员有了较大变动，团长骆长胜，政委布仁，参谋长包平安、副参谋长部喜德（全国战斗英雄），政治处主任阿勒塔，后勤处长桑布。团部下设四个连队，其中第四连由内蒙古宾图旗调来，全国战斗英雄浩特劳在这个连里当排长，当时每个连队的人数达180多人。

蒙民大队是在枪林弹雨中成长起来的。在解放战争时期的东北战场上，据不完全统计，参加战斗130余次，其中较大的战斗67次，杀敌3万多，缴获各种轻重武器700余支（挺），子弹5000多发。战马600多匹，胶轮大车近百辆，还有许多其他物资。在松辽平原、巴林草原和辽西走廊，解放城市和村庄500多个，组织武工队300有余，人数达2000多人。

这支蒙古族人民的子弟兵，是在地、县委的直接领导和关怀下组建起来的。它一开始就在中国共产党领导之下，并在党的指引下不断发展壮大；它一开始就和广大人民群众紧密联系在一起，得到蒙汉各族人民的广泛支持；它一开始就与国民党反动派针锋进行相对的斗争。它不是旧式的武装队伍，也不像投诚后改编过来的部队，而是蒙古贞地区党指挥的第一支新型的革命民族武装，是创建、巩固和发展阜新根据地的中坚力量。

这支部队在最艰苦的条件下坚持斗争，丝毫不动摇，一心一意干革命，具有广泛的群众基础，有与封建家庭决裂，一心跟党走的王爷的二少爷；有为中国人民解放事业献出生命的日本籍国际主义战士；有破除封建礼教的妇女干部等；他们具有良好的战斗作风，在战场上，各个奋勇当先，英勇杀敌，为阜新的民族解放事业做出了积极贡献。

蒙民大队既是战斗队，又是工作队、宣传队，有效地保卫了各级地方政权和人民群众的根本利益，培养造就了一大批久经考验的民族干部。解放了千百年来受压迫剥削的劳动群众，在“打倒蒋介石、解放全中国的革命战争中，做出了卓越的贡献。为争取民族解放，民族平等自由，保卫、建设祖国社会主义大家庭建立了不朽的功绩”。

1946年3月中旬的一天，在蒙古贞北部平安地的王保林家中，中共辽吉五地委召开了成立阜新县土默特左旗联合政府和蒙民大队的会议。会议由地委组织部部长赵雨浓主持，参加会议的有地委宣传部部长韦必克、地委秘书长于洪琛和阜新县委第一任书记林沛然、阜新县第一任代县长叶舟等同志，参加会议的还有蒙古族青年、农民、学生和知识分子，他们是包忠爱(包海勋)、王保山（额尔敦尼)、骆长胜（骆成全)、阿勒塔(茫赫)、白遇阳（龙乃扎布)、包汉臣、白希凯（希仁巴特尔)、海鸿宇（巴图)、达木林（包文启)、拉塔扎布、何什格(李风林)、白瑞生、赖天恩、齐国藩、哈图、吴永瑞、包汉儒、达林太（容玉珍)、白成文（白斯古楞)、佟拉格（石宝良)、白德林、德山（海宗亮)、白玉文（铁旦)、吴凤亭（高好)、齐宝荣、骆长岭、王保江（大木林)、李国兴、额尔德尼、双龙、赵那苏图、巴日、巨宝、常福、阿尔斯楞、包明珠、包明瑞（能乃敖斯尔)、乌尔图巴依尔、铁宝、白摩尼、达森扎布、武宝德、白金龙等人。他们肩负着民族的重托和历史赋予的神圣使命，分别参加了旗县联合政府，蒙民大队和蒙古族青年工作队。

经过革命斗争的考验，在旗县联合政府艰苦工作中，在蒙民大队的战斗历程中，涌现出众多英雄模范人物，其中包忠爱是一个典型的代表人物。包忠爱是蒙古贞他本扎兰村衙门营子人氏。他自幼刻苦用功，品学兼优。在扎兰屯师道学校启蒙老师郭荣廷（达斡尔族人）的教育下，对伟大的蒙古族发展史产生了浓厚兴趣，提高了民族觉悟，萌发了“复兴民族”的思想，开始关心蒙古民族的前途和命运。当新四军三师进驻蒙古贞时，他看到了纪律严明，联系群众，决定跟随队伍参加革命；他读了毛泽东《论联合政府》一文，心扉豁然开朗。在和共产党的干部接触中，他认识到共产党支持蒙古族自治，跟着共产党走才是唯一正确的道路。在革命斗争中，政治觉悟不断提高，成为一个政治热情饱满，革命斗志旺盛，具有坚强的战斗精神的革命战士。对他，党组织越来越信任，人民群众越来越拥戴。他觉得自己肩上的担子也越来越重了。在任旗县联合政府旗长的同时，又兼任了旗支会主任，蒙古青年工作队长。县委领导很关心他，让他看《怎样做一个共产党员》的党内文件，并介绍他入党。1946年7月1日，在蒙古族青年中，他第一个加入了党组织，10月，在奈曼旗大沁他拉转为正式党员。1946年9月，青年干部达木林、双龙、额尔德尼三人也光荣地加入了党组织。他们几位也是蒙古贞地区早期的共产党员。1946年11月，包忠爱被调到哲里木盟办事处任副主任。辽吉省委书记陶铸同志同他谈话，表扬了他的工作，并勉励他戒骄戒躁，做好党和人民的工作。1947年4月，他作为库伦旗代表团团长，率领十几个代表参加了内蒙古自治区人民政府成立大会。同年七月，调到奈曼旗任旗长。他密切联系群众，和群众同甘苦、共患难，群众称他为“庄稼旗长”。1948年，他连续被选为旗、地、省模范干部。同年8月，辽吉省委任命他为哲里木盟副盟长。新中国成立后，被调到国家民族事务委员会任政法司副司长等职，成为党的一名优秀高级干部。

蒙民大队创始人之一，第一任大队长王保山，是一位在党的培养教育下成长起来的蒙古族优秀青年干部。

王保山，蒙古名字叫额尔敦尼，系蒙古贞平安地乡人。自中学时代起，在家庭和学校师长的影响下，并亲眼目睹日本侵略者的奴化教育，激发了他热爱本民族、振兴本民族的热情，毅然选择了革命道路。在党组织的培养教育下，成为成熟的革命干部。无论是当蒙民大队长，还是当旗支会的军事科长，他从不辜负党的信任和期望，出色地完成工作任务。

在根据地北撤的极端艰苦日子里，他立场坚定，意志坚强，经得起革命的严峻考验。在收复失地、开辟新区、清剿土匪，反奸清算的激烈斗争中，始终站在革命斗争前列。1947年1月，他担任了阜彰土苏联合政府副主任。1947年末加入了中国共产党并担任了联合政府的旗长。在伟大的土地改革运动中，他亲笔写信给平安地农会，揭发地主在家里藏金银首饰一事，并鼓励和支持群众斗争地主，为其他地主家庭出身的革命同志做出了榜样，推动了土地改革运动的顺利发展。这件事后来传为一段佳话，至今仍流传在当地群众中。王宝山同志家虽为地主，但是，其父王泽舟、其叔王恩普，为蒙古贞地区的解放事业做出了一定贡献。阜土旗县联合政府和蒙民大队，就是在他们家成立的。政府和蒙民大队所需的粮食和其他物品，也有他家提供的。附近的大地主，都到城市里当逃亡地主，而他的父亲与叔父却投靠解放军，跟着共产党走，积极为党做事，其叔王恩普接受地委、县委的委托，往来于新立屯、沈阳之间，贩卖黄牛，购买布匹等其他物资，供应部队给养。1947年冬，王恩普被驻新立屯的敌军抓捕，在重刑之下，坚贞不屈，遭国民党杀害。王保山兄弟四人参加蒙民大队，献身革命事业。新中国成立后，王保山同志任吉林省民委副主任（主持工作），兢兢业业为党工作，为党和政府民族统战工作做出积极贡献。

在蒙古贞早期参加革命的蒙古族干部中，有鞠躬尽瘁，死而后已，充满大无畏牺牲精神的中坚力量。白遇阳同志只身闯过敌人层层封锁线，成功地说服了藏传佛教上层人物嘎喇藏活佛参加革命，轰动了蒙古贞各界人士积极投奔解放军。白希凯、阿勒塔、达林太、达木林、吴凤新等同志做争取云丹桑布投诚的工作，使这一顽固的蒙古族上层人物终于在1946年4月向解放军投诚，为整个蒙古贞地区的广大蒙古族群众参加革命与支援革命根据地，产生了极大影响。

蒙民大队第二任大队长骆长胜，东进武工队长吴永瑞，南进武工队长哈图，在战斗中与敌人拼刺刀，在反奸清算，开辟新区的工作中，同群众打成一片。末代王爷云丹桑布的二少爷巴特尔，同其贵族家庭决裂，首批参加蒙民大队。在1946年9月，革命处于低潮，在国民党军四面包围的严峻时刻，他经得住革命考验，尽管枪支被缴，马被收回，在不被组织和战友信任的情况下，仍紧跟革命队伍，在战斗中冲锋陷阵，成为一名出色的革命战士。蒙民大队的战士们，个个出生入死，死而后已，他们大无畏革命精神，为解放民族，解放全中国的伟大精神，充分体现在他们天天唱的《蒙民大队进行曲》中。

《蒙民大队进行曲》

我们不是封建王公的骑士，
也不是地主贵族的看家兵，
我们是自由民主的先锋战士，
肩负着民族解放的伟大使命。
嘿嘿！前进前进！向前进！

我们的队伍不可战胜，
冲破几千年的黑暗势力，
勇敢战斗不怕流血牺牲，
我们来自穷苦大众的柴门，
永远是蒙古人民的子弟兵。
我们是辽阔家乡的坚强战士，
共产党指挥我们每个行动。
嘿嘿，前进前进！向前进！

我们的队伍团结一心，
迎着民族解放的金色曙光，
前赴后继永远胜利向前进！

二、旗县联合大队的建立与发展

由于国民党军队包围根据地，占领大中小城市。阜新、彰武两县为保存实力而合并。合并后，阜彰县除了蒙民大队，没有别的革命武装。因此，联合政府决定，建立一支旗县联合大队。

当时，彰武县四区的区中队战斗力很强，于是以四区区中队做骨干，又招收了一部分人马，组成了新的县大队。张昌任大队长，杨占奎任县大队副大队长。为加强战斗力，动员机关干部不骑马，把马匹集中起来给县大队的人员。同时又从机关中抽出部分干部调到县大队工作，充任领导和骨干，从而进一步加强了县大队的力量。

县大队活跃于阜北根据地，不断地给土匪大团以有力打击，同时发动群众，搞减租减息，有力地推动了根据地各项工作的进展。

1946年10月，局势又紧张起来，党政机关干部与武装队伍北撤至奈曼进行休整。蒙民大队北撤时，其留守人员多是伤病员，他们组成一个中队；当时联合政府中的后勤人员也留下来，又组成了一个中队。两个中队合起来，编为一支旗县联合大队。

1947年5月，蒙民大队由林东自治学院返回蒙古贞后，把由留守人员组成的二中队调回，改编为辽吉军区骑兵独立团。此间，将二区区中队（100多人，蒙古族连队）收编到旗县联合大队。这样，旗县联合大队原一中队与新收编的二区区中队为二中队，组成了新的旗县联合大队。这个旗县联合大队又同原来的县大队合并，组成了阜彰独立团。大队长张昌、副大队长杨占奎，政委刘异云，副政委曹锅山。一中队队长王盛干，指导员毕锦銮；二中队队长包明瑞，指导员包汉臣。这支英雄的部队，于1947年12月，调到四野，成为主力。打完辽沈战役，步行到天津，参加了平津战役，编入四野七纵队44军157师警卫营。

三、蒙民11支队的建立与发展

1945年秋，以王景阳为首集结穷苦奴隶、下层喇嘛、小学教员及青年学生成立了“蒙古族武工队”。当时只有13人。由于国民党军队向朝阳、北票进犯，局势紧张，小小的武工队遇到了困难，党组织给予极大关怀。1946年2月，冀热辽军区派乌兰同志整顿这支队伍，并将武工队改名为“内蒙古人民自卫军第十一支队”。王景阳继任队长，乌兰任政委。从此，这支队伍活跃在热辽地区，打土匪、分田地，配合主力，南征北战，不断发展壮大。先后改编到北阜义蒙汉地区队，独立48团。荣升主力后，编入中国人民解放军168师502团。

蒙民11支队组建于北票，战斗在蒙古贞地区，而且在蒙古贞地区发展壮大，在蒙古贞地区做出了光辉业绩。

国民党93军20师驻在蒙古贞地区西部的海州、东梁、伊吗图、蜘蛛山等地；铁路沿线，由国民党东北保安第三支队守备；梁省三“清剿”大团、黑塔、铁柱、郎卜等土匪于清河门、喇嘛坂、汤头、大乌兰、蜘蛛山一带出没，抢掠民财。一时间反动势力很猖狂。面对严峻混乱局面，蒙民11支队以奇金台为后方，由于寺、大五家子逐步深入到北至王府，南至东梁、清河门，西至蜘蛛山。在蒙古贞西部发动群众，宣传民族政策，有力地打击了敌人的进犯。同时，在这一带战斗中扩大队伍达260多人，其中骑兵中队120多人，步兵中队100多人，支队通讯班40多人，战斗力不断增强。

1947年春，蒙民11支队队长由杨居录担任，政委由晓枫担任。他们收编了铁柱、郎卜地主武装；收编了土匪翟德胜的地主武装；剿清了梁省三的“清剿”大团。他们能征善战，威震敌胆。

1947年11月，根据冀热辽21军分区的整编命令，由蒙民11支队、北阜义支队、佛寺喇嘛武装队合编为“蒙汉地区工作队”。蒙民11支队为一营，营长希迈里，教导员肖祥瑞；佛寺喇嘛武装改为二营，营长吴天宝；北阜义支队为三营，营长王德和。蒙汉地区工作队，由徐乃彬任队长、刘乔任政委，配合以彭涛为团长、乌兰为副团长的北阜义土改工作团进行土地改革。在土改中，他们同海州守敌93军20师作战取得了胜利。为防止敌人乘火车逃跑，他们创造“铁道翻身”的方法，破坏铁路，切断敌人后退之路。

1948年3月17日晚，海州守敌93军20师似热锅蚂蚁，晕头转向，分三路纵队直奔伊吗图、清河门，向义县方向溃逃。

清晨5时20分，敌军在飞机掩护下逃到伊吗图。蒙汉地区武装工作队早已埋伏好，阻截了逃敌。敌人丢盔卸甲，争相逃命，扔下大批物资，被俘300多人。

四、佛寺喇嘛武装队

1946年春，佛寺为了保卫自身安全，打击抢掠庙产和喇嘛私人财物的土匪武装，组建40多人的喇嘛自卫武装队。同年7月，北阜义办事处派人到佛寺宣传革命道理，提高了喇嘛武装队的政治、思想觉悟。在中国共产党领导下，这支队伍很快扩大到一个大队、两个中队。吴天宝任大队长，郭甫生任指导员，根德任第一中队长，赛音巴图任第二中队长，人数已扩大到260多人。

1947年11月，这支部队在北票大乌兰，接受21军分区的改编，加入北阜义蒙汉地区队，编为二营，下属三个连队。这支队伍，于1947年痛打了梁省三反动大团；参加了北票黑城子战斗；攻打过海州的国民党守敌；侦察打击骚扰在佛寺的敌人；偷袭锦州飞机场守敌，消灭了机场的敌军机枪连；在解放隆化的战斗中，英勇作战，立下了战功。

第四节 党的民族政策的胜利

蒙古贞是蒙古族聚居地区。解放战争时期蒙古族人口有8万多人，占全地区总人口的20%。蒙古族人民长期遭受封建王公、贵族、地主的统治；1931年后，又受日本帝国主义的侵略，因此经济特别落后，生活极端贫困。广大蒙古族知识青年、蒙古族大众迫切希望早日实现民族解放，民族自治，有着强烈的民主变革和民族自治的要求。在此严峻的形势面前，如何结合实际贯彻党的民族政策，处理好兄弟民族关系，充分发动蒙汉贫苦大众共同向国民党反动派及封建势力做斗争，如何把蒙古族人民的民族利益和民主要求统一起来，引导到新民主主义革命的正确道路上，这是摆在县委及所属各级党组织面前的一项紧迫任务，也是关系到县委、县政府能否在辽吉前沿站稳脚跟，建立巩固的革命根据地的关键问题。

一、蒙古民众的革命

解放战争时期，地、县委一直把开辟蒙古贞地区的工作当做重要任务。先后派大批干部深入蒙古贞广大农村，了解蒙古族人民革命斗争历史、风土人情、社会经济状况及各阶层动态，阶级关系和基本群众的要求。同时向广大贫苦农民广泛细致地宣传共产党的主张和党的民族政策，动员蒙汉穷苦大众团结起来，为争取翻身解放而斗争。1945年11月初，五地委派办事处主任聂品，在新邱接待并主持召开了蒙古族青年座谈会，详细询问了当地情况，认真听取了他们的意见和要求，积极宣传党的方针和民族政策。接着，又于11月中旬在他本扎兰村，召开了有200多人参加的蒙古族青年大会，地委组织部部长施介宣讲了马列主义理论和列宁领导的俄国十月社会主义革命胜利的伟大意义，中国共产党关于中国革命、民族问题的主张和政策，以及国共两党对待民族问题的本质区别。这次大会为蒙古族有志青年指明了前进的方向，使他们澄清了许多模糊观念和模糊认识，明确了民族利益同国家利益的一致性，认识到只有蒙汉人民团结起来，跟着共产党，才能打倒共同的敌人——国民党蒋介石，才有蒙古族人民的光明出路和美好的未来。大会根据施介的倡议，成立了“阜新蒙古族青年建国会”。建国会的章程规定：“在中国共产党的领导下，动员和组织广大蒙古族青年，积极行动起来，宣传贯彻党的民族政策，广泛发动蒙古族人民群众积极行动起来，参加反奸清算的斗争，同各族人民团结一致，建设巩固的革命根据地，打倒共同敌人国民党反动派。为实现民族解放、民族平等，民族自治而斗争。”12月初，县委同新四军老三师的首长在县城联合召开了酝酿成立土默特左旗政府的蒙古族青年座谈会，提出了蒙古族自治的口号。并强调指出：与会蒙古族青年的重要任务是坚定信心，广泛发动蒙古族青年起来革命，积极做好成立旗政府的筹备工作。从而使一大批热心变革的有志蒙古族青年团结在党的周围，以进步知识青年为骨干的一批蒙古族干部迅速成长起来。为了更好地贯彻党的少数民族政策，切实做好蒙古族人民的政治思想工作，地委还成立了“蒙古族工作委员会”，对外称“蒙古族联谊部”。举办了两期“蒙古族青年训练班”，召开了蒙古族各界人士座谈会。通过党的一系列的组织和发动工作，大批热心于变革、参加过培训班的蒙古族进步青年，积极深入广大农村开展宣传活动，我党的影响迅速在群众中扩大，党的民族政策深入人心。在阜彰地区蒙古族聚居的广大村屯，迅速掀起了以进步青年为骨干，贫苦农民踊跃参加的反奸清算，减租减息的群众运动。

为做好民族地区的工作，启发和提高蒙古族群众的阶级觉悟，引导蒙古族人民投身于打倒国民党反动派的斗争，县委反复强调：在蒙古族地区工作的干部，首先要明确一个观念，为蒙古族人民解放事业而奋斗，而不是包办代替他们的解放事业，蒙古族人民的解放事业，是蒙古族人民自己的事情，只有蒙古族人民自己起来干，才能求解放。我们要把帮助蒙古民族的解放事业当作中华民族解放事业的一部分。要求全体干部"下决心，长期埋头苦干，献身于蒙古族人民事业，同蒙古族一起，为蒙古民族的解放事业奋斗到底"。为此，县委还提出了注重调查研究，扩大宣传与训练干部，发动群众解决基本群众切身问题三项具体要求。在县委制定的正确方针指引下，进入蒙古族地区的广大党政军干部和战士，尊重蒙古族人民的风俗习惯，同各级蒙古族干部交朋友，真正团结，紧密配合，很快打开了蒙古贞地区新的局面。

1946年1月，按照省委的指示和要求，县里选出蒙古族青年代表，参加了在兴安盟葛根庙召开的蒙古族人民代表大会。会后，县委认真地听取了代表们的汇报。指示：要广泛争取和团结一批革命力量，扩大党在少数民族中的影响，要积极组织民族武装；并当即做出了"建立联合政府和武装组织"的决定。当年4月，又选出5名蒙古族青年代表，参加了东蒙古第二次代表会议。会议宣布：成立内蒙古自治运动联合会东蒙分会，明确了蒙古族自治运动的方针、政策和路线，确立了中国共产党对蒙古族自治运动的领导地位，从而使代表们的思想觉悟发生了新的变化。大会以后，阜彰县很快成立了由共产党领导的东蒙古自治运动联合分会的旗支会，下设了苏木支会，广泛组织和发动蒙古族人民参加革命。1947年4月下旬，县委再次选出旗县蒙古族青年代表，由哲盟办事处副主任包忠爱带队参加了5月1日内蒙古自治区政府成立大会。毛泽东主席、朱德总司令向大会致电祝贺："曾经饱受困难的内蒙古同胞，在你们的领导下，正在开始创造自由光明的新历史。我们相信，蒙古民族将与汉族和国内其他民族亲密团结，为着扫除民族压迫与封建压迫，建设新蒙古与新中国而奋斗。”听到毛主席、朱总司令的贺电，代表们心情无比兴奋。回来之后，广泛热情地宣传了毛泽东主席和朱德总司令的贺电，宣传了内蒙古自治区政府成立的伟大意义。全地区广大蒙古族人民受到了极大的鼓舞，更加坚定了革命斗争的信念，看到了新的曙光，进一步激发了剿匪反霸和打击国民党反动派的斗争热情。

为全面贯彻党的民族政策，县委按照北满分局和省委的指示，一方面在蒙古族聚居地区，按照民族形式，建立民族民主政权机构，对蒙古族干部委以重任，给予实际权力，以充分发挥蒙古族干部的作用，调动其为民族事业和人民民主而斗争的积极性；一方面在蒙汉杂居的蒙古贞地区，按照毛泽东主席《论联合政府》的精神，创造性地组建了蒙汉联合政权机构，更好地体现了民族间的兄弟平等和紧密团结。1946年3月，在平安地成立了“阜新县土默特左旗联合政府”。4月间，阜、彰两县合并，改为阜彰土苏联合政府。与此同时，还按照蒙汉合治的原则，在基层成立了区与“努图克”、村与“嘎查”联合政权机构，并民主选举了各级联合政权机构的蒙汉双方负责人。使蒙汉两族干部，人坐在一起，心想在一起，不仅统一了蒙汉人民的共同心愿和意志，产生了强大的凝聚力和向心力，而且真正体现了蒙汉穷苦大众是一家。阜彰地区的各族人民，在党和联合政府的领导下，长期坚持游击区、前沿区的斗争，患难与共，并肩战斗，给国民党反动军队及地主武装以沉重打击，不仅保卫了地区，而且不断扩大了根据地。在实现民族团结统一，共同向国民党反动派展开殊死斗争中，树起了一面光辉旗帜。

二、土默特左旗旗支会成立

1946年4月3日，在党的领导下，由乌兰夫同志主持召开了承德会议，即“四·三”会议。在会上，内蒙古东、西部代表讨论了自治运动的方向、路线、政策问题；通过了解散“东蒙古自治政府”的决议；选举了统一领导内蒙古自治运动的领导机关——内蒙古自治运动联合会执委会，确定了内蒙古民族解放运动的方针是：平等自治，不是独立自治，并且只有在中国共产党领导和帮助下，才能得到解放。“四·三”会议确认了党对内蒙古自治运动的领导，确认了内蒙古自治运动是全国革命斗争的一部分。会议统一了东西蒙自治运动的领导，统一了自治运动的力量，为自治运动的全面深入开展，创造了有利条件，这是一次具有重大历史意义的会议。

1946年5月，东蒙古人民临时代表会议在乌兰浩特召开。县委、县政府推选蒙古贞蒙古族干部白遇阳、吴永瑞、包汉臣、巴特尔、李国兴同志为代表出席了会议。会议全面贯彻执行“四·三”会议精神，决定接受中国共产党的领导，撤销内蒙古人民革命党和东蒙自治政府；会议还决定，各旗、县成立自治运动联合会支会。这次会议为实现民族区域自治奠定了基础。会后，出席会议的代表返回县，贯彻了会议精神。在县委的领导下，于1946年6月，内蒙古自治运动联合会东蒙总分会土默特左旗支会正式成立。旗支会主任包忠爱，副主任乌恩奇、秘书白遇阳、组织科长巴图、军事科长王保山，宣传科长嘎喇藏。县委决定：“蒙古青年武装工作队”为旗支会的组成部分。

在县委统一领导下，旗支会仅仅在一年当中，发挥了它在本地区的特殊作用。旗支会广泛地宣传了民族自治和民族政策，在蒙古贞蒙古族人民群众中产生了很大影响。党的民族政策符合蒙古族人民群众的心愿。革命的利益和民族利益是一致的。蒙古贞蒙古族人民群众踊跃地欢送自己的子弟参军参战，积极支援抗敌斗争。

1947年5月1日，在乌兰浩特召开了内蒙古人民代表大会。大会庄严宣布：内蒙古自治区人民政府成立。内蒙古人民多年来要求民族自治的愿望，在党的民族政策的光辉照耀下，经过艰苦奋斗，终于实现了。内蒙古自治区的成立，为我国这样一个多民族的国家解决民族问题开创了新路，为我们党制定民族区域自治基本政策提供了实践经验，并奠定了理论基础。随着内蒙古自治区人民政府的诞生，内蒙古自治运动联合会也就完成了它的历史使命。土默特左旗支会也同时完成了历史赋予它的特殊使命。

三、蒙古族上层人物参加革命

为了更加广泛地团结蒙古族群众，一方面贯彻党的民族统一战线政策，引导蒙古族上层人物参加革命，另一方面贯彻党的宗教政策，引导宗教界上层人物参加革命，从而使党的民族民主革命力量不断壮大。

藏传佛教是蒙古族群众普遍信仰的宗教。蒙古贞有许多著名的喇嘛寺院。由于藏传佛教自明末清初以来数百年间，已渗透到蒙古族民间生活的各个方面，对蒙古族群众产生了巨大的影响。为此，县委根据蒙古族的觉悟程度，结合实际贯彻落实党的宗教政策。一方面教育广大干部、战士要尊重蒙古族人民的宗教信仰，包括宗教界上层人士在内的喇嘛僧人，高度认识保护喇嘛寺院的重大意义，把反对封建迷信和保护寺院严格区别开来，认清保护喇嘛寺院是保护蒙古族的历史文化和社会财富，而破坏喇嘛寺庙是愚蠢无知的行为；一方面在组织上采取有效措施，要求县、区、农会组成专门的寺院看护委员会，对遭到破坏的寺院予以修缮，未受到破坏的严加看护，避免受到破坏。同时也制定了一些具体政策，对上层喇嘛、富有的喇嘛，只在经济上实行减租减息，不许涉及宗教信仰问题，不许干涉其正常的宗教活动。

由于正确地贯彻了党的宗教政策，所以，在当时炮火连天的解放战争时期，蒙古贞喇嘛寺院也很少受到破坏。瑞应寺、瑞昌寺、八大玛旺钦庙，都完整地保存下来了。由于认真、深入地贯彻党的民族宗教政策，大大扩大了我党我军在蒙古贞的影响，不仅沉重地打击了国民党反动派妄图利用宗教麻痹欺骗少数民族，破坏党同少数民族关系的罪恶阴谋，同时，也使大多数喇嘛，包括宗教界上层人士不断觉醒，逐渐信任共产党，拥护共产党的领导，有不少喇嘛弃经从戎，参加了人民解放军。

1946年夏，国民党反动军队在向蒙古贞进犯之前，大肆散布“佛心向南”“佛心归统、国军必胜”等反动谣言。并用尽伎俩妄图把巴达玛旺钦庙的嘎喇藏活佛劫持到敌占区去。

嘎喇藏活佛是佛教界的上层人物，而且是一名开明僧人，他对人民群众的疾苦深切同情，并具有深厚的民族感情，对国民党离间蒙汉民族、迫害僧侣、破坏寺院的行为早有不满。对国民党利用他的名义进行反革命欺骗宣传的行径尤为愤慨，而对我党我军保护寺院、不动庙产和尊重宗教信仰自由的政策十分赞赏。中共阜新县委为粉碎敌人的阴谋，经过周密研究，委派活佛的老相识，我党干部白遇阳去进行争取嘎喇藏活佛的工作。

白遇阳同志传达了县委的意见，进一步宣传党的民族政策和宗教政策，介绍革命形势和民族自治运动的情况，嘎喇藏活佛坚定了信念，毅然决定携经离庙，骑上高头大马，挎上手枪，带领随从喇嘛，前往阜彰县委所在地哈尔套，参加了革命队伍。受到了县委领导和各界人士的热烈欢迎。活佛参加革命的消息，迅速传遍根据地和敌占区。到处传说：“活佛当了八路，这是天意!”共产党定坐天下！这在当时敌进我退的形势下，对信仰藏传佛教的蒙古族群众来说，起到了安定和鼓舞人心的作用。嘎喇藏活佛跟着县、区武装队伍打游击，并以个人名义发表文告，号召蒙古族人民积极参加革命，奋力支援解放战争。蒙古族人民受到嘎喇藏活佛的影响，积极参加解放军，努力支援前线。1946年11月，辽吉省委书记陶铸在奈曼旗大沁他拉接见嘎喇藏活佛，十分赞赏他携经从戎的革命精神。嘎喇藏活佛跟随陶铸转战到白城子，经陶铸同志介绍，到内蒙古自治运动联合会东蒙总分会工作。新中国成立后，党和人民给予嘎喇藏活佛很高的荣誉。他先后任内蒙古佛教协会会长、名誉会长，中国佛教协会副会长，并获得勘布这一藏传佛教最高学位；曾当选为内蒙古自治区人大代表和全国人大代表；三次代表我国佛教界出访东南亚佛教国家，增进了同东南亚人民之间的友谊。嘎喇藏活佛参加革命，这是解放战争时期县委、县政府贯彻党的民族政策和宗教政策而取得的成绩。

1945年末，蒙古贞土默特左旗末代王爷云丹桑布欲重建旗政府。县委、县政府看到云丹桑布已无路可走，为正确贯彻党的统战政策和民族政策，适时地派出得力人员争取他向人民投诚。1946年4月，云丹桑布向我党和政府投诚。

云丹桑布作为蒙古族上层人物，向我党我军投诚，走上了弃暗投明的道路，当时，在蒙古贞地区引起很大的轰动。对广大人民群众积极参加革命起到积极作用。但云丹桑布革命意志动摇反动本性不改，在国民党反动派的揶掇、怂恿之下，于当年九月叛变，走上了与人民为敌的道路。

四、民族干部队伍成长壮大

在解放战争时期，两种命运决战的时刻，为争取民族解放和民族自治的蒙古族进步青年，最先投靠共产党，走上了革命的道路，经受考验，锻炼成长，担负起历史的重任，成为开辟蒙古贞革命根据地和争取行使民族区域自治的先锋。

在新邱、他本扎兰、县城，凡是聆听到地、县委和新四军三师领导同志讲话的蒙古族青年，提高了觉悟，认清了形势，坚定了跟着共产党走的决心。1945年底，蒋介石把战火烧到蒙古贞，我党政机关北撤时，跟着汉族老干部出来的多数是当地蒙古族青年知识分子。当时蒙古贞干部队伍状况是：老干部30人，蒙古族干部34人，汉族干部8人。阜新城内没有一个汉族知识分子跟出来。相比之下，这些蒙古族热血青年很快接受了党的教育。1946年3月，建立联合政府，旗长包忠爱，秘书白遇阳、财政副科长李凤林、教育科长巴图，蒙民大队长王保山、副大队长骆长胜，所有成员全是蒙古族。

1947年初，从奈曼旗返回蒙古贞时，蒙古贞的干部队伍始终是以汉族老干部和蒙古族进步青年为主体。担任区与“努图克”领导职务的多数是蒙古族干部。当时蒙古族干部占干部总数的三分之二。到土地改革完成之后，当地汉族干部成长起来，这一比例才开始发生变化。

蒙古族青年干部，在根据地建设中，在枪林弹雨的战斗中，经受了严峻的考验。地、县委对这些民族干部非常爱护，在战争环境中进行培养教育，及时培养他们加入党组织，同时也注意提拔他们到领导岗位上。包忠爱旗长就是其中一个代表，阜彰县委书记刘异云同志，向省、地委积极推荐担任了哲里木盟副盟长。又提拔王保山同志担任副县长。

从蒙古贞蒙古族干部队伍成长和壮大看，党的民族干部政策的正确和贯彻落实的好。在战火纷飞的年代，许多来自南方、延安的老干部，以出生入死，流血牺牲的实际行动，带动和影响了蒙古族青年同志，并作为良师益友教诲帮助他们，让他们在大风大浪中经受锻炼和考验，为蒙古贞地区教育和培养出一批坚强的蒙古族干部队伍。

在蒙古贞地区革命处于艰难的时刻，省委书记陶铸同志，亲自召开蒙古族青年干部座谈会，进行形势和前途教育，指明了方向。使大家在思想上更加坚定了革命到底的信念。在第一次北撤后，地委书记吕明仁同志，亲自和蒙古族青年干部讲述党的民族政策，讲革命道理，澄清了他们在前进道路上迷惘不解的问题。县委书记刘异云同志，经常和他们打交道，用通俗易懂的方法讲解党的民族政策。蒙古族干部的成长、壮大离不开党的教育培养，为蒙古贞和全国的解放事业做出了历史的贡献。

五、尊重蒙古族风俗习惯

蒙古族人民在历史的长河中，在其社会生活中，逐渐形成了自己的风俗习惯。有些风俗习惯，约束着蒙古族人民过着文明的生活。对伤风败俗之类视为异徒。如何对待蒙古族的风俗习惯，关系到党和政府争取蒙古族民心的大问题。因此，在蒙古贞工作的汉族老干部都对蒙古族的风土人情、风俗习惯都有所了解。地委书记吕明仁同志讲过："上坑要脱鞋，不要坐在行李上，不要把脚蹬在炕沿上"。一个高级干部深入基层，而且对蒙古族民间的风俗习惯的细微之处都了如指掌，并以身作则，实在是难能可贵。因此，广大蒙古族群众信任共产党，爱护党的干部，视他们为知己。

三年解放战争的胜利，也是党的民族政策的伟大胜利。党和政府的广大干部扎根于蒙古族群众中，同命运、共患难，谱写了一曲曲民族大团结的新篇章。

第十六章　新中国成立后的蒙古贞

获得解放的蒙古贞人民在党和政府的领导下，积极努力，开展大生产运动，土改运动取得胜利后，第一次获得土地的农民群众，生产积极性更加高涨，生产力得到解放。农业、手工业、资本主义工商业的社会主义改造，取得了决定性胜利。社会主义制度已经基本建立。全县99.5%的农户参加了农业生产合作社，组成了397个农业生产合作社。泡子镇郭家屯蒙古族干部吴振东率先在全县成立了第一个农业生产合作社。

第一节　社会变革

在农业合作化过程中，蒙古贞各族群众积极投入社会主义建设实践。1956年，全县粮食总产量实现22500吨，提前一年超额完成了五年计划指标的14.2%，棉花亩产量也超过五年计划指标的16.7%。地方国营工业也完成了五年计划指标。1957年总产值达到677.1万元，比1956年提高3.2个百分点。随着生产的发展，各族人民生活有了很大改善，解决了缺吃少穿的困难生活。

教育事业取得了进一步的发展和提高。在旧社会，蒙古贞只有一所国高，蒙古族中文盲人数较多。新中国成立后，建立了4所初级中学，其中包括一所蒙古族初级中学，一所省立蒙古族中学，初中班一处，民办中学一处，民办初中班9处；当时，全县有小学388所，其中蒙古族小学和民族联合小学160所。民族学校和民族班均用蒙语授课。全县共有初中生3398名，其中蒙古族学生346名，小学生61230名。从1953年开始扫盲工作，扫除文盲占文盲总数的20%—30%；蒙古族群众开始学习蒙文。民族文化艺术活动普遍开展，有电影、广播、剧团、俱乐部。蒙古族俱乐部有31处，业余蒙古剧队40个，图书室35处，乐队16个，活跃了蒙古族人民群众的文化生活。

蒙医蒙药事业有了新的发展。1956年全县民族卫生所发展到7处，蒙医164名；当年组织了3次免费医疗，治疗患者2.1万人，县成立了蒙医学校、县医院设立蒙医疹室，为少数民族群众治疗给予了很大方便，使少数民族健康水平有了很大提高。

蒙古贞人民群众不仅经济地位有了提高，而且在政治上实现了民族一律平等。在解放战争时期成长的一批蒙古族干部，在新政权中，参与国家大事的管理。在县人民代表大会339名代表中，少数民族代表有108名，占代表总数的27%。县人民委员会25名委员中，少数民族委员9名，占委员总数的36%。乡人民代表大会3415名代表中，少数民族代表872名，占乡代表总数的25.5%。乡人民委员会958名委员中，有少数民族委员269名，占委员总数的28%。在党政机关、各人民团体中，都有少数民族干部；全县少数民族干部352名，占干部总数的14.6%。

根据1952年8月中央人民政府颁布的《中华人民共和国民族区域自治实施纲要》精神，1953年，全县建立了36个蒙古族自治村。到1956年，在撤区划乡工作中，撤销了自治村，根据国务院《关于建立民族乡若干问题》的指示，新建了哈达户稍、推朋、喇嘛营子、大巴、吐拉尺、道力板、公官营子、佛寺、黑帝庙、小洞、大板、哈拉哈12个蒙古族自治乡。贯彻党的民族干部政策培养了更多的民族干部充实到基层，对各项工作的推动，起到了重要作用。

在抗美援朝保家卫国的战争中，蒙古贞人民群众积极参军参战。出担架队上前线，开展捐献“飞机大炮”运动，积极参加生产劳动多打粮食支援前线。全县派出担架队和民工大队1069人，其中127人荣当功臣。蒙古族战士丹色冷是担架英雄，阿木古朗等8名蒙古族战士在朝鲜战场上献出了宝贵的年轻生命，充分表现出了国际主义和爱国主义精神。在支援抗美援朝保家卫国的战争中，大巴镇半截塔村的劳动模范郎勤同志积极响应党和政府号召，在大生产运动中，辛勤劳动，一个人献出500斤籽棉，受到县人民政府的表彰。全县各族人民掀起保家卫国，捐款捐物的热潮，为抗美援朝的彻底胜利做出了贡献。

第二节　阜新蒙古族自治县的成立

民族区域自治是解决我国民族问题的基本政策，是国家的一项基本政治制度。基本实现各民族平等、团结、互助、共同繁荣发展的保证。1954年9月，我国第一部“宪法”规定少数民族聚居区实行民族区域自治。根据规定，蒙古贞各族人民迫切希望实现民族区域自治。

据1957年6月统计，全县蒙古族人口为87928人，占全县人口总数的20.2%；蒙古族占少数民族人口总数的98.6%。蒙古贞蒙古族居住在全县各乡、镇，分布的特点是：聚居、杂居、散居。蒙古族人口占乡、镇总人口的20%以上的乡镇分别是：佛寺镇占77.8%，大板镇占45.3%，沙拉镇占39.5%，大巴镇占35.9%，哈达户稍乡占34.6%，红帽子乡占32%，王府镇占27.4%，国华乡占26.4%，蜘蛛山乡占25.9%，招束沟乡占25.8%，富荣镇占25.2%，卧风沟乡占23.5%，平安地乡占22.5%，七家子乡占22%，占14个乡、镇之多。

蒙古族是我国少数民族中具有悠久历史、富有优良传统的一个民族。居住在蒙古贞的蒙古族，一直生息繁衍于这里。1946年3月，建立了阜新县土默特左旗联合政府，4月，成立“阜土联合政府”。下设区、“努图克”机构，基层建有村与“嘎查”。在联合政府中，设旗长、努图克达和嘎查达。

1952年，中央人民政府颁布的《中华人民共和国民族区域自治实施纲要》，为少数民族地区实行民族区域自治提供了法律依据。在1953年进行普选时，建立了36个蒙古族自治村；以后又建立了一个区一级的民族民主联合政府。1956年，在行政体制改革时，新建12个民族乡，占70个乡的17.14%。党在民族地区，按照民族特点及其具体情况，贯彻民族政策，极大地调动了各民族人民当家做主的积极性，加强了民族团结和国家统一，促进了社会主义建设事业的发展。

在蒙古贞实行民族区域自治，符合广大人民群众的愿望和要求；也符合本地区的民族特点和实际情况。实行民族区域自治，建立自治机关，行使自治权利，充分体现了党和国家尊重和保障少数民族管理本民族内部事务的权利，体现了国家坚持民族平等、团结和共同繁荣的原则。所以，在蒙古贞建立以蒙古族为主体的民族自治县，无论从历史的发展，民族关系的新变化和国家对解决民族问题的法律政策规定来看，都是正确的，势在必行。

1957年1月28日，辽宁省人民委员会上报国务院关于成立“阜新蒙古族自治县”的报告。1957年10月18日，国务院第58次会议，批准辽宁省人民委员会的报告，并通过设置阜新蒙古族自治县，撤销阜新县的决定。根据此决定，于1958年3月10日，组建了成立阜新蒙古族自治县筹备委员会。广泛深入宣传了党的民族政策，使各族人民正确而深刻地认识了党和国家对少数民族的极大关怀，明确了民族区域自治的目的和意义。经过认真、细致的筹备工作，1958年4月7日，召开了阜新蒙古族自治县第一届人民代表大会，大会上，正式宣告：阜新蒙古族自治县光荣诞生。

第一届人民代表大会的代表343名，其中蒙古族代表120人，占代表总数的34.99%。代表来自农业、工业文教、卫生、科技等战线；来自机关、部队、工商界、宗教界等。他们代表全县各族人民的希望和要求，研究和决策自治县的政治、经济、文化等各个领域的大事。为自治县的发展，发挥各自的聪明才智。在会议上，一致通过了《关于报请阜新蒙古族自治县人民代表大会和人民委员会组织条例（草案）的决议》；通过了给毛主席的致敬电；选举了县长、副县长和委员。县长是蒙古族，27名委员中蒙古族委员10人，占委员总数的37%。政府各部门中，绝大多数负责人由蒙古族担任，充分体现了干部民族化的要求。

1958年4月11日，第一届人民代表大会闭会，会后召开了庆祝阜新蒙古族自治县成立大会。全县各族各界人民兴高采烈地参加了庆祝大会。会上由县长王忠传达了国务院和辽宁省人民委员会的决定，传达了第一届县人民代表大会的决议；宣告1958年4月7日为阜新蒙古族自治县成立纪念日。各族人民群众载歌载舞，歌颂伟大的中国共产党，歌颂伟大的祖国，歌颂党的民族政策，歌颂各族人民的大团结。从此，每年4月7日，成为阜新蒙古族自治县各族各界人民的盛大节日。

自治县成立后，充分行使民族自治权利，管理自治机关的事务。在党代会、人代会、法庭诉讼、牌匾公章、通信联络、社会交往中，使用本民族的语言文字。政府设民族事务委员会，蒙古文翻译室，成立蒙古语广播站、办蒙古文县报、出版蒙古文书刊。成立民族文工团、蒙古剧团。在中小学用蒙古语授课，开展民族体育活动等。

自治县成立以后，国家考虑到少数民族地区的经济困难，在农业、工业、商业、文教、卫生等各方面，从财力和物资上给予很大的支持和照顾，对发展少数民族地区的民族经济、文化事业都起到了积极的促进作用。

60年代，自治县根据本地干旱、水土流失的实际，创造了“招束沟的坡耕地治理、毛岭沟的封山育林、塔子沟的河边造林”的“三沟经验”。解决了严重的风沙干旱、水土流失问题，找出了本地粮食稳产高产的正确途径。这一经验得到国务院副总理谭震林的肯定，向全国推广学习，并在北京国家农业展览馆展出。三沟经验之一，招束沟坡耕地治理经验创造者，蒙古族劳动模范包清福同志，为改变农业生产做出了卓越贡献，1984年，阜新市人民政府为他树立了纪念碑。

自治县人民始终受到党和国家的亲切关怀。1952年9月，中央少数民族慰问团在朋斯克同志的带领下，代表毛主席和中央人民政府慰问自治县各族人民，并赠送了毛主席亲笔题字：“中华人民共和国各民族团结起来”的锦旗，同时又赠送了各种药品、医疗器械和医学书籍。全县各族人民受到了极大鼓舞，衷心感谢党中央、毛主席的关怀。国家副主席董必武非常关心自治县，曾亲自挥毫赋诗：“辽宁阜新县，产煤始著名……仲夏四野绿，农事保秋成。”这脍炙人口的诗句，激励自治县各族人民为建设社会主义而贡献力量。1962年，原东北局书记宋任穷同志在极其困难的条件下，来到自治县富荣镇公社四楞屯蹲点，同当地农民同住、同吃，体察各族人民生活，调查农村情况，提出了改变农村面貌，搞好农业，使群众致富的具体措施，广大农民群众受到了鼓舞和教育。由于党和国家的关心照顾，每届全国人民代表大会，自治县有一名代表参加，参与商讨国家大事。在全国人民代表大会民族委员会里也有自治县一个名额。

每年中央组织少数民族参观团，也有自治县一名代表参加，到全国各地参观学习。同时，自治县每年还要派出代表，参加“五一”和国庆节观礼团，到全国各地参观学习，受到党和国家领导人的接见。

1956年召开的党的第八次全国代表大会是一次具有深远意义的大会。党的八大路线是正确的，它为党的建设和社会事业的发展指明了方向。但是，由于种种原因，党的八大路线受到了干扰，没有得到很好的贯彻。在自治县，正在投身于社会主义建设事业的广大干部、知识分子和广大人民群众，受到“左”的干扰。反右斗争严重扩大化，多数人受到打击，后果比较严重。

1958年的大跃进、人民公社化运动和1959年反右倾斗争，由于“左”的倾向干扰，特别是少数民族干部中的正确的民族观、风俗习惯被批判。竟把少数民族穿本民族的服装，吃炒米、奶油，说成恢复陈规陋习，扣上莫须有的“极力制造民族差异”，“反对党的领导”，“破坏民族团结”的罪名。对贯彻宗教信仰自由政策，也说成是搞宗教迷信活动。1960年集中全县喇嘛，搞“喇嘛教肃反”运动，迫害致死296名喇嘛。党和国家制定的民族政策，自治地区机关民族化也遭到反对。对于培养民族干部，使用本民族的语言文字，尊重民族风俗习惯，建立民族文工队等，都强加以“反对民族融合”“主张民族单干”等罪名。在整风运动中，做出了“这些行为是破坏民族团结，制造和扩大了民族差异，并保护和发展了宗教，地方民族主义分子”的结论。“左”倾机会主义，极为严重地干扰了贯彻执行党的民族政策，甚至歪曲党的民族政策。在许多问题上混淆是非，黑白颠倒，把正确的观点、意见和主张，当作错误的东西进行批判，严重地挫伤了广大少数民族干部、群众的积极性。

1966年开始，延续十年的“文化大革命”动乱严重影响和阻碍了事业发展，林彪、“四人帮”利用“文化大革命”，搞乱了我国民族工作的理论、政策。自治县的民族事务委员会，蒙古语文翻译室及民族教育机构被撤销。民族语文工作遭到严重摧残。新中国成立后发展起来的60多所民族中小学校全都被砍掉，蒙古文课停开，蒙古文教材停编，少数民族学生学不到本民族语言文字，许多搞民族教育的教师和民族语言文字工作者惨遭迫害，被专政86人，被迫改行的蒙文教师有140人。蒙古文刊物《阜新民族生活》被迫停刊，民歌集《乌银姗丹》被视为“毒草”遭到批判，蒙古语广播受到冲击，民族文工团被解散。

民族干部队伍在“文革”中遭到严重批判。许多优秀少数民族领导干部被撤换，民族干部得不到正常培养和选拔使用。更为严重的是，许多民族干部无端被扣上“民族主义分子”“民族分裂集团”的帽子而加以“专政”“下放劳动改造”，有的被惨遭毒打致残致死。

在“左”的干扰下，党的宗教政策被破坏，信教群众没有宗教信仰自由权利，蒙古贞个人家庭的佛像，全部被烧毁。用行政命令“消灭”宗教。宗教界人士被专政或改造。对古老的庙宇视为“迷信活动场所”进行拆除、砸烂。致使许多灿烂的民族文化遗产和珍贵文物毁于一旦。

第三节　蒙古贞新发展

党的十一届三中全会以后，我国进入了一个建设中国特色社会主义历史时期。彻底否定“文化大革命”，经过拨乱反正，调整改革，制定了以经济建设为中心，坚持四项基本原则，坚持改革开放为主要内容的基本路线以及一系列行之有效的方针政策。阜新蒙古族自治县同全国各地一样，从贯彻落实三中全会精神、执行党的基本路线开始，踏上了新的征途。在经济、政治、文化和社会等方面发生了历史性的变化。全县国民经济大幅度增长，综合实力增强，人民生活水平明显提高，人们的精神面貌大为改观。

全县农村行政机关名称由人民公社改为乡、镇人民政府，下属的生产大队改为村民委员会，下设若干组，各级革命委员会改为人民政府。对农村公社、大队、生产队的经营管理体制也进行了改革。在自治县6246平方公里的土地上，有36个乡镇，14万蒙古族人口，分别居住在1070个蒙古族村屯。根据中央加强和完善农业生产责任制和加快农业发展的决定和其他一系列改革政策，调整了农业生产经营形式，打破了“大锅饭”的旧体制，实行了农村家庭联产承包责任制，充分调动了农民的生产积极性。在人民公社、生产队体制时期，实行单一的粮食生产，每年粮食亩产徘徊在200—300公斤之间，全县粮豆总产只有2亿公斤左右，农民人均收入也不过60元。广大农民过着“吃粮靠返销，花钱靠贷款，生活靠救济”的生活。三中全会后，解放思想，更新观念，确立了“生态立县，科教兴县，富民强县”的指导思想，进行了大胆改革，农村出现了新的生机。1983年，粮食总产量从1978年的2.8亿公斤上升到3.28亿公斤，农民人均收入由1978年的60元提高到247元，增长4.1倍。1991年全县粮豆总产一跃达到6.5亿公斤，荣获国务院授予的“全国粮食生产先进县”光荣称号，进入全国粮食生产百强县行列。1993年，粮食总产达7.53亿公斤，进入“全国商品粮基地县”行列。1995年，达到了全县财政收入亿元县的目标；1996年，全县粮豆总产量达到10亿公斤，居全国第33位。农民人均收入达1804元。2005年，全县粮食总产量实现112万吨，实现生产总值28.4亿元，人均国内生产总值达到480美元。被列入了全国粮食生产百强县名单。由于全面落实了科学发展观，确定和实施了“开放兴县，绿色立县、工业富县、人才强县”的方针，积极推进结构调整，使农村经济走上了持续、稳定、快速发展的轨道。

在农业大发展的同时，牧业也有了很大发展。1988年以来，自治县先后被省列为“畜牧业基地县”“全国商品牛基地县”“东北细毛羊育种基地”“畜牧良种繁育基地”；关山种畜场被农业部列为“全国细毛羊基地”。到1996年全县出现了7个养牛万头乡镇，42个养牛千头村，8100个养畜禽大户；全县猪、牛、羊饲养量分别达到92万头、15.1万头、53万只，分别比1978年增加63万头、9.9万头、35.8万只，当年畜牧业总产值达到50000万元，占农业总产值的34.5%，肉食产量居全国第53位。2005年肉食产量位居全国第37位，跨入全国百强县行列。

林业生产与水土保持相结合，在全县建立造林整地，治山治水，绿化荒山荒坡，防风固沙的综合防护良性循环的生态体系。全县林地面积达189万公顷，森林覆盖率达29%。林木蓄积量达338.8万立方米。被省政府授予“人工造林先进县”，同时又给立了一座丰碑。1993年国家授予“水土保持先进县”光荣称号。2005年全县有林地面积17.4万公顷，森林覆盖率为27.9%，速生丰产林面积达到了70万亩，经济林达60万亩，封山禁牧面积达到了264.7万亩，自然保护区面积已达到3864公顷，2007年海棠山自然保护区被晋升为了国家级自然保护区，县获得了“省级绿化模范县”称号。

自治县的自然资源极为丰富，为乡镇企业的发展提供了得天独厚的条件。自治县从县情出发，把资源优势变为经济优势，调整发展战略，按照产业化方向，针对资源优势，突出重点开发，培植骨干企业的优势产品。通过几年的调整，全县经济发生了较大变化，初步形成了多种主导产业，多种优势产品，多项资源利用，多项财源开发，多元投入渠道，多元经济成分并存协调发展的新格局。1996年县达到了黄金万两县的目标。

工业作为主体财源和支柱财源，自治县着力抓企业，加大结构调整和新产品开发力度，加快项目建设的技术改造步伐。2005年上新项目累计628个，完成技术改革项目234个。项目建设促进了资源的开发和利用。新建金矿8个，铁矿8个，投资1.4亿元的排山楼金矿已经投产。开发县级以上新产品73种；培植了东方水泥有限公司、民族酒厂、沈华焊割气厂、金耐化工公司、降解树脂厂、金华食品有限责任公司15个骨干企业。初步形成了黄金、铁选、煤炭、建材、非金属开发和农副产品深加工等六大支柱产业，20多种优势产品，为使自治县的经济快速发展增添了后劲。

第三产业和个体私营经济不断扩大经营服务领域，强化管理，搞活流通，繁荣市场。2005年全县个体私营业户已发展到22335户，上缴税金已占地方财政收入的12.7%。商业经营向规模化、集团化发展，建设“布局合理、统一开放、功能完备”的市场体系。重点强化要素市场和商品市场建设。发展了粮食、水果、玛瑙、煤炭、畜产品等专业市场。不断扩大市场吸纳能力和辐射能力。2005年第三产业增加值实现5.6亿元。

在科研工作中，坚持走科技兴业之路。2005年县蒙医研究所科研项目立国家、省、市专项科研课题33项，完成9项。撰写、出版8部蒙医药理论专著。用蒙医药治疗“再障”病有效率达98.2%，治愈率34%，比世界医疗发达国家治疗此病的治愈率高出5.2个百分点。国内医药专家认为蒙医药治疗“再障”，具有创造性、科学性和实用性，效果独特。在国内外处于领先地位。

民族文化事业不断发展，民族文化队伍不断壮大。由于坚持落实民族文化方针，加强对民族文化工作的领导，推动了民族文化事业的发展。大力繁荣民族文艺创作，推广和开展音乐、美术、舞蹈、戏曲、摄影、书法等工作。原《阜新文艺》《红霞万朵》在“文革”期间停刊后，1983年重新复制，又新办了《阜新文艺》《娜仁花》两种刊物。2006年恢复成立了县文学艺术界联合会，2007年成立了县社会科学界联合会。启动和开展了蒙古贞文学奖评奖活动，推动了文学艺术的健康发展。

县重视民间文化遗产的挖掘、搜集、整理工作，自1980年以来，对全县流传的民间歌谣、故事、好来宝、笑料、书曲，全面搜集，重点整理。经过艰苦努力，取得了很大成绩。搜集整理出民歌351首，已被《中国民间音乐集成辽宁卷》收录300首，蒙古贞民歌集《乌银娜丹》，由春风文艺出版社再版，出版《蒙古贞民歌》三集，新编蒙古贞歌曲集《蒙古贞歌园》两集，搜集到各种民间故事50篇，选入春风文艺出版社《小喇嘛降妖》故事集内的有14篇；在民间舞蹈的搜集整理方面，将“安代”舞的源流沿革，唱词曲牌，舞蹈动作，场次顺序，风格流派，服饰道具等，整理成台本，录像整理成资料本，纳入《中国民间舞蹈集成辽宁卷》；同时也搜集整理了寺院舞蹈《查玛舞》，搜集整理出蒙古贞婚礼祝词1600句；搜集并翻译民间歌谣128首，编入《中国民间文学三套集成卷》；搜集到英雄史诗《格斯尔王传》万言；搜集胡尔沁曲牌83首，经箱乐曲50首，好来宝曲牌10首，嘛呢曲牌18首，整套大查玛舞音乐一部，蒙古剧脚本35本，自1987年至2007年，利用20年时间挖掘出珍藏的孤本，蒙古文古籍文献巨著《兴唐五传》五卷本212万字，用汉文翻译出版。2007年翻译出版了续传《寒风传》得到国家有关部门的充分肯定。

《蒙古剧》脱胎于蒙古短调民歌，产生于自治县的佛寺、大巴、沙拉、大板等蒙古族聚居乡镇，出现在20世纪50年代初，1984年国家认定为中国第九个少数民族剧种，它的出现填补了我国少数民族戏曲的一项空白。作为蒙古族文化史上的大事载入《中国戏曲志》。

民族文化事业随着自治县经济和各项事业的发展，人民生活水平，也有了新的发展。自治县有民族文工团、蒙古剧队艺术表演团体。他们选取当地题材，以民族喜闻乐见的歌舞、戏剧形式，宣传党的民族政策和文化政策，不仅在全县各地演出，而且到省内各市、县及外省、市、区演出，同外地的艺术团体、文艺工作者交流了经验、建立了友谊。

农村各乡镇、村的业余剧团经常在农村演出民族歌舞和蒙古剧，在新农村文化建设中发挥了重要作用。佛寺、大巴、王府、大板、沙拉等乡镇的蒙古剧团，在蒙古群众中非常受欢迎。乡镇文化站，配合党的中心工作，通过发放演唱材料，举办美术、音乐、舞蹈、秧歌等学习班，培养文化工作骨干，举办那达慕大会，歌手演唱会，文艺调演等方法，丰富了群众文化生活。王府镇文化站成绩突出，被评为省级标准的民族文化站。

在蒙古贞的文化艺术事业中，出现了很多出类拔萃的人物，如：白玉在县文化馆工作，从事国画、油画、雕塑、年画、连环画、木刻、剪纸等绘画创作。创作出《乡村女兽医》《学习理论》《炮台前激战》《那达慕盛会》《百马图》等著名美术作品。《学习理论》作品参加全国美术作品展览，《万马奔腾》被全国人大常委会收藏。他是蒙古贞著名蒙古族画家。

蒙古族书法家武贤，从事蒙古语文工作多年，刻苦钻研蒙文书法，其作品在市县书法展中展览，为省、市、县各级编写的蒙古文教材书写标准手写体蒙古文教科书。

蒙古剧艺术队在民间蓬勃兴起，在农村活跃着10多支业余演出队，每逢节日巡回演出。胡尔沁艺术有新的发展，民间有10多名胡尔沁艺人在为农民演出，成为群众喜闻乐见的“炕头文化”。2006年杨铁龙被辽宁省文化厅命名为“胡尔沁艺术家”、张宝山被命名为民间艺人。

民族工作是党和国家整个工作的一个组成部分。在巩固和加强我国各民族的大团结，顺利进行改革开放，社会主义经济建设需要有民族团结的政治局面，民族工作机构起到桥梁、纽带作用。

自治县民族事务委员会根据中央人民政府“关于民族事务的几项决定”精神，于1956年4月成立。“文化大革命”中被撤销。1979年根据中央《新的历史时期统一战线的方针任务》通知精神，加强了对民族工作的领导，于1980年对县民族事务委员会进行了调整、充实。

县民族事务委员会自建立以后，积极宣传贯彻党的民族政策，配合党的中心工作，落实民族区域自治政策，狠抓少数民族经济和文化教育事业，配合组织人事部门参与少数民族干部的培养、配备工作，落实党在青岛召开的全国民族工作座谈会精神，积极参与筹备成立翻译室，办刊物，收集整理蒙古族民歌，落实宗教政策。

县民委机构恢复后，落实党和国家的民族政策和各项民族法规，促进少数民族生产、生活的扶持工作，协助文化、教育、卫生部门开展了大量工作。1978年后，平反冤假错案，深入贯彻党的民族政策，改善了民族关系；特别是对“喇嘛教肃反”的平反，做了深入细致的思想教育工作，圆满完成了“喇嘛教肃反”平反工作。

在改革开放，两个文明建设中，狠抓了民族工业建设，对农村困难地方做积极的扶贫工作。在宣传民族区域自治法的过程中，检查了党的民族政策的执行情况，平反冤假错案。经国家批准，于1997年9月，瑞应寺迎请了第七世察干迪彦齐活佛，开展了与社会主义相适应的宗教活动，落实党的宗教政策，调查宗教活动场所。综合协调民族文化、教育工作，参与对专业文化队伍与农村业余文化队伍建设，对文化艺人组织培训，召开那达慕大会，进行文艺调演，搜集民间文化遗产；在民族教育中，恢复蒙古语授课，改善办学条件，配备主管民族教育的校长或主任；培养蒙古族干部，用本民族语言文字行使自治权利；在民族卫生工作方面，加强蒙医蒙药建设，推动蒙医蒙药立足本地，走出国门。

为培养蒙汉兼通人才，本着学以致用，注重实效的原则，以民族教育为重点，举办蒙语文师资培训班；乡镇干部、职工蒙古语文学习班，蒙古文通讯员学习班，业余文艺骨干培训班，乡镇蒙医班，农民扫盲学习班，儿童试点班等，举办蒙古文科技班。通过蒙古语文的广泛学习，奋力拓宽使用范围，为自治县经济建设服务。县蒙古语文工作机构先后编印了《蒙汉简明词典》《蒙古语会话》《农业实用技术问答》《儿童蒙古语会话读本》《儿童故事选》等多种教材，培训了各类人员4100人次，有效地培养了“双语”兼通人才。

用蒙古语文行使自治权利，县历届党代会、人代会、政协会等重大会议材料做到用双语施政。文件头、各种公章、牌匾、标记，使用蒙汉两种文字。民族团结进步表彰会议每五年召开一次，开办的蒙古语广播电视节目，《蒙古文县报》，在促进蒙古语文事业发展方面发挥着特殊作用。发挥“六老”（老干部、老蒙医、老教师、老喇嘛、老艺人、老知识分子）作用，协调有关单位，积极搜集整理民族文化遗产，编辑出版了《蒙古贞民歌选》《蒙古贞乐曲选》《蒙古贞土语》《蒙古贞谚语》《好来宝》《蒙古文春联集》《蒙古贞儿童文学集》《蒙汉对照机关、企事业、乡镇、村名称》《可爱的家乡蒙古贞》《瑞应寺》《普安寺》《蒙古族儿童故事》等36余种，600多万字的蒙古文图书。

第四节　民族法制建设

1958年自治县成立时，为了把党的民族政策落到实处，真正实现民族平等，保障自治县享有法律赋予的自治权利，县依据《中华人民共和国宪法》第二章第五节的规定，制定了《阜新蒙古族自治县人民代表大会和人民委员会组织条例（草案）》（由国家主席第13号令签发执行），《组织条例》就关于自治县的自治机关问题、关于自治县人民代表大会和人民委员会的组织问题、组织原则问题、职权问题做出了具体规定。1981年5月，县开始起草《阜新蒙古族自治县自治条例（草案）》。在广泛征求意见和调查研究的基础上，直到1987年12月经县人民代表大会审议通过后报请省人大常委会。1988年3月17日，经省人大常委会批准实施。

在党的民族政策的指引下，蒙古族作为自治县的主体民族，以主人翁姿态，参与法制与政权建设，参与民主监督，参加选举，参加政治协商，行使自治权利。县历届人民代表大会的蒙古族代表，按略高于民族人口比例安排；各级政府中的蒙古族成员，按高于人口比例配备。1981年召开县第七届人民代表大会，选举产生了首届县人大常委会，审议一府两院的工作报告，审查和处理人民代表议案，为保障各族人民当家做主，提供了可靠的组织保证。1984年国家《民族区域自治法》颁布实施后，县先后制定出台了《阜新蒙古族自治县自治条例》和《阜新蒙古族自治县蒙古语文工作条例》《阜新蒙古族自治县森林保护条例》《阜新蒙古族自治县土地管理条例》《阜新蒙古族自治县矿产资源管理条例》《阜新蒙古族自治县蒙古族文化工作条例》《阜新蒙古族自治县蒙医药管理条例》《阜新蒙古族自治县蒙古族教育条例》。2002年5月，县人大常委会审议通过了自治县第一个单行条例实施细则。即：《阜新蒙古族自治县蒙古语文工作条例实施细则》使少数民族语言文字学习使用的合法权益依法得到保障，极大地调动了全县各族人民保护和发展蒙古族语言文字的积极性。从1985年开始，在“五年”普法工作中，注重国家《民族区域自治法》和自治县条例和单行条例的宣传普及。2003年7月县人大常委会做出决议，阜新蒙古族自治县简称规范为“阜蒙县”以法律形式固定下来。

在新的历史时期，新型的民族关系正在健康发展。在县委、县政府的正确领导下，团结一致，互助合作，各民族共同发展、共同繁荣的民族关系进一步巩固。1987年县召开了首届民族工作会议，1998年和2006年召开了民族团结进步模范表彰大会。1999年县召开了纪念《阜新蒙古族自治县蒙古语文工作条例》颁布10周年暨全县蒙古语文工作会议，出台了蒙语授课教育“六项”鼓励政策。截至2010年，县人民政府连续三次被国务院授予“民族团结进步模范集体”称号，蒙古语文工作自1998年以来连续六届受到全国八协小组的奖励。

第五节　人民生活

农村乡镇人民生活水平不断提高，农民人均收入逐年增加，农民逐步走向小康生活的发展道路。1995年，全县农民人均收入达到了1384元，是1990年的2.8倍。农村居民储蓄存款余额为17770万元，是1990年的2.5倍。2000年，因农业遭受严重自然灾害，全县农民人均收入下降为800元，农民人均住宅面积21.1平方米。2005年，全县农民人均收入达到3150元，比上年增长18.2%，“十五”期间年均增长30.9%，人均生活消费支出2588元，增长31.4%，“十五”期间年均增长13.1%。城乡居民人均储蓄存款余额3270元，比上年增长20.2%。农民人均住宅面积22.1平方米。电话村及闭路电视用户逐年增加，电脑走进了百姓人家。农民养老保险、医疗保险事业健康、有序地发展。城市职工生活逐步改善，劳保制度、医疗保险和社会养老保险、福利制度不断完善。1979年以后，职工工资几次调整，职工收入明显增加。1995年，全县职工年平均工资额达到3242元，城乡居民储蓄存款余额达到了33144万元，县城居民人均居住面积由1994年末的6.1平方米，上升到1995年末的8.6平方米。2000年，全县职工年平均工资5412

元，为上年的98.1%。县城居民人均居住面积12.8平方米。2005年，全县在岗职工24362人，全年在岗职工年工资总额23356.2万元，在岗职工年均工资9603元，分别比上年增长-3.4%、3.3%和6.4%，"十五"期间年均增长-6.4%、7.0%和12.2%。城乡居民人均居住面积13.5%平方米，比上年增长0.7%，"十五"期间年均增长1.1%。全县部分职工已上互联网，先期投保的职工开始领取养老保险金。

第六节　改革开放

1978年实行改革开放以来，所有制结构进一步调整和完善。公有制经济在调整和改革中发展壮大，经济结构调整步伐加快，控制力和竞争力明显增强，截至2005年一批骨干企业初步建立了现代企业制度，涌现出一批有实力、有活力和有竞争力的优势企业。如阜新新宇公司、阜新东方水泥有限责任公司、阜新盛明热电有限责任公司、阜新嘉亿铜业有限责任公司、阜新蒙药有限责任公司、阜新飞雪木业、三沟酒业等。工业经济发展速度加快，生产规模加大、企业技术改造进一步增强，使企业增添了无限生机。一些企业改制后，闲置资产得到了再利用，企业融资渠道得到了进一步拓宽，企业经济效益与日俱增。阜新民族制砖厂通过招商引资，改建为阜新广厦建材公司，利用粉煤灰生产空心水泥砖，创年产值1500万元。农机修造厂利用铸钢、铸铁、机械加工三个车间与韩国株式会社元一产业合作，吸收外资生产阀门，年创外汇200多万元，棉织厂与阜新市棉织厂联合，利用纺纱和织布车间加工纱卡和平布，一年实现利税71万元。服装厂通过合资合作、引进外资，进行技术改造，启动了闲置设备。鑫吉粮油公司实行股份制后，食用油的产量和质量明显提高，企业生产效益大幅度提高。

城乡集体经济得到新的发展，股份制经济不断扩大，个体私营等非公有制经济发展较快。在发展经济、增加就业、活跃市场等方面发挥了重要作用。国民经济市场化程度进一步提高，市场在资源配置中的基础性作用明显增强。现代市场体系建设不断深化。资本、产权、土地、技术和劳动力市场加快发展。在发展外向型经济中，积极推进全方位、多层次、宽领域的对外开放。营造“公开、公平、公正”的经济环境，加强对外经济技术合作交流，积极引导外资投向。财政金融体制的改革进一步加快。完善县乡财政体制，探索建立公共财政框架，推进以部门预算、国库集中收付、政府采购、社会保障等为主要内容的系列财政改革，加强财政资金、预算外资金和国有资产监管。

党的十一届三中全会以后，农村实行改革开放政策，农业和农村经济全面协调发展。为了发展农业经济，国家每年发布一号文件，强调“三农”问题落实家庭联产承包责任制、减免农业税等政策，极大地调动了农民种田的积极性。进行农业结构调整、优质农产品发展迅速，由于市场价格逐年增长，农民得到了实惠，增加了收入。畜牧业适应市场需求变化，畜产品结构逐年优化，从偏数量增长向数量、质量并重方向发展。由于农业的投入不断加大，农业生产条件不断改善，农业基础设施逐年增多，特别是中央全部免收农业税，促进了农村经济的大发展。根据党的十六大精神，自治县确定了全面建设小康社会的奋斗目标。优化农业生产布局，全面推进农业产业化，按照“产业化发展农业、城镇化建设农村、特色化致富农民”的思路大力培育扶持龙头企业，构建以市场为核心的农业专业化、产业化格局，大力发展无公害农产品和绿色食品，推动农业向专业化、规模化、无公害生产转变，不断提高优质产品率和商品率。在“三农”工作中，加快了农业结构的战略性调整步伐，用工业理念谋划农业发展，着力打造畜牧强县。种植业结构正在由“粮经”二元模式向“粮、经、饲”三元模式转变。粮食过腹转化进程加快，大上畜产品精深加工项目，已形成循环经济链条。种植业结构合理，农产品基地建设极具规模，双汇、大江、伊利、草原兴发、东阿阿胶、韩伟集团、辽宁田园等大型龙头企业纷纷来投资发展，大力推广“四位一体”生态模式。

国家实施东北老工业基地振兴战略，确定阜新为全国唯一资源枯竭城市经济转型试点市等许多优惠政策，为自治县带来了难得的历史性发展机遇。自治县坚持以人为本，牢固树立科学发展观，全面实施“四大战略”（开放兴县、绿色立县、工业富县、人才强县）优化产业结构，以科技提高城乡居民生活水平。县在深化改革中，提升和优化了投资环境，以更优惠的政策，更优质的服务，更优美的环境营造洼地效应，吸引投资。县域经济以“四个一批”工程为重点，通过项目引进和技术改造，整合全县资源型企业，培育和做大主导产业，骨干企业，使之逐步形成以绿色食品和资源精深加工为主的工业格局。截至2010年三沟酒业、东祥集团、鑫吉粮油、蒙药集团、广厦建材等一批优势企业，在培养和扶持中发展。在良好宽松环境中，风电、煤气、地热等大型项目已开工建设；盛明热电、杰生铜业、飞雪木业、鹰山水泥等企业深度改造，已步入快速发展轨道。各类产品不仅受到国内欢迎，还销往国外。县域经济实力在项目适度的支撑和拉动下呈现出迅猛增长的良好态势。

玛瑙石、麦饭石、蒙药是“蒙古贞三宝”享誉海内外。玛瑙石遍布县内13个乡镇的60多个村，在七家子乡发现的66吨重的“玛瑙王”名扬中外，是目前已知的世界最大一块整体玛瑙。十家子镇玛瑙产业集群工业园区加工生产的各种玛瑙工艺品和饰品，占据全国大部分市场份额并远销海外，已成为全国著名的“玛瑙之都”。麦饭石被《本草纲目》誉为强身健体、延年益寿的药物，具有医疗、保健、防腐保鲜和净化水质的作用，目前已探明开采储量极为丰富。八家子乡果树村盛产麦饭石，因村民体质健康，年高寿长而被称为“长寿村”。地热水和煤气是一种既卫生又环保的能源，现正在开发应用。风力资源极为丰富，风电开发潜力在百万千瓦以上，风能发电企业的投产达效将给地方财政带来效益。县民族工业园区、十家子玛瑙工业园区建设正在完善，大巴镇“东北养驴第一镇”产业建设稳步发展。

第十七章　现代蒙古贞

历史上的蒙古贞包括阜新市辖区除彰武县（原属苏鲁克旗）外。市辖区内有13个少数民族聚居乡镇，阜新蒙古族自治县有7个蒙古族聚居乡镇。现代蒙古贞是指阜新蒙古族自治县，简称阜蒙县，俗称蒙古贞。据2010年全国第六次人口普查统计，常住人口有66.5万人。有蒙古族、汉族、满族、回族、朝鲜族、锡伯族等24个民族，少数民族人口14.2万人，占总人口的21.3%。其中，蒙古族人口13.3万人，占总人口的20.1%。蒙古族主要居住在佛寺、大板、王府、沙拉、大巴、哈达户稍、红帽子等7个乡镇。县辖1个街道，31个镇，4个乡，1个国有农场，382个行政村。县交通发达，通信便利。大郑、新义铁路通过县境，京沈公路横跨东西，沟奈公路纵贯南北，沈阜高速、阜锦高速、阜盘高速穿越县境。县城距锦州港110公里，距葫芦岛、营口港120公里，是辽西、蒙东地区的重要交通枢纽和连接东北与华北的第二条重要通道。在接受沿海经济带、沈阳中部城市群经济区的双重辐射和开发利用蒙东地区资源方面处于有利位置，在对内对外开放和加强区域经济合作方面有着明显的区位优势。

县境地域辽阔，法定面积为6246.2平方公里，人均占有耕地面积是全省人均数的2倍，是我省粮食、畜牧、油料的重要产区。有林地面积17.3万公顷，林木畜积量387万立方米。各种野生植物800余种。已探明的矿产资源主要有金、银、铜、铁、煤炭、大理石、石灰石、钾长石、麦饭石、玛瑙石、陶土、膨润土、硅砂等30余种，金、铁、煤炭、膨润土、石灰石、麦饭石的储量尤为丰富。全县年产黄金6万余两，是全省第一黄金大县。年产原煤80余万吨，是全国产煤重点县。县电厂为东北电力工业做出了贡献。

第一节　地方经济发展

随着社会发展，县地方经济建设持续发展，财政收入稳步增长。国家上三级财政在转移支付方面给自治地方享受财政补贴。2006年以来，市财政设立80万元少数民族专项资金，为13个民族乡和民族聚居乡镇拨付补助费39万元；五年累计为少数民族地区支付发展资金和地区补助费2000多万元。为民族贸易企业和民族特需产品定点生产企业落实国家民贸政策资金累计1500多万元。在扶贫开发方面，市政府在“整村推进”扶贫开发工作中给予倾斜，自治地方和民族乡村占60%比例照顾。对少数民族困难群众长期实施“双百扶贫”工程和“千村万户少数民族农民电脑致富示范工程”，扶持少数民族困难群众1200多户。市民委投入137万元开发资金扶持一批城乡少数民族困难户走上致富路。2009年，市民委投入100万元为百户少数民族特困群众援建新房。在基础设施建设上，市县两级民委积极发挥协调作用，会同广电、卫生、文化、交通等单位，扶持少数民族乡村实现了油路村村通和有线电视户户通，支持村卫生所和乡镇卫生院改善条件，推动了民族地区经济社会发展。

2013年，全县生产总值实现205亿元，固定资产投资完成120亿元，公共财政预算收入实现11.7亿元，农民人均纯收入实现1.1万元，城镇居民人均可支配收入达到1.44万元。2016

年，自治县粮食、肉类总产量在全国百强县中分别位居第33位和53位。农民人均纯收入在干旱之年仍实现了9000元，比2007年增加2.3倍；城镇居民人均可支配收入实现1.3万元，比2007年增长2.4倍。县获全国“粮食生产标兵县”“粮食生产先进县”“生猪调出大县”“生猪生产示范县”和全省花生“一县一业”示范县、“农业产业化”示范县、“保护性耕作”示范县等多项殊荣。

第二节　民族自治地方支柱产业

阜蒙县是我省两个蒙古族自治县之一，是个农业大县。2003年，县结合矿产资源、土地资源、劳动力资源优势，确定了“开放兴县，绿色立县，工业富县，人才强县”发展方针。工业方面确立了“四个产业基地”。2013年农业方面确定“四大板块”整体推进现代农业示范带建设目标，使自治县工业、农业显示出强劲的发展势头。

农业“四大板块”示范带建设目标：2013年12月，县提出了沈阜200万亩现代农业示范带建设目标，2014年1月，确定了“高规格设计、高标准建设、高水平管理”的思路，推进了精品农业、高效农业、设施农业、农产品市场建设“四大板块”整体推进现代农业示范带建设工作思路，确定“精品农业项目区10万亩、高效农业项目区2.1万亩、设施农业项目区6.285万亩、农产品市场够规模”的建设目标，实现农业增效、农民增收。签约项目当年落实53个。其中亿元以上项目7个、3000万至亿元项目11个，意向投资总额达26亿元。5月29日，辽宁省第五届现代农业发展专题论坛在阜蒙县举行，与会专家、学者为自治县现代农业发展提出了许多建设性意见，帮助自治县探索发展思路。

农业“四大板块”示范带建设项目内容：

【精品农业】在阜新镇、建设、红帽子等7个乡镇建设玉米精品农业示范区；在老河土、招束沟、大巴3个镇建成花生精品农业示范区。示范区地块将充分发挥专业合作社作用，实现品种、施肥、耕种、灌溉、种植五统一，每个示范区将选择种植2至3个品种，确保示范区良种推广率达到100%。

【高效农业】以裸地蔬菜和红干椒等特色种植为重点，在王府、紫都台等8个乡镇建设高效农业2.1万亩。推行规模化和专业化生产，培育农事企业、合作社、农场以及种植大户，提高科技含量和新产品质量，进一步促进农业和农村经济结构优化。

【设施农业】全县计划发展设施农业6.285万亩，重点打造以阜新镇、王府等乡镇为中心的香瓜种植基地，以蜘蛛山、国华等乡镇为中心的农家乐采摘园生产基地，以大固本、泡子等乡镇为中心的果菜生产基地，以阜新镇白玉都村、王府镇河东村等为典型，努力打造5000亩以上相对集中连片的设施农业小区。

【农产品市场】在完善农产品市场建设的同时，积极培育一批综合性农产品市场，建成设施先进、功能完善、流通畅通、现代化水平高的农产品市场；加快推进农产品市场现代化建设，形成以大型流通企业为主体、连锁经营为组织形式、现代信息为支撑，覆盖日用消费品、农业生产资料等领域，规模化、信息化的农产品市场。

工业“四个产业基地”建设内容：

2003年以来，阜蒙县先后建立了阜新民族工业发展产业基地、辽宁阜新北方精密铸件产业基地、辽宁阜蒙县氟化工产业基地、阜新十家子玛瑙产业基地等四个工业产业基地，目的是以“基地”建设作为民族地区的支柱产业，带动全县工业经济全面发展。2016年全县新开工投资2000万元以上工业项目45

个，竣工41个，11个亿元以上项目有5个项目竣工投产。“四个工业产业基地”基本情况如下：

【阜新民族工业发展产业基地】位于阜蒙县城区西侧3.5公里，2003年初正式成立，现为市级工业产业基地。总规划面积为8.3平方公里，分为高科技工业区、农产品（食品）工业区、物流经济区和服务区四大功能区。基地以发展民族工业和农副产品精深加工业为主，突出发展高端保健食品行业。最终形成集制造业区、农产品深加工和食品加工区、物流区、服务区等相关产业链完整的工业产业基地。规划目标是依托园区市、县交界地理优势，发挥园区经济载体作用，利用阜新丰富的自然资源和富余劳动力潜力，促进民族工业发展，增加地方财政收入。“十二五”期末，引进项目100个，实现产值300亿元，实现税收15亿元，安置就业2万人。2013年已入住项目35个，规模以上企业13家，限额以上企业2家。已投产23个，在建10个，开工2个。固定资产投资10亿元，安置就业800人。实现工业产值50亿元，税金1亿元，公共财政收入2300万元。

【辽宁阜新北方精密铸件产业基地】位于阜蒙县北部阜新镇境内，距阜新市区21公里，距县城12公里。2009年成立，基地规划面积为12平方公里，现为全国短流程工艺铸造试点基地，是辽宁省政府重点支持的产业基地。基地建设以规划科学、节能环保、设备先进、科技含量高为原则，将国内外重点铸造企业和项目吸引到基地内，实行节能型、低成本的短流程工艺生产，形成“铁矿石、铁精粉、铁水、铸造、加工、整机生产”于一体的循环经济产业链条，建成中国北方乃至全国规模最大的铸造产业集群。基地总体规划建设6个产业功能区，即铸造生铁冶炼区、铸钢件生产区、铸铁件生产区、精密铸件生产区、机械加工区、物流仓储区，最终形成集加工、商贸、仓储相关产业链完整的产业基地。“十二五”期末，引进铸造产业集群项目100个，总投资达到200亿元，铸件总产量实现年产100万吨，产值实现500亿元。现已完成起步区基础设施建设6.65平方公里，实现“六通一平”，建成6.6万千伏安变电所一座。2013年已入驻企业19户，实现产值30亿元。

【辽宁阜蒙县氟化工产业基地】2008年8月，在原阜新有机化工总厂的旧址成立氟化学工业园区。2012年8月15日，晋升为省级经济开发区，规划总面积为20平方公里，北至阜锦公路，南至二道河子村，西至伊吗图镇庄家店村，东至伊吗图河。其中工业区15平方公里、生活区5平方公里。工业区分两期建设，一期建设8平方公里，生活区与伊吗图新镇区建设融为一体。基地的定位是以优势芳香族氟化物为主，重点发展精细化工产品，利用4年时间打造8条产业链。“十二五”期末实现产值1000亿元，建成“中国氟都”。现基地基础设施累计投资达2.1亿元，已建成10公里主干路网，形成4.5万吨的日供水能力，供电能力为2万千伏安，日处理污水2万吨，目前5平方公里起步区基本实现“五通一平”。2013年，基础设施建设投资实现2.8亿元，新开工8项基础设施工程。

【阜新十家子玛瑙产业基地】位于阜蒙县十家子玛瑙产业园区，始建于2006年4月，2011年确定，规划面积为20平方公里，园区分为七大功能区，即玛瑙加工区、商业物流区、包装和辅料加工区、科研文化商业服务区、着色污水处理区、玛瑙文化艺术产品展示区、管理区。建设目标是：以玛瑙加工业为主导产业，构筑融教育培训、科研文化、旅游物流和现代服务业为一体的产业集群；逐步将分散的个体经营业户过渡到集约化、规模化的现代玛瑙加工产业中来；重点培育和建设现代商业物流服务业、发展玛瑙工业旅游业、开发玛瑙文化产业。“十二五”期末，实现产值70亿元，年产值实现10亿元，建成“中国玛瑙之都”。园区现有企业33户，其中有阜新天麒玛瑙玉器开发有限公司、阜新勇利玛瑙工艺品有限公司、辽宁嘉诚精细化学品有限公司等13家规模较大企业；其余为阜蒙县宏大玛瑙综合有限公司下分设的前店后厂式企业20家。实现引进大、中、小玛瑙加工企业80户；包装和辅料加工企业10户；总投资额达到1亿元，实现销售收入10亿元。

第三节　蒙古语广播影视

1953年成立县广播站，1958年建立县人民广播站。1983年12月成立县人民广播电台。1986年12月，开通调频广播。1999年，城乡有线电视联网传输。2013年，实现光缆2100多公里，光节点110处。架设农村钢绞线1600公里、光缆8920公里、电缆9980公里。安装光发射机208台、光接收机1911台，安装供电器、放大器1万台，实现广播全县覆盖。1956年11月创刊《阜新县报》当时为县委机关报，1983年复刊后实行国家统一刊号。2001年份蒙古文、汉文各两版刊出，四开四版每日一刊，公开订阅。2002年改版为《蒙古贞日报》分蒙古文、汉文分别刊出。蒙古贞日报社内设有蒙古文版编辑部、汉文版编辑部、创联部、广告部、办公室、微机室等机构，有职工38人。县出版有《蒙古贞语文》《娜仁花》等蒙古文杂志。2001年创办了《蒙古贞语言文化》网站。

1995年1月1日，阜新市蒙古语广播电台成立，调频调幅蒙古语广播覆盖全市，主要服务于蒙古族听众，主要分布于阜蒙县。开设蒙古语新闻、法制时空文体看台、科技信息与生活、民族风情等节目；文艺百花园、蒙乡旋律、欢歌金曲好时光、乌力格尔等文艺栏目使蒙古贞听众广泛收益。2007年9月7日，开通的东北蒙古语网，为自治县经济发展、民族团结和建设和谐辽宁营造了良好舆论氛围。《满都呼蒙古贞》蒙古语电视节目是阜新市蒙古语广播电台于2012年1月1日开办的电视节目，每周一次在阜新综合频道和阜新教育台播出20分钟，为蒙古贞传承和弘扬民族文化，挖掘保护“非物质文化遗产”提供了平台。

第四节　民族教育

新中国建立后，党和政府十分重视少数民族教育，建立健全了民族教育机构。1950年在县、乡、村办起了各类学校，使蒙古族适龄儿童50%都能入学就读，学习文化知识，学习本民族语言文字。当时蒙古族学生占全县学生总数的8.5%。1952年在佛寺乡兴办了蒙民完小，实行蒙古语授课教育。1952年秋，辽西省根据阜新地区的蒙古族聚居特点，在蒙古贞兴办了一所省立辽西蒙古族初中，开设蒙古语文课程，当年从阜新招蒙古族学生300名入学。1953年省教育厅做出了“蒙古族小学和蒙生班要用两种语言授课”的规定。1954年，建立阜新市蒙古初中学校。县开设蒙古初中。是年，全县蒙古族小学发展到26所，蒙汉联合班97个，蒙古族小学在校生达7025名。1955年，落实国家《民族区域自治实施纲要》加强佛寺蒙民完小蒙古语授课教学。1956年县设置12个蒙古族乡以后，蒙古小学发展到31所，蒙汉联合班、校123所，在校生增加到10885人。蒙古语授课小学发展到21所学校，80个教学班，在校生2100名。1957年蒙古小学实行国家统一学制，按“够25人设一蒙班”和“蒙汉生联合班从小学三年级开始开设蒙古文课”规定，凡蒙生无论在蒙生班还是在蒙汉联合班均能学到本民族的语言文字。是年，全县蒙生班发展到了86个，学生达2688人；蒙汉联合班达到190个，学生总数达6236人。全县有80.9%的在校蒙生都能学到本民族语言文字。这一时期蒙古儿童入学率由1955年的71.3%提高到了75%。

1958年4月自治县成立，在县教育机构中设立民族教育股室，加强蒙古族小学、初等教育，发展完善了蒙古语文教学体制，蒙古族学生享有学习本民族语言的权利。1966年“文化大革命”开始，由于极“左”路线的干扰，民族教育机构被撤销，民族教育事业遭到严重破坏。

党的十一届三中全会以后，经过拨乱反正，落实“改革、调整、整顿”的政策，县制订了民族教育事业发展规划，坚持“优先、重点”的原则实施保障措施，把民族教育工作摆上重要日程，使蒙古族教育事业得到了健康发展。

1986年，全县蒙古族小学发展到111所，670个教学班级，在校蒙古族小学生9460名，儿童入学率达到100%。另外，在全县普通小学校里有7234名蒙古族学生，全县蒙古族小学生总计16694名。除部分学校蒙生不足十名的小学没有开设蒙古语文课之外，其余各中、小学都开设了蒙古语文课，保证蒙生都能学到本民族的母语。坚持按省定标准，以每班0.5人编制配备蒙古语文专任教师。县城办有一所蒙古族幼儿园，六个班，在园蒙古族幼儿184名。农村有蒙古族学前班125个，在班蒙古族儿童2184名，蒙古族儿童入园率为95%以上。蒙古族初中发展到11所，102个教学班，在校蒙古族学生3368名。普通中学里有2710名蒙古族学生。全县有蒙古族初中生总计6078人。县有蒙古高中1所，24个教学班，在校生13000名。1994年全县蒙古族小学仍保持111所，在校蒙古族小学生15294名（其中，蒙古族小学在校生7711名，普小蒙生5601名，蒙授生1982名），小学儿童入学率达到100%。有蒙古族小学教师1356人（公办942人，民办265人）。

2000年民族教育经过布局调整，整合资源，全县蒙古族小学保持到98所，582个教学班，在校生16525名。蒙古族初中10所，131个教学班，在校生5841名。在普通中学里有503个教学班，蒙古族学生5583名。2010年9月，阜蒙县建成蒙古贞初中，将全县蒙语授课生与蒙古族初中生集中到县城内就读，改善了教学环境。县蒙古族幼儿园从2012年9月开始，开办了寄宿制幼儿班，加强对蒙古族母语的学习。2005年至2012年期间，为改善民族学校办学条件，省、市、县三级财力分别投入3000万元、2200万元、6500万元，新建、扩建校舍58000平方米，建塑胶操场24000平方米，购置微机360台。为提高师资水平，市、县先后举办民族学校校长培训班、蒙古语文教师培训班、民族学校汉语文教师培训班、民族教育科研培训班、蒙古语文教材培训班、蒙古语文教师计算机培训班、民族学校自主高效课堂建设培训班、蒙古语文教师基本功大赛、民族学校自主高效课堂现场会、蒙古语文会话教学工作现场会等系列活动。

蒙古语授课教育 1981年全国第三次少数民族教育工作会议后，1982年1月，县在佛寺恢复开设蒙古语授课试点班，逐步普及民族聚居乡村小学。1985年全县蒙古语授课教学发展到六个乡22个蒙小，65个教学班，受教育学生达到1000名。1986年县提出“从我县实际出发，积极创造用蒙古语授课条件，逐步扩大蒙古语授课学校和班级，经过努力力争从幼儿园到高中基本形成以蒙古语授课为主的教育体系，培养蒙汉兼通的四化建设人才”的指导方针。同年，经县委两次召开会议，研究通过了《县民族教育七·五》规划。指出：“蒙古语授课教育到1990年发展到10个乡，27所蒙小、蒙古语授课的学生要达到蒙生的15.6%。”

1988年春，县辟地兴建蒙古族完全中学，当年9月开学招生，保障蒙古语授课小学正常升入初中教育阶段。翌年5月，县人大常委会通过了自治县《蒙古语文工作条例》，以法律形式将蒙古语授课教学指导方针固定下来，做到有法可依。到1991年蒙古语授课教学发展到7个乡，22所蒙小，发展到112个教学班，学生1728名。1995年由于客观条件影响，大中专毕业生试行“双向选择”就业，蒙古语授课的中专毕业生遇到了“就业难”的问题。值此，蒙古语授课学校减少到18所，学生1400名。针对“滑坡”形势，1999年5月，县政府出台了《关于在民族教育体系中，进一步贯彻落实党的民族语文政策的意见》（阜政发［1999］6号文件），提出加强蒙古语授课教育教学六点意见，决定每年列支双语费60万元，采取“六项”鼓励措施，加大扶持力度推动蒙古语授课教育发展。6月2日，县召开纪念《县蒙古语文工作条例》颁布十周年暨蒙古语文工作会议，强调提出了稳定发展蒙古语授课教育的意见，表明县委、县政府办好蒙古语授课教育的坚决态度。进入新世纪以后，县政府加大对蒙古语授课教育的投入，改善办学条件，狠抓师资队伍建设，全面推行了素质教育，取得了成效。2000年县蒙古族实验中学62名蒙古语授课高中生有53名考入本科，其余9名考入专科；2001年78名蒙古语授课高中生有68名考入本科，其余10名考入专科；2002年124名高中生全部考入本科，许多考生考进了国家名牌大学。2003年全县蒙古语授课中学发展到41个教学班，学生达2068名。2005年县蒙古族实验中学被辽宁省人民政府评为了“省模范学校”。晋级为省级示范性高中。现有51个班，学生2607名，高级教师110人。每年高考升学率为98%以上。

2015年全县有蒙古族小学18所，小学在校生7619名（双语教学的小学生2540名），蒙古族初中2所，初中生3593名。蒙古族高中一所，高中生3579名。全县在校生有14791名，蒙古族教师1295名（小学教师660名，初中教师413名，高中教师222名）。有蒙古语授课教育实验中学一所。自恢复高考以来，全县蒙古族高中和蒙古族实验中学，共向国家高等院校输送了13499名大学生，其中考入清华大学19名，北京大学4名。

县农村蒙古族聚集乡镇有民族特色学校9所。他们是：佛寺蒙古族学校、王府土默特中学、红帽子蒙古族学校、大巴蒙古族学校、沙拉蒙古族学校，大板蒙古族学校、大古本蒙古族学校、泡子蒙古族学校，哈达户稍蒙古族学校，使农村蒙古族在校生都能学到本民族的母语。为强化素质教育，突出民族教育特色，民族学校开设《蒙古族历史》课程，增强学生的民族自豪感、自信心。开展蒙古语会话课、讲故事、诗朗诵、演讲大赛、校园歌手大赛、蒙古语短剧大赛、蒙古族那达慕大会等活动。

第五节　蒙古语言文字

在党的民族语文政策指引下，县高度重视民族语文工作，贯彻落实《宪法》《民族区域自治法》关于保障少数民族使用和发展自己民族语言文字的有关规定，不断加强制度建设，健全和完善工作机构。

【机构建置】1958年阜新蒙古族自治县成立之初，在县政府办公室内设蒙古文翻译室。1975年12月，成立县蒙古语文工作领导小组办公室，1978年阜新市政府设立蒙古语文工作办公室，规格为副县级，与民委合署办公。1979年阜蒙县蒙古文翻译室与县蒙古语办合署办公。1999年3月，县蒙古语文工作办公室改称蒙古语文工作委员会，明确政府成员单位和执法资格，为保障自治县主体民族享有本民族语言文字的学习、使用、发展的合法权益提供了组织保障。2001年9月，为加强蒙古语文工作，县委下发文件，健全了各乡镇蒙古语文工作领导小组机构。2003年，县成立市面牌匾管理执法大队。2007年，成立县翻译中心机构。2010年县委、县政府联合发文，为加强蒙古语文工作提供了政策保证。阜蒙县蒙古语文工作自1998年到2010年连续六届被全国八省区蒙古语文工作协作小组授予“蒙古语文工作先进集体”称号，成为全国蒙古语文工作“排头兵”。

【依法管理】1989年5月，《县蒙古语文工作条例》由省人大常委会批准实施，实现了蒙古语文工作有法可依。2002年5月，起草制定《县蒙古语文工作条例实施细则》由县人大常委会通过批准，规范蒙古语文行政。2001年县出台民族语文法律法规配套政策措施，推动了蒙古语文工作的依法行政。为落实《实施细则》2003年县政府下发《关于整顿规范公章、牌匾的通知》和《关于整顿规范公章牌匾的通告》等，规范市民用文蒙汉并用行为。市民委行使协调职能，通过积极工作，不断完善蒙古语文管理体制，先后成立市民族工作领导小组和市民族教育工作领导小组。县、区成立相应的领导机构，设立职能科室，配备专职干部。市、县教育进修学院（校）设立民族教育研训部，全市形成了上下统一、协调配合的管理网络，保证法律法规的贯彻落实。

【蒙古语言文化】市本级财政每年为阜蒙县配套“双语”经费，保障专项经费用于发展和保护蒙古语言文化，促进蒙古语文事业发展。市定期组织参加全国八省区蒙古语文协作、交流、考察活动，促进地区间协作。为继承与弘扬民族文化，县积极开展民族文字古籍的翻译整理研究工作。2002年县蒙古语委立项完成的《关于蒙古贞经济发展史研究》课题，荣获市政府优秀科研成果一等奖。2004年在瑞应寺建成了蒙古贞民俗馆。2006年阜蒙县被省民委确定为民族古籍翻译整理示范基地，利用10年时间翻译出版了蒙古贞文献长篇巨著《兴唐五传》，编辑出版《蒙古贞历史》填补中国蒙郭勒津部落史空白。编辑出版了《阜蒙县新概况》《蒙古贞敖包文化》《阜蒙县地名概览》《阜蒙县行政区划概览》和《蒙古贞文化大系》等民族图书50多部，民族古籍工作取得了突出成绩。因此，蒙语委主任项福生被全国八协办等四部门授予“全国民族文化功勋”称号，暴风雨、项福生于2011年被评为阜新市十大优秀社科专家。全市举办的蒙古剧调演和剧本征集活动，推动了民族文化事业发展。投资新排的大型蒙古剧《乌银其其格》剧目获省金奖。市首届少数民族歌舞大赛、十一届少数民族文艺调演和首届好来宝、祝颂词网络大赛，蒙古语主持人大赛和胡尔沁艺人培训班，活跃了群众文化生活，推动了少数民族语言文化事业发展。

【组织培训】市、县每年举办各类蒙古语文教师培训班、“赛音”蒙古文软件培训班等多次。2007年阜蒙县举办两期机关干部学习使用蒙古语文培训班，先后有130多人次参加培训，有32人参加考试获得结业证书。组织开展蒙古语文教师基本功竞赛、蒙古族少儿文化艺术节、蒙古语诵读比赛、蒙古象棋比赛、蒙古文书法大赛等活动，全面提高蒙古族中小学生母语会话能力。在民族学校实行“以奖代补”政策，开展“赛汗杯”评比活动，优化民族语言文化资源，鼓励蒙古族学生开展母语文化活动。

编后记

《蒙古贞历史》的编辑出版是蒙古贞专家、学者几十年历史研究成果的集著，是集体智慧的结晶，是填补蒙古贞部落史空白之书。

本书是根据县委、政府领导意见，组织社会力量编写出版的，是在原《蒙古贞史》稿的基础上修订补充完成的。各章节的初稿是由各位史学专家分工撰稿。第一、二、十、十四、十五、六章，第三章第三节、第七章第四节、第十三章第六节，由暴风雨编写。第三章第一节、第十三章第二节由佟宝山、暴风雨合写；第五节，由佟宝山编，第四、十一章、第十四章第六节由陶腾巴雅尔编写；第五章、第十六章第四、五、六节和第十七章由项福生编写；第六章由郭永清编写；第七章第一、二、三节，由常德福编写；第八章，由海龙宝编写。第十一章由额德虎日亚奇编写。在这次补充修订过程中，新补充了自改革开放以来的蒙古贞历史研究新成果和改革开放以来的新成就，补充了工农业文化教育卫生、民族工作方面的新成果。由项福生续写并统编全书，后由暴风雨、常德福、戴瑞山、吴久富、白音、孙耀平、岳红旗、石海等专家、学者审阅，最后由编委会委托项福生审阅定稿。

在本书编写修订过程中，得到了《文库》编委会的大力支持与热情指导，县委、县政府有关领导和本书顾问提供了积极帮助，也得到了各地档案馆、图书馆、博物馆、纪念馆、展览馆的支持，还有知情者提供口碑资料，为资料的考证起到了重要作用。在本书出版发行之际，对给予帮助的社会各界朋友表示衷心感谢！

由于编写人员水平所限，加之时间仓促，书中难免出现纰漏和错误，望有关专家、学者，不吝赐教。

编　者

2017年3月

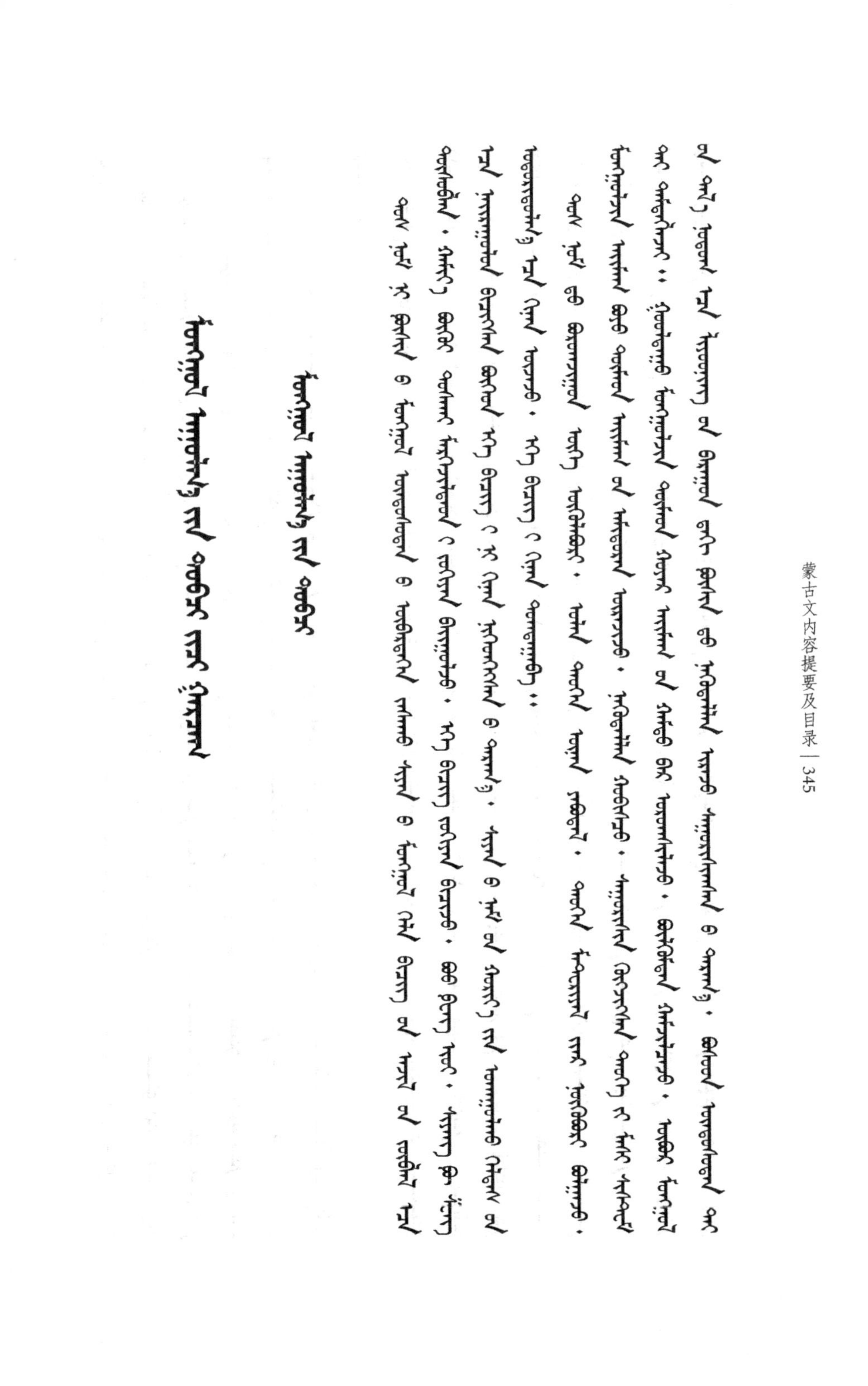

[illegible]

[illegible]

[illegible]

[illegible]

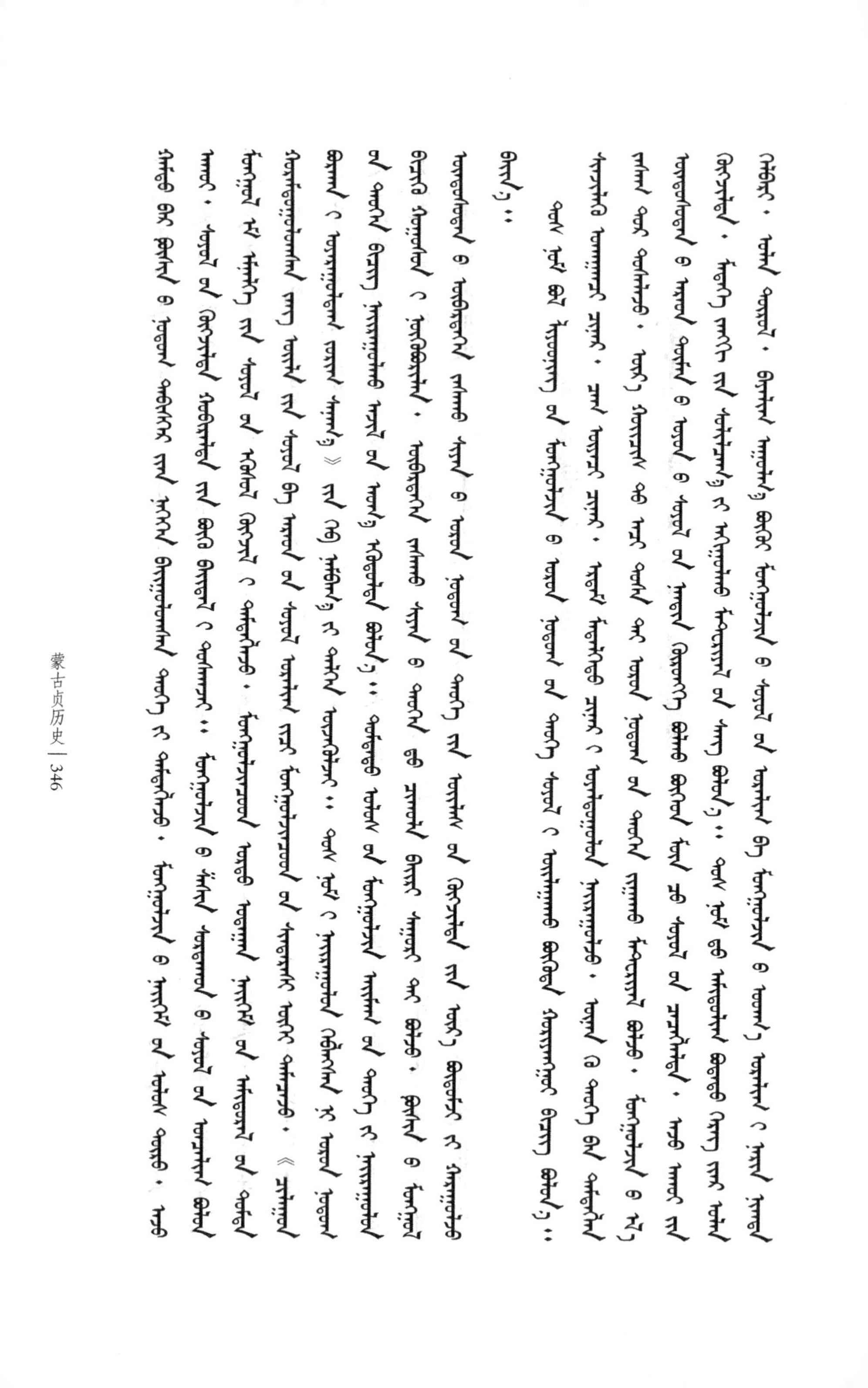

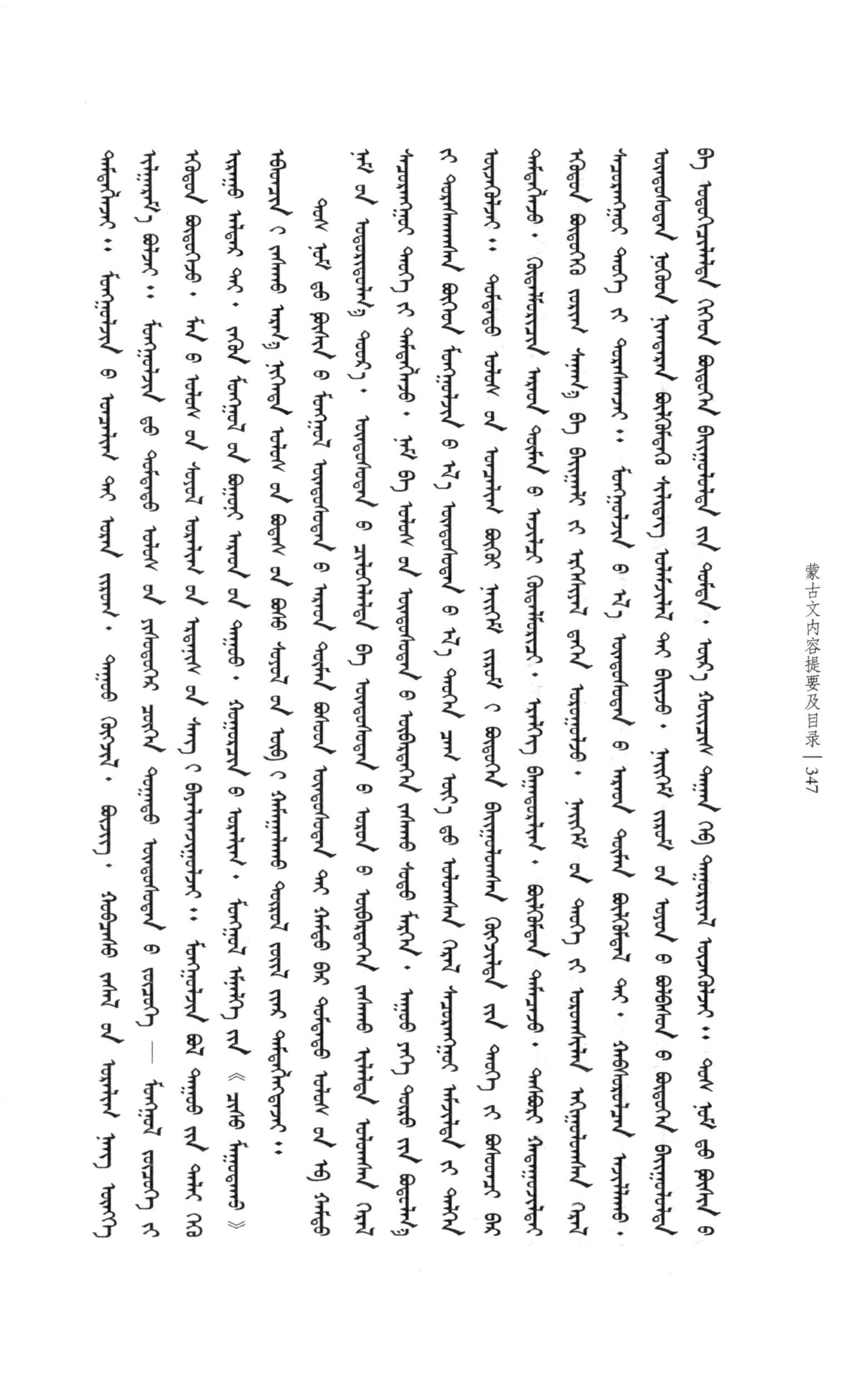

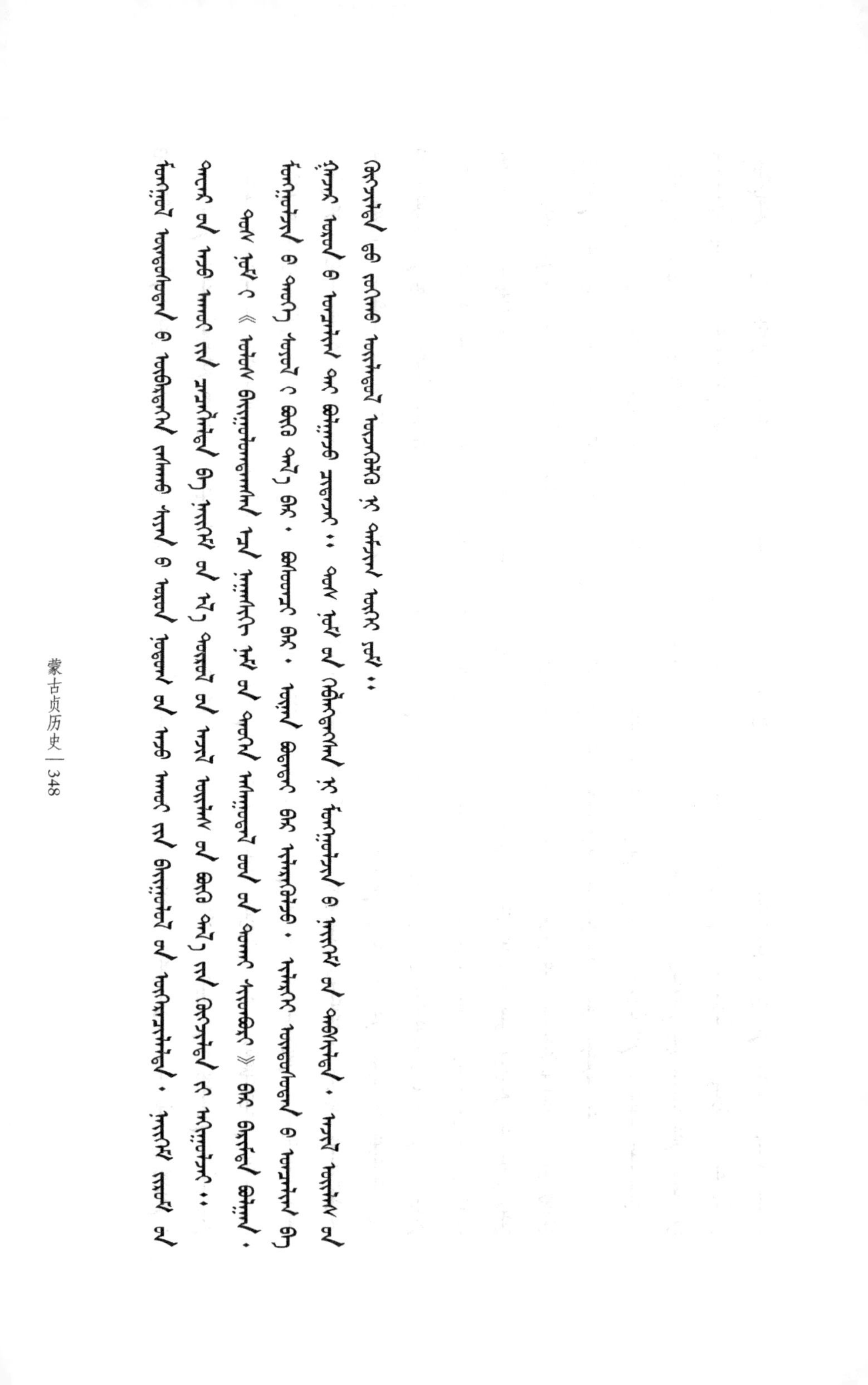

ᠭᠠᠷᠴᠠᠭ

《中国蒙古学文库》已经出版书目

（按出版日期顺序排列）

1.《成吉思汗哲学思想研究》（格·孟和著，蒙古文，1997年6月出版，定价33.00元）

2.《蒙古族逻辑思维研究》（图·乌力吉著，蒙古文，1997年6月出版，定价14.00元）

3.《蒙古族儿童文学概要》（哈斯巴拉等著，蒙古文，1997年6月出版，定价17.00元）

4.《阿尔寨石窟回鹘蒙古文榜题研究》（哈斯额尔敦、丹森等著，蒙古文，1997年6月出版，定价16.00元）

5.《蒙古族音乐史》（呼格吉乐图著，蒙古文，1997年6月出版，定价34.00元）

6.《中国人民解放战争时期内蒙古骑兵史》（乌嫩齐主编，汉文，1997年6月出版，定价16.00元）

7.《蒙古族正骨学》（旺钦扎布著，蒙古文，1997年6月出版，定价35.00元）

8.《蒙古学论著索引（1986—1995）》（额尔德尼编，汉文，1997年6月出版，定价21.00元）

9.《蒙古族美术研究》(阿木尔巴图著，汉文，1997年6月出版，定价48.00元)

10.《古代蒙古法制史》(奇格著，汉文，1999年9月出版，定价23.00元)

11.《蒙古文书法概论》(额尔很巴雅尔主编，蒙古文，1999年9月出版，定价20.00元)

12.《蒙古族民歌与交响乐研究》(永儒布著，汉文，1999年10月出版，定价48.00元)

13.《蒙古族文物与考古研究》(盖山林著，汉文，1999年12月出版，定价48.00元)

14.《〈蒙古源流〉研究》(乌兰著，汉文，2000年4月出版，定价55.00元)

15.《蒙古族全史》(第1卷)(留金锁著，蒙古文，2000年12月出版，定价25.00元)

16.《蒙古族美学史》(满都夫著，汉文，2000年12月出版，定价45.00元)

17.《中国民族语文工作的创举》(舍那木吉拉著，汉文，2000年12月出版，定价18.00元)

18.《蒙古族民歌与交响乐研究》(永儒布著，原为汉文，那顺乌尔塔译成蒙古文，2000年12月出版，定价48.00元)

19.《蒙古学论著索引(1986—1995)》(额尔德尼编，原为汉文，诺尔金等译成蒙古文，2000年12月出版，定价58.00元)

20.《中古蒙古语研究》(嘎日迪著，蒙古文，2001年10月出版，定价45.00元)

21.《蒙古族美术研究》(阿木尔巴图著，原为汉文，那顺乌尔塔译成蒙古文，2001年12月出版，定价68.00元)

22.《蒙古族传统疗法》(郭·道布清、图门巴雅尔编著，蒙古文，2001年12月出版，定价40.00元)

23.《蒙古族土地所有制特征研究》(额尔敦扎布、萨日娜著，蒙古文，2001年12月出版，定价30.00元)

24.《蒙古族曲艺研究》(贺喜歌芒来著，蒙古文，2001年12月出版，定价45.00元)

25.《忽必烈汗思想研究》(巴图巴干著，蒙古文，2002年4月出版，定价30.00元)

26.《蒙古族商业发展史》(额斯日格仓、包·赛吉拉夫著，蒙古文，2002年6月出版，定价38.00元)

27.《现代蒙医学》(琪格其图主编，汉文，2002年7月出版，定价30.00元)

28.《中国蒙古学研究概论》(吉木斯、特·额尔敦陶克套主编，蒙古文，2002年8月出版，定价60.00元)

29.《中国人民解放战争时期内蒙古骑兵史》(乌嫩齐著，原为汉文，牧仁译成蒙古文，2002年8月出版，定价55.00元)

30.《蒙古族哲学思想史》(苏和、陶克套著，汉文，2002年9月出版，定价36.00元)

31.《蒙古族儿童文学概论》（哈斯巴拉等著，原为蒙古文，蒋丽君等译成汉文，2002年10月出版，定价30.00元）

32.《佛教与蒙古文学》（德斯莱扎布著，蒙古文，2002年12月出版，定价30.00元）

33.《蒙古族古代典型战例》（阿木尔门德著，汉文，2002年12月出版，定价36.00元）

34.《蒙古文书法概论》（额力很巴雅尔著，原为蒙古文，额力很巴雅尔译为汉文，2003年12月出版，定价25.00元）

35.《蒙古族古代军事史》（胡泊主编，汉文，2004年3月出版，定价95.00元）

36.《蒙古族经济思想史研究》（陈献国主编，汉文，2004年4月出版，定价28.00元）

37.《蒙古族古代名将录》（叶喜著，汉文，2004年10月出版，定价22.00元）

38.《松巴堪布诗学研究》（额尔敦白音著，蒙古文，2004年10月出版，定价50.00元）

39.《古代蒙古法制史》（奇格著，原为汉文，奇格译成蒙古文，2004年12月出版，定价25.00元）

40.《中国民族语文工作的创举》（舍那木吉拉著，原为汉文，舍那木吉拉等译成蒙古文，2004年12月出版，定价35.00元）

41.《蒙古族哲学思想史》（苏和、陶克套著，原为汉文，齐秀华译成蒙古文，2004年12月出版，定价45.00元）

42.《蒙医学史与文献研究》(吉格木德著，蒙古文，2004年12月出版，定价32.00元)

43.《蒙古族近现代思想史论》(宝力格著，汉文，2005年3月出版，定价20.00元)

44.《元大都研究》(昔宝尼赤·却拉布吉著，蒙古文，2005年3月出版，定价75.00元)

45.《蒙古族宗教史》(苏鲁格著，汉文，2005年4月出版，定价32.00元)

46.《哈撒儿研究》(包·赛吉拉夫著，蒙古文，2005年6月出版，定价50.00元)

47.《蒙古语构词法研究》(特格希都楞著，蒙古文，2005年7月出版，定价20.00元)

48.《蒙古族正骨学》(旺钦扎布著，原为蒙古文，旺钦扎布译成汉文，2005年7月出版，定价45.00元)

49.《现代蒙医学》(琪格其图主编，原为汉文，琪格其图译成蒙古文，2005年7月出版，定价48.00元)

50.《成吉思汗哲学思想研究》(格·孟和著，原为蒙古文，何金山等译为汉文，2005年7月出版，定价45.00元)

51.《蒙古族近代战争史》(巴音图、张成业著，汉文，2005年11月出版，定价42.00元)

52.《〈蒙古源流〉研究》(乌兰著，原为汉文，阿拉坦巴根译为蒙古文，2005年12月出版，定价60.00元)

53.《蒙古族传统疗法》(郭·道布清、图门巴雅尔编，原为蒙古文，

郭·道布清、图门巴雅尔译成汉文，2005年12月出版，定价22.00元）

54.《蒙古族古代典型战例》（阿木尔门德著，原为汉文，策·诺尔金译为蒙古文，2005年12月出版，定价60.00元）

55.《元朝时期的山西地区》（瞿大风著，汉文，2005年12月出版，定价35.00元）

56.《蒙古族治疗骨伤的创新》（慕精阿、海志凡、海波著，汉文，2005年12月出版，定价42.00元）

57.《乌鲁别克传》（孛儿只斤·旺其格著，蒙古文，2006年6月出版，定价30.00元）

58.《蒙古语语法化过程研究》（套格敦白乙拉著，蒙古文，2006年8月出版，定价36.00元）

59.《蒙古族古代名将录》（叶喜著，原为汉文，那顺乌日塔译成蒙古文，2006年9月出版，定价35.00元）

60.《17世纪蒙古编年史与蒙古文文书档案研究》（希都日古著，汉文，2006年9月出版，定价26.00元）

61.《元朝时期的山西地区》（瞿大风著，汉文，2006年9月出版，定价40.00元）

62.《蒙古兽医研究》（巴音木仁著，汉文，2006年10月出版，定价40.00元）

63.《蒙古语构词法研究》（特格希都楞著，汉文，2006年11月出版，定价30.00元）

64.《蒙古族音乐史》(呼格吉勒图著，原为蒙古文，龙梅、乌云巴图译为汉文，2006年12月出版，定价40.00元)

65.《法式善“梧门诗话”研究》(宏伟著，汉文，2006年12月出版，定价42.00元)

66.《蒙古族科学技术简史》(李迪著，汉文，2006年12月出版，定价32.00元)

67.《蒙古族古代交通史》(德山、乌日娜、赵相璧著，汉文，2006年12月出版，定价28.00元)

68.《中古蒙古语研究》(嘎日迪著，原为蒙古文，嘎日迪译为汉文，2006年12月出版，定价40.00元)

69.《蒙古族商业发展史》(额斯日格仓、包·赛吉拉夫著，原为蒙古文，哈斯木仁、胡格吉勒图、杨晓华译为汉文，2007年5月出版，定价28.00元)

70.《藏传佛教与蒙古族文化》(唐吉思著，汉文，2007年6月出版，定价40.00元)

71.《蒙古族姓氏研究》(奥都高德·博·苏达那木道尔吉著，蒙古文，2007年6月出版，定价90.00元)

72.《忽必烈汗思想研究》(巴图巴干著，原为蒙古文，吉木斯、哈日赤译为汉文，2007年6月出版，定价25.00元)

73.《蒙古哲学宏旨研究》(格·孟和著，蒙古文，2007年7月出版，定价50.00元)

74.《成吉思汗兵法研究》(胡泊著，汉文，2007年7月出版，定价28.00元)

75.《成吉思汗与蒙古文化》(那仁敖其尔等著，蒙古文，2007年7月出版，定价35.00元)

76.《蒙古族曲艺新探索》(贺希歌芒来著，原为蒙古文，贺希歌芒来译为汉文，2007年7月出版，定价48.00元)

77.《清代八旗蒙古汉文著作家政治思想研究》(张力均著，汉文，2007年11月出版，定价25.00元)

78.《蒙古族近现代思想史论》(宝力格著，原为汉文，萨础拉、陈永庆译为蒙古文，2007年11月出版，定价25.00元)

79.《蒙古族治疗骨伤的创新》(慕精阿、海志凡、海波著，原为汉文，旺钦扎布译为蒙古文，2007年12月出版，定价52.00元)

80.《蒙古族书面文学的基本体系研究》(满全著，蒙古文，2007年12月出版，定价45.00元)

81.《蒙古族天文历法史》(孛儿只斤·旺其格著，汉文，2008年3月出版，定价67.00元)

82.《蒙古文"金光明经"词汇研究》(上、下册)(乌力吉陶格套著，蒙古文，2008年4月出版，定价95.00元)

83.《制度视域下的草原生态环境保护》(盖志毅著，汉文，2008年5月出版，定价42.00元)

84.《哈撒儿研究》(包·赛吉拉夫著，汉文，2008年5月出版，定价45.00元)

85.《蒙古族美学史》(满都夫著，原为汉文，桑杰、其木格译为蒙古文，2008年6月出版，定价75.00元)

86.《清代满蒙文词典研究》（春花著，汉文，2008年7月出版，定价50.00元）

87.《蒙古族传统文化的现代价值》（齐秀华、额尔敦陶格套著，蒙古文，2008年9月出版，定价32.00元）

88.《蒙古族生态经济研究》（暴庆伍著，汉文，2009年1月出版，定价38.00元）

89.《蒙古族姓氏大全》（明安特·沙·东希格著，蒙古文，2009年1月出版，定价95.00元）

90.《蒙古族生态智慧论》（乌峰、包庆德主编，汉文，2009年1月出版，定价35.00元）

91.《蒙古族数学史》（孛儿只斤·旺其格著，蒙古文，2009年1月出版，定价50.00元）

92.《蒙古语修辞学研究》（德力格尔著，蒙古文，2009年4月出版，定价40.00元）

93.《红山诸文化与游牧民族原始宗教比较研究》（王其格著，蒙古文，2009年5月出版，定价38.00元）

94.《蒙古语语法的认知功能研究》（套格敦白乙拉著，蒙古文，2009年5月出版，定价28.00元）

95.《八思巴文变形体研究》（乌力吉白乙拉著，蒙古文，2009年5月出版，定价30.00元）

96.《藏传佛教与蒙古文化》（唐吉思著，原为汉文，唐吉思译成蒙古文，2009年6月出版，定价55.00元）

97.《蒙古语词语的文化研究》(天峰著，蒙古文，2009年7月出版，定价30.00元)

98.《清代内蒙古地区寺院经济研究》(胡日查著，汉文，2009年7月出版，定价30.00元)

99.《蒙古语语音实验研究》(呼和著,汉文,2009年7月出版,定价30.00元)

100.《尹湛纳希人文思想研究》(席布仁门德著，蒙古文，2009年7月出版，定价38.00元)

续版已经出版书目

1.《近代内蒙古行政建制变迁研究》(孟和宝音著，汉文，2010年12月出版，定价40.00元)

2.《蒙汉历史接触与蒙古语言文化变迁》(曹道巴特尔著，汉文，2010年12月出版，定价45.00元)

3.《阿尔寨石窟回鹘蒙古文榜题研究》(哈斯额尔敦等著，原为蒙古文，纳·巴图吉日嘎拉、纳楚格、嘎日迪译为汉文，2010年12月出版，定价35.00元)

4.《清代官修民族文字文献编纂研究》(乌兰其木格著，汉文，2010年12月出版，定价38.00元)

5.《蒙古族佛教文化调查研究》(唐吉思著，汉文，2010年12月出版，定价98.00元)

6.《元国书官印汇释》(照那斯图、薛磊著，汉文，2011年4月出版，定价40.00元)

7.《蒙古文学史学研究》(乌日斯嘎拉著，蒙古文，2011年5月出版，定价36.00元)

8.《蒙古族全史》(第1卷)(留金锁著，原为蒙古文，浩斯巴特尔、包阿拉塔译成汉文，2011年7月出版，定价30.00元)

9.《蒙古哲学原理研究》(格·孟和著，蒙古文，2011年8月出版，定价85.00元)

10.《蒙古族古代军事史》(胡泊著，原为汉文，查干高娃编译，蒙古文，2011年8月出版，定价100.00元)

11.《新牧区建设与牧区政策调整——以内蒙古为例》(盖志毅著，汉文，2011年11月出版，定价75.00元)

12.《古代蒙古货币研究》(虹宝音著，汉文，2011年11月出版，定价30.00元)

13.《蒙古族古代汉文文化研究》(宏伟著，蒙古文，2011年12月出版，定价45.00元)

14.《元朝时期札剌亦儿部研究》(谢咏梅著，汉文，2012年3月出版，定价38.00元)

15.《蒙古文学文体转化研究》(包红梅著，蒙古文，2012年5月出版，定价40.00元)

16.《蒙古文字结构研究》(王桂荣著，蒙古文，2012年5月出版，定价50.00元)

17.《近现代内蒙古游牧变迁研究》(阿拉腾嘎日嘎著，汉文，2012年6月出版，定价35.00元)

18.《蒙古文文论理论建构》(孟和乌力吉著，蒙古文，2012年6月出版，定价70.00元)

19.《蒙古语形态研究》(包满亮著，蒙古文，2012年6月出版，定价60.00元)

20.《蒙古语言的语法化过程与机制》(套格敦白乙拉著，蒙古文，2012年7月出版，定价45.00元)

21.《蒙古历史文化的哲学解读》(格孟和著，蒙古文，2012年7月出版，定价56.00元)

22.《尹湛纳希与儒家文化》(胡格吉乐图著，汉文，2012年9月出版，定价30.00元)

23.《蒙古族现代诗歌研究》(黄金著，蒙古文，2012年11月出版，定价63.00元)

24.《现代蒙古语语义框架研究》(德·萨日娜著，蒙古文，2013年3月出版，定价30.00元)

25.《蒙古民歌的程式化研究》(哈斯其木格著，蒙古文，2013年3月出版，定价36.00元)

26.《蒙古帝国政治制度及政治思想研究》(扎拉嘎著，蒙古文，2013年3月出版，定价55.00元)

27.《近代内蒙古行政建制变迁研究》(孟和宝音著，原为汉文，孟和宝音、娜仁其其格译成蒙古文，2013年6月出版，定价65.00元)

28.《游牧社会形态论》(额灯套格套著，汉文，2013年8月出版，定价65.00元)

29.《乌珠穆沁部落研究》(高·阿晔著，蒙古文，2013年10月出版，定价50.00元)

30.《蒙古文化中的人与自然关系研究》(马桂英著，汉文，2013年1月出版，定价37.00元)

31.《清代蒙古文出版文化研究》(宝山，哈斯格日乐著，蒙古文，2013年11月，定价52.00元)

32.《清代蒙古寺庙管理体制研究》(胡日查著，汉字，2013年11月，定价42.00元)

33.《大蒙古国与全国战争史》(鲍格鲁特·鲍音著，蒙古文，2013年12月，定价40.00元)

34.《蒙古族太阳崇拜研究》(阿拉坦格日乐著，蒙古文，2013年12月，定价45.00元)

35.《蒙古族传统医学史纲》(热·王钦扎布，娜日娜著，蒙古文，2013年12月出版，定价40.00元)

36.《蒙古族生态智慧论》(乌峰、包庆德著，原为汉文，孟根宝力高、包玉兰译成蒙古文，2014年4月出版，定价50.00元)

37.《蒙古语短语结构知识库相关研究》(达胡白乙拉著，蒙古文，2014年4月出版，定价45.00元)

38.《蒙古族藏文文论体系研究》(树林著，蒙古文，2014年4月出版，定价65.00元)

39.《蒙古民族敖包祭祀文化认同研究》(那仁毕力格著，汉文，2014年4月出版，定价32.00元)

40.《嫩科尔沁史概略》(包额尔德木图著，蒙古文，2014年6月出版，定价58.00元)

41.《蒙古羊肉食文化研究》(群可加著，蒙古文，2014年6月出版，定价45.00元)

42.《〈蒙古秘史〉逻辑思想研究》(莫日根巴图著，汉文，2014年7月出版，定价40.00元)

43.《劳斯尔及其作品研究》(朝克图、赵玉华著，汉文，2014年10月出版，定价56.00元)

44.《蒙古地名研究》(天峰著，蒙古文，2014年10月出版，定价50.00元)

45.《玛拉沁夫小说民族文化源缘研究》(额尔敦仓著，汉文，2014年11月出版，定价42.00元)

46.《外部环境与内部环境：蒙古族当代文学前沿问题研究》(满全著，蒙古文，2014年12月出版，定价70.00元)

47.《制度视域下的草原生态环境保护》(盖志毅著，原为汉文，吴宝山、乌兰编译，蒙古文，2014年12月出版，定价80.00元)

48.《蒙古族生态文学研究》(巴·苏和著，蒙古文，2015年1月出版，定价56.00元)

49.《编辑学概论》(阿拉木斯、莫日根高娃著，蒙古文，2015年4月出版，定价68.00元)

50.《蒙古语地名文化遗产保护研究》(仁钦道尔吉著，汉文，2015年4月出版，定价56.00元)

51.《13—19世纪蒙古法制沿革史研究》(那仁朝格图著，汉文，2015年4月出版，定价50.00元)

52.《蒙古民间文学研究：以青海民间文学为例》(呼和编著，蒙古文，2015年7月出版，定价68.00元)

53.《蒙古语句法结构的认知研究》(阿拉坦苏和、套格敦白乙拉著，蒙古文，2015年12月出版，定价50.00元)

54.《蒙古族传统伦理要义》(斯仁著，蒙古文，2015年12月出版，定价65.00元)

55.《蒙古史诗的非物质文化价值研究》(关金花，蒙古文，2015年12月出版，定价72.00元)

56.《蒙古语地名保护研究》(仁钦道尔吉著，蒙古文，2016年5月出版，定价78.00元)

57.《日本侵占时期“兴安省”经济统制政策研究》(齐百顺著，汉文，2016年5月出版，定价60.00元)

58.《蒙古史诗美学研究》(额尔敦高娃著，蒙古文，2016年6月出版，定价80.00元)

59.《喀尔喀车臣汗部研究》(姑茹玛著，汉文，2016年7月出版，定价48.00元)

60.《蒙古文化概论》(格·孟和著，汉文，2016年9月出版，定价75.00元)

61.《蒙古族十二生肖文化研究》(今晓著，蒙古文，2016年12月出版，定价60.00元)

62.《果亲王允礼藏〈密印授记请问经〉研究》(根泉著，蒙古文，2017年2月出版，定价65.00元)

63.《乌拉特三贤探微》(乌力吉巴雅尔著，蒙古文，2017年3月出版，定价70.00元)

64.《清代至民国时期土默特地区社会变迁研究》(乌仁其其格著，汉文，2017年5月出版，定价65.00元)

65.《启蒙思潮中的蒙古文学》(敖特根白乙拉著，蒙古文，2017年6月出版，定价70.00元)

66.《成吉思汗祭奠仪式及其文化功能研究》(额灯套格套主编，蒙古文，2017年7月出版，定价75.00元)

67.《中国蒙古文学学术史》(巴·苏和，特日乐著，汉文，2017年7月出版，定价70.00元)

68.《成吉思汗传说研究》(宝音德力根著，蒙古文，2017年10月出版，定价75.00元)

69.《卡尔梅克语土尔扈特土语研究》(秀花著，蒙古文，2017年11月出版，定价80.00元)